Projekthandbuch:

Gewalt und Rassismus

Ralf-Erik Posselt
Klaus Schumacher

Impressum:

Ralf-Erik Posselt, Klaus Schumacher
Projekthandbuch:
Gewalt und Rassismus

Handlungsorientierte und offensive Projekte, Aktionen und Ideen zur Auseinandersetzung und Überwindung von Gewalt und Rassismus in Jugendarbeit, Schule und Betrieb

Entstanden in Zusammenarbeit von:

Aktion Sühnezeichen/Friedensdienste
Arbeitsgruppe SOS-Rassismus NRW
Amt für Jugendarbeit der Evang.-Luth. Kirche in Bayern
Amt für Jugendarbeit der Evang. Kirche im Rheinland
Amt für Jugendarbeit der Evang. Kirche von Westfalen
DPG Deutsche Postgewerkschaft, Abteilung Jugend
IG Metall Vorstand, Abteilung Jugend
Landesjugendpfarramt der Ev.-Luth. Landeskirche Hannover
Landesjugendring Nordrhein-Westfalen
Landesschülerrat Brandenburg
Verlag an der Ruhr, Mülheim

und mit Unterstützung durch das:

MAGS, Ministerium für Arbeit, Gesundheit und Soziales, NRW
MBJS, Ministerium für Bildung, Jugend, Sport in Brandenburg

Redaktion:	Elisabeth Gerlach, Reinhard Hahn, Shirin Pargas, Ralf-Erik Posselt, Jörg Ratz, Klaus Schumacher, Wilfried Stascheit, Silke Troost
Satz:	Petra Erner, Gudrun Kirchhoff, Marie Rahn, Oliver Rahn
Layout:	Oliver Rahn
Titelbild:	Klaus D. Schiemann
Photos:	Die Bilder auf den Seiten 11, 22, 46, 132, 136, 170, 243 sind von Hendrik Berns, Duisburg. Alle anderen sind aus dem Archiv der AG-SOS-RASSISMUS.
Druck:	Fuldaer Verlagsanstalt GmbH

ISBN 3-86072-104-6

Hau nicht drauf ...

Gewalt ist kein Mittel, sie ist nicht einmal ein Argument, geschweige denn eine Lösung ... Gewalt ist eine Falle, eine politische Falle, in die wir gelockt werden sollen, weil unsere gegenwärtige Politik versagt und uns zwingt, der Demokratie und dem Rechtsstaat auf der Straße auf die Beine zu helfen.
Gewalt ist immer kontraproduktiv! Du spürst es, und Du weißt es, wenn Dich das Gefühl beschleicht, nur noch draufhauen zu müssen. Zuerst sind es Deine Gefühle und Dein Herz, die sich verhärten, dann Dein Kopf, zuletzt Deine Fäuste - wenn Dir nichts mehr einfällt als Gewalt. Dies ist genau der Moment, wo sich Deine bisherigen Argumente als leere Worte entlarven und Du beginnst, die Gewalt der Gewalttäter zu rechtfertigen. - Oder wußtest Du nicht, daß Faschisten und Rassisten schon immer versuchten, ihre gewalttätige Sprache und ihre Gewalt durch uns selber zu legitimieren? Hier liegt die zweite Falle, wenn wir die Scheinargumente der Demokratie-Gegner zu unseren eigenen machen wollen.
Unsere gegenwärtige Situation in Deutschland und Europa ist nicht zu beschönigen. An vielen Stellen, in den Medien, der Politik, in der Schule, auf der Straße, am Arbeitsplatz und in der Familie erleben wir, daß Gewalt scheinbar ein erfolgreiches Handlungsmittel ist. Zumindest kurzfristig, so höre ich, kann Gewalt Situationen entscheidend verändern. Und dann ... ist es die Angst, die an Deinen Fersen klebt ... und Dich überlegen läßt, wie Du dem zu erwartenden Gegenschlag ausweichst ... und dann, und danach? Irgendwann, wenn Du begonnen hast, Deine eigene Gewalt gegen Dich selber zu richten, ist es schon zu spät; Du sitzt in der Falle, die Falle ist zugeschnappt.

Die Auseinandersetzung mit Gewalt und Rassismus ist keine leichte Sache. Für all Deine Fragen haben wir noch nicht einmal gute Antworten. Aber doch einen guten Rat: Wir selber haben immer wieder festgestellt, daß Gewalt uns am stärksten verfolgt, wenn wir allein, einsam oder handlungsunfähig sind. Das beste Mittel gegen Gewalt, so denke ich manchmal, ist: gute Freundinnen und Freunde zu haben. Freunde und Freundinnen, mit denen Du überlegen kannst, was Du gegen Gewalt und Rassismus unternehmen kannst. Ergebnis eines solchen Such-Prozesses ist z.B. unser Projekthandbuch, daß uns heute in seiner Lebenslustigkeit und Vielfalt zeigt, daß wir bei aller Wut im Bauch schon längst im Knast oder sonstwo säßen, wenn ... ja, wenn wir nicht gute Freundinnen und Freunde hätten, die mit uns immer wieder etwas Neues ausgeheckt hätten, um der Gewalt das Wasser abzugraben. Exakt dazu laden wir Dich ein. Durchstöbere unser Buch nach guten Ideen, spinn' selber herum, berate Dich mit Deinen Leuten und bitte,

hau nicht drauf .

Shirin Pargas

Inhaltsverzeichnis

Danksagung
Unser Projekthandbuch "Gewalt und Rassismus" wäre ohne kollegiale Beratung bei unseren Projekten und Aktionen nicht möglich gewesen. Wir bedanken uns insbesondere bei:

Manfred Budzinski, Wilhelm Heitmeyer, Siegfried Jäger, Annita Kalpaka, Franz Josef Krafeld, Jürgen Link, Jürgen Miksch, Kurt Möller, Rudi Pahnke, Gisela und Axel Preuschoff, Nora Raethzel, Christiane Rajewsky.

Textnachweis
Für einige Autorinnen und Autoren unseres Projekthandbuches waren die Rechtsinhaber trotz großer Bemühungen nicht mehr festzustellen.
Diese bitten wir, sich mit der Arbeitsgruppe SOS-RASSISMUS, Haus Villigst, 5040 Schwerte 5, in Verbindung zu setzen, um ihre rechtmäßigen Ansprüche abzuklären.

Formularsatz
Die Grafiken und Faksimiles dieses Buches sind Ihnen vielleicht zu klein. Deswegen bieten wir Ihnen parallel zum Projekthandbuch einen Formularsatz in DIN-A4-Format an, in dem alle Schaubilder des Projekthandbuches als sofort einsetzbare Kopiervorlagen enthalten sind. Selbstverständlich ist es jedem und jeder selbst überlassen, unsere Vorlage umzugestalten und selber herzustellen.
(Arbeitsgruppe SOS-RASSISMUS, Haus Villigst, 5040 Schwerte 5)

Einige Vorbemerkungen

Vorwort

Friedhelm Wixforth

Erfahrungen aus unserer Arbeit zur Überwindung von Gewalt und Rassismus

Ralf-Erik Posselt, Reinhard Hahn

"Das Ärgernis"

Wendet euch
nicht ab
sondern schauet
ihr braven Bürger
den jungen Neonazis
die in eurem Staat
von neuem den Glauben
an den alten Irrsinn
gelernt haben
tief in die Augen.

Ihr schauet nicht
genau genug hin
wenn ihr in diesen blauen
oder braunen
oder auch grauen Augen
nicht
einen Augenblick lang
euer eigenes
Spiegelbild seht.

Erich Fried

Vorwort

Auge um Auge, Zahn um Zahn - Natürlich kennen Sie diesen Satz aus dem Alten Testament *(5. Mose 19, 21)* und vielleicht kennen Sie sogar Leute, die ihn als Grundprinzip alttestamentlichen Rechtsdenkens bis hin zur gewünschten eingedeutschten Vergröberung simplifizieren: Willst Du nicht mein Bruder (meine Schwester) sein, so schlag' ich Dir den Schädel ein.

Deutschland den Deutschen, so hallt es heute in unseren Ohren ... Blondes Haar und blaue Augen ... und ein blaues Auge für die, die nicht zu uns gehören ...

Ich aber sage euch ... und das ist die Stimme Jesu ... Ich aber sage euch: Eine neue Zeit ist eingeleitet. ... wenn Dir einer auf die linke Wange schlägt - dann halte ihm auch die rechte hin ...

Gewalt und Gegengewalt; vor dieser Frage stehen Menschen seit eh und je! Wer dreht an der Spirale von Gewalt und Gegengewalt? Wie entwickeln sich Wirkungen und Eskalationen? Diesen komplexen Fragen versucht das **Projekthandbuch: Gewalt und Rassismus** auf die Spur zu kommen.

Jesus sagt: "Ich aber sage Euch: Liebe Deinen Nächsten wie Dich selbst!" Nicht mehr und nicht weniger: "wie Dich selbst". Hat die Gewalt etwas mit mir selber zu tun? Mag ich mich - oder habe ich mein Selbstwertgefühl verloren ...? Gewalt und Rassismus fallen nicht vom Himmel, ihre Ursachen aufzuspüren, zu benennen und zu korrigieren ist Anlaß zu diesem Buch.

Die hier gesammelten Projektbeispiele berichten von Versuchen, diesem Anspruch gerecht zu werden. Sie lassen sich nicht einfach kopieren, aber sie können Anregungen geben und Ideen vermitteln für eigene, selbst gestaltete Aktionen und Projekte. Eines machen sie jedoch besonders deutlich: "Jugendliche glauben mit den Händen" wie es in einem mexikanischen Sprichwort heißt, oder anders gesagt: Vor allem rassistisch orientierte Jugendliche werden sinnhafte Perspektiven nicht erkennen und begreifen, nur weil sie von ihnen gehört haben - sondern erst, wenn sie sie auch erlebt und wirklich begriffen haben. Auch und vielleicht gerade die Themen, die im folgenden beschrieben werden, können "mit den Händen erlernt" werden.

Von daher wünsche ich diesem Projekthandbuch viele phantasievolle Leser, die vorhandenes Interesse in couragiertes und neues Handeln übertragen.

Friedhelm Wixforth

Erfahrungen aus unserer Arbeit zur Überwindung von Gewalt und Rassismus

Ralf-Erik Posselt, Reinhard Hahn

Gewalt und Rassismus beginnt in unseren Köpfen ... ebenso wie in unserem täglichen Umgang miteinander. Hier einige Gedanken und Anregungen, was Du und ich dazu unternehmen können.

Gewalt und Rassismus fallen nicht vom Himmel - ebensowenig wie Fremdenhaß, Feindbilder oder Sündenböcke, die vertuschen, wo die wirklichen Probleme liegen. Gerade in der gegenwärtigen Situation, in der soziale und wirtschaftliche Ängste und Nöte viele Menschen beschäftigen und in der die Identität und Sicherheit vieler bedroht ist, bekommen "Ideologien der Gewalt und des Hasses" neuen Zuspruch.

In offener, unterschwelliger oder verfeinerter Form erleben wir heute Gewalt und Rassismus in ungebremster Eindringlichkeit. Rassistische und ausländerfeindliche Entwicklungen sind eine Wirklichkeit, die auf realen Ängsten und

Bedrohungsgefühlen beruhen. Diese haben ihren Ursprung dort, wo begonnen wird, Menschen auszugrenzen und als **Ersatzobjekte, Sündenböcke** und "Blitzableiter" zu mißbrauchen.

Die Brisanz der aktuellen Situation kennzeichnet sich auch dadurch, daß politische Themen wie die "Asylproblematik" oder die "Ausländerfeindlichkeit" nur politisch vorgetäuschte Problemstellungen sind. Denn Japaner, Schweden oder Niederländer werden in unserem Land nicht verfolgt oder ermordet - es sind ganz bestimmte Menschen mit ganz bestimmten Merkmalen, die in der Bundesrepublik zu Menschen minderen Rechts erklärt worden sind und ihr Schicksal erleiden.

Die **Entrechtung großer Teile unserer Bevölkerung** (z.B. Arbeitslose, Sozialhilfeempfänger, Flüchtlinge, Jugendliche, vor allem in den jungen Bundesländern, Arbeitsemigranten ...) ist erst durch unsere Gleichgültigkeit und unser Stillschweigen möglich geworden. Von daher ist es auch einsichtig, wenn z.B. Kinder und Jugendliche, die sich selbst als ausgegrenzt erleben und der sozialen Balance beraubt sind, sich Befreiung dadurch zu verschaffen versuchen, indem sie sich selber auf Kosten anderer Aufwertung verschaffen wollen.

Eine wachsende Zahl von Menschen in unserer Republik ist den Anforderungen komplexer, gesellschaftlicher Problemsituationen nicht mehr gewachsen. **Sie fühlen sich überfordert und bedroht.** Sie selber drohen zu Opfern unserer gesellschaftlichen Komplexität zu werden.

Die schrittweise Preisgabe unserer Demokratie, die Etablierung einer Gesellschaft, in der die einen so reich sind, weil die anderen immer ärmer werden, und die Verfestigung einseitiger Macht und Privilegien (nach dem Motto: "Leistung muß sich wieder lohnen") sind heute unübersehbare Symptome einer um sich greifenden "Ideologie der Ungleichwertigkeit von Menschen".

Dies gilt sehr präzise auch für aktuelle Beispiele:

- Die Art und Weise der Unterbringung von Flüchtlingen in menschenunwürdigen Massenquartieren ist Anstiftung zum Rassismus.
- Die Plazierung von Flüchtlingslagern in Wohnvierteln, ohne die Bevölkerung angemessen vorzubereiten, zu beteiligen oder gar zu hören, ist Anstiftung zu Angst, Bedrohungsgefühlen, Ohnmacht, Wut ...
- Die Ausgestaltung der Flüchtlingslager und der Umgang mit Flüchtlingen mit dem Ziel eines "abschreckenden Effektes" (siehe z.B. Städte- und Gemeindebund NRW) ist Rechtsbeugung und widerspricht dem Grundgesetz.

- Politik ohne oder gegen die eigenen Bürgerinnen und Bürger ist nicht nur ein Mangel an Demokratie, sondern Anstiftung zum Rechtsextremismus und zu rassistischem Denken.

Allerdings, es gibt auch ausgesprochen positive Zeichen und Signale:

Ermutigt stellen wir heute fest, daß überall dort, wo **Initiativen**, Bürgerinnen und Bürger, Schülerinnen und Schüler, Jugendgruppen, Betriebsräte, Jugend- und Auszubildendenvertretungen usw. laut, deutlich und unübersehbar Positionen gegen Gewalt und Rassismus bezogen und Flüchtlinge zu Freundinnen, Freunden und Menschen erklärt haben, es nach kurzer Zeit stiller um rassistische Umtriebe geworden ist. Überhaupt scheinen Rassisten und Gewalttäter in der Regel noch das Licht und die Öffentlichkeit zu meiden, so lange zumindest, wie eine Gesellschaft sich selbst als demokratisch begreift und zu erkennen gibt. Zu diesem "Begreifen" möchten wir Sie heute ermutigen und einladen.

Auf der Suche nach angemessenen und offensiven Antworten zur Überwindung rassistischer Tendenzen haben in den vergangenen Jahren vielfache Überlegungen, Arbeitsansätze und Unternehmungen Platz gegriffen.

Von der Nazi-raus-Parole, über zum Teil riskante, farbige, lebenslustige, witzige Antifa-Arbeit bis zu pädagogischen und politischen Handlungsstrategien, die auch vor einer gezielten Unterwanderung und Aushebelung der politischen Verführer nicht haltmachen, reicht heute das Spektrum und hat, so denken wir, in all seinen Facetten und Ausformungen angesichts der aktuellen gesellschaftlichen Neuorientierungen auch seine Berechtigung.

Nach dem Scheitern der bundesweiten Aktionskonferenz gegen Neofaschismus (Februar 1990 in Frankfurt) und dem Auseinanderbrechen des gemeinsamen Konsenses der antifaschistischen Kräfte stellt sich heute allerdings immer weniger die Frage nach der je eigenen Berechtigung als vielmehr und dringend nach der Wirkung des eigenen Vorgehens, der gemeinsamen Offensive, der Wirkung von Projekten und Handlungskonzepten und nicht zuletzt auch von Personen.

Rassismus und Rechtsextremismus sind gesellschaftliche Phänomene, die deshalb existieren, weil die Mechanismen unserer Gesellschaft es bis dato noch ermöglichen, daß bestimmte gesellschaftliche Strukturen rassistisch bleiben.

Es gibt keine eindimensionalen Erklärungen für die zunehmende Akzeptanz von rechten Orientierungen bis hin zu Haß und Gewalt gegenüber anderen Menschen. Im Sinne eines gigantischen Schienennetzes existieren vielfältige Schnittstellen, quasi Weichen, bei denen es unklar bleibt, ob und in welcher Tiefe Versatzstücke rechter Ideologie aufgenommen werden. Es gibt vielfältige

Ursachenstränge, die ein differenziertes Betrachten und Herangehen notwendig machen.

Kennzeichnete sich demokratische Gesellschaft u.a. durch die Vielfalt von Interessen und Menschen bei gleichzeitiger Integrationsfähigkeit aller in das Gemeinwesen, so erleben wir heute die Folgen von Arbeitslosigkeit, Verarmung, Wohnungsnot, Vereinsamung, Identitätsverlust, fehlendem Selbstwertgefühl und Ohnmachtserfahrungen einerseits und andererseits eine Politik, die an der Verschärfung dieser Prozesse sogar noch ein Interesse zu haben scheint. Daß der Aufenthalt von Minoritäten, Arbeitsemigranten und Flüchtlingen heute in Deutschland wieder zu einem unerträglichen Leidenskapitel geworden ist, hat nichts damit zu tun, daß Rassismus und Rechtsextremismus in fast allen bekannten Gesellschaftsordnungen mehr oder minder wieder erkennbar sind; vielmehr sind die Gründe für Menschenverachtung und Zynismus exakt in jenen Ausformungen, die, wie oben beschrieben, nicht nur bei Jugendlichen oder Menschen wie du und ich zu finden, sondern bei Politikern aller Couleur und eben auch bei jenen, die von allen guten Geistern verlassen sind:

Geschürt und in Szene gesetzt wird Rassismus heute nämlich vor allem durch eine sich verrohende politische Kultur, die eher ein Interesse an Sündenböcken und geeigneter Wahlkampfmunition als an der Herstellung sozialer Integration und an der Würde des Menschen zu haben scheint.

Insofern hat die zehnjährige "Wendepolitik", die mit dem Motto einer "geistig-moralischen Erneuerung" angetreten war, in dieser Gesellschaft Spuren hinterlassen. Die krasseste Bestätigung nach rechts gerichteter Meinungs- und Deutungsbrücken findet ihren Niederschlag darin, daß die zentralen Wahlkampflosungen der "Republikaner" und der "Deutschen Volksunion" des Jahres 1987 (Bremen und Berlin) in Form des neuen Asylrechts als auch die weitreichenden Vorstellungen der CDU/CSU-Fraktion mit ihren Angriffen auf den Kernbestand des Grundgesetzes parlamentarisch mehrheitsfähig geworden sind.

Die Verkoppelung mit den vielfältigen Verstrickungen der nach wie vor fortwirkenden kolonialen Ausbeutungsstrukturen, deren Zentrum im reichen Teil der Welt, im Norden liegt, verdeutlichen, daß unsere eigene Lebensweise verantwortlich ist für den **Nord-Süd-Konflikt** und damit auch für Wanderungs- und Fluchtursachen. Die Logik des Marktes im Weltmaßstab verursacht Verteilungskämpfe, abgestützt durch Machtapparate wie den IWF und die Weltbank, die zu der prekären Situation führen, daß dem Süden für jede DM Entwicklungshilfe, die vom Norden fließt, das dreieinhalbfache an Zins und Zinseszins, Tilgung und ungerechten Rohstoffpreisen wieder entzogen wird. Entscheidend ist dabei, daß eben auch bei den Modernisierungsgewinnern sich der Bedrohungsgedanke mit Sozialdarwinismus verbindet. Entsprechend wird der "Überlebenskampf" der Völker als gerechte Sache empfunden, nach dem sich unser Wohlstand, auch wegen der "geistig-technischen "Überlegenheit rechtfertigt. Demnach wird der Kapitalismus als die effizienteste, einfachste und damit auch sinnvollste Ordnung propagiert, die eben im Sinne des Konkurrenzkampfes jedem Volk den jeweiligen "gerechten" Platz zuweist. "Das neue Nationalbewußtsein beruft sich auf die Härte der DM und die Leistungen der internationalen Konkurrenz. Die Überbewertung von Leistung und Erfolg verdrängt alle anderen gesellschaftlichen Ziele." (Jugend 90) Diese Modernisierungsgewinner, die sich mit dem "überlegenen System" identifizieren und vom wohlstandschauvinistischen Denken geprägt sind, stellen z. Z. noch insbesondere das Wählerpotential für die "Republikaner" und einer sich formierenden und modern auftretenden "neuen Rechten" dar. Dieser bisher viel zu wenig thematisierte Ansatz von Alltagsrassismus stellt eine wichtige Ursache von Gewalt gegenüber Ausländerinnen und Ausländern dar.

Die bekannten Zitatenschätze verantwortlicher Politiker, staatlicher Funktionsträger, politischer und wissenschaftlicher "Größen" unserer Republik zeigen, daß Rechtsextremismus und Alltagsrassismus sich schneller als erwartet wie ein roter Faden durch die Politik und unsere Gesellschaft gezogen und ausgebreitet haben.

Die Rolle des einzelnen

Nach den bitteren Lehren und Erfahrungen über die auch kontraproduktiven Wirkungen traditioneller antifaschistischer Arbeitsansätze in der Jugendarbeit (verordneter Antifaschismus) wird heute immer deutlicher sichtbar, daß rechtsextremistische und rassistische Verhaltensweisen und Erscheinungen gerade bei Jugendlichen eher als eine Kommentierung denn als Inhalt ihrer Lebenssituationen verstanden werden müssen.

Dabei kommt es allerdings wesentlich darauf an, die aktuelle und subjektive Lebenssituation zu erkennen, um den sie begleitenden jeweiligen Kommentar richtig lesen zu können.

Interesse an Gerechtigkeit, Demokratie, Menschlichkeit, sozialer Wärme, Solidarität oder das zielgerichtete Engagement zur Verwirklichung der eigenen Bürgerrechte wird dann erfolgreich sein können, wenn es sich von kaschierenden Feindbildern zu lösen in der Lage ist und wieder in die originären Lebensräume und -situationen der Menschen dringt, das heißt am eigenen Körper spürbar, erlebbar und "begreif"-bar wird.

Gerade auf dem Hintergrund rechtsextremistischer Orientierungen in den Jugendszenen ist erkennbar geworden, daß die Vehikelfunktion von hohlem Antifaschismus ebenso wie die von Rassismus und Rechtsextremismus quasi stützende Begleiterscheinung in der Auseinandersetzung mit der eigenen Einsamkeitserfahrung und dem eigenen Selbstwertgefühl sein kann.

Die Beendigung von Isolation, Einsamkeit, Ohnmacht und die Stabilisierung von Selbstwert und Identität als pädagogischer, politischer Akt beseitigen zwar den aktuellen Rassismus noch nicht, entziehen ihm aber entscheidende Grundlagen.

Erst die anschließende Auseinandersetzung (als quasi zweiter Schritt) über die Bedeutung, Mechanismen, Herkunft, Entstehung und Wirkung von Rechtsextremismus und Rassismus kann geeignet sein, die Gefährlichkeit dieser Elemente zu durchschauen und für die Zukunft zu vermindern.

Wenn es stimmt, daß Einsamkeit, Ohnmächtigkeit und Handlungsunsicherheit als wesentliche Ursachen von Rassismus gerade bei Kindern und Jugendlichen gelten können, wäre es schon erheblicher Selbstbetrug, ihnen einfach mit Menschenrechtsproklamationen begegnen zu wollen.

Die Rolle der Pädagogik

Im Bereich der Jugendarbeit hat dieser Erfahrungsansatz zu einer qualitativ neu angelegten Denk- und Handlungsebene geführt. Stand bisher die Existenz und Stabilisierung der sozialen Gruppe in ihrer gebräuchlichen Eindeutigkeit und Überschaubarkeit im Vordergrund, so wächst heute die Orientierung auf jeweils konkret vorhandene, ganzheitliche und akzeptierende Beziehungsformen.

Die Qualität dieser neuen, **subjektorientierten Organisationsprozesse** in der Jugendszene drückt sich u.a. darin aus, daß Zugang zuerst einmal über die Annäherung an die jeweils subjektive Lebenswirklichkeit möglich ist *(vgl. Organisierungsverhalten von Jugendlichen, Expertise zum 5. Jugendgericht NRW 1990).*

Gleichzeitig ist aber auch klar, daß eben diese neue Qualität sich in dem tragenden Element einer Beziehungsarbeit und "akzeptierenden Jugendarbeit" wiederfindet, die angesichts der oben aufgeführten Dilemmata attraktiv genug sein muß, um von allen Beteiligten akzeptiert werden zu können. Dieser Schritt zu einer demokratischen und ganzheitlichen Jugendarbeit ist undenkbar, ohne in ihr Jugendliche als Subjekt ihres Lebens, ihres Alltags, ihrer sozialen Bindung ernst zu nehmen.

Das hat Konsequenzen:

a) in bezug auf die beteiligten Akteure, die weniger mit ihrem Programm und ihrer Ideologie gefragt sind als vielmehr in der *Überprüfbarkeit (Authentizität) ihres Redens und Handelns;*
b) in bezug auf ein *politisches* Profil, welches sich nicht nur erkennbar, sondern auch als übertragbar, d.h. als stimmig zu erkennen gibt;
c) in bezug auf die *Wahrnehmbarkeit (Versinnlichung) von Wirklichkeit* und der Chance, dabei eigene Identität auszumachen und weiter zu entwickeln;
d) in bezug auf die *Aktion*, den Prozeß, das Projekt, welche in ihren Ausformungen und Wirkungen im wahrsten Sinne des Wortes "begriffen" werden wollen;
e) in bezug auf *sozial-ökonomische und emotionale Alltagserfahrungen* und die bisher nur ungenügenden politischen Antworten angesichts von Umweltkatastrophen, Arbeitslosigkeit, sozialer Verelendung;
f) in bezug auf die *Korrektur* der eben nicht nur den Faschisten eigenen *"Ideologie der Ungleichwertigkeit"*, "die davon ausgeht, daß ich schon weiß, was gut für dich ist ..."
g) in bezug auf die *Mediatisierung* von Lebenswelten und den Wunsch, irgendwo auch noch das Original antreffen zu können;
h) in bezug auf den *(attraktiven) Raum* als Ort von Jugendarbeit;
i) in bezug auf die *Legitimation dieser Jugendarbeit*, die ihre Qualität nicht hinter "den Massen" von Jugendlichen verstecken kann und braucht.

Die wachsende Komplexität unserer Gesellschaft und unserer Demokratie ist nicht mehr nur geeignet, soziale Kontinuitätsbrüche, Identitätsverlust und Orientierungslosigkeit zu beschleunigen, sie ist angesichts der Modernisierungsgeschwindigkeit und der damit verbundenen sozialen Isolation, Belastungen und Opfer ein hervorragendes Instrument zur klammheimlichen Legitimierung und Ausübung von Macht, Gewalt und Herrschaft geworden.

Weil allein die Benennung und das Wissen um die Ursache von Rassismus (nach dem Motto: Gefahr erkannt, Gefahr gebannt) aber kaum oder gar nicht weiterhilft, um vorhandene Einstellungen zu verändern bzw. Rassismus zu überwinden, steht heute die Frage nach der Entwicklung und Stabilisierung von Identität und Selbstwertgefühl ebenso wie die (selbstverständliche) Befriedigung von physiologischen Grundbedürfnissen *(vgl. "Projekthandbuch Rechtsextremismus", s. Literaturliste)* im Zentrum unserer Bemühungen.

Erst wenn es uns gelingt, angemessene Antworten auf die zentralen Problemlagen

- Vereinzelungserfahrung (Individualisierung),
- Handlungsunsicherheit (Pluralisierung),
- Ohnmachtsgefühle (Identität)

zu finden, besteht Anlaß zur Entwarnung und Hoffnung darauf, auch dem Rassismus den Garaus zu machen.

Die Beispiele unseres "Projekthandbuch: Gewalt und Rassismus" können zeigen, welche Hürden heute zu nehmen sind und welche (eigenen) Bewußtseinsschwellen und Blockaden zu überwinden sind, um wieder Kontakt zu rechtsextremistisch angehauchten und orientierten Jugendlichen herzustellen, bzw. um Jugendliche und Kinder überhaupt gegen Rassismus immunisieren zu können.

Was können wir gegen Rassismus, Haß und Gewalt tun?

1. Man darf nicht alles glauben, was man auf der Straße hört, in den Zeitungen liest, im Fernsehen sieht ... Deshalb sollte man sich und andere möglichst vielseitig informieren. Hierzu gibt es vielerlei Möglichkeiten:

   * Berichte in verschiedenen Zeitungen vergleichen,
   * Bücher lesen, über sie sprechen,
   * Podiumsdiskussionen und andere Diskussionsveranstaltungen besuchen und organisieren,
   * Filmvorführungen organisieren, über Filme informieren,
   * in Initiativen, Kirchen-, Jugend- und sonstigen Gruppen das Thema behandeln, zum Beispiel durch Rollen- und Planspiele,
   * Dichterlesungen (zum Beispiel mit ausländischen AutorInnen) veranstalten (Adressen über jeweilige Verlage),
   * Gespräche mit Ausländern, Vertretern von ausländischen Vereinen, Initiativgruppen, Beratungsdiensten für Ausländer, Gewerkschaften, Wohlfahrtsverbänden ... führen, bzw. diese als Referenten für Veranstaltungen einladen,
   * Seminarveranstaltungen/Tagungen zu aktuellen Themen organisieren und besuchen,
   * Besuch von Ausstellungen zum Thema,
   * Plakataktionen durchführen,
   * Thematisierung der Problematik von Gewalt und Rassismus in Schul- und in Jugend- und Auszubildendenversammlungen.

2. Kontakte, Begegnungen und Freundschaften mit Ausländern sind eine gute Möglichkeit, Barrieren abzubauen, sich kennen und schätzen zu lernen, Wünsche und Probleme der anderen zu verstehen:

* Gespräche, Orte suchen, wo man ausländische Mitbürger kennenlernen kann,
* gegenseitige Einladungen und Besuche von Mitschülern, Arbeitskollegen, Nachbarn usw.,
* Einladung der Eltern ausländischer Klassenkameraden,
* Begleitung von Ausländern bei Behördengängen, Wohnungssuche,
* Organisation/Übernahme von Patenschaften für einzelne Ausländer, Familien, ausländische Jugendgruppen,
* Kontakte zu ausländischen Jugendgruppen suchen und halten, gemeinsame Aktivitäten planen und durchführen, sie bei ihren Problemen wie zum Beispiel Raumsuche unterstützen,
* sich darum bemühen, daß ausländische Jugendliche in die Jugendgruppe oder Vereine kommen,
* gemeinsame Veranstaltungen/Feste mit Deutschen und Ausländern organisieren (z.B. Diskussions- und Informationsveranstaltungen, Stadtteil-, Karnevals-, Straßen-, Vereins-, Betriebsfeste ...),
* Kontakte zu ausländischen Vereinen und Beratungsstellen aufnehmen und deren Angebote/Veranstaltungen besuchen,
* Gemeinsame Ferien-Projekte organisieren.

3. Ausländer haben keine Lobby. Sie sind im politischen Willensbildungs- und Entscheidungsprozeß nicht miteinbezogen. Sie haben kein Wahlrecht. Sie werden lediglich geduldet, solange sie wirtschaftlich notwendig und rentabel sind. Sind sie es nicht mehr, so bemüht man sich kaum mehr um ihre menschenwürdige Behandlung. Wir können eine Lobby schaffen durch Informationen, Aufklärung, durch Öffentlichkeitsarbeit und Solidaritätsaktionen. Neben den unter 1. und 2. bereits genannten Möglichkeiten gibt es hierfür weitere Beispiele:

* Boykottaktionen gegen Gaststätten, Diskotheken und andere Einrichtungen, die keine Ausländer reinlassen bzw. diese nicht gleichberechtigt behandeln,
* eigene Zeitungen herstellen,
* Beschwerdebriefe schreiben,
* Aufrufe/Resolutionen/Petitionen zu aktuellen Themen, die Deutsche und Ausländer betreffen, verfassen oder unterstützen,
* Unterschriftensammlungen durchführen, z.B. für das Wahlrecht der Ausländer,

* Briefe an Politiker, Behörden, Kirchen, Gewerkschaften, Redakteure von Zeitungen und Fernsehsendungen, Journalisten (auch positive Briefe, wenn man z.B. eine Sendung oder einen Artikel besonders gut oder hilfreich empfand, können sehr wichtig sein),
* Artikel schreiben (z.B. für Schülerzeitungen, Gemeindeblatt, Vereinsrundbriefe) und gute Arbeiten anderer Autoren nach Genehmigung des Autors abdrucken,
* Kontakte zur Presse herstellen und halten und um eine bessere Berichterstattung bemüht sein,
* Leserbriefe schreiben.

Arbeitsgrundlagen für eine antirassistische Praxis

Jugend - Gewalt - Rechtsextremismus

Von der Empörung zum Handeln

Kurt Möller

Rassismus

Zum Umgang mit einem schwierigen Begriff

Nora Räthzel

Rechtsextremismus, Rassismus und Gewalt in Deutschland und Europa

Christiane Rajewsky

Du darfst nicht denken,
daß dir der Friede
nachlaufen wird.
Im Gegenteil: Zorn, Unfriede
und Rache
werden dir begegnen;
so daß du Böses mit
Bösem
zu vergelten bewegt wirst.
Aber kehre dieses Blatt um:
Suche du selbst Frieden;
leide
und tue, was du kannst.

Martin Luther

Jugend - Gewalt - Rechtsextremismus

Von der Empörung zum Handeln

Kurt Möller

Hoyerswerda, Rostock, Mölln - Menetekeln gleich verweisen die drei Ortsnamen auf die Gefährdungen der deutschen Demokratie von rechts. Auf makabre Weise heizt die Diskussion über die mit ihnen verbundenen Vorkommnisse die öffentliche Themenkonjunktur von Fremdenfeindlichkeit, Rechtsextremismus und (politischer) Gewalt an.

Indes: Die Namenskette verschweigt mehr als sie verrät:

- Sie läßt die seit Hoyerswerda auf ca. 3.000 Vorfälle angewachsene Zahl gleichgearteter Brandanschläge und Überfälle auf AsylbewerberInnen und AusländerInnen in Deutschland unerwähnt und lenkt damit von der breiten Streuung, dem Flächenbrand der Gewaltexzesse, ab.
- Sie blendet nolens volens andere Ziele und Zielgruppen des Minderheitenhasses aus.
- Sie verengt den Blick auf die offene physische Gewaltsamkeit außerhalb der

Legalität und beläßt damit die vergleichsweise unauffälligen Anfälligkeiten für Ungleichheitsideologien und rigoroses Ausgrenzungsverhalten innerhalb und am Rande der sozialen Akzeptanz im toten Winkel.

- Und: Indem sie die Aufmerksamkeit auf das brutale Verhalten gewaltbereiter junger Leute fokussiert, ordnet sie die Erörterung minderheitenfeindlicher Haltungen und Aggressionen flugs in die allgemeine Debatte über die sog. "Jugendgewalt" als Spezialthema ein.

In der damit letztlich betriebenen Beschränkung auf medial leicht handhabbare Äußerlichkeiten, Symboliken, Anlässe und Auffälligkeiten gleicht die Debatte um Rechtsextremismus und Fremdenfeindlichkeit jener um "Jugendgewalt". Jugend-Gangs, Fußball-Krawalle, Straßen-Randale und Gewaltkriminalität werden hier in ähnlicher Weise zu Gegenständen der audio-visuellen und papierenen Kriegsberichterstattungen von den Fronten der Bandenschlachten und Stammesfehden Jugendlicher.

Mehr als zumeist oberflächliche Phänomenographien können daraus zwangsläufig nicht resultieren. Subjektive Motivbündel, Interaktionsprozesse zwischen Tätern und Opfern, soziale und ökonomische Hintergründe sowie historisch-politische Rahmenbedingungen und Entwicklungen bleiben weithin un- bzw. unterbelichtet. Dabei handelt es sich allein schon deshalb um unverzeihliche Unterlassungssünden, weil die jeweils nachwachsende Generation ja nicht gleichsam jedesmal Gewalt neu "erfindet". Weder der insbesondere von der Polizei sogenannte "jugendliche Gewalttäter" noch der dem Sozialarbeiter-Etikett eher entsprechende "jugendliche Neo-Nazi" fällt ja plötzlich vom Himmel bzw. steigt aus der Hölle empor. Er macht vielmehr in seinem Alltag bestimmte Erfahrungen, die ihn dazu bringen, die Gewalt-Option zu wählen. Verantwortlich aber dafür, wie in unserer Welt die Erfahrungsproduktion der jungen Generation verläuft, sind doch wohl am wenigsten sie selbst; vielmehr sind es wir, die Erwachsenen.

Eben dies kann nicht ausgeblendet bleiben, wenn im folgenden die zu beachtenden Phänomene beschrieben, die Deutungen ihrer Ursachen versucht und erfolgversprechende Gegenstrategien skizziert werden.

Phänomene

Zunächst zum ersten: der empirischen Bestandsaufnahme der, nein, eben nicht "der Jugendgewalt", sondern - neutraler formuliert - der Gewaltbelastung Jugendlicher, ihrer Aktiva und Passiva. Dazu gerafft und mit Bezug auf Alters-, Geschlechts- und Sozialraumspezifik das folgende *(vgl. ausführlicher Schwind/ Baumann u.a. 1990):*

Die polizeilich registrierte **Gewaltkriminalität** macht nur einen Bruchteil, nämlich 2,3%, der Gesamtkriminalität aus. Sie tritt besonders häufig in

Großstädten auf; rund 90% der Tatverdächtigen sind männlich, über 60% sind zwischen 14 und 29 Jahre alt.

Während ab Mitte der fünfziger Jahre ein kontinuierlicher Anstieg der Häufigkeitszahlen registriert wurde, bleibt seit 1982 die Zahl der bekannt gewordenen Delikte in etwa konstant. Ausgenommen ist dabei die einfache Körperverletzung sowie die Sachbeschädigung und der Raub auf offener Straße, Delikte, die deutlich zugenommen haben. Gerade die Eigentumsdelikte scheinen dabei in erheblichem Zusammenhang mit dem Drogenkonsum zu stehen. Polizeiexperten schätzen, daß jeder vierte bis jeder zweite Fall von "Raub auf öffentlichen Straßen und Plätzen" der Drogenbeschaffungskriminalität zuzurechnen ist.

Vandalismus, worunter im engeren Sinne die vorsätzliche Zerstörung von Sachen verstanden wird, die nihilistisch, irrational und absurd erscheint, ist offenbar im Anstieg begriffen. Tatorte sind primär Städte. Auch hier sind die Täter überwiegend Jugendliche. Zu 80% handelt es sich um Gruppenstraftaten. Alkohol spielt dabei eine bedeutende Rolle.

Ähnliches dürfte für **krawallartige Ausschreitungen** auf öffentlichen Straßen und Plätzen gelten, über deren quantitatives Ausmaß man nichts genaues weiß, denen aber bis zu den eingangs erwähnten fremdenfeindlichen Übergriffen in Deutschland nicht jene Bedeutung zugeschrieben wurde wie etwa in England oder Frankreich.

Ob die **Gewalt im Stadion**, besonders bei Fußballspielen, in den letzten Jahren tatsächlich im Anstieg begriffen ist oder ob es diesbezüglich nur eine erhöhte öffentliche Aufmerksamkeit gibt, ist umstritten. Die Polizei geht insgesamt eher von einer Stagnation auf hohem Niveau aus. Freilich erscheint es so, daß Fan-Auseinandersetzungen sich aus den Stadien heraus auf Bahnhofsbereiche, Innenstädte und Verkehrsmittel verlagert haben. Auch die Fan-Szenerie ist eine Männergesellschaft, ca. zu 90%; je gewalttätiger sie ist - etwa im Bereich des Hooliganismus -, um so deutlicher. Selbst wenn Bestandteile rechtsextremer Orientierungen unter den Fans zum Teil erheblich verbreitet sind und entsprechende Polit-Accessoires, Sprüche und Gebärden zur Schau getragen werden, ist eine politische Funktionalisierung und Instrumentalisierung durch die organisierte politische Rechte nicht gelungen. Zum Themenbereich **"Gewalt in der Schule"** liegt kein repräsentatives Zahlenmaterial für die Bundesrepublik vor. Fest steht aber, daß es in zahlreichen Schulen zu vandalismusartigen Sachbeschädigungen und auch physischen Aggressionen kommt, deren Folgekosten die Versicherungsgesellschaften mit Millionenbeträgen beziffern. Betroffen sind vor allem anonyme städtische Großschulen in den Metropolen, aber auch Mittelpunktschulen in Mittelstädten, in jedem Fall die sogenannten "Lernfabriken". Die Täterstruktur ist auch hier ganz klar männlich dominiert. Der Schwerpunkt liegt bei den 13 - 16jährigen.

Wieviel Prozent der Schüler und Schülerinnen insgesamt beteiligt sind, ist völlig unklar. Einzelstudien an verschiedenen Schulen weisen Quoten von 1,7% bis 87% aus. Wollte man Bevölkerungsumfragen und surveys wie der kürzlich publizierten Shell-Studie '92 trauen, so gäbe es in Deutschland für **politisch motivierte Gewalt** wenig Zustimmung unter jungen Leuten.

Bei den 16 - 35jährigen können gerade mal 3% sich vorstellen, den eigenen politischen Interessen selbst gewaltsam Nachdruck zu verleihen; knapp 1% gibt an, schon mal selbst politisch gewalttätig gewesen zu sein. Allerdings wurde dabei vorwiegend nach "linken" Politikvorlieben gefragt. Differenziertere Studien zum Rechtsextremismus bei Jugendlichen lassen und ließen, z.T. übrigens schon vor Hoyerswerda, ein entsprechendes Gewaltpotential bei 15% bis 20%, teils auch mehr, vermuten.

Die ihm unterliegenden entsprechenden Ungleichheitsideologien wie "Deutschland den Deutschen!" oder "Ausländer raus", deren Kombination uns von Wahlplakaten der rechtsextremen Parteien ebenso bekannt ist wie von den Stakkatorufen in Rostock und anderswo, erfährt - je nach Erhebungsort, - art, - zeitpunkt und Propagandagruppe unterschiedlich - bei etwa jedem dritten bis vierten Jugendlichen Zustimmung. Auffällig ist dabei gerade in der letzten Zeit die weitere Verjüngung der Szene: 12 - 13jährige sind dort keine Seltenheit mehr.

Daß sich auch **das Rechtsextremismus-Problem zum Löwenanteil als Männer- bzw. genauer: als Männlichkeits-Problem darstellt**, ist mittlerweile bekannt, wenn auch in seinen Konsequenzen kaum bedacht. Über 95% der rechtsextremistischen Straftäter, zwei Drittel der rechtsextremen Wählerschaft und etwa genausoviel Anteile in der Trägerschaft rechtsextremer Orientierungen sind männlich. Setzt man die Geschlechtszugehörigkeit als Anfälligkeitskriterium ins Verhältnis zu den Altersgruppenmerkmalen der Rechtsextremen, so ist kaum vernünftig erklärbar, wieso die Rechtsextremismus-Debatte noch weithin so breit als Jugend-Debatte und so wenig als Diskussion über Männlichkeitsprobleme geführt wird.

Mag manch einem die Deutung solcher Gewichtsverschiebung als patriarchalisches Ablenkungsmanöver zu gewagt erscheinen, so ist sie doch zumindest Hinweis auf das Ungenügen der qualitativen analytischen Durchdringung des Problems insgesamt. Die qualitative Bestimmung der Problematik erscheint indes weitaus wichtiger als seine quantitative Vermessung, gerade vor dem Hintergrund von Lösungsbestrebungen. In dieser Hinsicht sind auch die zahlreichen Beobachtungen interessant, die zunehmend eine qualitative Veränderung des Gewalthandelns registrieren, genauer: Man tritt noch zu, wenn der Gegner schon auf dem Boden liegt; tradierte Fairneßregeln (z.B. der "faire Kampf Mann gegen Mann") werden nicht mehr wie früher eingehalten; Aggressivität entlädt sich handfest auch gegenüber Schwächeren, Jüngeren, Wehrlosen und dem weiblichen Geschlecht; Einstiegs- und Verfahrensrituale des Gewalthandelns verlieren an Bedeutung; Waffengebrauch nimmt zu und wird folgenschwerer. Die Tötungshemmung geht tendenziell verlustig. Strittig dabei ist, ob es sich um eine "Entregelung von Gewalt" handelt oder nur um eine "neue Gewaltmoral", innerhalb derer Gewaltregeln und - normierungen noch nicht zur Gänze aufgegeben sind. In jedem Fall brechen jene Mechanismen der Selbstregulation von Gewalthandeln weg, die bei den althergebrachten Wirtshaus- und Schützen-Schlägereien relativ hemmend wirken konnten. Jugendliche als Gewalt**täter** zu sehen, ist jedoch nur ein kleiner Ausschnitt aus unserer Fragestellung. Denn: Wer tatsächlich mehr betreiben will als die x-fach beklagte Flickschusterei am System, kommt nicht umhin, hinter den mehr oder minder offen sichtbaren Formen gewalthaltiger "Action" nach Beständen "verdeckter " Gewalt zu fahnden. Und in der Tat kann man bei dieser Suche fündig werden, mindestens auf drei Ebenen:

1. **Gewaltakzeptanz hat nicht nur die Gestalt der Abweichung von Rechtsnormen, und sie ist nicht nur ein Randgruppenphänomen.**

   a) Akzeptiert die Mehrheit von uns, auch die der Jugendlichen, das staatliche Gewaltmonopol? Insgesamt tun wir dies wohl aus guten Gründen, aber nicht immer ohne Unbehagen, dennoch mehr oder weniger stillschweigend auch dann, wenn sich dieses Unbehagen einstellt.
   Unsere eigenen Widersprüchlichkeiten werden an einem Punkt besonders offensichtlich. Dieser bildet nicht zufällig auch den thematischen Kristallisationspunkt von Nationalismus und Rechtsextremismus (nicht nur) bei Jugendlichen: die Reaktion auf Migrantenströme und den Umgang mit MigrantInnen. *Zu beiden Punkten jeweils ein Beispiel:*

   Beispiel Nr. 1: *Hungermärschen und Armutsflucht zum Trotz lassen wir den Ausbau der "Festung Europa" zu. Soweit wir den im Zuge der Asylrechtsänderung gezogenen Korridor sog. "sicherer Drittländer" als justitielle Abwehrmauer von Staatenbreite widerspruchslos hinnehmen, müssen wir uns fragen, ob diese Lethargie nicht auch damit zu tun hat, daß unsere eigenen Privilegien dadurch scheinbar optimal gesichert werden. Aber auch abgesehen davon sortieren wir mit: Sogenannte "Wirtschaftsflüchtlinge" gehören ins Kröpfchen, nur "politisch Verfolgte" ins Töpfchen. Pointiert: Wenn jemand in seinem Heimatland verhungert, ist das weniger verhindernswert, als wenn er politisch verfolgt wird.*
   Beispiel Nr. 2: *Das bundesdeutsche Ausländergesetz und seine Widersprüchlichkeit zum KJHG. Das KJHG räumt in Deutschland lebenden ausländischen Kindern und Jugendlichen das uneingeschränkte Recht auf den Bezug von Jugendhilfeleistungen ein. Nach dem Ausländergesetz aber kann der Bezug solcher Leistungen als Ausweisungsgrund herhalten. Ist es*

nicht geradezu peinlich für den Sozialstaat Deutschland, damit auch noch in Widerspruch zur UNO-Kinder-Konvention geraten zu sein?

Die Beispiele sollten zeigen: Offensichtlich tragen wir doch alle den Nationalstaat-Gedanken aus dem vergangenen Jahrhundert faktisch mit. Wenn Jugendliche, die wir schnell "Neonazis" nennen, Ausländerstop fordern, was ist das denn anderes als die Zuspitzung des gesellschaftlich weit geteilten Gedankens, man könne bestimmte Rechte exklusiv territorial verteilen und sich dabei auf die Gnade der westlichen Geburt berufen?

b) Die soeben genannten Beispiele beziehen sich auf staatliche Gewaltanwendung, die zwar politisch-moralisch bedenklich, aber nach der Rechtslage legal ist. Daneben gibt es Vorfälle staatlichen Machtmißbrauchs, die häufig gerade Jugendliche aus der Protestszene betreffen. Bedenklicher als sie selbst ist, daß die Akzeptanz solchen Mißbrauchs gerade in "diesem, unserem Lande" besonders hoch ist. Ein großer Teil der Bundesdeutschen, ca. ein Drittel, weist nämlich eine Haltung auf, die sich mit der Gewaltkommission der Bundesregierung als Repressions-Syndrom bezeichnen läßt *(vgl. Schwind/Baumann u.a 1990).*

D.h.: Man plädiert für härtere Gesetze und eine rabiater durchgreifende autoritäre Staatsgewalt und ist dabei auch bereit, Gesetzesverletzungen durch die öffentlichen Ordnungskräfte und die Strafverfolgungsbehörden in Kauf zu nehmen. Eine detaillierte Betrachtung der Repressiven fördert u.a. dreierlei zutage:

1. Bei den Repressiven ist die gemessene eigene physische Aggressionsbereitschaft nur durchschnittlich entwickelt. Entsprechend unauffällig sind sie - auch innerhalb von Umfragen über die allgemeine Gewaltbereitschaft.
2. Besonders häufig repressiv zeigen sich nicht die jungen, sondern die älteren Jahrgänge.
3. Nahezu die Hälfte der Repressiven stuft sich selbst politisch als "rechts" ein. Vor diesem Hintergrund sind nicht die Gewaltauffälligkeiten und pubertären Stilübungen jugendlicher Szenen das zentrale qualitative und quantitative Problem, sondern es ist die latente, möglicherweise leicht funktionalisierbare repressive Gewaltneigung der "normalen" Erwachsenengesellschaft. Man kann also nicht darauf vertrauen, daß man mit der Befriedung solcher Jugendgruppen das Ziel erreicht hätte. Denn nicht nur in Hoyerswerda oder Rostock wohnen klammheimlich oder offen agierende Claqueure.

2. Jugendliche sind beileibe nicht nur Täter, sondern auch Opfer von Gewalt im unmittelbaren Nahraum ihrer Lebenswelt.

Abgesehen vom aktuellen Thema "sexueller Mißbrauch" ist davon wenig in der öffentlichen Diskussion zu hören. Daß Gewaltdelikte zu einem knappen Drittel von Jugendlichen ausgeführt werden, ist bekannt, nicht aber, daß sie (nach einer baden-württembergischen Studie) weitaus mehr Prozentanteile bei den Opfern stellen. Über fünfzig Prozent der Körperverletzungen erleiden danach die unter 17jährigen Kinder und Jugendlichen.

Stichwort: Gewalt in der Familie: Würde man einmal US-amerikanische Forschungsergebnisse auf die Bundesrepublik übertragen, so wüchse auch hierzulande über die Hälfte der Kinder mit dem zweifelhaften Erziehungsmittel der "Tracht Prügel" auf. Die Dunkelziffern dürften hier besonders hoch sein, weil Kinder und Jugendliche im allgemeinen nicht so schnell eine Anzeige erstatten.

3. **Gewalt umfaßt mehr als ihre polizeistaatliche Definition als Straftat.**
Gewaltpotentiale sind nicht kurzerhand personalisierbar.
Gerade wenn man die Betroffenheit der Jugend von Gewaltpotentialen ins Auge faßt, kommt man nicht umhin, auf systemisch-strukturelle Gewaltpotentiale hinzuweisen.
Ist es nicht geradezu zynisch?
Einerseits leben wir in einer Phase der gesellschaftlichen Entwicklung, die in Bezug auf die Regelung sozialer und politischer Konflikte im sozialhistorischen Langzeitvergleich über Epochen und Jahrhunderte hinweg als die gewaltloseste überhaupt dasteht, haben gleichzeitig im militärisch-industriellen Komplex existentiell gefährdende Zerstörungspotentiale menschheitsgeschichtlich nie dagewesenen Risikoausmaßes angehäuft, tun aber andererseits so, als bilde die Jugend das zentrale Risiko für ein friedfertiges und sicheres Leben jetzt und in der Zukunft. Dabei sind es doch gerade zum Beispiel die chemischen, atomaren, militärischen und gentechnischen Bedrohungen, die gerade für die nachwachsende Generation hypothekenartige Belastungen bilden. Wenn ich richtig informiert bin, leben wir gegenwärtig unter einem militärischen Vernichtungsarsenal in der Größenordnung eines dreistelligen Overkills. Daß im Zuge der Auflösung der Blöcke und der Entspannungen zwischen Ost und West daraus tendenziell womöglich eine zweistellige Zahl wird, ist ein schwacher Trost. Eine erdrückende Mehrheit von Jugendlichen glaubt, daß Kernenergie und Chemie die Umwelt zerstören werden. Bedarf es jeweils eines Bhopal, eines Tschernobyl, eines Golfkrieges, einer Jugoslawienkrise, um uns diese Potentiale bewußt werden zu lassen? Man könnte einwenden: Dies sind globale Bedrohungsanlagen, aber das ist keine strukturelle Gewalt, die Jugendliche in ihrem Alltag unmittelbar betrifft. Also gut, hier ein paar Schlaglichter auf die Gewalthaltigkeit dieses Alltags:

- Mehr als ein Drittel der Jugendlichen zwischen 12 und 17 hat psychosomatische Beschwerden. Ein Großteil der Verantwortung dafür trägt der

elterliche Erwartungsdruck an die Schulleistungen ihres Nachwuchses.
- Etwa 10.000 bis 30.000 Minderjährige werden im Westen Deutschlands in die Prostitution gedrängt.
- Die Kommerzialisierung und Privatisierung der Medienlandschaft hat zu einer Brutalisierung insbesondere des audiovisuellen Unterhaltungsangebotes geführt. Mit ihm werden Kinder und Jugendliche überzogen. Schon Anfang der achtziger Jahre verbreitete man in den USA die Berechnung, daß ein 18jähriger im Laufe seines Lebens etwa 20.000 Bildschirmmorde miterlebt hat.
- Im Straßenverkehr kommen jährlich Zigtausende von Kindern und Jugendlichen um oder werden, zum Teil schwer, verletzt.
- Täglich versuchen 30 bis 40 Kinder in unserem Land, sich das Leben zu nehmen.

Ursachenanalyse

Bis hierher dürfte plausibel geworden sein, was als leitende These für die Suche nach Ursachen der Gewaltentwicklung dienen soll. Sie heißt: Die Kraft, Energie und Dynamik der Welle von Fremdenhaß, Rechtsextremismus und Gewalt, die uns gegenwärtig überschwappt, läßt sich nicht an ihrer Schaumkrone ablesen, nicht mal in der Woge selbst aufspüren, sondern nur aus der Grundströmung verstehen, die sie erst hervorbringt. Weniger metaphorisch: Primär verantwortlich sind nicht jugendliche Gewalttäter (der Schaum, manche meinen auch "Abschaum"), auch nicht so sehr rechtsextreme Organisationen, Medien und Stimmungsführer (die Welle), sondern weitaus folgenreicher gesamtgesellschaftliche Strukturentwicklungen, die Grundströmungen eben.

Wenn wir aber nach den langfristig wirkenden Bedingungen des Aufbaus von Gewaltpotentialen fragen, so müssen wir den Wandel der sozialen Verhältnisse in den Blick nehmen. Er ist daraufhin zu beurteilen, inwieweit er den Subjekten gewaltlose Kontrolle über ihre Lebensbedingungen gestattet bzw. erleichtert, verunmöglicht bzw. erschwert.

Für diese Kontrolle sind zwei Ebenen der Lebensführung zentral: **die Sicherung der materiellen Existenz und die Sicherung tragfähiger Beziehungen.**

Zunächst zum ersten:

In weiten Bevölkerungskreisen und in zahlreichen Sektoren unserer Gesellschaft zeigen sich Tendenzen einer Labilisierung der materiellen Existenzsicherung.

Dieses Instabilwerden ist beobachtbar in den beiden Kernbereichen der materiellen Existenzsicherung: im ökonomischen und im politischen.

Um mit dem zuletztgenannten Bereich anzufangen: Zahlreiche Menschen, insbesondere die meisten Jugendlichen, sehen sich heute durch ökologische Global-Gefahren und Destabilisierungen des Friedens - aktuell in erster Linie vielfach aufgrund von heimlicher Proliferation kernwaffenfähigen Materials aus der ehemaligen Sowjetunion - existentiell bedroht. Sie glauben nicht mehr daran, daß die etablierte Politik in der Lage ist, diese Gefährdungspotentiale - oder sollte man sagen Gewaltpotentiale? - zu bannen, geschweige denn abzubauen. Gleichzeitig haben sie das Gefühl, selber nicht genügend politisches Gehör zu finden und ihre Interessen und Vorstellungen einbringen zu können. Empfindungen von Hilflosigkeit, Anomie und Ohnmacht machen sich zunehmend breit.

Sie gehen mit dem einher, was allgemein **"Politikverdrossenheit"** (übrigens jüngst zum "Wort des Jahres 1992" gekürt), "politische Entfremdung" o.ä. genannt wird, korrekter aber wohl die Entfremdung der Sphäre der institutionalisierten Politik von den Lebenswelten der Menschen - denen der Jugendlichen zumal - heißen müßte. Wäre anders verstehbar, daß laut Shell-Studie '92 80% der Jugendlichen, im Osten und Westen unserer Republik gleichermaßen, sich von den Politikern und Politikerinnen "sehr betrogen" fühlen?

Wie auch immer:

Vor dem Hintergrund damit verbundener Enttäuschungs- und Ohnmachtserfahrungen meinen manche wohl nicht ganz zu Unrecht: das, was eigentlich zur Erklärung anstünde, sei nicht so sehr das Ausmaß des zu Tage tretenden Gewalthandelns von Jugendlichen, sondern vielmehr die Tatsache, daß das darin ausgedrückte Unbehagen "an die falsche Adresse" gerichtet wird.

Zum zweiten Feld materieller Existenzsicherung, dem ökonomischen:

Zentral hierbei sind für alle Lohnabhängigen die Bedingungen auf dem Arbeitsmarkt. Auch hier zeigen sich Verunsicherungsmomente. Denn die ökonomische Modernisierung hat in der Bundesrepublik keineswegs zu einem allgemeinen Stabilwerden der Arbeitsverhältnisse geführt. Eher im Gegenteil: Nach wie vor gibt es **Massenarbeitslosigkeit**; freilich mit erheblichen regionalen, branchen-, geschlechts- und nationenspezifischen Unterschieden. Daß ökonomische Modernisierung allein dieses Problem weltweit eher verschärft als löst, macht nicht nur der Armutsdruck Einwanderungswilliger aus Drittweltländern deutlich. Auch die Situation in den neuen Bundesländern, die ja ganz wesentlich durch den Modernisierungsvorsprung des Westens herbeigeführt wurde, spricht eine deutliche Sprache.

Neben die Massenarbeitslosigkeit tritt aber heute noch ein neues Erfahrungsmuster: das der **Auflösung von Normalarbeitsverhältnissen**. Befristungen, Zeit- und Leiharbeitsverhältnisse, nicht sozialversicherungspflichtige Beschäftigungsverhältnisse, Mobilitäts- und Flexibilitätserfordernisse sind im Anwachsen begriffen.

Sicher: Von diesem Instabilwerden sind nicht alle mit gleicher Härte betroffen. Die Modernisierungsverlierer sind ärger dran als die Modernisierungsgewinner. Gleichwohl: Auch die Gewinner können sich nicht mehr darauf verlassen, daß ein einmal erreichtes Sicherungsniveau auf Dauer bestehen bleibt. Im Gegenteil: Sie stehen unter ständigem Flexibilitätsdruck und meinen zusehen zu müssen, daß sie ihre Schäfchen im Trockenen behalten. Nicht selten versuchen sie daher, ihren Wohlstand gegen die sozialen Ansprüche der Verlierer abzublocken oder gegen neue Verteilungskonflikte mit Einwanderern restriktiv zu verteidigen. **Wohlstandschauvinismus** nennt man eine solche Position.

Verschärfend wirkt sich aus, daß Konkurrenzverhalten in unserer Gesellschaft positiv bewertet wird. Weithin gilt das Motto: Konkurrenz belebt das Geschäft. Es geht um ein "Sich-durchsetzen-Wollen/Müssen um jeden Preis". Egozentrik und Dominanzstreben sind in unserer Wirtschaftsgesellschaft allenthalben gefordert und folglich (?) - wie Richter und Brähler empirisch belegen - im Anstieg begriffen auf Kosten von Werten wie sozialer Sensibilität, Fürsorglichkeit und Gemeinsinn.

Auf der zweiten Ebene von Realitätskontrolle geht es um den Aufbau befriedigender sozialer Beziehungen. In dieser Hinsicht heißt eine weitgeteilte Diagnose: **"Individualisierung"**. Damit wird die Tatsache beschrieben, daß sich traditionelle "Milieus", gewachsene und von Generation zu Generation tradierte, relativ festgefügte Lebensgemeinschaften sukzessive auflösen. Am offenkundigsten wird das wohl sichtbar bei den klassischen Arbeitermilieus mit ihren spezifischen Wohnstrukturen, Kommunikationsformen und auch entsprechenden Wertevorstellungen und politischen Deutungshorizonten, die daraus resultieren.

Im Zuge solcher Prozesse ändert sich die Qualität familialer Kontakte, nachbarschaftliche Bindungen lösen sich immer mehr auf, Vereinstraditionen werden durchbrochen und gewerkschaftliche wie politische Kontinuitäten, beispielsweise die selbstverständliche Mitgliedschaft in Arbeiterpartei und Gewerkschaft oder auch Genossenschaft zerbrechen. Religiöse Leitlinien, naturwüchsige Zugehörigkeiten und Verläßlichkeitstraditionen verblassen. Eine Reihe von Entwicklungen moderner Gesellschaften kann man dafür als

Ursachenzusammenhänge ausmachen. Das Schlagwort **"Modernisierung"** faßt sie zusammen. Deutlich werden sie u.a. an folgenden acht Tendenzen:

1. Wir haben uns in der Bundesrepublik Deutschland auf eine ungeheure soziale und geographische **Mobilität** eingelassen.
   Durch sie werden die Menschen aus ihren angestammten Herkunftsmilieus herausgelöst. Einerseits können sie so neue Beziehungsmuster eingehen, andererseits können sich aber diese neuen Muster nicht dauerhaft festsetzen und soziale Sicherheit vermitteln.
2. Durch die **Schaffung sozialstaatlicher Sicherungssysteme** sind zwar einerseits die zentralen Lebensrisiken der Lohnarbeiterexistenz verringert worden, sind aber damit andererseits auch die Ansatzpunkte und Notwendigkeiten zur Bildung von Klassensolidarität oder vergleichbarer Formen von Solidarbewußtsein nicht mehr gegeben.
3. Innerhalb unserer betrieblichen und beruflichen Systeme gibt es immer mehr **künstliche Binnendifferenzierungen**. Jeder und jede von uns hat den Eindruck, auf einer Sprosse einer beruflichen bzw. betrieblichen Stufenleiter zu stehen, von der aus der Aufstieg zur nächsthöher gelegenen Sprosse individuell möglich erscheint, ebenso wie allerdings der individuelle Abstieg auf die Sprosse darunter befürchtet werden muß. Anders als Untersuchungen zum Arbeiterbewußtsein in den sechziger Jahren es belegten, ist heute nicht mehr nur der kollektive Aufstieg in den Köpfen, sondern der individuelle Auf- und Abstieg. Dadurch ist es zu einer ungeheuren Ausweitung von Konkurrenzbeziehungen gekommen.
4. **Konkurrenzbeziehungen** haben sich nicht nur ausgeweitet, sondern auch lebensgeschichtlich "nach vorn" verlagert. Verantwortlich dafür ist insbesondere die Zunahme der Bedeutung von Bildung als Verteilungskriterium von sozialem Status. Bildung ist im Zuge der Bildungsreform vor allem in den 70er Jahren neben die drei klassischen Kriterien der Verteilung von sozialen Chancen, also neben Macht, Prestige und Besitz getreten. Wie Bildung aber in unserem schulischen System begriffen wird, geht es dabei primär um den Erwerb von arbeitsmarktrelevanten Qualifikationen, weniger um Dinge wie "Allgemeinbildung" oder "Menschenbildung".
   Diese arbeitsmarktrelevanten Qualifikationen müssen in ihrer individuellen Einzigartigkeit herausgestellt werden, ja es geht darum, daß jede(r) ein möglichst idiographistisches Qualifikationsprofil für sich konturenscharf herausmeißelt. Wenn aber primär die Einzigartigkeit der jeweils individuellen Leistung herausgestellt werden muß, wird dadurch Solidarität schon in der Phase des schulischen Lernens unterhöhlt, zumindest zwischen den Angehörigen unterschiedlicher Schulformen.
5. Im Zuge geographischer Mobilisierungsschübe ist es zu gewaltigen **Umschichtungen in den Wohnumfeldern** gekommen. Die urbanen Großstadt-

siedlungen mit ihren Trabanten-/Neubauvierteln haben die gewachsenen Wohnquartiere ersetzt. Sie lassen weitgehend nur noch lockere Bekanntschaftsverhältnisse zu. Einige meinen gar: Wohnhaft in Betonsilos bedeutet zuweilen Isolationshaft. In ländlich strukturierten Regionen zeigt sich ähnliches (Stichworte: Pendlerströme, Schlafdörfer, Verblassen von Dörflichkeitskultur etc.).

6. Wir erleben eine **Ausweitung der Verrechtlichung der sozialen Beziehungen**. Das beste Beispiel dafür ist vielleicht die Ausweitung des Arbeitsrechtes: Während früher die Durchsetzung von Ansprüchen von Arbeitern in erster Linie über kollektive Aktionen wie Werksbesetzungen oder Streiks verlief, werden heute die individuellen Arbeitsrechte von Einzelsubjekten vor Gericht eingeklagt. Die wahre Arbeiterbewegung findet heute auf den Fluren der Arbeitsgerichte statt. Insofern die Gewerkschaft immer mehr den Charakter eines Rechtsschutzunternehmens bekommt, ist die Notwendigkeit kollektiven Handelns in diesem Rahmen nicht mehr eindringlich, erst recht nicht für die nachwachsende Generation. Wie beim Verhältnis von Jugendlichen zu Jugendverbänden, so entwickelt sich auch auf diesem Gebiet eine dienstleistungszentrierte Gebrauchswertorientierung.
7. In immer stärkerem Maße sind **soziale Beziehungen dadurch gekennzeichnet, daß sie sich monetarisieren**. Das heißt, die Verfügung über Geldmittel bzw. über das, was man sich dafür kaufen kann, wird zu einem entscheidenden Medium der Selbst- und Fremdpräsentation.
   Unentgeltliche gegenseitige Hilfeleistung, z.B. Nachbarschaftshilfe, verliert demgegenüber an Wert.
8. Es greift um sich eine **Internationalisierung von Abhängigkeiten**, nicht zuletzt von Arbeitsmarktabhängigkeiten, die die Individuen, Länder- und Sprachgrenzen und Kulturen übergreifend durcheinanderwirbelt, ohne daß es bisher erkennbar gelungen wäre, neue funktionierende interkulturelle Milieus aufzubauen.

Die vereinzelten Einzelnen fristen gegeneinander abgeschottete Privatexistenzen, die keinen übergreifenden kollektiven Erfahrungs- und kulturellen Deutungszusammenhang mehr besitzen. Die früher relativ stabilen "Zwischeninstanzen" zwischen Individuum und Gesellschaft - etwa Familie, Arbeitskollektiv, Nachbarschaft etc. - verlieren an Bedeutung, so daß die zentralen globalen gesellschaftlichen Problemlagen gewissermaßen direkt auf das Individuum durchschlagen können, ohne daß eine Abfederungsinstanz dazwischen Hilfestellung anzubieten in der Lage wäre und ohne daß Lösungen individuell zu bewerkstelligen wären.

Jugendliche nun sind von den generellen gesellschaftlichen Orientierungsschwierigkeiten verschärft betroffen, sind sie es doch gerade, die sich in jener

Lebensphase befinden, der gesellschaftlich die Funktion zugewiesen wird, Identität aufzubauen. Alltagssprachlich übersetzt geht es dabei darum, das Wissen darüber zu erlangen, wer man ist, was man tun und denken soll und warum dies zusammengenommen auch sinnvoll ist. Die alten Selbstverständlichkeiten und die Routine des Aufbaus von Identität in den entscheidenden Sozialisationsinstanzen gehen aber immer mehr verloren. Was einmal unhinterfragbar "normal" war, wird anachronistisch, obsolet oder zumindest zunehmend problematisch. Nicht nur die "Normalarbeitsverhältnisse" und andere "Normalitäten" lösen sich zunehmend rascher auf: die "Normalfamilie", die "Normalität" der etablierten Aufgabenverteilung zwischen den Geschlechtern, insbesondere auch die "Normalität" männlicher Vorherrschaft, die Orientierungsmarken von "Normalbiographien" insgesamt, um nur die wichtigsten zu nennen.

Es entsteht mithin ein **Vakuum an sozialer Verantwortung**. In diese Zugehörigkeits- und nicht selten auch Geborgenheits-Leere können dann Gemeinschaftssurrogate hineinstoßen, die versprechen, Einbindung auf der Basis quasi-natürlicher Merkmale wie Nation, Rasse, Hautfarbe, abendländische Kultur etc. zu gewähren. Damit werden Ein- bzw. Ausgrenzungskriterien verfügbar, die gerade deshalb so gut einsetzbar sind,

- weil sie konkret und sinnlich wahrnehmbar,
- aufgrund ihrer (quasi-) biologistischen Verankerung zeitlich konstant,
- überall dokumentationspflichtig und überall dokumentierbar,
- irreversibel bzw. kaum reversibel,
- und deshalb einer Argumentation nicht offen sind.

Insofern bieten sie sich als eine Kompensation zu dem zentralen Prinzip sozialer Plazierung an, das sich in vielen Fällen gerade als trügerisch erweist: zum Leistungsprinzip. Selbst für diejenigen, die in der Leistungsgesellschaft reüssieren, bieten sie eine Alternative zur mühevoll selbst zu erarbeitenden sozialen Einbindung, einen emotionalisierten "Heimatraum", der einem schlicht qua Herkunft zufällt und nicht erst strebsam erworben werden muß.

Entsprechende Unsicherheiten mit den Gewißheitsversprechungen von Gewalt verdecken zu wollen, liegt gerade für jene nahe, die

- keine andere Chance zur Artikulation und Durchsetzung ihrer Interessen für sich sehen,
- sich von der Komplexität von Problemlagen und Lösungswegen geradezu erdrückt sehen,
- emotional tief getroffen sind und daher auf der Gefühlsebene Erfolgserlebnisse haben wollen,
- an schnellen Lösungen interessiert sind,
- die Funktion von Gewalt als Tabubrecher und als Aufmerksamkeitsanreiz nutzen wollen,

- die Verläßlichkeit sozialer Bindungen zwischen "Kumpels" selbst unter Beweis stellen oder testen wollen,
- Gewalthandeln als Kompensation oder eingeschränktes körperliches Ausagieren sozusagen "brauchen",
- soziale Rücksichtnahme und Werte wie Solidarität und Fürsorglichkeit ohnehin auf dem Rückzug sehen,
- die moralische Relativität des Mitteleinsatzes in vielen Bereichen unserer Output- und Effektivitätsgesellschaft wahrnehmen,
- eine steigende Akzeptanz von Gewalt gegen Minderheiten gesamtgesellschaftlich registrieren und
- persönliche Stärke nicht anders als durch den Rückbezug auf den eigenen Körper und seine Kraft zu demonstrieren vermögen.
  Denn: Wem nichts mehr bleibt, dem bleibt als letztes der eigene Körper.

Daß gerade Ende der 80er / Anfang der 90er Jahre die Entwicklung kulminiert, hat zahlreiche Gründe. Zu den wichtigsten dürften gehören:

- **Die offizielle Politik hat die antidemokratischen Angriffe von rechtsaußen lange negiert oder ignoriert.** Sozialwissenschaftlich fundierte Warnungen wurden in den Wind geschlagen oder - bestenfalls - in ihrer Rezeption gekoppelt an die Wahlkonjunkturen rechtsextremer Parteien. So setzte z.B. die öffentliche Diskussion über Rechtsextremismus größtenteils erst frühestens im September 1987 anläßlich des DVU-Wahlergebnisses in Bremen ein, wurde in der Folgezeit immer wieder durch REP-Wahlerfolge (insbesondere die Berliner Senatswahl vom Januar 1989 und die Europa-Wahl im selben Jahr) angefacht, um nahezu abgehakt zu werden, als im Vereinigungstaumel das Elektorat der Rechtsextremen zu schrumpfen schien. Entsprechend überrascht und konzeptionslos reagierte die etablierte Politik - und im übrigen auch die ähnlichen Konjunkturen sich unterwerfende Pädagogik -, als sich anschließend brutal erwies, wie hartnäckig rechtsextreme Orientierungen im Vergleich zu (wechselhaften) Wahlpräferenzen sind.
- Die **im Zuge der deutschen Wiedervereinigung erzeugte national(istisch)e Euphorie** diffundierte weit in das Lager der AnhängerInnen der gestandenen demokratischen Parteien und ließ wabernden Nationalismus im "Auffangbecken" der sozialen Akzeptanz verströmen. National(istisch)es Denken und Handeln wurde dadurch nicht nur weniger sichtbar, insgesamt unauffälliger und weniger angreifbar, sondern erhielt so auch bestärkende Legitimation.
- Die Spezifika der Sozialisation in der ehemaligen DDR einerseits, angelegt in ihrem totalitären Herrschaftssystem, und die ökonomische Verengung der Vereinigungspolitik andererseits, die die Selbstwahrnehmung von Ex-

DDR-BürgerInnen als "Deutsche zweiter Klasse" mitproduzierte, begünstig(t)en vor allem in den neuen Ländern die Entwicklung nach rechts, weil die Abgrenzung von Nicht-Deutschen scheinbar nationale Integration in die Bundesrepublik verschafft(e).

- Das anwachsende Sicherheits- und Wohlstandsgefälle zwischen den ökonomisch "unterentwickelten" Ländern der südlichen sowie östlichen Hemisphäre auf der einen Seite und dem hochindustrialisierten "Goldenen Westen" auf der anderen Seite führt zu einer Verstärkung von **Migrationsschüben** auch gerade nach Deutschland hinein. Sie bringen reale Konfliktlagen zwischen Einheimischen und ZuwanderInnen mit sich, die zusätzlich noch mit Phantasmen aufgeladen und übersteigert werden, entweder um existentielle Konkurrenz auszuschalten, oder um die Privilegien weiß-westlicher Dominanzkultur zu retten.
  Indem die etablierte Politik die Debatte um die ökonomischen und politischen Hintergründe der Migration nicht eröffnet, ja sie geradezu abwehrt und statt dessen die Fiktion einer dauerhaften effizienten justitiellen Regelung erzeugt (vgl. die unsägliche Asyl-Debatte), gibt sie unbeabsichtigt verbreiteten Haltungen von Fremdenfeindlichkeit offiziöse Legitimation. Mehr noch: Gewalttäter sehen sich im "Erfolg" ihrer Aktivitäten bestätigt. Die Gewaltspirale kann sich nach oben drehen.
- Die deutsche **Medienlandschaft** hat sich im vergangenen Jahrzehnt grundlegend verändert. Rapide nimmt ihre Privatisierung und Kommerzialisierung zu. Diese Entwicklung aber führt nachweislich auch zu einer Brutalisierung des Programmangebots insbesondere im audio-visuellen Bereich. Dabei ist nicht nur an das Unterhaltungssegment zu denken.
  Auch Informationssendungen schrauben die Gewaltschwelle hoch.
  Im Klartext: Wenn heute schon junge Leute darüber klagen, für ihre politischen Anliegen erst dann öffentliche Aufmerksamkeit erlangen zu können, wenn sie Gewalt anwenden, um wieviel mehr potenziert sich dann dieses Problem, wenn die Orientierung der Berichterstattung an Gewaltsensationen noch weiter zunimmt?
- Der **Konsummarkt** expandiert stetig zu einer Erlebnisgesellschaft. Der Konsument aber ist das vereinzelte Subjekt schlechthin. Wenn gilt: **"Ich bin, was ich habe"**, dann wird der individuelle Besitz zum wichtigen Identitätsvehikel. Dessen symbolischer Wert kann dann den materiellen übersteigen. Denn es geht weniger um Versorgung als um Bedeutung.
  Zugehörigkeiten stellen sich dann über Markenartikel und Konsumgewohnheiten her: "Wir Rolex-Träger", "Wir Benneton-Kundinnen", aber auch "Wir Doc-Martens-Träger", "Wir Manta-Fahrer" etc.
  In zweierlei Hinsicht kann in diesem Trend eine Begünstigung von Gewalthandeln erblickt werden:

Zum ersten suggeriert er, soziale Einbindung und Plazierung seien per instrumentelles Handeln zu erzielen. Wo aber der legale oder illegale Erwerb von Produkten bzw. Erlebnisqualitäten im Vordergrund der Identitätsbildung steht, muß die ethisch-moralische Reflexion entsprechenden Tuns als identitätsgefährdend angesehen werden. Sie abzuwehren und gar nicht erst zuzulassen liegt daher nahe. Die Rede von "fehlendem Unrechtsbewußtsein" muß deshalb vermutlich in den Zusammenhang von Konsumismus gestellt werden.
Zum zweiten fordert der Erlebniskauf im Unterschied zum reinen Versorgungskauf den impulsiven Kunden, der seinen Affekten freien Lauf läßt, statt sie in die Disziplin zu nehmen. Hauptsache auffallen, Klimax, Rausch, Geltungssucht und Ausdruck sind gefragt. Das Wie wird zweitrangig. Auch Gewalt erscheint dann nicht so sehr als Mittel, das eingesetzt wird, einen bestimmten, vorab geplanten Zweck zu erreichen.
Sie gewinnt ihre Bedeutung vielmehr aus ihrem Expressions-Gehalt, ihrer impulsiven, ja eruptiven Emotionalität. "Gewalt ist geil" - so formulieren Jugendliche heute nicht zufällig vielfach ihre Rechtfertigungen.

Gegenstrategien

Phänomenbeschreibung und Ursachenanalyse dürften deutlich gemacht haben: **Es gibt nicht *die eine* einfache und klare Lösung.** Dafür ist das Problem zu komplex und zu sehr mit den Normalitätsstrukturen unserer Leistungs- und Zweidrittel-Wohlstandsgesellschaft verknüpft. Erfolgversprechende Umgangsweisen aber sind wohl am ehesten auf drei Arbeitsfeldern zu erwarten: in Politik, sozialer und pädagogischer Arbeit und im Alltagshandeln von uns allen. Aus der Fülle diesbezüglicher Neu- und Umorientierungen erscheinen in thesenhafter Verkürzung u.a. die folgenden Punkte von hervorragender Wichtigkeit:

Politik

1. Die Debatte um Rechtsextremismus und Gewalt muß entkoppelt werden von ihren medial geprägten Themen-Konjunkturen. Der seit spätestens Mitte der 80er Jahre zu registrierenden dauerhaften Festsetzung, wenn nicht auch Verfestigung rechtsextremer Orientierungen in der Bevölkerung kann effektiv weder durch Beschwichtigungsversuche - etwa durch die gebetsmühlenartige Wiederholung der Parole "Deutschland ist kein ausländerfeindliches Land" - noch durch die Fokussierung auf die Auffälligkeiten von Wählerverschiebungen nach rechtsaußen oder von (jugendlichem) Gewalthandeln begegnet werden. Der Rechtsextremismus wurzelt in der Mitte der Gesellschaft. Damit dieses Diktum nicht zu einer von sich progressiv gebenden PolitikerInnen aufgestellten Leerformel-Falle wird, gilt es, die daraus abzuleitenden Konsequenzen gleich abzufordern bzw. mitzuformulieren. Eine Reihe davon beinhalten die folgenden Aspekte.

2. Wahlpolitische Taktierereien, um etwa die eigene "Lufthoheit über den Stammtischen zurückzuerobern" (so der Generalsekretär der CSU kurz nach der Berliner Senatswahl im Januar 1989), und restriktive Migrations-Politiken sind nicht nur ineffektiv, sondern darüber hinaus auch kontraproduktiv. Dies vorrangig deshalb, weil sie in Gefahr stehen, Bestandteile rechtsextremen Denkens in die politischen Akzeptanzbereiche einzubinden, bzw. weil sie umwälzende globale Entwicklungen in ihrer Tragweite und Fulminanz völlig verkennen.

3. Kriminelle bzw. politisch verbrämte oder motivierte Gewalt schwerpunktmäßig mit staatlicher Repression zu beantworten hat sich schon in der Vergangenheit als höchst problematisch erwiesen. Die Interaktionsprozesse zwischen den Ausführenden von Gewalt und Gegengewalt führen unter Umständen leicht zu ihrer Aufschaukelung. Z.T. baut man auf diesem Wege gerade bei jungen Leuten Untergrundszenen und Outlaw-Mentalitäten auf. Aktuell ist die Blauäugigkeit innerhalb der politischen Linken hinsichtlich der Überlegungen einer Verschärfung von Landfriedensbruchparagraphen und von Vereinsverboten schon bemerkenswert. Gleiches gilt für Parolen wie "härter durchgreifen", "mit aller Schärfe vorgehen" etc., die im allgemeinen sonst als Indiz für rechte Gesinnung und "gesundes deutsches Volksempfinden" gelten.

Sicher: Wo Straftaten begangen werden, darf sich der Staat nicht wehrlos zeigen. Nur, was statt der aktuell vielbeschworenen "Härte" gefordert wäre, ist Konsequenz: Konsequente Ermittlung, um die Wahrscheinlichkeit des "Erwischt-Werdens" zu erhöhen; konsequente und schnelle Aburteilung von Verdächtigen, um gerade Jugendlichen die fehlende gesellschaftliche Akzeptanz von (fremdenfeindlichen) Straftaten sofort zu verdeutlichen. Hier haben die Staatsorgane ihre "Blindheit auf dem rechten Auge" zu beheben.Konsequenz muß aber auch gefordert werden in Hinsicht auf die Notwendigkeit des Festhaltens am Gedanken der Resozialisierung und seiner Plazierung vor dem der Strafe, gerade und verstärkt bei jugendlichen Delinquenten.

4. Schwerpunktverlagerungen innerhalb der Jugendarbeitspolitik allein bewirken wenig. Sicher brauchen wir eine bessere Förderung der mobilen Ansätze der Jugendarbeit, die sich in den letzten Jahren als besonders erfolgversprechend im Umgang mit rechten Szenen und Cliquen erwiesen haben *(dazu aktuell: Krafeld/Möller/Müller 1993)*. Insofern aber auch die "Normalos" unter den Jugendlichen Gefährdungen aufweisen, sind auch die allgemeine Jugendbildungsarbeit, die Jugendverbände und die offene Jugendarbeit im Zugzwang. Umverlagerungen von Mitteln aus diesen Bereichen reißen hier

"Betreuungslöcher" auf, die problematische Langzeitwirkungen zeitigen können. Nicht zuletzt die drastischen Folgen der Zerschlagung der alten DDR-Jugendclubs lassen Entsprechendes erahnen.

5. Jugendpolitik darf sich nicht auf Förderungspolitik für die Einrichtungen der Jugendarbeit beschränken. Angesichts der verbreiteten politischen Machtlosigkeitserfahrungen Jugendlicher sind innovative Konzepte der politischen Beteiligung gefordert. Zu denken wäre an generationenspezifische Plebiszite, die das Mißverhältnis zwischen Entscheidungsbefugnis und Risiko-Belastung zwischen den Generationen z.B. bei ökologischen Weichenstellungen (Atommüllentsorgung etc.) beheben könnten. Das Erschließen von selbstgestaltbaren Sendeplätzen in den Rundfunkmedien - so wie es das NRW-Lokalfunkgesetz ansatzweise für gemeinnützige Vereine vorsieht - könnte den Öffentlichkeits*lag** der jungen Generation anzugehen erlauben. Realistischer als solche weitausgreifenden Perspektiven erscheint die Einrichtung und Weiterentwicklung von stadtteilorientierten Jugendräten, in denen Jugendliche die Gestaltung ihres Stadtteils in die Hand nehmen. In jedem Fall ist Jugendpolitik als Entwicklungspolitik zu konzipieren.

*(Verzögerung zwischen Ereignissen und deren Konsequenzen.)

6. Auch eine "soziale Entspannungspolitik", die auf mehr Wohnungen, Kinderbetreuungsmöglichkeiten und Arbeitsplätze setzt, ist unzureichend. Zwar vermag sie u.U. Konkurrenzlagen unter Deutschen und zwischen Ausländern und Deutschen zu entschärfen, aber zum einen werden damit nur die Oberflächenphänomene statt die Tiefenstrukturen von Konkurrenzverhältnissen verändert, und zum anderen stellt sich die Forderung nach "Ausbau von ..." fast gänzlich als quantitatives Argument dar. Es kommt aber nicht darauf an, nur irgendeine Kinderbetreuung oder irgendeinen Arbeitsplatz anbieten zu können. Entscheidend ist die Qualität. Denn zumindest hinsichtlich des Vorhandenseins von Arbeitsplätzen läßt sich erkennen: Nicht sein bloßer Besitz, erst die Möglichkeit seiner sachlich-inhaltlichen Ausgestaltung zu Selbstverwirklichungszwecken bietet einen gewissen Schutz vor rechtsextremer Gefährdung *(vgl. Heitmeyer u.a. 1992).*

7. Neben Jugend- und Sozialpolitik sind noch ganz andere politische Ressorts und Initiativen gefordert. Um nur wenige als Auswahl zu nennen:

- *Gleichstellungspolitik,* die sich u.a. im Sinne einer Jungen- und Männerpolitik mit dem Männer- und Jungenüberhang im Spektrum der Rechtsextremen und Gewalttäter, aber auch mit spezifisch "weiblichen Anfälligkeitskonstellationen zu befassen hätte;
- *Bildungs- und Schulpolitik,* die die dem "Lernziel Solidarität" offenbar abträglichen Qualifikationsbegriffe und inneren Schulstrukturen der "Wettbewerbsschule" zu überdenken hätte;
- *Vernetzungspolitik,* die im unmittelbaren Lebensumfeld der Subjekte an

der Stelle wegschmelzender Milieus tragfähige Formen neuer Gemeinschaftsbildung zu entwickeln hätte;

- *Verkehrs- und Stadtplanungspolitik,* die die unter ordnungspolitischen Gesichtspunkten betriebene Verriegelung von Flächen für Jugendleben aufgibt und stattdessen neue Raum-Ressourcen erschließt, beispielsweise auch Bewegungsräume, die ungehindertes körperliches Ausagieren gestatten;
- *Wirtschaftspolitik,* die nicht wie selbstverständlich den Bereich der Ökonomie von der Weiterentwicklung demokratischer Strukturen ausschließt;
- *Rechtspolitik,* die ihren Schwerpunkt darin findet, statt MigrantInnen abzuschrecken bzw. aus dem Lande zu "entsorgen", deren Probleme zu entsorgen. Eine entscheidende Hilfe dafür sind Initiativen für rechtliche und politische Gleichstellung. Hier kann man von Staaten wie den Niederlanden oder Schweden einiges lernen. Empörungs- und Beileidsbezeugungen der Politik an die Adresse der Opfer von Fremdenhassern wirken wie Heuchelei, wenn damit nur die brutalen Exzesse von Ungleichheitsbehandlung bedauert werden, nicht aber Initiativen daraus folgen mit dem Ziel, Gleichheit herzustellen (z.B. Antidiskriminierungsregelungen, Einwanderungsgesetz).
- *Entwicklungs-, ja, Weltinnenpolitik,* die das vielbeschworene Postulat "die Fluchtursachen bekämpfen" endlich so ernst nimmt wie es die politische Lage erfordert. Dazu zählt die eindeutigere Koppelung von Entwicklungshilfe an die Einhaltung von Menschenrechtsbestimmungen, aber auch das Giga-Projekt einer Reform der Weltwirtschaftsordnung. Erst sie vermöchte grundlegender, als dies militärisch gesicherte Nahrungsmittellieferungen können, Verelendungstendenzen in "Dritte-Welt"-Ländern stoppen und globale Verteilungsgerechtigkeit herstellen.

Pädagogik

1. Pädagogik sollte sich freimachen von dem entweder fremdgesetzten oder selbst erhobenen Anspruch, das Problem der Jugendgewalt bzw. der Gewaltbelastung Jugendlicher lösen zu können.

Es ist illusionär, von z.B. Familienerziehung oder Jugendarbeit die Problementsorgung zu erwarten, wenn man hier mit polizeilichen oder juristischen Mitteln nicht mehr weiterkommt. Der Hauptgrund dafür:

Die oben aufgewiesenen Ursachen der Gewaltphänomene sind tief in sozialstrukturellen Lebensbedingungen zu suchen. Um sie entscheidend ändern zu können, ist der Arm der Pädagogik zu kurz. Da bedarf es grundlegenderer politischer Weichenstellungen. Sie kann professionelle Pädagogik zwar einfordern, ggf. teilweise auch initiieren, - gerade im kommunalpolitischen Raum - sie auszuführen bleibt allerdings der Sphäre der Politik vorbehalten.

Daß Pädagogik das gesellschaftliche Gewaltproblem nicht zu lösen vermag, bedeutet nicht, daß sie bei seiner Bearbeitung keine Funktion hätte. Ganz im Gegenteil. Ihre Aufgabenstellung beschränkt sich aber im Kern darauf, Hilfestellungen zu geben für jene, die unter Gewalt leiden, sei es auf der Täter- oder Opferseite. Sie kann lindern, nicht lösen.

2. Wenn sie diesen Job ursachenbezogen angehen - und welche PädagogInnen beanspruchen dies nicht? -, dann sollten sie dies m.E. unter einer ganz bestimmten Perspektive tun. Und die heißt: **Vermittlung von Orientierungs- und Handlungssicherheit**. Mit Vermittlung von Orientierungssicherheit meine ich die Vermittlung von Kompetenzen und die Erschließung von Ressourcen, die es Jugendlichen gestatten, Planungssicherheit in Gestalt von aktueller und vorausplanender Stabilisierung der Persönlichkeitsentwicklung zu erleben.
Mit Vermittlung von Handlungssicherheit meine ich zweierlei:

a) Hilfen zur Bewältigung existentiell relevanter sozioökonomischer und materieller Lebensbedingungen; dies vermittels ihrer produktiven Verarbeitung und aktiven Gestaltung;
b) Hilfen zum Aufbau von Sicherheit in sozialen Bezügen im Sinne interpersonaler Verständigung. Handlungs- und Orientierungssicherheiten in diesem Sinne scheinen ja die zentralen Defizite für gewaltgefährdete Jugendliche heute darzustellen. Folglich sind Angebote zu entwickeln, die dieses Vakuum füllen helfen.

Eine derartige Grundlinie pädagogischen Herangehens an das Gewaltproblem zieht eine Reihe von Folgen nach sich.
Einige wichtige will ich im folgenden nennen:

3. Bedürfnisorientierung statt Problemgruppenzentrierung - so müßte die paradigmatische Formel einer derartigen Perspektive heißen *(vgl. Möller 1991)*. Was tun wir bisher? Ich denke: eher das Gegenteil davon. Wir setzen an den Problemen an, die gewaltbereite Jugendliche uns schaffen, statt an jenen, die sie haben. Wir nehmen Fußball-Randale, Asylanten-Anschläge, krakeelende Jugendliche etc. zum Anlaß, uns dem Problem gesellschaftlicher Gewalt zuzuwenden, und sehen diese Jugendlichen unter dem Etikett der Gewaltbereiten bzw. gar der "Gewalttäter". Die eine Kalamität dabei ist: die Eigenschaften der Gesamtpersönlichkeit dieser Jugendlichen verschwinden allesamt unter dem Etikett, das wir ihnen aufpappen. Daß sie vielleicht noch etwas ganz anderes sind als das, weshalb wir primär auf sie zugehen, entgeht damit unserem Blick. Damit werden aber auch womöglich jene Persönlichkeitsbestandteile weniger wahrnehmbar, die viel eher als die Gewaltauffälligkeiten Anknüpfungspunkte zu den Jugendlichen bilden könnten.

Die andere Kalamität ist die, daß sich die subjektiven Motive für Gewalthandeln unter der Problemgruppenperspektive nicht entschleiern. Ohne ein Verständnis dieser subjektiven Antriebe aber steht jegliche Pädagogik auf verlorenem Posten. Dies deshalb, weil sie so über bloße Belehrung und moralische Appelle nicht hinauskommt. Belehrungen kommen aber gegen Erfahrungen nicht an *(Heitmeyer).*

4. Nicht ausgrenzen, sondern Gesprächs- und Handlungsbereitschaft signalisieren. Absondern ist gegenüber Trägern des Gewaltvirus ebensowenig hilfreich wie bei AIDS-Infizierten. Ja, Ausgrenzung wirkt geradezu kontraproduktiv. Denn: Diese Jugendlichen stehen ja gerade deshalb da, wo sie sind, weil sie sich ausgegrenzt fühlen: ausgegrenzt aus Schule, Elternhaus, Politik, Nachbarschaft, manchmal auch aus Cliquen. Wenn jetzt die Pädagogik solcher Ausgrenzung "noch eins draufsetzt", verschlimmert sie die Lage der Jugendlichen eher, als daß sie sie verbessert.

5. Der Volksmund weiß: mit Rettungsbemühungen dann zu beginnen, wenn das Kind bereits in den Brunnen gefallen ist, ist wenig erfolgversprechend. Was wir also verstärkt bräuchten, wäre **präventive Arbeit** überall da, wo Jugendliche sich aufhalten, auch die sogenannten "normalen". Denn:

6. Gewaltbekämpfung kann nicht nur am Rande der Gesellschaft stattfinden. Gewaltakzeptanz findet sich nicht nur in jenen Cliquen, die im Scheinwerferkegel öffentlicher Aufmerksamkeit stehen, sondern auch - in anderer Gestalt - im Zentrum der Gesellschaft.

Gewaltbereitschaft ist viel breiter gestreut - auch gerade in bestimmter Gestalt (Stichwort Repressionssyndrom) - auch unter Erwachsenen. So gesehen darf gewaltbekämpfende Arbeit nicht nur sich nicht in Randgruppenarbeit erschöpfen, sondern auch sich nicht nur als Jugendarbeit verstehen. Die Claqueure in Hoyerswerda waren Erwachsene. Was tut die Erwachsenenbildung eigentlich, außer Vortragsreihen über die Gewalt durch Jugendliche zu organisieren? Wo bleiben die gemeinwesenorientierten Ansätze, die auch in Bezug auf diese Zielgruppe nötig wären?

7. In der Arbeit mit "Härtegruppen" wie Skins und Hools haben sich trotz gelegentlicher Rückschläge Projekte mobiler Jugendarbeit als erfolgreich erwiesen. Dies hängt ganz wesentlich mit den vier konzeptionellen Säulen mobiler Jugendarbeit zusammen: Streetwork, Einzelfallhilfe, Gruppenarbeit und Gemeinwesenarbeit. Alles zusammengenommen ist unerläßlich, will man "aufsuchende Arbeit" zum Erfolg führen.

8. Zentraler Ansatzpunkt muß das sein, was Projekte mobiler Jugendarbeit auch im Hinblick auf die Arbeit mit Drogenabhängigen verfolgen: die **Vermittlung funktionaler Äquivalente für das als problematisch erachtete Verhalten.** Es kommt also bezogen auf unsere Thematik darauf an, funktionale Äquivalente für Gewalt, Ausländerhaß, Frauenfeindlichkeit u.ä. zu entwickeln. Gerade um hier erfolgreich arbeiten zu können, muß man die Frage beantworten können, welche Funktionen Gewaltausübung bei ihren Akteuren erfüllt, welche Bedürfnisse sie befriedigen soll. Man wird dann Überlegungen und Fragerichtungen anstellen können wie:

Wie lassen sich die Elemente von Abenteuer, Risiko, Spannung, Erregung, Körperlichkeit anders und vielleicht besser befriedigen als durch Gewalthandeln? Was kann sonst noch als Vergemeinschaftungsmedium herhalten? Welche anderen Ressourcen und Aktivitäten zur Identitätsbildung sind erschließbar?

9. Wir müssen stärker über **geschlechtsspezifische Arbeit auch mit Jungen** nachdenken. Denn das Kriterium, das am stärksten Gewaltbereite von Gewaltdistanzierten scheidet, ist die Geschlechtszugehörigkeit, besonders deutlich bei den Rechtsextremen. Ursachenbezogen handeln heißt deshalb auch unter anderem, geschlechtsspezifische Arbeit nicht mit Mädchen- und Frauenarbeit synonym zu setzen.

10. Mit den ganzen Problemen der modernen Gesellschaft werden die Familien ziemlich allein gelassen. Sie sollen die Kosten der Individualisierung und Modernisierung auffangen, die ganz woanders - vor allem im ökonomischen Bereich nämlich - entstanden sind. Sie sollen Entsorgungsparks für Modernisierungsschutt sein: 13 Kabelprogramme, Videos, Computerspiele, Video-Peep-Shows - Euer Problem, wie Ihr damit umgeht!

Überbordende Supermarktregale - Euer Problem, wie Ihr Eure Kinder zu sinnvollem Verbrauch anhaltet! Wohnen in Böblingen, Mutter arbeitet in Ludwigsburg, Vater in Köln - müßt Ihr halt eine IC-Familie gründen! Keine Über-Mittag-Betreuung für den jüngsten Sprößling im Kindergarten, kein Hortplatz für die 9jährige Tochter - was setzt Ihr auch Kinder in die Welt, und dann auch noch zwei! Fast asozial! Worauf ich hinauswill: Die **Familien sind überlastet**. Wer kümmert sich um sie? Jugendarbeit und Erwachsenenbildung rechnen beide Familienbildung zu ihren Aufgabengebieten. Was sie aber faktisch in diesem Bereich machen, ist bescheiden - und das ist noch schönfärberisch ausgedrückt. Druck auf Familienpolitik geht von hier jedenfalls kaum aus.

11. Wenn das Konsumismus-Syndrom tatsächlich Anfälligkeiten für Gewalthandeln beinhaltet, dann wird man stärkeres Gewicht auch auf den Ausbau der Konsumerziehung zu legen haben. Dabei geht es um mehr als um Verbraucherberatung. Die ethische Legitimation westlich-kapitalistischer Konsumgewohnheiten steht zur Diskussion.

Alltag

1. "Nazis raus aus dieser Stadt!" - dies ist nicht die Devise, unter der das eigene Handeln gegen rechts als politischer Mensch vor Ort Sinn macht. Abgesehen davon, daß es sich dabei um nicht mehr handelt als die Umkehrung der Parole "Ausländer raus!", abgesehen auch davon, daß sich gleich die Frage des "Wohin?" stellt und abgesehen einmal auch davon, daß damit zentrale Ursachenkomponenten der Schwenks Jugendlicher nach rechts, nämlich Gefühle des Ausgegrenztseins, noch verstärkt werden, propagiert man damit nicht mehr als eine verkürzte Problemverschiebung. Ursachenbezogen ist diese geographische Strategie jedenfalls nicht.

2. "Schlagt die Faschos, wo Ihr sie trefft!", "Haut die Glatzen, bis sie platzen!" - wo Verbalradikalität dieses Kalibers sich in tatsächliches Handeln umsetzt, hat der bemühte Antifaschismus schon verloren.

Gegengewalt als Reaktion auf Gewalt läßt erfahrungsgemäß Gewalt eskalieren. Hinzu kommt, daß sich die AntiFa in der bürgerlichen Öffentlichkeit dann schnell als Gruppierungen unbelehrbarer Chaoten wiederfindet, während die Rechten den Erhalt von Sicherheit, Recht und Ordnung für sich reklamieren. Aus der Rechtsextremismus-Debatte wird dann schnell die über Extremismus von rechts und links. Vor allem PolitikerInnen des konservativen Spektrums greifen solche Gelegenheiten häufig begierig auf.

3. "Wir müssen die Rechten belehren" - kraft des besseren Arguments. Solche Versuche erweisen sich als recht ineffektiv; weniger deshalb, weil "die halt sowieso zu doof sind, irgendwas zu kapieren", sondern vor allem deshalb, weil die Motive für die Übernahme von Rechtsaußen-Positionen häufig gar nicht kognitiv strukturiert sind. Wenn aber nicht oder kaum das Rational-Ideologische, wohl aber das Emotional-Symbolische Triebfeder ist, müssen Ansprachen auch eher auf dieser Ebene erfolgen, gerade bei jüngeren Jugendlichen. Insgesamt aber gilt es gerade für Jugendliche, den Kontaktfaden zu den nach rechts abdriftenden Gleichaltrigen nicht ganz abreißen zu lassen. Vielleicht ist er der einzige, der sie noch in der "Normal"-Gesellschaft hält und damit auch entsprechende Auseinandersetzungen führbar macht. Haltbare Anknüpfungspunkte dürften gerade in den Bereichen liegen, die man gemeinsam hat und die nicht schon gleich politisch belastet sind.

4. "Wir müssen die Öffentlichkeit aufklären über die rechten Gespenster" - so entfesselt man Publikationskampagnen, in denen dann meist rechtsextreme Gruppierungen, Parteien und Medien den Informationsgegenstand abgeben. Zum einen verschafft man ihnen damit häufig einen Bekanntheitsgrad, für den sie dankbar sein können. Zum anderen und vor allem aber verlagert man die Themenstellung des öffentlichen Diskurses hin auf das Organisierungsproblem. Wichtiger als andere über die organisierte rechte Gewalt aufklären zu wollen, erscheint es demgegenüber, zunächst einmal die eigene Anfälligkeit zu eruieren und sich dabei z.B. auch ein Interesse an Privilegiensicherung einzugestehen, um danach auch andere zu ähnlichen Selbstklärungsprozessen zu ermuntern.

5. "Nie wieder wegsehen!" - dies dürfte die wichtigste Aufforderung und Selbstverpflichtung in diesem Bereich sein. In politischen Diskussionen mit seiner im Vergleich zur Mehrheit vielleicht konträren Meinung nicht zurückzuhalten, nicht die "ganz normale" Minderheitenausgrenzung und -diskriminierung widerspruchslos zu tolerieren, vor allem aber: solidarisch zu sein mit "Untergebutterten", Bedrohten und Angegriffenen - darin zeigt sich schließlich, wie ernst man es meint mit der Arbeit "gegen rechts" und Gewalt. **Flagge zu zeigen nicht nur bei Lichterketten und Großdemonstrationen, sondern im Alltag vor Ort bedeutet Zivilcourage unter Beweis zu stellen.** Dies ist weitaus schwieriger, als sein eigenes schlechtes Gewissen zu befriedigen, d.h. Empörung öffentlich zu bekunden, Scham zu bezeugen und Solidarität per Resolution zu deklamieren. Warum beginnen wir nicht, uns dort in die öffentliche Erörterung einzumischen, wo in unserem Ort ein Asylbewerberheim eingerichtet wird, oder dort, wo andere Minderheiten im Alltag unsere tatkräftige Unterstützung brauchen?

Fazit

Hören wir auf, "Schwarzer Peter" zu spielen! Schieben wir die Verantwortung fürs Tun nicht zwischen Politik, Pädagogik, Wissenschaft, Sozialarbeit, Polizei, Justiz etc. hin und her! Stellen wir auch uns und unsere eigene Lethargie sowie (politische) Phantasielosigkeit in Frage!

Wem es ernst ist mit Demokratisierungsforderungen und Gewaltlosigkeit, muß in seinem Bereich anfangen. Lieber heute als morgen. Ansatzpunkte und Ideen finden sich fürs erste in diesem Buch zur Genüge, Bündnispartner auch.

Literatur:

U. Beck: **Risikogesellschaft.** Auf dem Weg in eine andere Moderne. Frankfurt 1986

E. Brähler/H.E. Richter: **Wie haben sich die Deutschen seit 1975 psychologisch verändert?** In: H.E. Richter: Russen und Deutsche. Hamburg 1990, 115 ff.

Jugendwerk der Deutschen Shell (Hg.): **Jugend '92.** Opladen 1992

W. Heitmeyer u.a.: **Die Bielefelder Rechtsextremismus-Studie:** Weinheim und München 1992

W. Heitmeyer: **Rechtsextremistische Orientierungen bei Jugendlichen.** Weinheim und München 1987

F.-J. Krafeld/K. Möller/A. Müller: **Jugendarbeit in rechten Szenen.** Ansätze - Erfahrungen - Perspektiven. Bremen 1993

K. Möller: **Zwei Dutzend Gründe für die aktuelle Hilflosigkeit des politischen und pädagogischen Antifaschismus.** In: Neue Praxis 6/1989, 480-496

K. Möller: **Bedürfnisorientierung statt Abschreckungsdidaktik.** Ansatzpunkte antifaschistischer Jugendarbeit. In: deutsche jugend 7-8/1991, S. 311-321

K. Möller: **Gewalt und politischer Extremismus - Herausforderung für die Jugendarbeit.** In: Neue Praxis 4/1991

H.-D. Schwind/J. Baumann u.a. (Hg.): **Ursachen, Prävention und Kontrolle von Gewalt.** Bd. I-IV. Berlin 1990

Spiegel-Spezial *I/1991*

Rassismus

Zum Umgang mit einem schwierigen Begriff

Nora Räthzel

Nach den Pogromen in Rostock, aber auch schon nach denen in Hoyerswerda, hörte man immer wieder die gleichen Erklärungen über die Ursachen dieser Ereignisse:

Der Schock über die Arbeitslosigkeit, die Wohnungsnot, die sich gegen die Schwächsten in der Gesellschaft richten; die Enttäuschung über die Politiker, die den Sorgen der Menschen nicht ihr Ohr leihen und nicht handeln. Als Maßnahme gegen den Rassismus, der sich in solchen Pogromen zeigt, wurde indes vor allem vorgeschlagen, die Zahl der Asylbewerber durch eine Änderung des Grundgesetzes oder/und durch Einwandererquoten zu verringern.

Ein eigentümlicher Widerspruch: Wenn Rassismus verursacht wird durch die genannten sozialen Probleme, wieso kann dann die Verringerung der Einwandererzahlen ein Mittel gegen ihn sein? Führen denn weniger Einwanderinnen und Einwanderer dazu, daß die Arbeitslosigkeit abgebaut wird, die Politikerinnen und Politiker sich den Sorgen der Bevölkerung zuwenden und diese sich nicht mehr gegen die Schwächeren wenden?

Hinter den genannten Erklärungen und den merkwürdig anmutenden Lösungsvorschlägen stecken zwei ungenannte theoretische Annahmen. Die erste bezieht sich auf die Natur des Menschen: Dieser braucht offenbar immer einen Schwächeren, an dem er seine Aggressionen und Enttäuschungen abreagieren kann. Also muß man diese Schwächeren entfernen. Die zweite bezieht sich auf gesellschaftliche Konflikte wie Arbeitslosigkeit oder Wohnungsnot. Diese Konflikte werden offenbar als unlösbar angesehen. Offenbar deshalb schlägt man nicht vor, sie abzuschaffen, sondern statt dessen diejenigen abzuschaffen, auf die sich der Zorn der Arbeits- und Wohnungslosen richtet. Mit anderen Worten: Weder die menschliche Natur, noch die gesellschaftlichen Konflikte scheinen kontrollierbar, deshalb muß man statt dessen die Zahl von Einwanderinnen und Einwanderern im Land kontrollieren, das heißt, die Grenzen des Landes.

Ich will jetzt gar nicht die Untersuchungen nennen, die zeigen, daß es nicht vor allem Arbeits- und Wohnungslose sind, die rassistische Vorstellungen haben und rassistisch handeln. *(S. dazu Held u.a., 1991, Rommelspacher, 1991).*

Statt dessen will ich auf die diesen Erklärungen zugrunde liegenden Auffassungen über Mensch und Gesellschaft eingehen. Also auf die Fragen:

Was ist menschliche Natur?

Wie funktionieren die gesellschaftlichen Verhältnisse?

Was hat es mit dem Nationalstaat und seinen Grenzen auf sich?

Die menschliche Natur

Selbstverständlich werde ich hier keine erschöpfende Antwort auf die Frage geben: Was ist die menschliche Natur? Aber ich will einen Aspekt herausheben, der für unseren Zusammenhang wichtig ist: Im Unterschied zu anderen Lebewesen müssen Menschen die Natur verändern, wenn sie überleben wollen. Sie müssen kooperativ arbeiten, ihre Beziehungen untereinander regeln, die Fortpflanzung und das Überleben organisieren. Menschen haben ganz wenig Instinkte und wenige angeborene Fähigkeiten, die ihnen das ermöglichen. Kontrolle der Lebensbedingungen ist also eine Grundnotwendigkeit der menschlichen Lebensweise. Wobei Notwendigkeit nicht heißt, daß die Menschen immer ihre Lebensbedingungen kontrollieren können, aber es herrscht Not, wo sie dies nicht tun können. Versteht man Notwendigkeit wörtlich, kann man sagen, um ihre Not zu wenden, müssen die Menschen sich in ihre eigenen Angelegenheiten mischen können.

(Vgl. zur theoretischen Begründung dieser Thesen: Holzkamp, 1983).

Die gesellschaftlichen Verhältnisse - Der Staat

Lassen wir es bei dieser einfachen Aussage mal bewenden und gehen in einem großen Sprung über zu den gesellschaftlichen Verhältnissen, wie wir sie heute kennen.

Wir können unsere eigenen Angelegenheiten nur sehr bedingt bestimmen. Wenn auch weitgehender als die meisten Menschen auf der Erde, weitgehender als Menschen, die unter Diktaturen und/oder in bitterster Armut leben. Wir können planen, was wir lernen, wie wir lernen, welchen Beruf wir ergreifen wollen. Ob wir ihn dann tatsächlich ergreifen können und wie lange wir dabei bleiben können, entzieht sich dagegen weitgehend unserer Kontrolle. Wir können Parteien wählen, Bürgerinitiativen bilden, in kirchlichen oder anderen Gruppen aktiv sein. Wie die Parteien, die wir wählen, dann handeln, welche Folgen der Bürgerprotest tatsächlich hat - das liegt zu einem großen Teil außerhalb unseres Einflusses.

Die Handlungsfähigkeit der einzelnen in bezug auf die gesellschaftlichen, die sozialen, ökonomischen und politischen Entwicklungen ist also relativ beschränkt. Vor allem ökonomische Entwicklungen können wir sehr wenig beeinflussen, aber das soll ja gerade die Freiheit in unserer kapitalistischen Gesellschaft, genannt soziale Marktwirtschaft, ausmachen.

Die politischen und sozialen Entwicklungen, aber auch die Frage, wie und wen wir heiraten (z. B. keine Gleichgeschlechtlichen), wie wir unsere Kinder nennen, ob wir Geld für Straßen oder für den öffentlichen Verkehr aufwenden etc., werden von staatlichen Instanzen kontrolliert und organisiert. Wieso lassen wir das zu? Denn die Legitimation des modernen Staates beruht ja nicht hauptsächlich auf Zwang, sondern auf Zustimmung. **Warum stimmen wir dem Staat als Institution zu, obwohl er unsere Handlungsmöglichkeiten und Regulierungsmöglichkeiten in allen Lebensbereichen einschränkt?**

Es gibt dafür eine Reihe von Gründen: Die Zugehörigkeit zu einem Nationalstaat bedeutet Schutz: vor dem Abfallen ins vollständige Nichts, zum Beispiel bei Arbeitslosigkeit, Schutz vor Kriminalität, Schutz vor grenzenloser Ausbeutung. Anders gesagt: Ausbeutung findet in geordneten und geregelten Formen statt.

Kurz und gut: Der Staat erscheint als Garant einer allgemeinen, für alle gültigen, gerechten Ordnung, die den einzelnen und gesellschaftliche Gruppen vor Übervorteilung schützt. Aus den Kontrahenten Kapital und Arbeit werden Sozialpartner. Der Geschlechtergegensatz wird durch Gesetze in geregelte Bahnen gelenkt. Statt daß die Interessensgegensätze hart aufeinanderprallen und den Zusammenhalt der Gesellschaft gefährden, vermitteln sich die Gegensätze über den Staat, der sie mit Bezug auf ein allgemeines Wertsystem regelt: Gerechtigkeit, Gleichheit vor dem Gesetz (wenn auch nicht soziale Gleichheit, das wäre ja Gleichmacherei), Schutz vor Ausbeutung (wenn auch nur vor bestimmten Formen, alles andere wäre Eingriff in die Freiheit der Marktwirtschaft und des Privateigentums).

Es hat also ziemliche Vorteile, den Staat als eine Instanz anzuerkennen, die über den alltäglichen Gegensätzen und Konflikten steht und sie nach allgemein anerkannten Werten regelt. Auf der anderen Seite bedeutet diese Anerkennung aber die Abgabe von Kontrollmöglichkeiten und die Abgabe von Verantwortung. Und das wird auch im Alltag so empfunden. Zum Beispiel die tiefe Ohnmacht, die sich besonders in Krisenzeiten zeigt und in dem Satz gipfelt, den meine Mutter mir immer wieder beschwörend sagt, um mich zur Vernunft zu bringen: "Da kannst du doch nichts machen, Kind. **Die da oben machen ja doch, was sie wollen.**" Aber auch in einer sich selbst beruhigenden und die Verantwortung verschiebenden Haltung: "Der Staat wird's schon richten." Daß diese Ohnmacht sich nicht in Rebellion übersetzt, hat unter anderem auch mit einer Vorstellung zu tun, die relativ neu ist (das heißt, ungefähr seit zweihundert Jahren existiert), daß nämlich die Vertreterinnen und Vertreter des Staates und auch diejenigen, die in der Wirtschaft das Sagen haben, als Teil der eigenen Gruppe empfunden werden. **Seit der Entstehung von Nationalstaaten sind Herrschende und Beherrschte idealerweise eine Einheit:** Mitglieder der gleichen Nation, und das bedeutet in der Bundesrepublik allemal Mitglieder der gleichen ethnischen Gruppe. (Früher hieß es Mitglieder der gleichen Rasse). Der Staat verkörpert diese einheitliche Gruppe, vertritt ihre Interessen, drückt sie aus.

Heute erscheint uns das selbstverständlich, daß Regierende und Regierte zur gleichen Gruppe gehören, aber zum Beispiel im feudalen System galten Adel und Bauern als Angehörige verschiedener Rassen. Und nach der französischen Revolution bestand eine der Hauptaufgaben zur Sicherung der Macht darin, die unterschiedlichen sozialen Gruppen und die unterschiedlichen regionalen Gruppen in Französinnen und Franzosen zu verwandeln.

Wie ist das möglich? Wie können einerseits die sozialen und ökonomischen Interessensgegensätze, also vertikale Gegensätze zwischen oben und unten, und andererseits die horizontalen Unterschiede, also die Unterschiede zwischen Bayern, Norddeutschen und Preußen usw. überbrückt werden, als unwichtig erscheinen gegenüber der Gemeinsamkeit, zum Beispiel Deutsche zu sein (oder Franzosen, Briten, etc.). **Ein Mittel, diese Einheit herzustellen, ist die Schaffung eines Gegenvolkes, eines Nicht-Deutschen, Nicht-Briten, etc.** Dieses Nicht-Selbst, dieses ANDERE, dient dazu, das eigene Ich zu definieren. Alles, was der ANDERE ist, das sind wir nicht. Alles, was der ANDERE nicht ist, das sind WIR. Im geschaffenen Gegenbild erkennt sich das Selbst als das, was es sein möchte oder vielmehr sein soll. Dies ist die Einbruchstelle für den modernen europäischen Rassismus. Die begründet zugleich die Verbindung zwischen Nationalismus und Rassismus. Nicht alle Gegenbilder des ANDEREN sind rassistisch. Was wären rassistische Bilder?

Rassistisch sind die Bilder des anderen, wenn sie
a) eine Gruppe mit Eigenschaften belegen, die sie als minderwertig gegenüber ihren eigenen Eigenschaften, Verhaltensweisen, Wertsystemen darstellen.
b) die Eigenschaften dieser Gruppe mit körperlichen Merkmalen verknüpft werden, die diesen Eigenschaften und Verhaltensweisen den Charakter von natürlichen Eigenschaften verleihen, die durch die Herkunft dieser Gruppe erklärt werden.
c) diejenigen, die eine Gruppe so beschreiben, auch die soziale Macht haben (z. B. schon dadurch, daß sie die Mehrheit in der Gesellschaft haben), ihre Beschreibung der Gruppe gesellschaftlich durchzusetzen.

Mit einem Wort: Von Rassismus kann man reden, wenn eine bestimmte Gruppe zur Rasse gemacht wird. Was heißt zur Rasse gemacht? Gibt es nicht unterschiedliche Menschenrassen, und heißt Rassismus dann nicht nur, daß man andere Rassen als minderwertig betrachtet?

Hierzu ein Zitat eines Naturwissenschaftlers, der seit vierzig Jahren über die verwandtschaftlichen Beziehungen zwischen den Völkern forscht: *"Für mich ist er (der Begriff der Rasse, N.R.) völlig willkürlich. Je nachdem, welche Kriterien man zugrunde legt, läßt sich behaupten, es gäbe drei, zehn oder fünfzig Rassen. Vergleicht man die Gene verschiedener Populationen, so lassen sich keine klaren, sauberen Abgrenzungen finden. Man beobachtet eine endlose Reihe von Variationen. Keine menschliche Gruppe ist biologisch rein, wie es ein Stamm von Labormäusen sein kann.*

Nimmt man ein Mäusepaar und erlaubt seinen Nachkommen, sich zwanzig Generationen lang nur zwischen Brüdern und Schwestern fortzupflanzen, erhält man eine "reine Rasse". Das gibt es nicht bei Menschen. Es gibt immer einen bestimmten Grad an Mischung. Außerdem sind die genetischen Unterschiede zwischen Menschengruppen ziemlich gering, auch wenn es nicht so aussieht." *(Luigi Luca Cavalli-Sforza in DIE ZEIT, 7. Februar 1992, Nr. 7, Seite 17.)*

Rassen gibt es also nicht, aber es gibt Rassismus, die Konstruktion einer Gruppe als Rasse, als sich selbst reproduzierende natürliche Gruppe mit bestimmten Eigenschaften und Verhaltensweisen. Der gleiche Vorgang kann auch stattfinden, ohne daß man den Begriff Rasse benutzt. Man spricht statt dessen von Kulturen, die ganz anders und unvereinbar sind. Indem die Gruppe, die das andere repräsentiert, naturalisiert wird, wird auch die eigene Gruppe naturalisiert. Das ist nicht verwunderlich, denn die sozialen, politischen und ökonomischen Beziehungen der Menschen untereinander machen ja gerade die

Gegensätze aus. Will man diese Gegensätze durch Gemeinsamkeit überbrükken, müssen quasi natürliche Eigenschaften gefunden werden, die den Zusammenhalt herstellen, beziehungsweise müssen soziale Verhältnisse und Verhaltensweisen naturalisiert, als naturgegeben dargestellt werden.

Fassen wir zusammen:

1. Die Individuen im modernen Nationalstaat geben ihre Kompetenzen zur Regelung ihrer eigenen Angelegenheiten an den Staat ab (sie werden ihnen genommen und sie geben sie ab; das sind zwei Seiten derselben Medaille). Diese Abgabe von Kompetenzen von Handlungsfähigkeit ist in gewisser Weise sinnvoll, weil der Staat vor der Regellosigkeit und Unplanbarkeit des Daseins schützt. Dies insbesondere, weil die staatlichen Instanzen als Verkörperung der einheitlichen, eigenen Nation erscheinen. Man denke nur daran, wie ungeschützt "Staatenlose" sind.
2. Die Vorstellung einer eigenen, einheitlichen Nation geschieht mittels Bildern des anderen, Fremden und geschieht in Form der Naturalisierung der Verhältnisse und Verhaltensweisen.

Es bleiben u.a. die Fragen: Wann werden die Bilder des anderen zu rassistischen Bildern, und was passiert mit der am Anfang behaupteten Notwendigkeit zur Kontrolle der eigenen Lebensbedingungen?

Die erste Frage läßt sich nur konkret beantworten, indem man die jeweilige Konstellation untersucht und auch die jeweiligen Menschen, die sich rassistisch verhalten und/oder Rassismus befördern. Aber ganz allgemein kann man wohl sagen, daß Rassismus in den Zeiten in einer Gesellschaft verstärkt "benötigt" wird, wenn der gesellschaftliche Zusammenhang, die Vorstellung einer "gemeinsamen Nation" in die Krise gerät. Oder anders gesagt, immer dann, wenn die Interessengegensätze gegenüber dem Empfinden, eine Gemeinschaft zu sein, in den Vordergrund treten, werden rassistische, naturalisierende Bilder des anderen stärker als sonst benötigt, um sich der Gemeinschaftlichkeit über die Gegensätze hinweg zu vergewissern.

Kommen wir zur zweiten Frage. Nennen wir die Zusammenhänge, die wir bis hierher aufgezeigt haben, ideologische Verhältnisse: Die Unterordnung unter den Staat als über den Interessenkonflikten stehende Instanz, die auf der Grundlage allgemeiner Werte wie Gerechtigkeit, Gleichheit vor dem Gesetz und Recht auf Eigennutz, die gesellschaftliche Entwicklung regelt (so weit sie regelbar sind). Dieser Unterordnung, dieser Abgabe von Kompetenz an die Vertreterinnen und Vertreter der Nation stehen verschiedene Formen von Widerstand, verschiedene Formen der Schaffung von Gegenwelten gegenüber. Wir wollen diese Gegenwelten kulturelle Verhältnisse nennen.

Kulturelle Verhältnisse oder kulturelle Beziehungen sind Formen, in denen die Individuen, also wir, sich gegen die Abgabe und Wegnahme von Kompetenz, von Handlungsfähigkeit zur Wehr setzen. Allerdings oft in einer Form, die die Verhältnisse, denen sie unterliegen, eher verfestigen als in Bewegung bringen. Ich will ein Beispiel aus meiner Arbeit mit Teilnehmerinnen und Teilnehmern von Seminaren darstellen, das besonders gut in diesen Zusammenhang paßt:

Die Bedeutung von Heimat und die Rolle der "Ausländer" für die Sicherung der Heimat.

Bei Befragungen, was die Teilnehmerinnen und Teilnehmer mit **Heimat** verbinden, kamen folgende Begriffe:
Geborgenheit, Wohlfühlen, Verstehen, Wärme, Akzeptanz, Aufgehobenheit, Vertrautes, sich stark fühlen, Verantwortung, Landschaften, Tiere, Beziehungen, Freunde, Familie.

Bei der Frage, was die Teilnehmerinnen und Teilnehmer mit "Ausländern" verbinden, wurde folgendes genannt:
Angst, Nicht-Verstehen, Ablehnung, Aggressivität, Unwohlsein, Distanz, Fremdfühlen, Vorsicht, Neid, Ohnmacht, Politik, Männermacht, Religion, Armut/Reichtum, Rituale, Kleidung, Drogen, Familiensystem, Familiensippe, Papierheirat, viele Kinder, Hautfarbe.

Die Heimat ist also der ideale (idealisierte) Ort, an dem es offenbar keine Konflikte gibt, in dem die konkreten Beziehungen genossen werden, in dem Handlungsfähigkeit in vielfältiger Weise erfahren wird: verstehen, vertrauen, Verantwortung. Gleichzeitig kommt darin die Welt außerhalb der unmittelbaren, alltäglichen Erfahrungen offenbar nicht vor.

Anders dagegen bei den Begriffen, die im Zusammenhang mit den "Ausländern" auftauchen. Nicht nur haben dort die negativen, konfliktreichen Gefühle ihren Ort. Nicht nur werden dort positive Begriffe wie Familie mit negativem Beiklang formuliert (Familiensippe, Papierheirat). Durch "Ausländer" wird offenbar auch eine Beziehung hergestellt zu den Bereichen, die aus der Unmittelbarkeit der Heimat verbannt sind: Politik, Armut/Reichtum, die Welt da draußen. Diese Verhältnisse werden im Zusammenhang "Ausländer" bewußt, aber nur negativ, als Konflikt.

Man könnte das so interpretieren:

Heimat wird als der Ort gelebt, in dem man selbst dem Leben Sinn geben kann und in dem man befriedigende soziale Beziehungen (er)lebt. Das geschieht anscheinend um den Preis des Verzichtes auf das Eingreifen in die gesellschaftlichen Verhältnisse, die eben diese Heimat mitbestimmen, aber in ihr nicht vorkommen.

Nie war das Gefühl für das Private, Eigene, so ausgeprägt, nie hat aber der Staat so sehr in dieses Private, Eigene, eingegriffen: von der Wiege bis zur Bahre ist unser Leben durch Gesetze und Verordnungen bestimmt.

Die Handlungsfähigkeit, Sicherheit, die man hier lebt, ist also, so behaupte ich, imaginär und statisch. Sie ist ausgedacht, allerdings gleichzeitig real, weil so empfunden.

Die Gesamtgesellschaft und die Gesamtwelt wird statt dessen vermittelt über die "Ausländer" wahrgenommen, und zwar deren konfliktreiche Seite. Von den Geschlechterverhältnissen über die ökonomischen Verhältnisse bis hin zur Kriminalität: In den Ausländern materialisieren sich die Konflikte, werden sie formulierbar als etwas, das nicht zur eigenen Welt gehört, sondern aus der Fremde (eben durch die "Ausländer") importiert wird.

Die eigene Fremdheit der Gesellschaft wird in den Fremden deutlich und zugleich verdrängt, weil sie ihnen zugeschrieben wird und die Heimat somit weiterhin als harmonische Zuflucht gedacht werden kann, die eben nur durch die Anwesenheit der Fremden in Gefahr gerät, aber sonst intakt ist. Man überlege sich nur einmal, wieviel Konflikte, wieviel Schmerz und Verzweiflung oder auch nur Gleichgültigkeit das Leben in den Familien kennzeichnet. Anders gesagt: Durch die Beschreibung der inneren Konflikte unserer Gesellschaften, d.h. Interessensgegensätze, Wohnungsnot, Arbeitslosigkeit, Krisenanfälligkeit, politische Unzuverlässigkeit, als Konflikte, die von außen herangetragen werden, ist es möglich, ein Bild von der "an sich" heilen Welt aufrecht zu erhalten. Damit wird die Notwendigkeit, die eigenen Angelegenheiten in die eigene Hand zu nehmen, ignoriert und statt dessen als Handlungsaufforderung an die Adresse der Politikerinnen und Politiker gerichtet. Und die lautet dann: Ausländer raus! Oder wenigstens die "Asylbetrüger", die Kriminellen, die mit den "falschen Angaben zur Person", die "Terroristen", die "Drogenhändler"...

Beispiel Rostock:

"Früher war Lichtenhagen ein schöner grüner Fleck. Es war schön hier. Aber seitdem diese Zigeuner hier sind. Die scheißen überall hin, klauen und belästigen unsere Frauen."

(Aus einem Interview mit einem Bewohner der Rostocker Siedlung).

Innere Konflikte werden also nach außen verlagert, auf "Ausländer". Das hat zur Folge, daß die Heimat nur deutsch sein kann. Die anderen können nie Bestandteil dieser harmonischen Heimat werden, denn sie sind ja die Konfliktverursacher, sie bringen Veränderungen und die Konflikte.

Kommen wir zurück zum Ausgangspunkt: Konflikte wie Wohnungsnot,

Arbeitslosigkeit, aber auch Arbeitskonflikte (siehe das Beispiel "ausländische Lohndrücker", das die Unternehmer, die Arbeitende zu niedrigen Löhnen beschäftigen, gar nicht mehr nennt), Geschlechtergegensätze dadurch lösen zu wollen, daß man die Zahl der Einwanderer verringert, ist nicht einer allgemeinen menschlichen Natur geschuldet, die immer auf die Schwächeren einschlagen möchte. Diese Denkweise ist auch nicht darauf zurückzuführen, daß man die gesellschaftlichen Probleme nicht lösen kann.
Es handelt sich vielmehr um eine Form, den eigenen Widerspruch zu lösen, daß wir als Menschen einerseits unsere Lebensbedingungen kontrollieren müssen und wollen, daß wir unser Leben planen wollen und Einfluß auf unsere eigenen Angelegenheiten haben wollen. Daß wir aber andererseits die Fähigkeit, dieses Leben zu planen, weitgehend an staatliche Instanzen abgegeben haben und unsere Stärke, unser Selbstbewußtsein, unsere Identität daraus beziehen, daß wir innerhalb unserer "eigenen vier Wände" und innerhalb unseres Stadtteils vielleicht noch das Sagen haben. Gerade durch einen solchen Rückzug verfestigen wir aber die Verhältnisse der Unterwerfung. Und gerade durch eine solche Vorstellung von Heimat verbinden wir unseren Alltag, unsere Erfahrungen mit dem Staat, denn die Heimat verstehen wir dann als Bestandteil der deutschen Nation, die "Ausländer" als Störenfriede.

Was wären die Perspektiven?

Ich möchte es mal bewußt plakativ aussprechen, um vielleicht besser eine Diskussion zu ermöglichen.

1. Auf Heimat, Zugehörigkeit, Sicherheit, Verantwortung und Vertrautheit können wir natürlich nicht verzichten und stattdessen ständig Politik betreiben. Die Frage wäre vielmehr die: **Könnten wir Konflikte, Auseinandersetzungen, politische Fragen auch zum Bestandteil unserer Heimat machen?** Könnten wir die Auseinandersetzungen um die Kontrolle der Lebensbedingungen, die wir auf unseren unmittelbaren Lebenszusammenhang beschränkt haben, auf die gesamte Gesellschaft ausdehnen?
2. Wenn wir das könnten, wenn Heimat nicht mehr nur dieser heile, konfliktfreie Ort wäre, dann **wäre es nicht nötig, die Konflikte den Fremden anzulasten**, dann könnten im Gegenteil die Fremden zum Bestandteil der Heimat werden, dann wären Bündnisse möglich, die nicht den Gegensatz "Ausländer - Inländer" zum Ausgangspunkt nehmen würden, sondern den Gegensatz "von oben bestimmt werden - selbst bestimmen" in den Vordergrund rückten.
3. Es ist allerdings noch komplizierter: Wir müßten uns nicht nur zuständig erklären für den gesamten Staat. **Die Staatsgrenzen haben ja nur noch eine sehr eingeschränkte Bedeutung.** Stellen wir uns vor, wir würden nicht nur Menschen daran hindern, Grenzen zu passieren, sondern auch Waren, Kapital und

Geld. Binnen kurzem wäre die Bundesrepublik auf keinem Gebiet mehr lebensfähig. Es gibt nichts, was Deutsche sich allein zu verdanken hätten, und dieser Zustand ist nicht herstellbar, weil er niemals existiert hat.

4. Die Forderung: "Deutschland den Deutschen" ist genau besehen eine Aufforderung zum Selbstmord.

5. Die Forderung: "Deutschland den Deutschen" ist eine Aufforderung, sich unzuständig zu fühlen für das Land, in dem man lebt, und daher ebenso wenig geeignet, das Interesse an der Kontrolle über die eigenen Lebensbedingungen zu stärken.

6. Die einzige Forderung, die mir realistisch erscheint, ist, altmodisch ausgedrückt, die: Die Erde denen, die sie bebauen, die Fabriken und Büros denen, die in ihnen arbeiten, der Stadtteil denen, die darin leben - und das sind eben nicht nur Deutsche, aber auch sie/wir. Dann hört Heimat nicht vor der Haustür auf, aber, und das ist wichtig, sie schließt selbstverständlich die nähere Umgebung, die "Haustür" ein.

Wir müssen neue Begriffe ausprobieren, die gar nicht so neu sind. In der Weimarer Verfassung war noch von den Rechten der "nichtdeutschen Teile des Volkes" die Rede.

Wir brauchen also eine internationalistische Heimat und eine Weltinnenpolitik.

7. Das heißt: Solange wir darüber debattieren, wieviele Flüchtlinge oder Einwanderinnen/Einwanderer wir ins Land lassen, ob wir die Grenzen kontrollieren oder ganz öffnen, wieviele wir verkraften können und welche...

Solange wir darüber reden, werden wir nicht **über die entscheidenden Probleme reden**: wie wir dafür sorgen können, daß die Verhältnisse auf der Erde, in Europa, (West und Ost), in unserem Land, in unserer Stadt und unserem Stadtteil sich so verändern, daß diejenigen, die jeweils darin wohnen, sich zu Hause fühlen können, über ihre Lebensbedingungen bestimmen können. Das heißt, daß Menschen nicht fliehen müssen und daß es aber gleichzeitig möglich ist, ohne Not, in verschiedenen Ländern zu leben.

Dann könnten wir unsere Heimatempfindungen, unsere Sicherheit und unser Selbstbewußtsein darauf aufbauen, daß wir sagen können: "Weil wir das Land verbessern, lieben und beschirmen wir's" *(Brecht).* Und dieses WIR würde alle einschließen, mit denen wir es verbessern.

Dann brauchen wir nicht mehr zu sagen: Wir lieben dieses Land, weil wir die anderen hassen.

Ich schließe mit zwei Zitaten zweier berühmter Männer, weil man denen oft noch leichter glaubt. Das eine ist älter und stammt von Brecht:

"Me-ti sagte: Man hört allgemein, es sei schwerer, Schläge zu verwinden, an denen man schuldlos ist, als solche, für die man kann. Ich finde das Gegenteil. Was mich schuldlos trifft, bekümmert mich verhältnismäßig wenig,

aber das von mir verschuldete Unglück schlägt mich nieder. Allerdings ziehe ich mich für viel mehr Dinge zur Verantwortung, als sie gewöhnlich einem Menschen in die Schuhe geschoben werden. Auch Krankheiten und sogar Kriege veranlassen mich zum Nachdenken darüber, was für Fehler ich gemacht haben kann."
(Gesammelte Werke, Band 12, S. 473, Me-ti, Buch der Wendungen).

Das andere ist neu und stammt von einem Autor, dem gerade der Friedenspreis des deutschen Buchhandels verliehen wurde, Amos Oz:
"Wir sollten versuchen, innerhalb einer umfassenden Gemeinschaft der Menschheit die verschiedenen Wünsche nach Identität und Selbstbestimmung zu verwirklichen.
Wir sollten eine vielstimmige Welt errichten und nicht eine voller Dissonanzen, voller selbständiger und selbstsüchtiger Nationalstaaten. Unsere Conditio humana, unsere Einsamkeit auf der Oberfläche eines verletzbaren Planeten, ausgesetzt dem kalten kosmischen Schweigen, der unentrinnbaren Ironie des Lebens und der gnadenlosen Gegenwart des Todes, all diese Gegebenheiten sollten letztlich ein Gefühl menschlicher Solidarität hervorrufen und den Schall und den Wahn unserer Differenzen überwinden. Der Patriotismus der Flagge muß einem Patriotismus der Humanität weichen, einem Patriotismus der Erde, der Wälder, des Wassers, der Luft und des Lichts, einer schöpferischen Beziehung der Schöpfung selbst."
(FAZ vom 05.10.1992).

Literatur:

Brecht, Bertolt, 1967 f: **Gesammelte Werke in 20 Bänden.**
Frankfurt/Main.
Held, Josef, Hans Horn, Rudolf Leiprecht, Athanasios Marvakis:
"Du mußt so handeln, daß Du Gewinn machst..." - Empirische Untersuchungen und theoretische Überlegungen zu politischen Orientierungen jugendlicher Arbeitnehmer. Duisburg. DISS-Text Nr. 18. Herausgegeben vom Duisburger Institut für Sprach- und Sozialforschung, 1991.
Holzkamp, Klaus: **Grundlegung der Psychologie.**
Frankfurt/Main/New-York, 1983.
Rommelspacher, Birgit: **Rechtsextreme als Opfer der Risikogesellschaft**
- Zur Täterentlastung in den Sozialwissenschaften.
In: 1999. Zeitschrift für Sozialgeschichte des 20. und 21. Jahrhunderts, 1991. 2/91. S. 75-87.

(Vortrag von Nora Räthzel auf der Konferenz für Jugendarbeit der EKvW, Oktober 1992. Abdruck mit freundlicher Genehmigung von Nora Räthzel).

Rechtsextremismus, Rassismus und Gewalt in Deutschland und Europa

Christiane Rajewsky

In Westeuropa wächst die Feindseligkeit gegenüber Ausländern. Die meisten rechtsextremistischen Parteien erleben bedeutende Wahlerfolge. In Osteuropa sind mit dem Niedergang der kommunistischen Systeme und dem Ende des Ost-West-Konflikts lange unterdrückte ethno-nationalistische Konfliktpotentiale und ein autoritärer Chauvinismus zutage getreten. Zusammen mit der Migrationspolitik westeuropäischer Regierungen führt diese Entwicklung zu einer Wiederkehr von Feindbildern, militantem Fremdenhaß und übersteigertem Nationalismus: Rechtsextremismus und Rassismus kennzeichnen eine der Konfliktlinien im Europa der 90er Jahre.

Im vereinigten Deutschland besteht ein hohes Potential von latentem Rechtsextremismus, begleitet von offen neonazistisch motivierten Gewalttaten in einem seit dem Ende des NS-Regimes nicht gekannten Ausmaß. Die schweren Gewaltverbrechen meist jugendlicher, neonazistisch motivierter Täter gegen Asylbewerber und längst im Lande lebende Ausländer, gegen Behinderte, Obdachlose, Homosexuelle und politische Gegner treffen auf Ratlosigkeit nicht nur bei denjenigen, die sehen, daß Aggressivität und Gewalt komplexe Erscheinungen sind, also nicht auf eine einzige Ursache zurückgeführt werden können. Wir wissen jedenfalls, daß die **Zustimmung zur Gewalt** oder ihre Hinnahme als Mittel der politischen Auseinandersetzung Bestandteil eines umfassenderen Deutungsmusters im Selbstverständnis von Neonazis ist. Gewalt ist abstrakt schon eingebaut in den sozialdarwinistischen und rassistischen Theorien, konkret wird sie in bestimmten Formen von Politik, in Strategien und Taktik, in Angriffen auf Menschen. Gewalt als Politikkonzept spricht besonders solche Menschen an, die in ihrer sozialen Wirklichkeit die Gesellschaft selbst als ungerecht und gewaltbestimmt erleben.

Die Neigung, dem Einsatz von Gewalt zuzustimmen, wird verstärkt durch die gefühlsmäßige Bindung an Kollektive, wie sie der Nationalismus anbietet. Gewalt wird so ein Raster für die Interpretation der Welt, der Geschichte, der Politik und der Natur. Die politischen Parolen und Gewaltformeln des Rechtsextremismus werden vor allem als Legitimation des eigenen raschen Handelns verstanden und umgesetzt. Der Übergang von der Zustimmung zur Gewalt bis zu ihrer Ausübung vollzieht sich oft schnell: Wir können beobachten, daß heute junge Männer früher Rechtsterroristen werden, als dies seinerzeit beim Linksterrorismus mit den eher umständlichen Sozialisationsverläufen seiner Aktiven der Fall war.

Angriffe auf ethnische Minderheiten machen deutlich, daß **internationale Konflikte** auch auf der Ebene der nationalen Gesellschaften spürbar werden. Die dort ausgelösten Reflexe wirken wiederum auf die internationale Staatengemeinschaft zurück *(iWiF 1992, XV ff.)*. So besteht ein Zusammenhang zwischen den weltweiten Wanderungsbewegungen von Flüchtlingen, wachsender Ablehnung von Ausländern und Gewalt. Wenn bei den Reaktionen der politisch Verantwortlichen dabei - wie in der Bundesrepublik Deutschland - der demokratische Rechtsstaat im Innern beschädigt wird, hat dies auch negative Rückwirkungen auf die Entwicklung einer europäischen Friedensordnung. Dem Anwachsen rechtsextremistisch orientierter, fremdenfeindlicher Gruppen in der Bundesrepublik entspricht zum Beispiel die Zunahme einer allgemeinen Neigung zu autoritären, "harten" Problemlösungen sowohl in der Einwanderungs-, der Sozial- und der Bildungspolitik als auch bei internationalen Konflikten und das nicht nur in neugegründeten rechtslastigen Foren der Konservativen, sondern in Teilen des Bürgertums, die sich als liberal oder sozialdemokratisch einschätzen, ja selbst bei ehemaligen Linken.

Rechtsextremismus und Neonazismus haben in Westeuropa eine stabile Tradition. Schon bald nach 1945 hat die Zusammenarbeit ihrer Gruppierungen begonnen. Die ersten Kontakte gingen von **Italien** aus. Der 1946 gegründeten MSI (Movimento Sociale Italiano) stand bald ein dichtes Netz von Jugend-, Studenten- und Gewerkschaftsorganisationen zur Verfügung. Obwohl die MSI lange Jahre relativ isoliert war, blieb sie seit 1948 im Parlament vertreten. Seit den 80er Jahren, als in das klassische Auswanderungsland Italien immer mehr Immigranten kamen, konnte sie sich stärker in die Diskussion bringen. In ihrer Haltung gegenüber Ausländern ungleich feindseliger ist die 1982 gegründete Lega Lombarda/Lega Nord, die seit 1988 drastische Wahlerfolge erzielt.

Zunächst konzentrierte sie sich auf einen inneritalienischen Rassismus *(Braun 1991, 131)*, der sich sowohl gegen Rom als auch gegen die südlichen Regionen richtete, beteiligte sich dann aber an der Hetze gegen asiatische und afrikanische Einwanderer. Seit 1990 ereignen sich auch in Italien zahlreiche rassistisch motivierte Gewaltaktionen, meist von Skinheads ("Naziskins") ausgeführt, deren Hochburg in Rom liegt. Hinzu kommt ein deutliches Anwachsen des ursprünglich in Italien nur schwach vertretenen Antisemitismus.

Das Wiederaufleben des Rechtsextremismus in **Frankreich** ist seit 1984 am Erfolg der "Front National" abzulesen, die damals mit 10 Abgeordneten in das Europäische Parlament einzog. Die französische Neue Rechte war in der Endphase des Algerienkrieges (1954-1962) aus der damaligen extrem nationalistischen Terrorgruppe OAS (Organisation Armee Secrete) entstanden, die die algerische Unabhängigkeitsbewegung bekämpft. Seit 1969 wird sie von GRECE (Groupement de recherche et des etudes de la Civilisation Europeenne) unterstützt, der "Forschungs- und Studiengruppe für eine europäische Zivilisation". Sie ist eine der für Frankreich und Deutschland charakteristischen Denkfabriken, die in der Grauzone zwischen Rechtskonservativen und Rechtsextremisten Misson treiben. Die von GRECE herausgegebene Zeitschrift "elements" verbreitet rassistische Darstellungen der Geschichte und unter anderem die Auschwitzlüge.

Die "Front National" war 1972 gegründet worden. Ihr heutiger Vorsitzender Le Pen, ehemals Fallschirmjäger in der Kolonialarmee und an berüchtigten "Strafexpeditionen" in Algerien beteiligt, nahm alte französische SS-Mitglieder, Vichy-Kollaborateure und Neonazis in seine Partei auf. Seit Mitte der 80er Jahre hat die FN bei Wahlen niemals weniger als 10% der Stimmen erreicht. Sie verfügt über einen starken Rückhalt in der Gesellschaft, gegen den sich auch die große antirassistische Kampagne "SOS-Racisme" nicht durchsetzen konnte.

Die Neue Rechte in **Deutschland** *(s. dazu Lange 1993)* orientiert sich noch immer an der (stark antisemitischen) "Konservativen Revolution" der 20er Jahre, die gegen die Aufklärung, den Gleichheitsgedanken des Christentums und des Sozialismus', die Menschenrechtsprinzipien der Französischen Revolution und den demokratischen Grundgehalt der Weimarer Republik arbeitete. Diese "Neue Rechte" hat erkannt, daß politische Macht auch auf dem Weg über die kulturelle Hegemonie gewonnen werden kann, d.h. indem sie Einfluß nimmt auf Einstellungen, Denk- und Empfindungsmuster, auf Mentalitäten.

Die ideologische Mehrheit sei wichtiger als die parlamentarische, schreibt einer der führenden französischen Rechtsextremisten dazu *(de Benoist 1984, 388 f.)*. Die Neue Rechte in der Bundesrepublik hatte zunächst von der Nouvelle Droite Frankreichs die Strategie übernommen, persönliche und ideologische Bezüge zum Nationalsozialismus zu verdecken. Sie präsentierte Themen aus der Eugenik, aus der behaupteten Ungleichheit der Einzelnen und der Kulturen und trat dabei für offenen, extremen Nationalismus ein. Immer öfter lanciert sie heute Zweifel an der massenhaften Ermordung von Menschen durch die Nationalsozialisten und Zweifel an der Singularität dieser Verbrechen, versucht, Entlastung von Schuld dadurch zu propagieren, daß sie auf die Schuld anderer Völker verweist, und bringt sich damit in direkte Nähe zu den Neonazis.

Gemeinsam mit Gesinnungsgenossen in ganz Europa benutzen deutsche Rechtsextremisten Kritik an der Politik Israels, um weitgehend ungestört antisemitische Einstellungen zu verbreiten. Der Anteil potentieller Antisemiten in der westdeutschen Bevölkerung ist seit den 50er Jahren mit 15-20 Prozent stabil geblieben. Nach längerer Latenzzeit zeigt sich der Antisemitismus nun wieder ganz offen: Neonazis zerstören jüdische Gräber, bedrohen jüdische Deutsche, und Politiker gehen mit dieser ernsten Herausforderung nachlässig um. Antisemitismus ist heute eng verbunden mit dem mehr oder weniger offen rassistisch begründeten Haß auf Ausländer *(s. Bergmann/Erb 1990)*, der 1992 in rund 4.500 Gewalthandlungen eskalierte.

In **Großbritannien**, dessen politische Entwicklung nach 1945 vom Rückzug aus den Kolonialgebieten und von wirtschaftlichen Dauerkrisen geprägt war, konzentrierten sich die faschistischen Gruppen, 1967 zur "National Front" zusammengeschlossen, mit ihren Abspaltungen und Sympathisanten in immer neuen rassistischen Kampagnen auf "die Verteidigung der weißen britischen Kultur", indem sie das Thema der Einwanderung Farbiger in die Öffentlichkeit brachten. Damit stießen sie besonders in stark industrialisierten Regionen auf Zustimmung von Arbeitern und Jugendlichen.

Das zunächst von den Konservativen 1962 eingebrachte Einwanderungsgesetz gegen Arbeitsmigranten wurde auch von der 1964 angetretenen Labour-Regierung nicht gemildert und 1971 und 1981 von den Konservativen weiter verschärft. Seit Anfang der 80er Jahre wurden zudem immer härtere Maßnahmen gegen die Einwanderung von Flüchtlingen getroffen. Allerdings erhielten fast alle Einwanderer die britische Staatsbürgerschaft, und Vertretungen von Migranten haben im Lande eine stärkere Stellung als anderswo.

Ende der 60er Jahre fanden in Großbritannien die rassistischen und gewalttätigen Skinheads mit ihren rechten Musikbands, ihrer uniformähnlichen Kleidung und rassistischen Parolen auf Abzeichen und Aufnähern Zulauf. Seit den 80er Jahren breitet sich diese Subkultur im übrigen Westeuropa (und in den USA) aus, schließlich auch in Osteuropa, besonders in Ungarn, Polen und der DDR, wo sich der Antisemitismus wieder regt *(Europ. Parlament 1990, 49 ff.)*. Als sich Anfang der 50er Jahre ein europäisches Netzwerk von Faschisten und Neonazis herauszubilden begann, bestand das Ziel darin, die Europa-Ideen der ehemaligen Waffen-SS zu verbreiten und Hilfe für alte Nazis, Faschisten und Kollaborateure bereitzustellen.

Heute sind solche Netzwerke für die Stärkung des europäischen Rechtsextremismus kaum noch notwendig: Die früheren Grenzlinien zwischen den rechtsextremistischen Parteien, der gewalttätigen Jugendszene, den Kartellen von sogenannten Rechtsintellektuellen samt den Betreibern des rechtsextremistischen Medienverbunds, dem Rechtspopulismus konservativer Politiker und dem latent rechtsextremistischen Potential in der Bevölkerung existieren so nicht mehr. **Zu den alle verbindenden Elementen zählen Nationalismus und Rassismus, Teil einer gemeinsamen Tradition in Europa.** Der Rassismus, im 18. Jahrhundert auf der Schattenseite der Aufklärung entstanden, brauchte stets den Nationalismus als Helfer. Mit ihm wird den Menschen eine neue Ordnung von Staat und Gesellschaft versprochen, ein System, das die Zusammengehörigkeit mit Hilfe von politischen Vorstellungen, Sinnstiftungen, Normen und Werten, mit der Propagierung einer Weltanschauung konstruiert. Er sieht die Lebensform einer Gesellschaft als die eines biologischen Organismus; was dieser Organismus für seine Entwicklung braucht, hat *(Berlin 1990, 50 f.)* Vorrang vor allen anderen Werten und Zielen.

Nationalismus grenzt zwangsläufig nach außen ab und integriert zugleich nach innen, indem er als psychisches Ventil für politischen und sozialen Druck dient *(s. Alter 1985, 15)*. Konservativen Machteliten bietet er ein Instrument zur Bewältigung von Krisen, mit dem sie die emotionale Ansprechbarkeit von Menschen in Zeiten umwälzender Veränderungen ausnutzen können. Der Nationalismus kann unterschiedlichen politischen Regimen angepaßt werden, er kann sich der verschiedensten Kulturelemente der Vergangenheit oder Gegenwart bemächtigen. So setzt er Mythen und Ereignisse früherer Epochen, die starke kollektive Gefühle erzeugen können, ebenso ein wie die Beschwörung einer von außen kommenden Bedrohung.

Der besondere, weil geopolitisch und völkisch orientierte Nationalismus der Deutschen hat sich in den unterschiedlichen Formen politischer Systeme - Kaiserreich, Weimarer Republik, NS-Regime, abgeschwächt auch in der Bundesrepublik - immer wieder behaupten können.

Daß heute der Rechtsextremismus wieder die Vermittlung nationalistischer Ideen und Parolen betreibt, zieht besonders junge Männer an, die sich - als Deutsche - dieser Nation zugehörig fühlen dürfen; sie gewinnen daraus ein Gefühl von Geborgenheit und Heimat. Insbesondere den Unterprivilegierten der Gesellschaft liefert Nationalismus einen positiven Bezugspunkt: Er schafft eine Gemeinschaft, die den Menschen als brüderlich erscheint *(Anderson 1983/88, 2)*. Anders als im Zeitalter des Kolonialismus, in dem die Europäer in die überseeischen Gebiete eindrangen und sich bald darauf als die biologisch Überlegenen präsentierten, anders als in den heute weitgehend diskreditierten Rassentheorien des Nationalsozialismus bezieht **der moderne "Rassismus ohne Rassen"** seine Begründung daraus, daß er behauptet, es gäbe zwischen

Völkern **"natürliche Differenzen", die unaufhebbar seien, vor allem kulturelle Unterschiede, Lebensweisen und Traditionen**. Nicht mehr die Zugehörigkeit zu einer bestimmten Rasse wird als natürlicher Faktor erklärt; vielmehr wird das, was wir rassistisches Verhalten nennen, als natürlicher Bestandteil gesellschaftlicher Aggressivität deklariert. Diese sich wissenschaftlich gebende Ableitung erlaubt es den Rechtsextremisten, den Biologismus aus der verpönten NS-Rassenlehre hinüberzuretten: Sie können es vermeiden, von Rassen zu sprechen, und doch "biologische und biopsychische Ursachen und Wirkungen der Kultur" anführen, um Fremde abzuwehren *(Balibar 1990, 30 ff.)*. Dementsprechend fordern Rechtsextremisten, diese sogenannten natürlichen Distanzen einzuhalten, wozu sich nach ihrer Meinung die nationalen Grenzen am besten eignen. Folgen die politisch Verantwortlichen diesem Konzept, so begegnet uns also Rassismus, die Ablehnung und Diskriminierung ethnischer Minderheiten, nicht nur als "Rassismus von unten", z.B. in der Form von Einstellungen oder in der Begründung der kriminellen Handlungen Jugendlicher, sondern ebenso als "Rassismus von oben": als praktische Politik auf Regierungsebene, öffentlich formuliert und begründet von Amts- und Mandatsträgern, realisiert in Gesetzen, Verwaltungsentscheidungen, kurz- und langfristig wirksamen politischen Strategien und Taktiken *(s. Castles 1991, 129 ff.)*. Sie wirken sich aus als Diskriminierung, als Verweigerung von Bürgerrechten, Beschränkung von Lebenschancen. Diese Diskriminierung und Verfolgung wiederum zieht rassistisches Argumentieren auf breiter Ebene nach sich und bringt rassistische Einstellungen bei den Nichtdiskriminierten oft erst hervor; ein Beispiel dafür ist das Anwachsen der Ausländerfeindlichkeit der deutschen Bevölkerung im Verlauf der Asyldebatte der Bundesregierung, der SPD und vieler Landes- und Kommunalpolitiker, einer Debatte, die in den nicht auf Aufklärung angelegten Massenmedien noch zusätzlich pointiert wurde. Der Politik ist es so gelungen, das Irrationale, Psychische zu organisieren *(s. Horn 1974, 70 ff.)*. Ein anderes Beispiel gilt für ganz Westeuropa: Die Fragen, die Zuwanderer und Flüchtlinge betreffen, werden überwiegend als eine Angelegenheit von Polizei- und anderen Sicherheitskräften betrachtet und gehandhabt. Dies öffnet rassistischen Gefühlen und der Rechtfertigung rassistischen Verhaltens der Bevölkerung Tür und Tor *(Europ. Parlament 1990, 132)*.

Da die beschriebenen Entwicklungen im gesamteuropäischen Kontext zu sehen sind, ist es wichtig, daß seit einigen Jahren **Bemühungen der europäischen Staaten in Gang kommen, den Rechtsextremismus gemeinsam zu bekämpfen**. Das Europäische Parlament hat im zweiten Bericht seines Ausschusses zur Untersuchung von Rassismus und Ausländerfeindlichkeit vom Oktober 1990 festgehalten, daß der Rassismus seit dem ersten Bericht *(Europ. Parlament 1985)* weiter zugenommen hat, wobei das rapide Anwachsen der Skinheadbewegung zu den besonders beunruhigenden Entwicklungen zählt *(Europ. Parlament 1990, 49)*. Die damals in einer gemeinsamen Erklärung von

Ministerrat, EG-Kommission und EP angenommene Verpflichtung, alle ausländerfeindlichen, rassistischen und antisemitischen Äußerungen oder Gewaltanwendungen zu bekämpfen, ist auch nach der Auffassung des Europäischen Parlaments von den Mitgliedsstaaten nicht erfüllt worden. Deshalb hat es in seinem zweiten Bericht nach der Anhörung von Entscheidungsträgern wie Justiz- und Innenministern, Bürgermeistern, aber auch von Pädagogen Empfehlungen an die Mitgliedsstaaten, den Ministerrat, die EG-Kommission und das Europäische Parlament erarbeitet, von denen die Regierungen auf die Dauer einige auf den Weg bringen müssen.

Ein selbstgesetztes Hindernis dabei sind die Kompetenzkonflikte zwischen EG-Kommission und Europäischem Parlament, die sich daraus ergeben, daß die EG nicht demokratisch genug verfaßt ist. So erklärt es sich, daß zum Beispiel bei EG-Gipfeltreffen aus Erklärungen zu Rechtsextremismus und Rassismus konkrete Vorschläge - wie etwa gemeinsame Erziehungsprojekte - als "Handelshindernis" gestrichen werden. Auch Richtlinien gegen Diskriminierung, wie sie in einigen Ländern längst gelten *(s. Rajewsky/Schmitz 1992),* haben sich bisher nicht europaweit durchsetzen lassen.

Die Teilnehmerstaaten der Konferenz für Sicherheit und Zusammenarbeit in Europa **(KSZE)** haben bei ihrem Kopenhagener Treffen im Juni 1990 in Anlehnung an die Bestimmungen der Konferenz über die "Menschliche Dimension" erklärt, daß sie "klar und unmißverständlich Totalitarismus, Rassenhaß und Haß zwischen Volksgruppen, Antisemitismus, Fremdenhaß und Diskriminierung irgendeines Menschen" verurteilen. Sie erklären "ihre feste Absicht, die Bemühungen zur Bekämpfung dieser Phänomene in all ihren Formen zu intensivieren, und werden daher wirksame Maßnahmen ergreifen, einschließlich erforderlicher Gesetze, um vor jeder Handlung zu schützen, die zur Gewalt gegen Personen oder Gruppen aufgrund nationaler, rassischer, ethnischer oder religiöser Diskriminierung, zu Feindseligkeit oder Haß einschließlich Antisemitismus aufhetzt." *(Dokument 1990).*

Nicht, daß solchen Erklärungen direkt die praktische Umsetzung folgt. Aber mit diesen Vereinbarungen ist ein für West- und Osteuropa übergreifender Rahmen gesetzt, sind völkerrechtliche Orientierungen benannt, die Anstöße geben werden. Das bedeutet unter anderem, daß auf der europäischen Ebene bereits entwickelte Strategien nunmehr auf der nationalen Ebene umgesetzt werden müssen und daß umgekehrt alle nationalen Konzeptionen und konkreten Projekte im europäischen Zusammenhang und Arbeitsverbund zu sehen sind. Die Bundesregierung sollte sich dafür einsetzen, daß im neu gegründeten Konfliktverhütungszentrum der KSZE in Wien die aus dem Rassismus und dem Neonazismus erwachsenden gewalthaltigen, innergesellschaftlichen Konflikte entsprechend der Erklärung der KSZE über die menschlichen Dimensionen der Sicherheit (s.o.) ebenso intensiv bearbeitet werden wie Fragen der militärischen Sicherheit, die zu Zeiten des Ost-West-Konflikts im Vordergrund standen. Die gemeinsame Bearbeitung dieser Probleme ist im Zusammenhang aller Dimensionen der wachsenden Verflechtung Europas *(Senghaans 1991)* notwendig: Der "Schutz vor Chauvinismus" durch Empathie gehört zu den friedenstheoretischen Leitperspektiven neben der Herausbildung eines gemeinsamen Rechtsraumes *(Europ. Parlament 1990)* und dem Schutz vor Gewalt und Not.

Nur so kann Europa verhindern, daß Rassismus als Erbe des Nationalstaats weiter um sich greift. Statt dessen sollten sich die Gewährung der Menschenrechte und sozialer Gerechtigkeit in einer weltoffenen Demokratie als höchste nationale Werte und Traditionen durchsetzen.

Literatur

Alter, Peter: **Nationalismus.** Suhrkamp-Verlag, Frankfurt/M. 1985

Anderson, Benedict: **Die Erfindung der Nation.** Zur Karriere eines folgenreichen Konzepts. Campus-Verlag, Frankfurt/M. 1983/88

Balibar, Etienne: **Gibt es einen "Neo-Rassismus"?** In: Etienne Balibar/Immanuel Wallerstein, Rasse - Klasse - Nation. Ambivalente Identitäten. Argument-Verlag, Hamburg u. Berlin 1990, S. 23 - 38.

Benoist, Alain de: **Aus rechter Sicht.** Eine historische Anthologie zeitgenössischer Ideen, Bd. 2, Tübingen 1984.

Bergmann, Werner/Erb, Rainer (Hg.): **Antisemitismus in der politischen Kultur nach 1945**, Westdeutscher Verlag, Opladen 1990.

Berlin, Isaiah: **Der Nationalismus**, Frankfurt/M. 1990

Braun, Michael: **Rechtsextremismus und Rassismus in Italien.** In: Christoph Butterwegge/Siegfried Jäger (Hg.), Rassismus in Europa, Bund-Verlag 1992, S. 119 - 134.

Castles, Stephen: **Weltweite Arbeitsintegration, Neorassismus und der Niedergang des Nationalstaats,** in: Uli Bielefeld (Hg.), Das Eigene und der Fremde. Neuer Rassismus in der Alten Welt? Junius-Verlag, Hamburg 1991, S. 129 - 156

Dokument des Kopenhagener KSZE-Treffens über die menschliche Dimension, 29. Juni 1990. In: Europa-Archiv, Folge 15/1190, D 380 - D 394

Europäisches Parlament: Untersuchungsausschuß "Wiederaufleben des Faschismus und Rassismus in Europa" (1985). Bericht über die Ergebnisse der Arbeiten. Berichterstatter: Dimitrios Evrigenis: Juli 1990, 2. Bericht des Untersuchungsausschusses "Rassismus und Ausländerfeindlichkeit", Berichterstatter: Glyn Ford

Horn, Klaus: **Gesellschaftliche Produktion von Gewalt.** Vorschläge zu ihrer politpsychologischen Untersuchung. In: Otthein Rammstedt (Hg.), Gewaltverhältnisse und die Ohnmacht der Kritik, Suhrkamp-Verlag, Frankfurt/M. 1974, S. 59 - 106

IWIF (Informationsstelle Wissenschaft und Frieden e.V.): **Friedenssicherung in den 90er Jahren.** Neue Herausforderungen an die Wissenschaft (Memorandum), Bonn 1992

Lange, Astrid: **Was die Rechten lesen.** 50 rechtsextreme Zeitschriften: Ziele, Inhalte, Taktik, hg. von der Arbeitsstelle Neonazismus der FH Düsseldorf, Beck-Verlag, München 1993

Rajewsky, Christiane: **Rechtsextremismus, alter und neuer Nationalismus und das Militär.** In: Wilfried Karl/Thomas Niebbock (Hg.), Die Zukunft des Militärs in Industriegesellschaften, Jahrbuch für Friedens- und Konfliktforschung Bd. XVIII, Nomes-Verlag, Baden-Baden 1991, S. 163 - 182

Rajewsky, Christiane/Schmitz, Adelheid: **Wegzeichen.** Initiativen gegen Rechtsextremismus und Ausländerfeindlichkeit, hg. vom Verein für Friedenspädagogik Tübingen e.V., Tübingen 1992

Senghaas, Dieter: **Die Neugestaltung Europas.** Perspektiven und Handlungsgebote. In: Aus Politik und Zeitgeschichte, Beilage zur Wochenzeitung Das Parlament, B 18/91, 26. April 1991, S. 11-20

Das rechtsextremistische Netz

Das rechtsextremistische Netz in Deutschland

(Beiblatt im Anhang)

Das internationale rechtsextremistische Netz

Die Symbolik der Rechtsextremisten

Symbol, Bedeutung, Herkunft und Beispiele

Zivilcourage

Wenn jeder eine Blume pflanzte,
jeder Mensch auf dieser Welt,
und, anstatt zu schießen, tanzte
und mit Lächeln zahlte statt mit Geld -
wenn ein jeder einen andern wärmte,
keiner mehr von seiner Stärke schwärmte,
keiner mehr den andern schlüge,
keiner sich verstrickte in der Lüge,
wenn die Alten wie die Kinder würden,
sie sich teilten in den Bürden,
wenn dies WENN sich leben ließ,
wär's noch lang kein Paradies-
bloß die Menschenzeit hätt angefangen,
die in Streit und Krieg uns beinah ist vergangen.

Peter Härtling

Das rechtsextremistische Netz in Deutschland

(Beiblatt im Anhang)

Beiblatt zum

Projekthandbuch:
Gewalt und Rassismus

Das rechtsextremistische Netz in Deutschland

Nur vordergründig wirkt die rechtsextremistische Szene zersplittert. Im Alltag sind diese Organisationen und Strömungen miteinander verflochten. Deutlich wird dies insbesondere bei der GdNF, die öffentlich kaum in Erscheinung tritt, im Hintergrund aber die Fäden zieht. Viele Rechtsextremisten gehören zu verschiedenen Organisationen; dabei gehen sie oft arbeitsteilig vor. Für den Fall von Verbotsandrohungen bereiten sie schon früh die Möglichkeit zum Wechsel in eine andere Organisation vor.

WSG - Wehrsportgruppen (in allen Bundesländern)
NS-Kampfgruppe (Curt Müller, Mainz)
DBI Deutsche Bürgerinitiative e.V. (Manfred Roeder)
Bürger- und Bauerninitiative (Thies Christophersen)

Liga für Volk und Heimat (H. Neubauer)
HNG Hilfsorganisation nationale politische Gefangene und deren Angehörige e. V.
AAR Aktion Ausländer-Rückführung
DFF Deutsche Frauenfront
NSDAP / AO NSDAP - Auslands- und Aufbauorganisation (Gary Lauck)

I. Werwolf-Jagdeinheit Senftenberg

Mobiles Einsatzkommando - Ost

Gemeinsame Wehrsportlager (S. Ruda)

Musik - Szene
Wotans Volk (A. Priem)
Störkraft (Andernach)
Radikahl (Nürnberg)
Volkszorn (Bruchsal)
Endsieg
Legion Condor
Werwolf
Endstufe
Noie Rasse
Die wahre Pracht
Böhse Onkels (1988 Bruch mit der fasch. Szene und Ausstieg??)
Skrewdriver (GB) (BLOOD + HONOUR)

Zeitschriften der "Neuen Rechten"
"Criticon"
"Junge Freiheit"
"Europa vorn"

GdNF Gesinnungsgemeinschaft der Neuen Front (G. Küssel)
Ziel: Neugründung der NSDAP
Zeitung: "Die neue Front"

DA - Deutsche Alternative (Frank Hübner, R. Dannenberg, Heinz Reisz / "Gau Rheinland-Pfalz") früher: Michael Kühnen (ANS/NA) Zeitung: "Brandenburger Beobachter" (Die DA ist eine Tarnorganisation der GdNF) (1992 verboten)
Nationaler Block
Nationale Alternative (O. Schweigert)
Deutscher Kameradschaftsbund (1992 verboten)
Nationale Offensive (Michael Swierczek)
DNP - Deutsch Nationale Partei Weimar (Thomas Dienel)
NF - Nationalistische Front (M. Schönborn) (1992 verboten)
Nationale Liste (Thomas Wulff, Chr. Worch)

FAP Freiheitliche Arbeiterpartei (F. Busse)

REP - Republikaner (F. Schönhuber)

Das rechtsextremistische Netz

AKON Aktion deutsche Einheit
IFA Initiative für Ausländerbegrenzung
Schutzbund für Leben und Umwelt
ARF Aktion deutsches Radio und Fernsehen
Ehrenbund Rudel

DVU - Deutsche Volksunion (Gerhard Frey)
Wochenzeitungen: "Deutsche National-Zeitung", "Deutscher Anzeiger"
Liste - D (Wahlbündnis aus NPD und DVU)

Die Patrioten (Zepp-Larouche)

Konservative Aktion (G. Löwenthal) Deutsche Konservative

HIAG (Hilfsgemeinschaft auf Gegenseitigkeit) Bundesverband der Soldaten der ehem. Waffen-SS (Ursula Müller)
Traditionsgemeinschaften der SS HIAG:
SS Panzer-Division "Leibstandarte Adolf Hitler"
SS Panzer-Division "Totenkopf"
SS Panzer-Division "Hitler-Jugend"
SS-Division "Reichsführer SS"
SS Panzer-Grenadier-Division "Horst Wessel"

Teile der Vertriebenenverbände, Burschenschaften usw.

Ideologie-Zentren
SDV Schutzbund für das Deutsche Volk (Brigitte Finkeisen-Frank)
WSL Weltbund zum Schutze des Lebens (Prof. Dr. Werner Georg Haverbeck)
DKEG Deutsches Kulturwerk Europäischen Geistes
VDA Verein für das Deutschtum im Ausland
Gesellschaft für freie Publizistik
Gesellschaft für biologische Anthropologie, Eugenik und Verhaltensforschung
Deutsches Arbeitszentrum Bassum
Hilfskomitee Südliches Afrika
Collegium Humanum
Nordischer Ring
Kulturkreis 2000 vormals Thule-Seminar (Zeitschrift: Elemente)
DRsK Deutscher Rechtsschutzkreis e.V. / Deutsche Rechtsschutzkasse

GOG Gemeinschaft Ost- und Sudetendeutscher Grundeigentümer und Geschädigter Notverwaltung des Deutschen Ostens
DDF Die Deutsche Freiheitsbewegung (Otto Remer)
Bund für Gotteserkenntnis (Ludendorf)
Benrather Kreis Arbeitsgemeinschaft für Deutschland
Witikobund

JBA Jugendbund "Adler"
BHJ Bund Heimattreuer Jugend
WJ Wiking - Jugend (700 Gruppen)
KLA Kieler Liste für Ausländerbegrenzung
HLA Hamburger Liste für Ausländerbegrenzung
Bürgerinitiative Ausländerstopp
JN Junge Nationaldemokraten

NDP Nationaldemokratische Partei (G. Deckert)

Amnesty National
"Deutsche Stimme" (Monatszeitung)
"report" (Studenten Magazin)
NHB Nationaldemokratischer Hochschulbund (Thomas Lux)
NEJ Nationaleuropäisches Jugendwerk e. V. Institut für politische Bildung

Zeitschriften mit überwiegender Beteiligung faschistischer Autoren
"Nation Europa"
"student"
"Mut"

Deutschland - Forum (H. Lummer, Claus Jäger, W. Böhm) Brückenfunktion zu konservativen Parteien

Dieses Blatt kann mit einem adressierten und frankierten Rückumschlag (DIN A4 oder DIN A5) plus 0,50 DM in Briefmarken bestellt werden beim:

Verlag an der Ruhr
Postfach 10 22 51
Alexanderstraße 54
4330 Mülheim an der Ruhr
Tel.: 0208 / 49 50 40
Fax: 0208 / 495 0 495

Das internationale rechtsextremistische Netz

Kanada
Samisdat Publishers Ltd., Ernst Zündel

USA
White Power Movement, NSDAP-AO, National Socialist White People Party, World Union of National Socialists, Ku-Klux-Klan

Irland
Nationalsoz. Irische Arbeiterpartei

Großbritannien
British Movement - Column 88, British Socialist Movement, National Front

Niederlande
Centrumspartij, Northern League, Consortium de Levensboom

Belgien
Aktion Nationaler Sozialisten, Nationale Front, Front de la Jeunesse, ASSAULT, Vlaamse block, V.M.O. Vlaamse militante Orde, Voorpost, N.S.V. Nationale Studentenverbond, Were die, Orde van de prinse, Viking jeugd

Frankreich
GRECE, Front National, Faisceaux Nationalistes Européens,Notre Europe, Nouvelle Ecole, Nouvelle Droite

Schweiz
Europäische Neuordnung, Die Neue Front

Italien
Ordine Nuovo, Movimento Sociale Italiano

Spanien
Circulo Español de Amigos de Europa, Juventa Vikinga

Schweden
Bevar Sverige Svensk, Sverige Nationella Forbund

Dänemark
Dansk Nationalsocialitiske Ungdom

Norwegen
Sektion Norge der Skandinaviske Rikspartei, Roland Fascistene

Rußland
PAMJAT, Russ. National Patriotische Front, Russ. National Patriot. Zentrum (Petersb.), OTCHESTWO (Vaterland) (Swerdlowsk), Historisch Patriotische Vereinigung, Block d. patriot. Bewegung Rußlands

Polen
Polnische National Partei

Österreich
Nationale Front, Freiheitliche Partei Österreichs, Nationaldemokratische Partei, Aktion Neue Rechte, Sieg, Arbeitsgemeinschaft für Politik

Griechenland
Nationale Politische Union, EPEN

Türkei
Förderation der türkischen Idealistenvereine in Europa - Graue Wölfe

Das internationale rechtsextremistische Netz

Es gibt vielfältige europäische und internationale Verbindungen der Rechtsextremisten. Ihre organisatorischen, personellen und ideologischen Kontakte bauen zum Teil auf den Kontakten der Nazis mit der Kollaboration (insbesondere der europäischen SS-Gruppen) und zu untergetauchten Nazis (auch in Südamerika und Südafrika) auf, zum Teil wurden sie zwischen den westeuropäischen Terrorgruppen wieder neu erstellt. Fast alle rassistischen Gruppen stehen heute miteinander in Kontakt. Insbesondere durch die Institute der "Neuen Rechten" (siehe: Das rechtsextremistische Netz (Beilage im Anhang)) sind die meisten rechtsextremistischen Organisationen miteinander verzahnt. In unserem Schaubild zeigen wir nur die wichtigsten Organisationen.

Die Symbolik der Rechtsextremisten

Symbol, Bedeutung, Herkunft und Beispiele

"Odal-Rune"
Bei den Germanen bedeutet sie "Besitz" oder "Grundbesitz", im Eigentum der Sippe. Symbol der Hitlerjugend.
Verwendet von: Karlsruher Front; Wiking-Jugend; BHJ.

"Keltenkreuz"
Geht auf irische Grabkreuze zurück (6. Jh.).
Symbol des frz. Faschismus.
Int. Symbol des Faschismus (gesehen im Elsaß, Meran, Ka), VSBD/PDA, Ku-Klux-Klan, amerik. Organisationen, leicht verändert bei Skinheads.

"Tyr-Rune"
Gott des Krieges, des Sieges und des Rechts. Neben Wotan und Donar einer der Hauptgötter.
An den Kragenspiegeln von SA-Einheiten, Leistungsabzeichen der Hitlerjugend.
NPD, JN; Schriften der sog. "Bewegung" (Kühnen), FAP.

"Sig-Rune"
Stand bei den Germanen für "Sonne".
Fahnen, Abzeichen, Kragenspiegel der SS; Jungvolk. ANS/NA, oft anstatt der normalen Schreibweise (für: S) verwendet.
Siehe auch Schreibweise DS für die "Destroyers" aus Karlsruhe. Versch. Schriften.

"Wolfsangel"
Jagdgerät aus Eisen, dessen obere Zacke im Baum steckte, unten war ein Fleischbrocken befestigt, der Wölfe ködern sollte.
"Werwolf"-Symbol; Emblem von vier SS-Panzerdivisionen.

Zahnrad
Symbol der Dt. Arbeitsfront; NS-Betriebszellenorganisation.
FAP; früher auch von der NPD verwendetes Symbol.

Symbol der **"Aktion Widerstand"** in den frühen 70er Jahren. Als noch nicht strafbare "Hitlergrußvariante" werden unter Neonazis oft Daumen, Zeige- und Ringfinger gespreizt zum Gruß erhoben. Das W taucht auch in Schriften von Kühnen an die "Bewegung" auf.

Hakenkreuz"verfremdung", die noch nicht strafbar ist.
Aktionsfront Nationaler Sozialisten ANS/NA.

a) **"Man-Rune"**, bedeutet den Menschen, der seine Hände zu göttlichen Mächten emporhebt; im Gegensatz dazu:

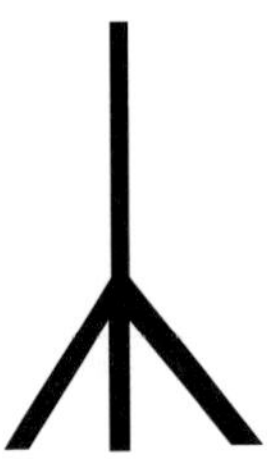

b) **"Yr-Rune"**, die auf die Wurzeln, das von den Ahnen überlieferte Wissen hinweist.
Grabsteine, Geburts- bzw. Todesanzeigen; versch. Schriften.

Nicht strafbares Emblem, das vom Ku-Klux-Klan benutzt wird.

Gewalt

Zur Faszination von Gewalt und dem Versuch, diese zu überwinden

Rudi Pahnke

Gewalt - eine Strukturanalyse

Landesschülerrat Brandenburg

"Faszinierende" Aspekte von Gewalt

HALT: Wer ist denn hier gewalttätig?

Vorsicht: Gewalt

Interview mit Jörg Ganschow

Es gibt viele Arten zu töten.
Man kann einem ein Messer
in den Bauch stecken,
einem das Brot entziehen,
einen von einer Krankheit nicht heilen,
einen in eine schlechte Wohnung stecken,
einen zum Selbstmord treiben,
durch Arbeit zu Tode schinden,
einen in den Krieg führen usw.
Nur weniges davon ist in
unserem Staat verboten.

Bertolt Brecht

Zur Faszination von Gewalt und dem Versuch, diese zu überwinden

Gewalt als Ausdruck verzweifelter, zum Teil verbrecherischer und infantiler Sehnsucht nach Beendigung von Widersprüchen

Menschen wenden Gewalt an - offen, brutal, subtil oder gegen die eigene Person gerichtet. Das hängt mit der Konflikthaftigkeit des Lebens zusammen. Es gibt keine Zeit des Lebens, in der wir nicht mit Konfliktsituationen zu rechnen haben. Friedhelm Neidhardt formuliert in seinem Beitrag "Gewalt und Gegengewalt": "Die Probleme im Umgang mit Gewalt sind Balancierungsprobleme, und ihre Lösung ist eine Frage angemessener Dosierungen." *(in: Heitmeyer/Möller, Juventa 1989).*

Gewalt, sagt Fromm nach Simone Weil, ist die Fähigkeit, einen Menschen in einen Leichnam zu verwandeln. **Alle Gewalt beruht letzten Endes auf der Macht, töten zu können**. Wie die Sexualität Leben erzeugen kann, kann Gewalt Leben zerstören. Der Einfluß von Menschen wie Hitler und Stalin beruht eben auf deren uneingeschränkter Fähigkeit und Bereitschaft zu töten. Die Offenheit der Zukunft und die Offenheit der Freiheit wird von **nekrophilen** Menschen, nach Erich Fromm, gefürchtet und gehaßt. Sie sind gekennzeichnet durch ein heftiges Verlangen nach letzter, eindeutiger Gewißheit.

Um das Leben risikolos kontrollierbar zu machen, ist dann Gewalt anzuwenden, die die Möglichkeit des Todes in sich birgt - der Tod ist das einzig Gewisse im Leben. Diese Nekrophilie ist also jene Antwort auf das Leben, die im völligen Gegensatz zum Leben selbst steht; sie ist die morbideste und gefährlichste unter allen Lebensorientierungen, derer der Mensch fähig ist.

Wer jedoch, nach Erich Fromm, **biophil** ist, also das Leben liebt, fühlt sich von Lebens- und Wachstumsprozessen in allen Bereichen angezogen. Er will lieber neu schaffen als bewahren. Im Unterschied zu Freud spricht Erich Fromm von dem Lebenstrieb als der primären Potentialität des Menschen. Sind jedoch im Menschen nicht die richtigen Voraussetzungen vorhanden, dann tauchen nekrophile Neigungen und Tendenzen im Menschen auf und gewinnen über ihn die Herrschaft. Die gegenwärtigen sozialen Verwerfungen, das ungeheure Ausmaß an Werteverunsicherung, die Existenzängste, die Sorge um Arbeitsplätze, Miethöhen, Lebenshaltungskosten - mit der gleichzeitig angeheizten Komsumgier - führen zu den Eskalationen, die wir jetzt an vielen Stellen in unserer Gesellschaft erleben. Dazu kommen Ängste vor den vielen neuen Situationen, den offenen Grenzen, den Fremden, den Ausländern, den unübersehbaren politischen Problemen des Ostblocks, des Balkans, des Nahen Ostens, der Zwei-Drittel-Welt.

Man kann ja durchaus mit Recht fragen: Welche innere Stabilität brauchen wir eigentlich als Menschen, um all dem gewachsen zu sein? **Vielleicht gilt: Die gewalttätigen jungen Leute tun das, was viele normale Erwachsene auch zu tun wünschen** - nur wir machen es nicht oder vorsichtiger: Wir erleben es in ihren Ersatzhandlungen erschreckt mit. Wir erschrecken über sie - und damit eigentlich über unsere Abgründe. Wir selbst sind aus der Balance geraten, und sie sind darin unser Spiegelbild.

Zu Haß und Gewalt gelangen, obwohl man Liebe will

Die gegenwärtigen Lebensbedingungen der Risikogesellschaft *(Beck)* bewirken eine äußerst kritische Situation im familiären Milieu. Die Rolle der Frau erscheint als völlig ungeklärt, viele Männer sehen sich mit dem für sie völlig neuen Problem der Arbeitslosigkeit konfrontiert, der passive Konsumismus bewirkt eine Beziehungslosigkeit zwischen den Menschen.

Diese dramatische Situation ist der Nährboden für extremistische Lebenseinstellungen bei Kindern und Jugendlichen. Die Werteverschiebungen/der Wertesturz sind so vollständig, daß die Situation die Sehnsucht nach vereinfachenden Lösungen und Antworten erzeugt.

Das Schwarz-Weiß/Freund-Feind-Denken ist Kindern und Jugendlichen nicht fremd und wurde durch die DDR-Pädagogik wesentlich gefördert und schlägt nun - im Gegenüber zu den Relativitäten bürgerlicher Demokratie - um in die Sehnsucht nach Klarheit und Beendigung der Konfliktszenarien. An solchen Schnittstellen werden Gewaltlösungen geboren.

In der Autobiographie des Straftäters Fritz Mertens, *"Ich wollte Liebe und lernte hassen"*, ist erkennbar, was die Familiensituation aus einem Kind machen kann. Gewaltausübung/Kindesmißhandlungen/Liebesentzug/Verwöhnung bleiben nicht ohne Folgen. Gewaltlösungen lösen Imitationshandlungen aus. Sie wirken, sie werden suggestiv. Fritz Mertens beschreibt Gewalt in der Familie - zwischen den Eltern, zwischen den Geschwistern, zwischen Eltern und Kindern. Es ist eine extreme Situation, in der er lebt und aus der er nur als gebrochener Mensch und als Straftäter hervorgeht. Er wendet in seiner Fantasie und in der Realität Gewalt an - bis hin zum Tode zweier Menschen.

Gewalt in der urbanen Industriegesellschaft

Die urbane Situation überfordert den Menschen - die Massengesellschaft, in der der einzelne sehr für sich selbst sorgen muß. Die Risiken in dieser Gesellschaft sind sehr groß. Es ist zutreffend, daß wir in einer Risikogesellschaft und Risikowelt leben, daß der Mensch sich einer unübersehbaren Pluralisierung als einzelner gegenübersieht, der er vereinsamt und vereinzelt nicht gewachsen ist. Zusammenschlüsse auf freiwilliger Grundlage machen psychisch die

Situation für den einzelnen erträglicher - das Vereins- und Verbandsleben, wo es existiert und sich entfalten konnte, fängt eine Fülle von gesellschaftlichen Problemen ab, d.h.: Die selbstkonstruierte Lebenswelt tritt an die Stelle der herkömmlichen Großfamilie, des Kiezes oder Dorfes.

Jugendliche, zumal aus komplizierten Familienstrukturen und schwierigem sozialen Milieu, erleben in der Gang, in der Bande, der Clique ähnliches. Die Strukturen sind dort autoritär; es gibt einen oft unausgesprochenen harten Normenkonsens. Wenn wir nicht begreifen, warum Jugendliche sich so zusammenschließen und sich so verhalten, wie sie es tun, sind wir a priori unfähig zu verantwortlichem Umgehen mit den Problemen. Das bedeutet: Die Gang ist so etwas wie eine Ersatzfamilie. Die Strukturen in dieser Gang sind in der Regel autoritär. Die Handlungen der Gang bis hin zu schlimmen Gewalttätigkeiten oder kriminellen Handlungen gegen vermeintliche Feinde oder Gegner haben einerseits gruppenstabilisierende Funktion, wie jedes Feindbild, und sind andererseits das ideologische Bindeglied im gemeinsamen "zu bestehenden Lebenskampf". Den Jugendlichen wird auf vielen Ebenen von der Welt der Erwachsenen vermittelt, daß das Leben ein Kampf ist, in dem man sich durchsetzen und behaupten muß, also kämpfen sie.

Verführung zur Gewalt durch Gewöhnungseffekte - Verführung durch die Medien

Die Faszination von Gewalt findet ihren besonderen Ausdruck in den Medien. Es fällt auf, was ja bereits Fromm deutlich benannt hatte, daß die verschiedensten Medien sich im Mitteilen und Vermitteln von Grausamkeiten förmlich überbieten. Die Videotheken bieten eine reiche Palette von Gewaltangeboten, Filme aller Art sind zu jeder beliebigen Zeit zur Verfügung, um Menschen aller Altersklassen mit der gewünschten Art von Brutalität, Tötung, Mord, Quälerei zu bedienen. Aber auch die Nachrichten gefallen sich zunehmend in der Wiedergabe von grausamen Szenen, wenn man beispielsweise an die Nachrichten über die kriegerischen Auseinandersetzungen in Jugoslawien denkt. Es mag ja sein, Bettelheim sieht es wohl so, daß dies alles nun wirklich nicht die Gewalt im Menschen erzeugt, aber es gibt ohne jede Frage einen Gewöhnungs- und Abstumpfungseffekt, der hinzutritt zu den auslösenden Faktoren von Gewalt und sie verstärkt. Ich folge also nicht der These, daß Menschen sich durch die Grausamkeit und Brutalität in den Medien abreagieren.

Autoritäre Strukturen und Gewalt

Bei diesem Punkt geht es nicht um außergewöhnliche Strukturen wie Gefängnis oder militärische Situationen im Krieg, sondern um autoritäre Strukturen normaler Art in der Familie, in der Bildung, das betrifft also die Schule,

Universität und Berufsausbildung, das betrifft Kindergärtnerinnen, Kindergärtner, Kleinkindererzieherinnen und -erzieher. Stanley Milgram hat ein Experiment beschrieben, das man nach dem Ende des Vietnamkrieges in den USA durchgeführt hat. Die Versuchspersonen fungierten und funktionierten als Lehrer, sie wußten aber nicht, daß sie die eigentlichen Versuchsobjekte waren, sondern sie dachten, daß die Versuchspersonen die ihnen gegenübersitzenden Schülerinnen und Schüler wären. Zur Erreichung von Lernergebnissen durften sie Elektrostöße einsetzen. Autorität von Wissenschaftlern gebot ihnen zur Erreichung des Lernziels bei den scheinbaren Schülern die Anwendung dieser grausigen Methode. Es ist erschreckend und erstaunlich, in welchem Maße Menschen bereit waren und bereit sind, wenn eine Autorität es gebietet, Gewalt anzuwenden - mancher mit Skrupel, andere aber offensichtlich bedenkenlos. Die autoritäre Struktur hebt offensichtlich Hemmungen auf. Da wir es bei gewaltbereiten und gewalttätigen Gangs in der Regel ja auch mit autoritätsstrukturierten Gruppen zu tun haben, sind die Ergebnisse des Milgram-Experiments von hervorragender Bedeutung.

Milgram schreibt: *"Wir wollen hier nur wiederholen, daß unsere amerikanischen Soldaten routinemäßig Dörfer niederbrannten, eine Strategie des 'freien Schutzfeldes' betrieben, Napalm extensiv anwendeten, die fortschrittlichste Technik gegen primitive Armeen einsetzten, weite Gebiete des Landes entlaubten, die Evakuierung von Kranken und Alten aus Gründen militärischer Zweckdienlichkeit erzwangen und unmittelbare Massaker unter Hunderten von unbewaffneten Zivilisten veranstalteten. Für den Psychologen sind dies nicht unpersönliche historische Ereignisse, sondern Handlungen, die von Menschen wie du und ich durchgeführt wurden, Menschen, die durch Autorität verwandelt wurden und dabei jedes Gefühl für persönliche Verantwortung verloren. Wie kommt es, daß ein anständiger Mensch im Verlauf von wenigen Monaten dazu gebracht wird, andere Menschen zu töten, ohne daß ihm sein Gewissen Grenzen setzt? ..."*

Perspektiven zur Überwindung von Rassismus und Gewalt - eine Herausforderung zu einer zukünftigen Lebenskultur

Wenn es zutrifft, was ja in verschiedenster Hinsicht hier deutlich wurde, daß die Gewaltakzeptanz und die Gewaltanwendung bzw. die kritische Auseinandersetzung mit Gewalt und Gewaltbereitschaft Balanceleistungen der Menschen, der Gesellschaft, eines Staates sind, dann ist auch die Formulierung zutreffend, daß es sich hierbei um eine kulturelle Herausforderung handelt. Gewaltminimierung ist unter Menschen eine Kulturleistung, die zusammenhängt mit seinem Wunsch nach Leben und Überleben. Menschen und die menschliche Gesellschaft setzen auf Zukunft und auf zukünftiges gemeinsames Leben, wenn sie um die Minimierung von Gewalt ringen, sie ringen um eine gemeinsame Zukunft der Gesellschaft mit vielen anderen. Das Ringen um die Minimierung von Gewalt ist also eine bewußte Entscheidung gegen ganz konkrete andere Tendenzen in der Menschheit und in der Gesellschaft, aber auch in der Natur. Wer Gewaltminderung will, wird Abstand nehmen von Vorherrschaft und Unterdrückung von Leben, aber auch von Diskriminierung Andersdenkender und Anderslebender.

Hinter dem Bemühen um Gewaltminimierung steckt also ein Lebenskonzept, ein philosophischer Entwurf, ein humanes Konzept über die Zukunft des Menschen.

Abschlußbemerkung

Der Stein des Sisyphos rollt unentwegt von oben nach unten - das haben die Steine so an sich. Die Mühen, die vor uns liegen, werden nicht kleiner werden. Aber wenn die menschliche Gesellschaft sich mit einer humanen Perspektive weiterentwickeln soll, wenn wir selbst auf eine solche humane Perspektive setzen, dann ist der Stein des Sisyphos immer wieder nach oben zu schieben, dann muß dazu beigetragen werden, daß Gewalt minimiert wird, daß Menschen sich selbst und den anderen als einen Reichtum entdecken können. Die Gestaltung des Lebens und die Wahrnehmung von Verantwortung ist sehr mühevoll und gleicht der Mühe des Sisyphos, der immer wieder den Stein nach oben rollt, absurd aber ist dieses Tun nicht, sondern voller Zukunft, voller Leben. Gegenwärtig scheint sich für viele Menschen der Zynismus als ihr Lebenskonzept herauszubilden und zu verfestigen. Dem Lebenskonzept des Zynismus folge ich gerade nicht.

(Rudi Pahnke, Brandenburg 1992)

Literatur

Bettelheim, Bruno: **Kinder brauchen Märchen.** dtv, 1967, Sachbuch Nr. 1481
Bettelheim, Bruno: **Erziehung zum Überleben.** Zur Psychologie der Extremsituation, dtv 1980, Nr. 15056
Erikson, H. Erik: **Jugend und Krise.** Klettverlag, Stuttgart, 1974
Farin, Klaus/Seidel-Pielen, Eberhard: **Krieg in den Städten.** Rotbuchverlag, Berlin 1990, 3. Auflage
Fromm, Erich: **Anatomie der menschlichen Destruktivität.** Rowohlt-Taschenbuchverlag, Hamburg, 1977
Fromm, Erich: **Die Seele des Menschen.** dtv, 2. Auflage, 1988
Fromm, Erich: **Die Furcht vor der Freiheit.** dtv, 1990
Heitmeyer, Wilhelm: **Rechtsextremismus.** Bundverlag, Köln, 1991
Heitmeyer/Möller (Herausgeber): **Jugend - Staat - Gewalt.** Juventa, 1989
Mertens, Fritz: **Ich wollte lieben und lernte hassen.** Diogenes-Taschenbuch, Zürich, 1987
Milgram, Stanley: **Das Milgram-Experiment.** Rowohlt-Verlag, 1990
Miller, Alice: **Du sollst nicht merken.** Suhrkamp-Verlag, 1990
Nolting, Hans-Peter: **Lernfall Aggression.** rororo-Taschenbuch, 1987
Theweleit, Klaus: **Männerphantasien 2.** Rowohlt-Verlag, 1987

Gewalt - eine Strukturanalyse

Gewalt ist kein Ding an sich, steht nicht im luftleeren Raum. Sie steht immer im Zusammenhang mit sozialen Verhältnissen; sie war nie und ist auch heute nicht nur ein individuelles Problem. Das Phänomen Gewalt ist nicht eindimensional, es muß vielmehr mehrdimensional thematisiert und problematisiert werden. Bei Schülerinnen und Schülern besteht meist die Tendenz, das Gewaltproblem auf die physische Anwendung zu beschränken.

Aber Gewalt tritt in den verschiedensten Formen auf. So ist sie einer Vielzahl gesellschaftlicher Beziehungen beigemischt, beispielsweise zwischen Schülerinnen/Schülern und Lehrerinnen/Lehrern, Ausbildern und Auszubildenden, Arbeitgebern und Arbeitnehmern. Dies macht es notwendig, zumindest zwischen drei Dimensionen der Gewalt zu unterscheiden:

- die gesellschaftliche/staatliche,
- die psychische und
- die pädagogische.

Gesellschaftliche/staatliche Gewalt

Hinter dieser Unterscheidung ist das grundsätzliche Problem zu sehen, inwieweit gesellschaftliche Verhältnisse zu Recht den Schutz staatlicher Gewalt genießen, auch wenn sie vielen als ungerecht und veränderungswürdig erscheinen. Das läßt den Einsatz von Gegengewalt legitim erscheinen.

Dagegen ist einzuwenden, daß Gewalt kein Mittel im demokratischen Staat ist, sondern die Meinungsäußerung ist das politisch richtige Mittel in der Demokratie. Staatliche Gewalt, die durch die Verfassung legitimiert ist und sich in rechtsstaatlicher Weise vollzieht, ist an Recht und Gesetz gebunden. Allerdings ist damit noch nichts über ihre Wirkung auf die Gesellschaft gesagt.

Psychische Gewalt

In der Psychologie wird der Begriff der Gewalt im Zusammenhang mit der Aggression gebraucht. Sie ist eine besonders rohe Form der Aggression. Dabei spielen Ohnmachtserfahrungen, Einsamkeit, Handlungsunsicherheit usw. eine große Rolle. Um diese Frustrationen zu verdrängen, ist Gewalt ein willkommenes Mittel. Sie schafft Eindeutigkeit in unklaren, unübersichtlichen Situationen, sie ist eine zumindest augenblicklich wirkende (Selbst-)Demonstration der Überwindung von Ohnmacht. Sie garantiert Fremdwahrnehmung ...

In diesem Zusammenhang ist von Bedeutung, daß Heranwachsende in Schule und Elternhaus mit tatsächlicher Gewalt konfrontiert werden und in den Massenmedien eine Fülle von Gewaltformen dargeboten werden - ein reichhaltiges Angebot entsprechender Verhaltensmuster, aus dem Jugendliche auswählen können.

Pädagogische Gewalt
In der pädagogischen Dimension steht die Frage, ob durch Erziehung die Gewaltbereitschaft abgebaut bzw. eingeschränkt werden kann. Hier steht aber ein fast unlösbares Problem: Soll die Erziehungsstrategie zum Gewaltverzicht anleiten oder wenigstens die Aggressionsbereitschaft vermitteln, die die Jugendlichen mit der notwendigen Durchsetzungskraft ausstattet? Ein Versuch zur Lösung wäre die Reflexion der Gewalt durch die Erwachsenen in gemeinsamer Erörterung, beispielsweise im Unterricht, durchsichtig zu machen und Zwänge und Ängste abzubauen. Von daher bestünde dann auch die Möglichkeit, Strategien zur Begegnung der gesellschaftlichen Aggressionsformen zu entwickeln.

Zusammenfassend kann man sagen:
Gewaltlose Herrschaft, gewaltlose Beziehungen sind in heutiger Zeit utopische Ziele. Realistisch ist der Versuch, Gewalt abzubauen. Dazu ist es notwendig, Gewalt und ihre Scheinlegitimation permanent aufzudecken und Strategien zu entwickeln, die Gegenmaßnahmen im gesellschaftlichen wie im individuellen Bereich ermöglichen.

(aus: Extra-Imbiss, Landesschülerrat Brandenburg. Schülerzeitung 1992)

"Faszinierende" Aspekte von Gewalt

Um Gewalt einzugrenzen, ist es notwendig, ihre "faszinierenden Aspekte" zu benennen und sich kritisch mit ihnen auseinanderzusetzen.

- Gewalt schafft Eindeutigkeit in unklaren, unübersichtlichen Situationen.
- Sie ist eine zumindest augenblicklich wirkende (Selbst-)Demonstration der Überwindung von Ohnmacht.
- Sie garantiert Fremdwahrnehmung, die mit anderen Mitteln nicht mehr herstellbar war.
- Sie schafft zumindest kurzfristig partielle Solidarität bzw. erweist sich als klar erkennbarer Prüfstein für Solidarität.
- Sie erweist sich aufgrund von Sozialisationserfahrungen als ein erfolgreiches Handlungsmodell *(vgl. Heitmeyer, Bielefeld 1989).*
- Gewalt erreicht als körperliche Auseinandersetzung und Bedrohung einen in der Spannung geradezu rauschartigen Zustand. Es ist ein In-der-Situation-Aufgehen. Die Zukunft verschwindet in intensivst erlebter Gegenwart. Körper und Geist werden in vollster Aktivität und Handlungseinheit erfahren ...

HALT: Wer ist denn hier gewalttätig?

Gewalt ist ein Problem, das Lehrer, Schüler wie Eltern gleichermaßen beschäftigt. Die ständige Auseinandersetzung mit dieser Thematik ist eine wichtige Aufgabe. Das Reflektieren "ganz alltäglicher Gewalt" spielt hierbei eine wichtige Rolle.

Die offensichtlichste Form der Gewalt ist die körperliche Gewalt. Wir denken an Jugoslawien, Rostock, Hünxe oder andere Orte, wo Krieg herrscht. Aber es gibt kein Land ohne Gewalt, ob Krieg herrscht oder nicht. Gewalt muß nicht körperlich sein - sie kann andere Formen annehmen: Gewalt, die das Empfinden eines Menschen verletzt, Gewalt gegen die Natur oder wirtschaftlicher Druck, mit dem man Menschen zu einem bestimmten Handeln nötigt. Gewalt ist die treibende Ursache für Leid.

- Lies die folgenden Sätze, und diskutiere sie in einer kleinen Gruppe. Beantworte in jedem Fall die folgenden zwei Fragen:
  Handelt die Person gewalttätig? Ist ihre Gewalt gerechtfertigt?
- Vergleicht die Ideen in eurer Gruppe mit jenen in anderen Gruppen.
- Wie viele Beispiele von Gewalt findet ihr in eurem eigenen Land? Findest du Beispiele von Gewalt, die nicht körperlicher Art sind?

Wer handelt gewalttätig?

- ❑ ein Vater, der dem Kind wegen schlechten Benehmens einen Klaps gibt
- ❑ ein Profiboxer
- ❑ ein Friedensdemonstrant, der sich niedersetzt und nicht aufsteht, wenn es die Polizei anordnet
- ❑ ein Autofahrer, der bei der Ampel schneller als alle anderen wegfahren möchte
- ❑ ein Unternehmer, der einem Arbeiter oder einer Arbeiterin keine Zeit zugesteht, sich um sich und um das kranke Kind zu kümmern
- ❑ ein Fußballfan, der die Anhänger des gegnerischen Teams abfällig beschimpft
- ❑ jemand, der Berufssoldat wird
- ❑ der Direktor einer großen Firma, die ihren Giftmüll in Entwicklungsländer verschickt
- ❑ ein Mann, der seine Freundin überreden möchte, mit ihm zu schlafen, obgleich sie schon nein gesagt hat
- ❑ ein Tierschützer, der in einem Pelzgeschäft eine Bombe legt
- ❑ eine Zuschauerin, die Beifall klatscht, wenn Jugendliche Ausländer beschimpfen.

Vorsicht: Gewalt

Um das Thema Gewalt nicht nur im luftleeren Raum zu diskutieren, empfehlen wir Texte wie den hier abgedruckten (oder solche Politiker) in die Arbeit Eurer Gruppe einzubeziehen, um an konkreten Ereignissen Eure eigenen Erfahrungen und die von aktiv Beteiligten zu durchleuchten, zu überprüfen und zu bewerten.

Mit Karate-Schlag - aber auch mit politischen Argumenten Paroli geboten

Jörg Ganschow ist Gründungsmitglied der Ost-FDP und Bundestagsabgeordneter der FDP. Der 31jährige ist kein Querkopf, aber immer wieder für Querschüsse gut. Schlagkräftige Argumente sind sein Markenzeichen. Sein Wahlkreis heißt Eisenhüttenstadt. Ein heißes Pflaster im Märkischen - rechtsradikale Ausschreitungen gegen Asylbewerber, Angriffe auf deren Unterkünfte bestimmen tagelang die Szenerie.

Herr Ganschow, was hat Sie als Bundestagsabgeordneten so aus der Fassung gebracht, daß Sie parlamentarische Zurückhaltung aufgaben und in Eisenhüttenstadt mit Karate-Schlägen gegen Skinheads zu Felde zogen?

- Als ich aus Bulgarien zurückkam, machten rechtsradikale Banden Randale vor dem Brandenburger Zentralen Aufnahmelager für Asylbewerber. Von Polizei und BHS wußte ich, daß auf Flugblättern weitere Angriffe auf die Ausländerunterkunft angekündigt waren. Da bin ich in eine Kneipe gefahren, wo sich meines Wissens nach die Anführer der rechtsradikalen Szene treffen. Ich lebe seit zehn Jahren in Eisenhüttenstadt, da kennt man seine Pappenheimer. Es war ein Versuch, mit ihnen zu diskutieren über den Blödsinn, den sie verzapfen. Nun, das Gespräch war schon eine Provokation zum Nachdenken, und einige der jungen Männer diskutierten mit. Ihr "Häuptling" schien seine Felle wegschwimmen zu sehen. Er versuchte, mir mit einem Baseballschläger den Scheitel nachzuziehen. Doch wenn Sie einmal Selbstverteidigung gelernt haben, sind Stockschläge von oben keine ernsthafte Gefahr. Ein Karategriff, und der 17jährige fand sich kampfunfähig auf dem Boden, war zum Gespött seiner Kumpel geworden. -

Wo lernt man, sich so wirksam zu schlagen?

- Ich war drei Jahre bei den NVA-Fallschirmjägern. Zuvor habe ich vier Jahre Kampfsport trainiert. -

Hat Ihr persönlicher Mut etwas bewirkt?

- Die Leute haben mir zugehört. Sie haben ein Rieseninformationsdefizit, das sie für die sogenannten "einfachen Wahrheiten" von Rattenfängern zugänglicher macht. So glaubten einige der Jungen, daß der Anteil der ausländischen Bevölkerung in Ostdeutschland bei 30 Prozent liegt. In Wahrheit sind es gerade mal zwei Prozent. Ich habe festgestellt, daß in diesen rechtsradikalen Gruppen nicht nur Leute mit einer Gehirnwindung rumlaufen. Wenn es also gelänge, bei jedem Gespräch nur ein oder zwei aus einer Gruppe loszueisen, dann sind wir auf dem richtigen Weg. Aufklären gegen Volksverhetzung statt verketzern. Haben die schon mal daran gedacht, daß kein Dollar oder Yen in Arbeitsplätze auf märkischem Sand investiert wird, wenn hier Jagd auf Ausländer gemacht wird? -

Nach dem K.O.-Sieg sollen Sie gesagt haben: Diese Sprache verstehen Rechtsradikale besser ...

- Niemand wird hoffentlich glauben, der Ganschow zieht jetzt jeden Tag los, um Nazis zu vermöbeln. Aber auch Bundestagsabgeordnete sollten erstens den Mut haben, mit der Jugend im rechten Spektrum zu reden. Da ist nicht Hopfen und Malz verloren. Zweitens sollten Parlamentarier nicht ausschließlich nach der Zeitungslektüre über rechtsradikale Randale ihr tiefes Bedauern aussprechen, über dem Scherbenhaufen eines angezündeten Asylbewerberheimes weinen und wählerwirksam beruhigend über die Krausköpfe kleiner Kinder streichen. -

Was verlangen Sie von Ihren Parlamentskollegen?

- Ich kann von keinem älteren Abgeordneten verlangen, daß er sich in Karate schulen läßt und gegen Baseballschläger schwingende "Glatzen" loszieht. Politiker dürfen sich nicht nur in der Bonner Bannmeile verstecken, sondern sie müssen sich dieser Gewaltflut entgegenstellen. Abgeordnete sind Volksvertreter, sie müssen das Volk aufklären. Bei meinen Gesprächen mit BGS und Polizei vor Ausländerheimen waren die erstaunt, daß sich überhaupt ein Abgeordneter zeigt. Die fühlen sich von uns ziemlich allein gelassen. Im Bundestag wird über Ausländer diskutiert, auf der Straße werden sie verhauen. Das ist die Wirklichkeit. -

Der Bundeskanzler hat angekündigt, Extremisten, Radikale werde die ganze Härte deutscher Gesetze treffen. Was halten sie davon?

- Wenig. Wer 16- bis 18jährige mit solchen Aussagen pauschal und sofort zu

Extremisten stempelt, weiß wenig vom Leben. Da gibt es Cliquen, Gruppen, Gangs, in die junge Leute reinrutschen, weil sie keine Chance haben, ihre Freizeit anders zu gestalten. Das ist im Anfangsstadium selten politisch motiviert. Dann kommt die Aufforderung zur Mutprobe, eine Scheibe einwerfen. Die "Führer", die den rechten Drall reinbringen, kommen erst später. -

Haben Sie Gegenrezepte?

\- Keine Rezepte. Nur, wir müssen im Vorfeld der Gewalt anfangen. In Eisenhüttenstadt gibt es ein Projekt von jungen Leuten für junge Leute. Da haben die eine Menge Ideen, Zeit und eigenes Geld investiert, um gemeinsam Singen, Tanzen, Musizieren zu organisieren. Jetzt droht das Ganze wegen fehlender 25000 DM zu platzen. Nachdem Anfragen in Brandenburg bedauernd abgewiesen wurden, ist mein Brief an die Bundesjugendministerin mit der Bitte um Hilfe unterwegs. Unterstützung haben wir Stadt-Prominenten von Eisenhüttenstadt im August durch ein Fußballspiel gegen die ehemalige Oberligamannschaft von Stahl Eisenhüttenstadt zu geben versucht. Die Einnahmen von ungefähr 5000 Mark gingen in die Förderung des Nachwuchsfußballs in Eisenhüttenstadt.

Wir können zum Beispiel mit Unterstützung des Sports die jungen Leute von der Straße bekommen. Mannschaftssport schafft Mannschaftsgeist. Und wem danach ist, der sollte seinen Frust beim Training am Sandsack abreagieren, nicht anderen Menschen die Nase einschlagen. -

Interview: Dietmar Rietz

(aus: ND vom 13.10.1992)

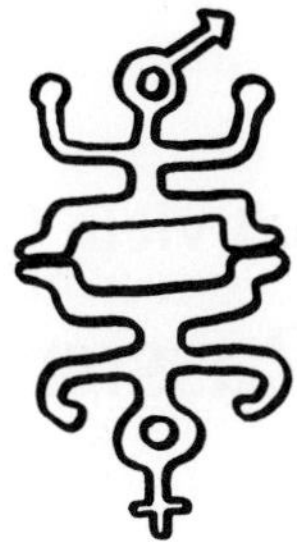

Sexismus thematisieren

Gewalt hat viele Gesichter:

Über Gewalt, Rassismus und Frauen

Bruni Schmidt

Sexismus und Gewalt in der Sprache von Männern

Gewalt hat viele Gesichter:

Über Gewalt, Rassismus und Frauen

Bruni Schmidt

Gewalt ist nicht nur dort, wo Menschen ermordet, Steine geworfen und Häuser in Brand gesetzt werden. Gewalt hat viele Gesichter und zeigt sich mal offen, mal verschleiert oder in der Maske der Sanftheit.

In diesem Artikel werde ich versuchen, die Lebenssituation von Frauen und das Verhalten von Frauen mit Gewalt und Rassismus in Verbindung zu setzen. Es ist für mich keine Frage, daß in unserer Gesellschaft die Gleichberechtigung von Frauen immer noch nicht verwirklicht ist und viele Frauen in ihrem Leben Benachteiligung, Unterdrückung oder gar Gewalt erfahren haben. Ob sie sich diesen Erfahrungen stellen können, ist allerdings eine Frage.

Schon die amerikanischen Kämpferinnen für die Sklaven- und Frauenbefreiung des 19. Jh. wußten, daß Sexismus und Rassismus gleichartige ideologische Erscheinungen sind.* Geht es beim Rassismus darum, die Höherwertigkeit der eigenen "Rasse" der Minderwertigkeit einer anderen gegenüberzustellen, sichert die Benachteiligung, Unterdrückung und offene Gewalt gegen Mädchen und Frauen jedem Mann die Möglichkeit, sich besser, stärker oder höherwertig zu fühlen - unabhängig davon, wie reich, klug, groß, "stark"... er ist. Unabhängig davon, welche politische oder religiöse Überzeugung er hat. Unabhängig davon, ob er Medizinprofessor oder Parkwächter ist. Unabhängig auch davon, ob er ein Antirassist ist.

Ein Beispiel aus meinem Alltagsleben: In einer Gesprächsrunde wird ein Witz über eine Frau gemacht. Es wird gelacht. Eine mögliche Interpretation dieser Situation ist diejenige, daß ein Witz zur Aufheiterung der Gemüter oder Auflockerung der Atmosphäre gemacht wurde. Für mich wird in dieser Situation mehr deutlich:

Auf Kosten einer Frau, die lächerlich gemacht wird, kann sich der lachende Mann besser fühlen. Einer lachenden Frau wird manchmal gar nicht klar, daß ihr besser das Lachen 'im Halse stecken bliebe', denn durch diesen Witz wird sie selbst auch als Angehörige dieses Geschlechts mit gemeint, mit lächerlich gemacht und abgewertet. Folge: Nimmt eine Frau diese Ebene der Botschaft wahr, kann sie ihre psychische Energie dazu verwenden, ihr Selbstwertgefühl als Frau wiederaufzubauen, während der Mann amüsiert und gestärkt die Runde verläßt. **Gewalt gegen Frauen ist ein Kontinuum von Klischeevorstellungen über Frauen, der Abwertung der Arbeit von Frauen im Reproduk-**

* (s. Janssen-Jurreit, Marielouise: Sexismus, München, 1978)

tionsbereich, der Benachteiligung von Frauen z.B. im Beruf, der Unterdrückung von Frauen in der Familie, der Mißhandlung und Vergewaltigung von Frauen. Insbesondere durch die Enttabuisierung der sexuellen Gewalt gegen Mädchen und Frauen ist deutlich geworden, daß diese sexuelle Gewalt eine Ausdrucksform von Macht und Herrschaft ist und nicht Bestandteil einer sexuellen Beziehung.

Die Enttabuisierung sexueller Gewalt gegen Mädchen verdanken wir betroffenen Frauen, die als Erwachsene ihre Gewalterfahrungen und ihre schmerzhaften Gefühle in Sprache fassen, beschreiben und in die Öffentlichkeit tragen. Bislang hatten Männer die Positionen und Macht inne, um zu definieren, was sexuelle Gewalt sei. Die authentischen Berichte von Frauen über die Gewalterfahrungen in ihrer Kindheit revidieren gängige Klischeevorstellungen. In das öffentliche Bewußtsein dringt nach und nach das neue Wissen über Ausmaß und Folgen der sexuellen Gewalt gegen Kinder ein. Bislang vorherrschende Vorstellungen über Ausmaß, Kontext und Folgen von sexueller Gewalt gegen Kinder sind zu revidieren.

Es ist festzustellen, daß eine Vielzahl von Frauen sich engagiert, die Gewalt gegen Frauen aufzudecken und zu verhindern, während engagierte Männer nur als Ausnahmeerscheinung anzutreffen sind - auch in der Institution Kirche, obwohl die Arbeit gegen Gewalt sich in Einklang mit der Intention des Evangeliums und dem Selbstverständnis der Institution befindet.

Und was tun die Frauen? Frauen sind (leider) auch nicht nur gute Menschen. Eine Frau, die sich mit ihrer eigenen Unterdrückung und der Unterdrückung von Frauen im allgemeinen auseinandergesetzt hat, ist nicht schon durch diese "Vorarbeit" davor gefeit, rassistisch zu sein. Auch sie kann gegenüber fremden Frauen und Männern meinen, einer besseren Kultur, einem ökonomisch stärkeren Land, einer höherwertigen Nation anzugehören, und sich hierdurch besser fühlen. Auch sie kann sich durch die Abwertung von Menschen ein besseres Gefühl verschaffen. In den vergangenen Jahren hat es Versuche gegeben, die internationale und multikulturelle Verständigung zwischen Frauen zu beginnen. Hier mußte schmerzhaft festgestellt werden, daß die weißen und reichen Frauen vorurteilsvoll den anderen Frauen begegneten und deren Lebenssituation nach ihren Maßstäben bewerteten. Die Reflexion ihrer Macht und ihrer Rolle als Mittäterin und Täterin steht bei Frauen erst in den Anfängen. Und dennoch: Nach meinen Erfahrungen bringen Frauen in Diskussionen über Rassismus die Bereitschaft und die Fähigkeit ein,

- ihr persönliches Verhalten, ihre Normen und Werte zu reflektieren;
- das Augenmerk nicht darauf zu richten, was die anderen tun oder tun sollten, sondern sich selbst zu verändern.

Wird es zur Solidarität zwischen Frauen und Schwächeren führen?

(Brunhild Schmidt, Haus Villigst, Dezember 1992)

Sexismus und Gewalt in der Sprache von Männern

im Gegenüber zu Frauen

Weil sprachgewaltige Männer in der Regel Gewalt in der Sprache verstecken, hier die 24 wichtigsten Vorwürfe und "Fallen", in die Männer tappen:

1. **Die Show abziehen:** Zu viel, zu lang und zu laut reden.

2. **Der Problem-Löser:** Ständig die Antwort oder die Lösung eines Problems liefern, noch bevor andere die Gelegenheit haben, sich einzubringen.

3. **IN GROSSBUCHSTABEN REDEN:** Die eigene Lösung oder Meinung als DAS letzte und abschließende Wort zum Thema einbringen (wird oft verstärkt durch den Ton in der Stimme und die Körperhaltung).

4. **Verteidigungshaltung:** Auf jede entgegengesetzte Meinung so antworten, als sei es ein persönlicher Angriff: "Offensichtlich hat keiner verstanden, was ich gesagt habe. Was ich meinte, war ..."

5. **Haarspalterei:** Unbedeutende Fehler in den Stellungnahmen anderer herauspicken, Ausnahmen zu jeder Regel feststellen.

6. **Wiederholen:** Genau dasselbe wiederholen, was eine Frau (!) gerade vollkommen klar und deutlich gesagt hat.

7. **Aufmerksamkeit suchen:** Alle dramatischen Mittel einsetzen, um ins Scheinwerferlicht zu kommen.

8. **Wichtigtun:** Durch die Beobachtung von Gruppenprozessen und Formalem die Aufmerksamkeit auf sich lenken und dadurch die Verantwortlichkeit von einzelnen und der Gruppe verhindern.

9. **Herabsetzen:** "Ich habe das früher auch geglaubt, aber inzwischen ..."; "Willst du wirklich behaupten, daß ...?"

10. **Immer kritisieren:** An allem und jedem etwas Schlechtes oder Problematisches finden.

11. **Das Gesprächsthema verändern:** Die Diskussion auf die eigenen Lieblingsthemen lenken, um die eigene Lieblingsmeinung loszuwerden.

12. **Der Pöstchen-Halter**: An formalen Machtpositionen festkleben.

13. **Nicht zuhören:** Nach den ersten paar Sätzen anderer in Gedanken eine Antwort formulieren, von da an auf nichts mehr achten und in die erste Pause hineinplatzen.

14. **Unversöhnlichkeit und Dogmatismus:** Auch in den kleinsten Punkten auf der eigenen Position beharren.

15. **Gefühle vermeiden**: Intellektualisieren, sich in Passivität flüchten oder Witze machen, wenn es an der Zeit wäre, Gefühle zu äußern.

16. **Herablassung und Paternalismus (väterliches Getue)**: "Na - will denn nicht mal eine von den Frauen was dazu sagen?"

17. **Frauen anmachen:** Sexualität einsetzen, um Frauen zu manipulieren. Aufmerksamkeit und Unterstützung von Frauen suchen und zugleich mit Männern konkurrieren.

18. **Sich überstürzen:** Ständig Aufgaben übernehmen, bevor andere die Chance haben, sich freiwillig zu melden.

19. **Der Promovierte:** Schlüsselinformationen für sich behalten und zu eigenem Nutzen und Vorteil einsetzen.

20. **Für andere sprechen:** "Viele von uns meinen, daß wir dies und jenes tun sollten ..."; "Was XY wirklich meinte, war ..."

(aus: Sexismus in polit. Gruppen, Werkstatt gewaltfreie Aktion, Baden, Heidelberg 1989)

21. **Männer ergreifen öfter das Wort und reden länger als Frauen.** Männer melden sich öfter zu Wort (häufig auch als erste in einer Diskussion oder Konferenz) und reden durchschnittlich bei ihren Wortmeldungen länger als die Frauen. Die Quantität ihrer Redebeiträge ist oft direkt proportional zu ihrer Stellung, zu ihrem Rang in einer Gruppe. Der Ranghöchste redet am meisten. Aber auch rangniedere Männer reden häufig immer noch mehr als Frauen gleich welchen Ranges. In der selbstverständlichen Beschneidung der Redezeit von Frauen bis hin zum gänzlichen Stummachen von Frauen in Gremien, wo sie gar nicht gehört werden, liegt die Gewalt gegen uns Frauen.

22. **Männer unterbrechen Frauen systematisch;** Frauen unterbrechen Männer kaum. In allen Unterhaltungen, ob Gruppengespräche zwischen Frauen

und Männern, zu Hause bei Paaren, die zusammenleben, oder bei solchen, die sich gerade kennengelernt haben, in den verschiedensten Situationen, die bisher untersucht wurden, stellte sich heraus, daß Männer Frauen sehr viel mehr unterbrechen als umgekehrt. Durch Unterbrechung wird aber Gesprächskontrolle ausgeübt. Die Sprecherin wird gehindert, ein Thema zu entwickeln, ihre Position darzustellen, in ihrem Tempo Argumente anzubieten. Wenn Unterbrechungen gehäuft vorkommen, wird sie dadurch schlicht gehindert, überhaupt etwas Vernünftiges zu sagen.

23. **Frauen müssen um ihr Rederecht kämpfen und müssen kämpfen, es zu behalten.** Es ist schwer für Frauen, zu Wort zu kommen, sich zu behaupten, gehört zu werden. Wenn Frauen die Redeerlaubnis haben und reden, müssen sie dafür sorgen, daß sie ihr Thema zu Ende führen können: Sie müssen Unterbrechungsversuche abwehren, bei Einwürfen ihr Rederecht behaupten, bei Unterbrechungen versuchen, ihr Rederecht zurückzubekommen, und vor allem durch das, was sie sagen und wie sie es sagen, die Aufmerksamkeit der Männer bewahren. Deshalb stellen sie mehr Fragen und beziehen sich mehr auf Männer, um sie zu einer Reaktion zu zwingen, die sie sonst nicht sicher bekämen. Deshalb sind Frauen auch höflicher und persönlicher. Ihre Konzentration und ihre Energie wird auf die Arbeit gelenkt, sich das Rederecht zu verschaffen, zu erhalten und zurückzugewinnen. Die Unterbrechungsversuche und Unterbrechungen ihrer Beiträge sind auch ein Indiz dafür, daß sie als Gesprächspartnerin mißachtet werden. In der Mißachtung von uns Frauen als Person liegt die Gewaltanwendung.

24. **Männer bestimmen das Gesprächsthema, und Frauen leisten die Gesprächsarbeit.** Es wurde gezeigt, daß Frauen zwar mehr Themen einführen als Männer, aber weniger ihre Themen zu Ende bringen, weil die Männer nur minimal oder gar nicht reagieren. Sie geben also keine Unterstützung, und Frauen lassen daraufhin ihre Themen fallen. Auf diese Weise kontrollieren Männer, welches Thema interessant ist und verfolgt wird. Meistens sind das ihre Themen. Wenn dagegen ein Mann ein Thema einbringt, wird er von der Frau unterstützt, das Thema zu entwickeln. Frauen reagieren, stellen interessierte Fragen, machen bewundernde Einwürfe, hören aufmerksam zu, lächeln, ermuntern, vor allem unterbrechen sie nicht und lassen die Männer mit ihren Themen erfolgreich zu Ende kommen. Also Männer kontrollieren den Gesprächsablauf, und Frauen leisten die Arbeit, um das Gespräch aufrechtzuerhalten.

(aus: Senta Trömel-Plötz, Gewalt durch Sprache, Frankfurt , 1984)

Gewalt in der Schule

Weniger Gewalt?

G. und A. Preuschoff

Weniger Gewalt in der Schule - aber wie?

G. und A. Preuschoff

Das Zeugnis für Lehrerinnen und Lehrer

**Der einzige Grund,
sich mit Kindern und
Jugendlichen einzulassen,
ist die Lust
am eigenen
Leben.**

Weniger Gewalt?

Weniger Gewalt ist realisierbar, wenn Pädagogen, Eltern und Kinder sich zusammentun und von Politikern ideell und finanziell unterstützt werden. Engagement und finanzielle Unterstützung gehören zusammen, das muß klar gesagt werden, das eine ist ohne das andere nicht denkbar.

Daß diese finanziellen Investitionen gering sind im Vergleich zu jenen, die entstehen, wenn Folgen von Gewalt beseitigt werden müssen, sollten sich alle Verantwortlichen immer wieder verdeutlichen.

1. **Gewaltbereitschaft und Aggressionen werden abgebaut, wenn sich Lehrerinnen/Lehrer und Schülerinnen/Schüler gleichermaßen für ihre Schule verantwortlich fühlen, weil sie mitbestimmen und mitgestalten dürfen.**
   - Wenn Schülerinnen/Schüler ihre schulische Umwelt mitgestalten können,
   - wenn Lehrerinnen/Lehrer sich mit ihrer Schulleitung und ihrer Schule identifizieren können, weil hier gemeinsam nach besseren Wegen gesucht wird und Ängste, Zweifel und Fehlschläge genauso wie Glück, Erfolg und Freude thematisiert und besprochen werden können,
   - wenn Schülerinnen/Schüler den Unterricht beeinflussen dürfen und größere und kleinere Aufgaben und Verantwortung übernehmen,
   - wenn diese Menschen von einer gemeinsamen Idee oder Vision beflügelt werden, die geträumt und gefeiert wird: dann wird Gewalt zurückgedrängt.

In der Laborschule Bielefeld steht jeden Mittag um 11.30 Uhr die Pflege der gemeinsamen Tiere auf dem Programm. Die Peter-Petersen-Schule in Berlin-Neukölln hat einen Schulgarten und einen Schulwald gepflanzt. Im Schulzentrum Kappeln-Hüholz haben Lehrer ihre Schüler mit einem Labyrinth der Sinne beglückt...

Viele andere Schulen haben Aktivitäten unternommen (von denen wir zwar nichts wissen, die aber in eine Neuauflage dieses Buches als Anregung gern aufgenommen werden können), die erste Schritte zu weniger Gewalt, aber ganz sicher auch zu weniger Drogenkonsum, Depression und Schulversagen sind.

- Jede Schülermitverwaltung, die an der Aufstellung von Schulregeln und an der Regelung von Konflikten (auch zwischen SchülerInnen und LehrerInnen) beteiligt wird, jede Zirkus AG, Theater- und Tanzgruppe, jeder Schulchor trägt dazu bei, weniger Gewalt zu verwirklichen.
- Jedes Schulfest, jede gemeinsame Reinigungs-, Renovierungs- und Umweltaktion ist ein kleiner Teil des großen Mosaiks "Wir-Gefühl", das die gemeinsame Verantwortung für das gemeinsame Werk Schule stärkt.

2. Frustrationen und Mißerfolgserlebnisse aller Art müssen vermieden werden.

- Wenn es oberstes schulisches Ziel wäre, allen Kindern Erfolgserlebnisse zu verschaffen und ihr Selbstwertgefühl zu stärken,
- wenn alle Kinder in kleinen Klassen lernen dürften, wenn sie durch umfassende Fördermaßnahmen und leistungsdifferenzierte Angebote die Freude am Lernen bewahren könnten,
- wenn Zeugnisse kriterien- und nicht normorientiert ausgestellt und Notengebung durch verbale Beurteilung ersetzt würden, wenn sozialpädagogische Betreuer täglich an Schulen zur Verfügung stünden und Schulpsychologen in greifbarer Nähe vor Ort helfend und beratend einwirken könnten, wenn jede Art aggressionsfördernder Wettbewerb reduziert würde und Kooperation Prinzip wäre: dann würde es weniger Gewalt geben.

Eine solche Schule wäre eine Schule ohne Angst und Aussonderung, eine Schule, in der nicht nur Wissen vermittelt würde, sondern auch Sinneserfahrung und Sinneslust, körperbezogenes Lernen und Körpererfahrung, Gestaltung von Lebensräumen und Kreativität und Vorstellungskraft ihren festen Platz hätten. An einer solchen Schule würde nach den Fähigkeiten eines jeden Kindes gefahndet, würden Stärken entdeckt und gefördert und würde Können sinnvoll eingesetzt.

Hier gäbe es von Kindern betriebene Cafés, Gärten oder Werkstätten genauso wie Ruhezonen, Aktions- und Experimentierräume.

3. Schule darf nicht zu einer Wissensfabrik verkommen, sondern muß ihren Erziehungsauftrag ernst nehmen.

- Wenn Lehrerinnen/Lehrer aller Schulstufen sich nicht nur als Wissenvermittler, sondern als Pädagoginnen/Pädagogen verständen und hierin von ihren Dienstbehörden fürsorglich unterstützt würden,
- wenn Lehrerinnen/Lehrer mit ihrem Beispiel gewaltfreie Verhaltensweisen und Entwicklung wie Einhaltung demokratischer Regeln einüben würden,
- und wenn sie als Ansprechpartner für Sorgen und Probleme ihrer Schüler sichtbar zur Verfügung ständen: dann würde es weniger Gewalt geben.

Kinder und Jugendliche verbringen einen großen Teil ihres Lebens in der Schule und sollten ihre emotionalen Bedürfnisse in Lernsituationen einbringen dürfen.

Kinder und Jugendliche, die ihre Lehrer als gleichgültig und kalt erleben und sich nicht als eigenständige Menschen mit eigenen Rechten behandelt fühlen, lernen nicht nur weniger, sondern reagieren auch aggressiver.

Die Ausbildung aller Lehrerinnen/Lehrer muß berücksichtigen, daß sie heute mehr denn je als Therapeutinnen/Therapeuten, zumindest jedoch als Menschen, die das ganze Kind sehen, gebraucht werden.

Außerdem sollte eine Weiterbildungspflicht bestehen, damit die Fülle der neuesten Ergebnisse aus der wissenschaftlichen Forschung zum menschlichen Lernen und Fühlen und die daraus abgeleitete ganzheitliche Praxis allen Pädagoginnen/Pädagogen zur Verfügung gestellt wird. Entspannungsübungen, Yoga, Psychomotorik, Edu-Kinesthetik, Suggestopädie, Gestaltpädagogik und systemisches Denken müssen Einzug in die Schulen halten.

"Willkommen sind alle methodischen und strukturellen Konzepte, die dazu beitragen, das humanistische Element in der Schule zu kräftigen, und die helfen, den einzelnen Menschen als ungeteiltes Wesen zu begreifen.

Beiträge dazu leisten Konzepte wie die Eingangsstufe im Rahmen der Schuleintrittspädagogik, die gemeinsame Erziehung von Schülern mit unterschiedlicher Fähigkeitsstruktur und Sozialkompetenz, offene Strukturen der Lernarbeit sowie selbstbestimmtes und entwicklungsabhängiges Lernen, erlebnisorientierte Methoden, werk- und arbeitsorientierte Projekte, alles Elemente, die um so wichtiger sind, je grundgestörter die Schülerschaft ist." (Rolf Hensel, "Dienstbesprechung", S. 20/21)

Wenn Kinder in ihren Lehrerinnen/Lehrern Ansprechpartner finden sollen, die sie verstehen und ernst nehmen - auch mit ihrer Angst und Wut, mit ihren Vorurteilen und ihrer Gewaltbereitschaft -, dann müssen diese auch entlastet werden durch nicht-lehrende Kollegen, durch Gäste verschiedenster Berufe und Herkunft und Nationalität, vor allem aber durch Supervision, die wie in allen Berufen auch während der Dienstzeit durchzuführen wäre.

Damit würde auch die Schule ein Stück mehr für das Leben geöffnet werden.

Der Weg zu weniger Gewalt kann nur gemeinschaftlich gegangen werden, und hierzu bedarf es der Unterstützung durch alle Menschen und Gruppen. Entwicklungen vollziehen sich durch Mit-Machen, Mit-Fühlen, Mit-Erleben. Mut zur Erziehung reicht nicht aus, genauso wenig wie Wert- und Leistungsappelle an die Jugend fruchtbar werden, wenn die Gesamtpersönlichkeit mit allen Gefühlen und Bedürfnissen und Zukunftschancen unberücksichtigt bleibt.

(aus: Gewalt an Schulen, G. u. A. Preuschoff, Köln, 1992)

Keith Haring, 1982

Weniger Gewalt in der Schule - aber wie?

So werden Aggressionen gefördert

1. Zwangsverordnetes, stundenlanges Stillsitzen auf Stühlen.

Es gibt etwa tausend unterschiedliche stabile Sitzhaltungen am Boden, die über einen längeren Zeitraum bequem beibehalten werden können. Andere kulturell bestimmte Sitzgewohnheiten haben uns dies verlernen lassen. Hierdurch werden unsere Bewegungen immer mehr fragmentiert und monotonisiert. Für Kinder sind eingeschränkte Bewegungsmöglichkeiten besonders fatal, weil sie ein ausgeprägtes Bewegungsbedürfnis haben und dies auch für ihre körperliche und geistige Entwicklung benötigen. Bemerkungen wie: "Sitz endlich still!", "Setz dich ordentlich hin!" können auf Dauer gesehen zu seelischen und körperlichen Schäden führen *(vgl. hierzu: Dr. med. Helmut Milz, Der wiederentdeckte Körper, Artemis und Winkler, 1992).*

2. Erniedrigende Kommentare und Bemerkungen.

"Jetzt hast du aber etwas Saublödes gesagt!", "Streng dich endlich an!", "Stell dich nicht so an!", "Du bist der Dümmste der Klasse!"
In Streßphasen rutschen wohl einmal jedem von uns solche Bemerkungen heraus. Das ist trotzdem besonders schlimm, denn die Art, miteinander umzugehen und miteinander zu kommunizieren, prägt das Klima in einer Klasse und Schule enorm. Bewußtmachen dieser Tatsache und Kommunikationstraining können helfen, auch in Streßphasen nicht in ein Verhalten abzugleiten, das man hinterher bereut. Übrigens: Auch Lehrer können sich bei Kindern entschuldigen!

3. Kühles Reagieren, Nichtbeachten.

Überforderung durch zu große Klassen und nervlicher Dauerstreß führen leider dazu, daß Lehrerinnen und Lehrer auf positives Verhalten kühl oder zurückhaltend reagieren oder ein Kind nicht beachten, das etwas geleistet hat. Zu wenig Anerkennung und Beachtung führen auch zu Aggressionen.

4. Entmutigung und Ironie.

"Ich geb's auf!", "Du gehörst auf die Sonderschule!", "Du brauchst dich gar nicht erst anzustrengen - es hat keinen Zweck!", "In einer Viertelstunde zwei Wörter geschrieben? Na, Bravo!"

5. Stark lehrerzentrierter Unterricht mit zu vielen autoritären Eingriffen.

"Das schreibst du nochmal ab!", "Hier hast du schon wieder Fehler gemacht!", "Sechs Aufgaben falsch! Eine schwache Leistung!", "Wirst du dich endlich auf deine Arbeit konzentrieren?!"

6. "Kommunikationskiller".
"Wie oft hab' ich dir schon gesagt, daß ...", "Wann hörst du endlich?", "Was soll der Unsinn?", "Du hast schon wieder angefangen!", "Das ist mir unbegreiflich!", "Immer du!"

Aggressionen werden abgebaut durch:

- Möglichkeiten zum selbstbestimmten Arbeiten und Selbstkontrolle (freie Arbeit, offener Unterricht),

- geschenkte Aufmerksamkeit und Zuhören,

- Blickkontakt (Lächeln, ruhig anschauen, Mimik),

- körperliche Nähe und Danebenstellen oder -setzen, Körperkontakt, kurzes Handauflegen, Arm um die Schulter, über den Rücken streichen, über die Haare streichen u.ä.,

- "Türöffner" sind kleine Bemerkungen, die das Gespräch anregen und damit den Zugang zum Kind eröffnen, wie:
  "Erzähl mal!" - "Na, was gibt's?" - "Ich höre!" - "Deine Meinung würde mich interessieren!" - "Die Sache ist dir wohl sehr wichtig?!" - "Interessant!" - "Gut gemacht!" - "Was fällt dir selber noch ein ..."

In einer Atmosphäre des Angenommenseins und Verstandenwerdens, des freundlichen Reagierens sind gewalttätige Auseinandersetzungen schwerer vorstellbar.

- Vermeiden von Mißerfolgserlebnissen durch Binnendifferenzierung und Unterrichtsmaterial; Anforderungen sollten immer so differenziert sein, daß alle Kinder erfolgreich sind. Dies muß konsequenterweise auch für Klassenarbeiten und Zeugnisse gelten.

- Klare Regeln, die mit den Schülerinnen und Schülern erarbeitet werden und auf deren Einhaltung sehr konsequent geachtet wird.

(aus: Gewalt an Schulen, G. u. A. Preuschoff, Köln, 1992)

Das Zeugnis für Lehrerinnen und Lehrer

Zeugnis
für LehrerInnen

____

Name der Lehrerin/des Lehrers

Schuljahr 199__

Beurteilung des Verhaltens:

positiv	1	2	3	4	5	6	**negativ**
gerecht							ungerecht
nicht autoritär, demokratisch							autoritär, diktatorisch
ruhig, besonnen, mit Durchsetzungsvermögen							unsicher, nervös, mangelndes Durchsetzungsvermögen
verständnisvoll, geduldig, hilfsbereit							ohne Verständnis, ungeduldig, nicht hilfsbereit
selbstkritisch, läßt sich kritisieren							rechthaberisch, uneinsichtig, arrogant
ausgeglichen, trägt nicht nach, bemüht sich, neutral und objektiv zu sein							parteiisch, nachtragend, launisch, voreingenommen
aufrichtig, vertrauenserweckend							unaufrichtig, n. vertrauenserweckend
humorvoll, freundlich							humorlos, unfreundlich
gründlich, gewissenhaft, sachlich							flüchtig, oberflächlich, unsachlich

Beurteilung des Unterrichts:

positiv	1	2	3	4	5	6	**negativ**
gut vorbereitet, gibt sich Mühe							unvorbereitet, gibt sich keine Mühe
vielseitig, interessant							eintönig, langweilig
anschaulich, informativ							wenig anschaulich, wenig informativ
wirklichkeitsbezogen							nicht wirklichkeitsbezogen
anspruchsvoll, fordert SchülerInnen							anspruchslos, unterfordert SchülerInnen
geht auf Interessen/Probleme der SchülerInnen ein							Interessen der SchülerInnen bleiben unberücksichtigt

Bemerkungen: ____

____

______________________________ __________________________

Name (oder lieber kein Name?!?)

Entstanden ist diese Idee (1) während eines Seminares in Haus Villigst, in welchem unsere Seminargruppe sich fragte, ob es stimmt, daß Rechtsextremismus und Rassismus ihre Wurzeln vor allem im Zentrum unserer Gesellschaft haben oder - wo sonst ... (2)

Diese Frage war für uns deshalb wichtig, weil einerseits immer mehr ganz normale Politiker ganz üble und rassistische Sprüche ablassen (3) und andererseits im Augenblick von den harten Neonazis immer weniger zu hören ist. Außerdem kam uns der Gedanke, daß wir vielleicht schon viel zu lange wie Kaninchen auf die Schlange (4) gestarrt und gar nicht gemerkt haben, daß wir selbst schon längst (etwas) rechtsextremistisch infiziert worden sind.

Auf der Suche nach "neo-"faschistischen Merkmalen befragten wir dann im einzelnen die Bereiche: Arbeitswelt, Berufsausbildung, Schule, Jugendarbeit und Freizeit, ob und wie und wo sie möglicherweise einen Nährboden für Rechtsextremismus abgeben. Im Hinterkopf hatten wir dabei drei wichtige Elemente von Faschismus:

a. Die Ideologie der Ungleichheit
(Menschen werden als höher- oder minderwertig definiert).
b. Die Notwendigkeit von Feindbildern und das Recht des Stärkeren
(Bereitschaft zur Gewaltanwendung).
c. Die Betonung autoritärer und hierarchischer Umgangsformen mit
Gefolgschaftsprinzip.

Wir haben dabei immer überprüft:

1. Welcher Leitgedanke (Ideologie) liegt dem jeweiligen Bereich (z.B. Schule, Kirche usw.) zugrunde?
2. Wie sieht die Wirklichkeit aus?
3. Wie geschieht die Vermittlung von Ideologie und Wirklichkeit?

In diesen Arbeitsprozessen haben wir herausgefunden, daß trotz einer einerseits im Bildungswahn (Wissen ist Macht!) erstarrten Schule (Du lernst zwar noch, aber nicht mehr für's Leben, sondern eher für gute Noten, für Deine Lehrerin/Deinen Lehrer, wie man Karriere macht, für den Numerus usw.) bei vielen guten und engagierten Lehrerinnen und Lehrern die Schule andererseits doch noch ganz ordentlich zur Lust am Leben beitragen kann.

Ähnliche, gleichzeitig positive und negative Wirkungen haben wir in unserem eigenen (kirchlichen) Bereich feststellen müssen: Wir waren richtig erschrocken über einige gegensätzliche Bilder, die wir hergestellt hatten und die zeigten, welch hohe moralische Ansprüche bei uns in der Kirche verkündigt werden und wie manchmal die Wirklichkeit, oft schon am Montag danach, aussieht.

(Wir haben dazu u.a. eine ausleihbare TON-DIA-SHOW mit dem Titel: "Macht hoch die Tür ... " hergestellt.) (5) Bei der Überprüfung, ob unsere alltäglichen gesellschaftlichen Bereiche einen Nährboden für Rechtsextremismus abgeben, haben wir allerdings feststellen müssen, daß in ungünstigen Situationen und bei ungünstigen Bedingungen Rechtsextremismus und Rassismus in der Schule sehr gut gedeihen können.

Wir denken heute, daß in der Schule so wichtige Fragen wie:

- Gibt es in der Klasse/im Kurs ein Oben und Unten von Lehrerinnen/Lehrern und Schülerinnen/Schülern?
- Werden Schülerinnen/Schüler als minderwertig "abgeschrieben"?
- Warum stehen und sitzen sich manchmal Schülerinnen/Schüler und Lehrerinnen/Lehrer als Feinde gegenüber und lassen den anderen spüren, wer hier "die/der Stärkere" ist?
- Wie entstehen und entladen sich in der Schule Ohnmachtsgefühle, Einsamkeit, Gewalt, Haß, Minderwertigkeitsgefühle?
- Was kann dagegen unternommen werden?
- Warum wehren wir uns nicht gegen Ungerechtigkeit, Arroganz und Machtmißbrauch?

von beiden Seiten, den Lehrerinnen/Lehrern und SchülerInnen, gleichermaßen zu beantworten sind und regelmäßig auf den Stundenplan gehören.

Und genau deshalb sind wir heute auch der Meinung, daß ein so wichtiges Instrument wie z.B. das Zeugnis nicht mehr alleine in die Hand der Lehrerinnen/Lehrer gehört.

Umgekehrt muß es doch ebenso gehen. Es hilft den Schülerinnen/Schülern und vielleicht auch den Lehrerinnen/Lehrern. Und eine gute Idee ist es bestimmt, wenn dieses Zeugnis auch die Lehrerin/der Lehrer für sich selbst und allein ausfüllt. Es wäre gut, wenn nach der Beurteilung Lehrerinnen/Lehrer und Schülerinnen/Schüler in einem freimütigen Gespräch über die Noten sprechen könnten. Bekommt die Lehrerin/der Lehrer bessere Noten als erwartet, sollte sich die Klasse auf den Hosenboden setzen. Schneidet die Lehrerin/der Lehrer schlecht ab, gibt es allerdings zwei Möglichkeiten:

a) Die Lehrerin/der Lehrer schreibt sich die Noten hinter die Ohren und verändert sich (z.B. in Gesprächen s.o.).
Oder:

b) Die Schüler sind die Dummen!

Beim letzteren ist zu erwarten, was wir oben als Nährboden für Rechtsextremismus beschrieben haben. Jetzt heißt es also handeln! Wenn Du Angst vor Deiner eigenen Courage und vor Deiner Lehrerin/Deinem Lehrer hast, dann überleg' Dir genau die Schritte, die Dich vor Ohnmachtsgefühlen, Haß, Minderwertigkeit, "Übertragungen" (statt an der Lehrerin/dem Lehrer rächst

Du Dich an kleineren Schülerinnen/Schülern etc.) schützen können.

Besprecht Euer Zeugnis mit der Klassenlehrerin/dem Klassenlehrer, Euren Eltern, der Schulleiterin/dem Schulleiter, macht ein gemeinsames Klassenzeugnis; nur wenn alles nichts nützt und Ihr immer noch die Rache Eures Lehrers fürchten müßt, bringt das Zeugnis zur Lehrergewerkschaft, zur Presse, zum Schulrat, zum Regierungspräsidenten, zur Kultusministerin, zum Bundestagsabgeordneten (6) ..., setzt Himmel und Hölle in Bewegung, damit auf dieser Erde und bei Dir in der Klasse/im Kurs etwas passiert und Faschismus auch in seinen kleinsten Anfängen wieder schnell ein Ende findet.

Weil Kritik ja gerade eine der wesentlichen Aufgaben der Schule ist (als freundlicher Hinweis, als klärende Erläuterung, als Lob und ermutigende Richtigstellung oder ermunternde Hilfe), soll in Zukunft (in einer demokratischen Schule) Kritik nicht nur einseitig möglich sein - sondern dialogische Lernprozesse von Lehrerinnen/Lehrern und Schülerinnen/Schülern begleiten. Noch etwas: Das Zeugnis für Lehrerinnen/Lehrer soll zwar Kritik ermöglichen, es kann aber auch Selbstzufriedenheit bewirken (z.B. in dem Gefühl, der Lehrerin/dem Lehrer mal ordentlich eine verbraten zu haben).

Positiv wirksame Kritik erkennst Du immer daran, daß sie selbstkritisch auf Dich selbst zurückwirkt. Ansprüche, Forderungen, Kritik, Abmahnungen richten sich immer zuerst einmal an Dich und wirken erst dann ehrlich, wenn Du bereit bist, Dich selbst denselben Ansprüchen, Kritiken etc. zu stellen. Also, laß nicht locker.

Wir wären Dir sehr dankbar, wenn Du uns Deine Erfahrung mit dem Zeugnis für Lehrerinnen/Lehrer schreibst:
Arbeitsgruppe - SOS - Rassismus, Haus Villigst, 5840 Schwerte 5.

(1) Unsere Idee für "Das Zeugnis für Lehrerinnen/Lehrer" geht zurück auf ähnliche Vorschläge in:
- Dokumentation, Jugendzentrum TEMPEL, Duisburg, 1983, S. 119f.
- Neue Deutsche Schule, Nr. 6/1990, Schüler kritisieren ihre Lehrer, S. 22ff.
- Projekthandbuch Rechtsextremismus, Haus Villigst, Schwerte, 1989, S. 21ff.

(2) Vgl. Projekthandbuch Rechtsextremismus, Haus Villigst, Schwerte, 1989, S. 23.

(3) Vgl. Das Neue Recht der Ausländer, Arbeitsgruppe Ausländerfreundliche Maßnahmen, Haus Villigst, Schwerte, 1990, S. 2ff.

(4) Gemeint sind hier Schönhuber und seinesgleichen.

(5) Arbeitsgruppe Ausländerfreundliche Maßnahmen, Haus Villigst, Schwerte 5. 15 Dias und Kassette, Farbe, 8 Min. als didakt. Provokation zum Thema Asyl: Macht hoch die Tür ... Asyl.

(6) Die Adresse bekommst Du im Schulsekretariat oder bei Deiner Vertrauenslehrerin/Deinem Vertrauenslehrer (oder bei uns, siehe 5).

Was ist denn eigentlich ...

Rassismus,

Gewalt,

Sexismus,

Angst,

Faschismus ...?

Böse Bewohner
Hier wohnen sie, harmlose Trinker und Esser -
nur manchmal haben sie blutige Messer.

Sie prosten sich zu, sie lachen und spaßen -
nur manchmal fangen sie an zu rasen.

Sie weinen wie Kinder, wischen die Tränen -
nur manchmal haben sie Schaum vor den Zähnen.

Gutmütig sind sie, leicht zu erweichen -
nur manchmal schlachten sie ihresgleichen.

Rudolf Otto Wiemer

Was ist denn eigentlich ... Rassismus, Gewalt, Sexismus, Angst, Faschismus ...?

Rassismus

Es ist davon auszugehen, daß Rassismus immer dann vorliegt, wenn bestimmte körperliche Merkmale oder Eigenschaften qualitativ bewertet werden, z.B. wenn Hautfarben Rückschlüsse auf die geistigen Potenzen geben sollen. Des weiteren liegt Rassismus dann vor, wenn gelerntes Verhalten, z.B. Intelligenz, naturalisiert, d.h. als angeboren unterstellt wird. Diese Arten des Rassismus bezeichnet man auch als **genetischen Rassismus**. Rassismus liegt z.B. auch vor, wenn behauptet wird, daß Frauen per se weniger Rationalität, dafür von Geburt an aber mehr Gefühl zukomme als Männern usw.

Neben dem genetischen Rassismus gibt es einen sogenannten **kulturellen Rassismus**. Er liegt immer dann vor, wenn bestimmte Lebensgewohnheiten, Sitten und Gebräuche anderer als negativ abweichend deklariert werden.

Dieser kulturelle Rassismus scheint auf dem Vormarsch zu sein. Auch diese Form des Rassismus dient der Praxis der Ausschließung anderer, die man benötigt, um ihnen den umkämpften Platz an der Sonne streitig zu machen. (1) Der Rassismus des sogenannten "Ethnopluralismus" liegt darin, daß er eine Vermischung von Menschen, die unterschiedlichen Kulturen angehören, nicht zulassen will. (2)

Darin geht die Vorstellung ein, daß bestimmte vorhandene genetisch bedingte und/oder historisch-kulturell tradierte Eigenschaften und Lebensgewohnheiten dieser Völker sich nicht nur mit den unseren nicht vertragen, sondern daß Rassen- und Völkermischung zur Degeneration der Menschheit, insbesondere zum Untergang der deutschen Menschheit, der deutschen Nation führe. Der Rassismus der Rechtsextremen äußert sich heute also in der Tat meist nicht mehr in Form von Antisemitismus. Er geht darüber hinaus: **Man will die Trennung aller sogenannter Menschen-"Rassen" und Völker oder, wie man auch sagt: Ethnien**. Den breiten Wählermassen wird dies dann mit Parolen wie "Deutschland den Deutschen!, Die Türkei den Türken!", "Asylanten ausweisen!" oder aber auch "Ausländer raus!" nahezubringen versucht! Für die Funktionäre werden pseudowissenschaftliche Begründungen bemüht, wie z.B. ständig in der Zeitschrift "Nation Europa", in der man sich immer wieder zu der Annahme versteigt, daß Rassismus selbst eine angeborene Eigenschaft aller Menschen und deshalb niemals vermeidbar sei. (3)

Hier wird deutlich, daß die Rede von der Ausländerfeindlichkeit eigentlich bereits eine Verharmlosung darstellt, denn in den allermeisten Fällen liegt hier blanker Rassismus vor. Dieses Wort "Rassismus" - in den anderen europäischen Ländern gang und gäbe - ist in unseren Landen aber total verpönt. Er erinnert die Deutschen wohl zu sehr an die Verbrechen des Dritten Reiches. **Ethnopluralismus bedeutet also keineswegs ein gleichberechtigtes Nebeneinander von Völkern und Kulturen.** Zusammen mit dem Anspruch auf Herstellung bzw. Bewahrung der "nationalen Identität" des deutschen Volkes wird gleichzeitig immer auch der Besitzanspruch auf Gebiete Polens formuliert, so daß von dem Ziel eines friedlichen, gleichberechtigten Nebeneinanderlebens verschiedener Völker nicht die Rede sein kann.

Die von den Rechtsextremisten behauptete Ungleichheit der Menschen, die nach ihrem rassistischen Konzept gleichbedeutend mit einer Ungleichwertigkeit der Menschen ist, durchzieht mehr oder minder verdeckt die gesamte ideologische Ansprache der heutigen Rechtsextremen. Die äußeren körperlichen Ungleichheiten von Menschen geraten den Rechtsextremen zu angeborenen Wesensunterschieden; kulturell erworbene Unterschiede werden weder toleriert, noch gelten sie als veränderbar. Sie werden immer als etwas Negatives, von der Norm Abweichendes, ja, als etwas Abartiges angesehen. Und dies ist die Grundlage für die Haltung der Ausschließung alles Fremden, die sie propagieren und praktizieren.

Hier schließt sich der Kreis: Gelingt es den Rechtsextremen, sich wirklich vom Hitlerfaschismus im Bewußtsein der Menschen abzukoppeln, sich vom Antisemitismus zu distanzieren; gelingt es ihnen, ihren Dritten Weg zwischen Kapitalismus und Sozialismus attraktiv erscheinen zu lassen, obwohl sie in Wirklichkeit prokapitalistisch eingestellt sind, ist für sie der Weg frei, über die Schleuse der in der Bevölkerung breit verankerten Ausländerfeindlichkeit und des in der BRD sehr verbreiteten rassistischen Denkens ihre im Kern faschistische Weltanschauung im Bewußtsein der Menschen weiter zu verbreiten. (4)

(1) In der Zeitschrift MUT ist eine deutliche Abwendung vom genetischen Rassismus zu beobachten. Man vergleiche dazu den Artikel des Biologen Wolfgang Kuhn 1989. Kuhn zeigt, daß die Reduktion des Menschen auf seine Gene wissenschaftlich nicht länger haltbar ist. Kulturelle Rassismen findet man in vergangenen MUT-Artikeln neben genetischen, vgl. z.B. Ortlieb 1987. Andere rechtsextreme Zeitschriften wie z.B. "Nation Europa", die sich jüngst mit den "Deutschen Monatsheften" verbunden hat, verzichteten auch in ihren neuesten Ausgaben nicht auf einen genetischen Rassismus *(vgl. z.B. NE 40. Jg. H. 2/1989).*

(2) Hierbei handelt es sich also um einen verschleiernden Kampfbegriff gegen die Vorstellung einer multikulturellen Gesellschaft.

(3) Vergleiche als ein Beispiel von vielen Christian Mattauschs Artikel "Rasse und Rassismus" in Nation Europa 9/1986, Seite 65 bis 69. Zur Analyse dieses Artikels vgl. Krieg 1988.

(4) Zur herausragenden Wichtigkeit der Ausländerfeindlichkeit als Anknüpfungspunkt für rechtsextreme Ansprache vgl. auch M. und S. Jäger 1989 und 1990.

(zitiert nach Prof. Dr. S. Jäger, DISS, Duisburg, 1990)

Rassismus

Rassismus liegt immer dann vor, wenn bestimmte **Merkmale** von Menschen (z.B. Hautfarbe, Asylbewerber zu sein, Geschlecht usw.) mit bestimmten **Eigenschaften** gekoppelt werden (z.B. wenn von der Hautfarbe oder Herkunft auf die geistige, kriminelle oder sexuelle Energie o.ä. geschlossen wird) und durch diese Konstruktion eine **Bewertung** entsteht.

(Arbeitsgruppe - SOS - Rassismus)

Faschisten (Neofaschisten)

Der Faschismus wurde 1919 durch B. Mussolini begründet. **Er lebt von der Idee eines totalitären Staates unter der autoritären Führung eines einzelnen (Duce) und vom grundsätzlichen Gegensatz gegen Kommunismus, Demokratie und Liberalismus.**

Beispiele:
- Faschismus des "Duce" Mussolini in Italien 1919 bis 1943 (Sturz M.'s)
- Diktatur des "Caudillo" Franco in Spanien 1936 bis 1975 (Tod Francos)
- Diktatur des Antonio de Oliveira Salazar in Portugal 1933 (Estado Novo) bis 1970 (Tod S.'s)
- Verschiedene Militärdiktaturen in Südamerika heute
- Graue Wölfe (Türkei)

Alle jene, die Antisemitismus und Judenvernichtung als Abweichung vom ansonsten richtigen faschistischen Weg ablehnen und unter Anwendung sozialrevolutionärer Parolen für die Wiederherstellung faschistischer Herrschaft oder (in ihren Worten) des einzig wahren "Volkssozialismus" eintreten, müßte man als **Neofaschisten** bezeichnen.

Faschisten erkennt man in aller Regel daran, daß sie offen oder heimlich drei Grundprinzipien verfolgen:

1. Der **Stärkere** hat immer Recht (und weil das ihrer Meinung nach so ist, ist natürlich auch immer das Recht auf seiten des Stärkeren). Gewalt ist ein legitimes Mittel, um das Recht des Stärkeren durchzusetzen.
2. Menschen sind von Natur aus **ungleichwertig**. Es gibt welche, die stehen von Natur aus immer oben (z.B. Leute mit grünen Augen), und andere, die von Natur aus nach unten definiert werden (z.B. Brillenträger oder Ausländer etc.).
3. Weil das alles so ist, brauchen Faschisten einen **Führer**, der oben an der Spitze steht und der durch seine Stärke all jenen Kraft gibt, die zu ihm halten, und ihnen sagt, wo's langgeht *(AG - SOS - RASSISMUS)*.

Aus dem Strafgesetzbuch (§ 86) der Bundesrepublik Deutschland

Wer Kennzeichen
wie Fahnen, Abzeichen,
Uniformstücke, Parolen oder
Grußformeln (Hitlergruß) ehemaliger
nationalsozialistischen Organisationen
verwendet,
wird mit Freiheitsstrafe
bis zu drei Jahren oder mit einer
Geldbuße bestraft.

Anzeigen nimmt jede Polizeidienststelle entgegen!

Nazis (Neonazis)

Wer heute immer noch oder schon wieder die Ideologie und die gesellschaftlichen und politischen Verhältnisse des Nationalsozialismus für erstrebenswert, verteidigungswürdig und nachahmenswert hält bzw. sie in seinen Schriften und Taten verherrlicht, gleichviel ob als "Einzelkämpfer" oder als Organisation, der muß zur Gruppe der Neonazis gerechnet werden.
Die nationalsozialistische Weltanschauung gründet vor allem auf zwei Texten: 1. Hitlers "Mein Kampf", 2. A. Rosenbergs "Der Mythos des 20. Jahrhunderts".
Der Nationalsozialismus ist eine Form des Faschismus. Er unterscheidet sich vom historischen Faschismus Mussolinis durch den Rassismus (den Wahn einer arischen Überlegenheit), den Antisemitismus und seine industrialisierte Mordpraxis, die Perfektion in der Nutzung des gesamten Staatsapparates für die gnadenlose Durchsetzung der Führerideen. Er entspricht dem Faschismus in jeder anderen Hinsicht, besonders in seinem grundsätzlichen Antikommunismus, Antidemokratismus, Antiliberalismus und seinem Irrationalismus.

Nationalismus

Mit Nationalismus wird eine Einstellung bezeichnet, die die legitime Liebe zum eigenen Land übersteigt, **das eigene Volk zum höchsten Sinn des Daseins macht** und die ganze Hingabe des einzelnen für dieses Volk fordert.

Mit dem Nationalsozialismus verbindet sich ein übersteigerter Anspruch auf Selbstbehauptung, eine arrogante Exklusivität und ein Überlegenheitsgefühl gegenüber anderen Nationen. Solcher Nationalismus steht der Annäherung zwischen den Völkern feindlich gegenüber und kann in Fremden- oder Rassenhaß abgleiten. Die Interessen der eigenen **"Volksgemeinschaft"** werden überbetont. Grundsätze der repräsentativen parlamentarischen Demokratie werden abgelehnt, und rassistische Tendenzen verbinden sich mit ihm. Dieser Nationalismus ist geprägt durch die Bildung zahlloser Gruppen mit einer militanten Anhängerschaft und der Verbreitung von extremistischen, rassistischen und ausländerfeindlichen Inhalten sowie durch die Teilnahme an Wahlen.

Dieser Nationalismus kann sich heute z.B. darin ausdrücken, daß an hessischen Schulen auch die erste Strophe des sog. Deutschlandliedes gelernt werden muß:
"Deutschland, Deutschland über alles, über alles in der Welt ..."

Ausländerfeindlichkeit

Auch wenn in der BRD **oft von Ausländerfeindlichkeit gesprochen wird, geht es um Rassismus**. Der Begriff Ausländerfeindlichkeit meint, daß eine Feindschaft gegenüber Ausländern gegeben sei - übersehen wird aber, daß gleichzeitig eine deutliche Trennung zwischen z.B. Schweden, Franzosen, Holländern usw. einerseits und z.B. Türken, Kanaken, Afrikanern usw. andererseits vollzogen wird.
Lies also bitte bei *Rassismus oder Fremdenfeindlichkeit weiter.*

Fremdenfeindlichkeit

Neben dem programmatischen Rassismus gibt es eine **Ablehnung von Fremden**, die als Ausländer- oder Fremdenfeindlichkeit bezeichnet wird und in dem Gefühl der Überlegenheit des eigenen Volkes begründet ist. Mit dieser Fremdenfeindlichkeit werden ablehnende Einstellungen und Verhaltensweisen bezeichnet, die Menschen wegen anderer Herkunft, Sprache, Religion oder Kultur diskriminieren.

Gemeinsam ist der Fremdenfeindlichkeit bzw. dem Ethnozentrismus und dem Rassismus, daß sie von der Überlegenheit und Höherwertigkeit, der gerechten Unterordnung der Minderheit ausgehen. **Ungleichwertigkeit zwischen den Gruppen werden behauptet und Diskriminierungen gerechtfertigt.** Unterschiedlich sind die Behauptungen, worauf das Ungleichverhältnis beruht: Der Ethnozentrismus geht von der Überlegenheit der eigenen Kultur aus, der Rassismus darüber hinaus von der angeblichen Überlegenheit des sog. "Erbgutes". Der Rassismus geht also von der prinzipiellen Unveränderbarkeit der behaupteten Ungleichheit und Ungleichwertigkeit aus *(n. F. Heckmann, 1987).*

Von einem rassistischen Verhalten ist dann zu sprechen, wenn einzelne oder Gruppen daran festhalten, daß Diskriminierungen von anderen, z.B. aus biologischen Gründen, zu rechtfertigen seien. Wo diese Unterschiede zwischen den Menschen interpretiert und zu eigenen Gunsten gewertet werden, da handelt es sich um Rassismus.

Nicht die Wahrnehmung eines Unterschiedes ist also entscheidend, sondern **der Gebrauch des Unterschieds zum eigenen Vorteil und als Waffe gegen das Opfer**. Die angeblichen, z.B. biologischen Merkmale des anderen werden negativ gesehen. Der Rassist rechnet sich selbst zur guten Welt und seine Opfer zur Welt des Bösen. Der Sinn und Zweck des Rassismus liegt in der Vorherrschaft. Wo Rassismus auftaucht, da geht es um die Unterdrückung von Menschen.

Radikal

Radikal ist und bleibt für mich ein positiver und hoffnungsvoller Begriff, der es nicht verdient, einer rechtsextremen oder gar militant-faschistischen Organisation zugeschrieben zu werden. Denn der lateinische Begriffsursprung "radix" oder "radicalis" erinnert daran, **daß das Radikale "bis in die Wurzel" dringt und nicht identisch ist mit dem Extremen** (extremus = der äußerste bzw. letzte Teil).

Das ist keine Wortklauberei, sondern soll zur Orientierungshilfe und Wertefindung beitragen. Oft wird geklagt, rechtsextreme Einstellungen seien ein Ergebnis von Orientierungslosigkeit und Werteverfall. Nun, so füge ich hinzu, dann laßt uns das im Umgang mit Schülern schnellstens ändern, indem wir mit ihnen gemeinsam gründlich "bis in die Wurzel" der politischen Erscheinungen vordringen.

Eine radikale Sicht auf aktuelle Erscheinungsformen von personaler, struktureller und institutioneller Gewalt hat Erinnerungs-, Erkenntnis- und Aufklärungsarbeit zur Konsequenz und eröffnet perspektivische Handlungsmöglichkeiten. Sie verhindert unreflektierte Anpassung oder Unterordnung und fördert das Bedürfnis von Schülern, die normierte Erwachsenenwelt zu hinterfragen und andere als vorgegebene Bedürfnisse bei sich zu entdecken. Wenn wir uns darauf einlassen, uns mit unseren Schülern radikal gegen Gewalt und Rechtsextremismus zu verhalten, dann tragen wir gleichzeitig zu einem couragierten Denken und Handeln bei, das seinerseits wiederum gegen einen Untertanengeist immunisiert, der besonders in rechtsorientierten Kreisen anzutreffen ist.
(Axel Preuschoff, aus: Gewalt an Schulen, Köln, 1992).

Rechtsradikalismus

Im Terminus "Rechtsradikalismus" ist die zweite Begriffshälfte in der Tradition der bürgerlichen Aufklärung positiv besetzt im Sinne des "an der Wurzel packen", also an der Wurzel jener Herrschaftsverhältnisse, die Emanzipation verhindern. Mit dem Begriff "rechts" entsteht hier eine eher bizarre Verbindung, nun gerichtet gegen die politischen und sozialen Traditionen von Emanzipationsbewegungen, insbesondere der Arbeiterbewegung.

Rechtsextremismus

Rechtsextremismus liegt immer dann vor, **wenn die beiden Grundelemente der "Ungleichwertigkeit von Menschen" und die der Gewaltakzeptanz zusammenfließen.**

Der **Ungleichwertigkeit von Menschen** als zentralem, integrierendem Kernstück rechtsextremistischer Ideologien entsprechen etwa folgende **Facetten**:

- Nationalistische bzw. "völkische" Selbstübersteigerung,
- Rassistische Sichtweise/Fremdenfeindlichkeit,
- Unterscheidung von "lebenswertem" und "unwertem" Leben (etwa durch Eugenik),
- Behauptung "natürlicher" Hierarchien (über Soziobiologie),
- Betonung des "Rechtes des Stärkeren" (Sozialdarwinismus),
- Totalitäres "Norm"-Verständnis, d.h. Ausgrenzung des "Andersseins".

Der **Gewaltperspektive und -akzeptanz** als zentralem, integrierendem Kernstück rechtsextremistischen politischen Verhaltens entsprechen etwa folgende **Facetten**:

- Ablehnung rationaler Diskurse/Überhöhung von Irrationalismen,
- Betonung des alltäglichen "Kampfes ums Dasein",
- Ablehnung demokratischer Regelungsformen von sozialen und politischen Konflikten,
- Betonung autoritärer und militärischer Umgangsformen und Stile.

Aggression

Manche Aggressionstheorien verstehen **Aggression als Verhalten, andere definieren sie als Bedürfnis**. Wenn Aggression ein Verhalten ist, das auf Schädigung und Verletzung zielt, so ist sie wegen ihrer negativen Folgen nicht erwünscht. Wird Aggression als "affektbedingtes Angriffsbedürfnis" (dtv-Lexikon) verstanden, so ist sie etwas ganz "Normales", das jeder von uns fast täglich spürt und das keinesfalls unterdrückt werden sollte. Vielmehr kommt es darauf an, Aggressionen auf offene, nicht verletzende Art auszutragen.

Unstrittig ist, daß Frustration (die Einschränkung von Bedürfnissen und Zielen) Aggression fördert. Aber nicht jede Einschränkung führt zu Aggression - aggressives Verhalten ist von mehreren Faktoren abhängig.

Bewiesen ist heute auch, daß ein geringes Selbstwertgefühl, Versagen in der Schule und ein negatives Selbstbild Aggressionen begünstigen (Schwind/ Baumann). Aggressionen können sich aber auch nach innen richten und zu Sprachstörungen, Krankheiten, Depressionen oder im Extremfall zu Selbsttötungsabsichten führen. Wut und Angst sind Gefühle, die sich hinter aggressivem Verhalten verbergen. Es sind "normale" Gefühle, die jeder Mensch hat und deren sich niemand zu schämen braucht. Unterdrückte Gefühle wirken im Unbewußten weiter und tauchen versteckt wieder auf - und unterdrückte Energie sucht sich Ersatzziele. "Viele der bekannten Formen fehlgeleiteter Aggression wie Herrschsucht, Vorurteile und Grausamkeit gegen Schwächere lassen sich zurückführen auf innerhalb der Familie entstandene, aber unterdrückte aggressive Gefühle." (Bach/Goldberg)

Fassen wir zusammen: Aggressionen, verstanden als "affektbedingtes Angriffsbedürfnis" oder gar als Verhalten, das nicht passiv ist, hat jeder Mensch in unseren Breitengraden. Sie auf nicht-verletzende Art in offener Konfrontation ausdrücken zu dürfen und sich der dahinterstehenden Gefühle nicht schämen zu müssen sollte das Recht eines jeden Menschen - insbesondere eines jeden Kindes - sein. In der Schule sollten die verschiedensten Konflikte offen ausgetragen werden dürfen. Hierzu muß Zeit und Raum geschaffen werden, und viele Kinder werden die Unterstützung ihrer Lehrerinnen und Lehrer brauchen, damit sie Möglichkeiten finden, Konflikte fair auszutragen.

Aggressionen in Form von unsozialem, destruktivem Verhalten hingegen ist Ausdruck geringer Selbstachtung und tiefer Verunsicherung, von Angst und Frustration. Sie muß als Hilferuf verstanden werden.

Gewalt

Manifestiert sich Aggressivität derart, daß **Menschen zielgerichtet physisch oder psychisch geschädigt werden**, wird von Gewalt gesprochen. Gewalt ist immer an Macht geknüpft, denn nur Macht ermöglicht dauerhafte, zielgerichtete Aggressionen wie

- Schlägereien mit Körperverletzung,
- Kindesmißhandlung,
- Raub,
- Sachbeschädigung und Zerstörung,
- körperliche und sexuelle Belästigung,
- gewaltsames Eindringen in Schutzräume,
- Tötung, Totschlag,
- Mord.

Der norwegische Friedensforscher Johan Galtung hat den Begriff der **strukturellen Gewalt** geprägt, womit er gesellschaftlich grundlegende Ordnungssysteme und ökonomische Prinzipien meint, die materielle, soziale und ideelle menschliche Entwicklungen und Lebenszukunft verhindern.

Strukturelle Gewalt wird legal ausgeübt in Form von Maßnahmen, Erlassen und Gesetzen, die viele Menschen nicht durchschauen und die höchst selten in ihrem Interesse liegen, die sie aber doch auf eine für sie diffuse Weise mittragen. So müssen Schrebergärten und natürliche Grünflächen Autobahnen weichen, werden Mieten erhöht, Gelder gestrichen, Abgaben verlangt, Landschaften mit Müll vollgekippt, Kindereinrichtungen und Modellversuche, die breiten Anklang finden, von Sparmaßnahmen bedroht. Es ist widersinnig, daß Gewalt minimierende Projekte (wie Kinderbauernhöfe, Jugendzentren, Arbeitsgemeinschaften, Jugendcafés und Fördermaßnahmen) gestrichen werden, während gleichzeitig über zunehmende Gewalt geklagt wird!

(aus: "Gewalt und Aggression", Preuschoff, Gewalt an Schulen, Köln, 1992).

Gewalt

Es war so, als sei Krieg - in der Mainzer Straße. Die Polizei rückte mit Wasserwerfern an, die Hausbesetzer warfen mit Steinen, es gab Verwundete, Verletzte, Gewalt.

Da wird ein Mann von jungen Leuten angegriffen auf dem Alexanderplatz, plötzlich hat einer ein Messer in der Hand. Der Mann wird niedergestochen. Jugendliche demonstrieren, sie schreien ihre Parolen, die Polizei kommt mit ihren Schutzschilden, mit Helmen und Schlagstöcken, sie rücken vor in einer undurchdringlichen Front. Sie schlagen auf die Demonstranten ein, Gewalt.

Ein Kind wird geschlagen. Der Vater ist arbeitslos, die Eltern verstehen sich nicht, die Eltern lieben sich nicht mehr, der Mann ist fremdgegangen, die Frau verachtet den Mann, der Mann trinkt, der Mann kommt nach Hause und schlägt die Frau, eigentlich meint er sich: Gewalt.

Da wird einer alten Frau die Handtasche entrissen, jemand greift vom Motorrad aus zu, reißt ihr die Handtasche aus der Hand, die Frau schaut hilflos hinterher: Gewalt.

Es gibt Gewalt in der Erziehung - das zu leugnen, wäre eine Lüge. Man kann auch Gewalt ausüben, ohne zu schlagen. Die psychische Gewalt ist häufig stärker als die körperliche Gewalt, sie kann den Menschen fix und fertig machen. Gewalt gibt es auch in der Partnerschaft. Es gibt Vergewaltigungen in der Ehe, wie wir wissen. An vielen Stellen wird die Sehnsucht eines Menschen nach einer tragfähigen Beziehung ausgenutzt, wird gequält, psychisch und physisch mißhandelt. Es gibt auch Gewalt im Kindergarten oder im Kinderladen. Kinder sind durchaus nicht gewaltlos. Sie spielen das nach, was Erwachsene ihnen vorspielen, und manchmal haben sie ein eigenes, beinahe lustvolles Gewaltpotential. Der andere ist anders, der andere ist schwächer, der andere ist ein bißchen eklig - also kann man gegen ihn Gewalt anwenden. Man schubst ihn, man stößt ihn: Gewalt.

Das Fernsehen bietet Gewalt in allen Variationen. Gewalt in vielen Ländern der Erde in den Nachrichten, Gewalt im Krimi zum Teil auf grausamste Weise, Gewaltverbrechen in der Politik, Attentate. Das Fernsehen führt uns die Eskalation der Gewalt und der Verbrechen vor.

Jeden Tag zeigen uns die Medien, was mit Gewalt zu machen ist. Saddam Hussein zeigt das. Ein Land wird besetzt, die ganze Welt wird provoziert. Amerika zeigt es, die Soldaten rücken an, die schlimmsten und stärksten Waffen werden herbeigebracht, man droht mit Gewalt. Gewalt gegen ...

Was löst dieser Nahost-Krieg in mir aus? Was löst die Vorbereitung und das Drohen mit einem Krieg bei jungen Leuten aus? Ist Gewalt u.U. nicht gut? Warum sollte ich nicht mit Gewalt drohen? Was ist an Gewalt denn böse, wenn die Staatsmänner und Mächtigen sie gebrauchen? Ist Gewalt nicht berechtigt? Wenn die Hausbesetzer sie einsetzen - wo sie sich doch nur gegen Räumung wehren?

Gewalt in der Bibel

Die Bibel erzählt von Gewalt. Der Mensch ist ein Gewalttäter. Kain - wo ist dein Bruder Abel? Kain hat ihn erschlagen! Kain war nicht in der Lage, den Konflikt mit seinem Bruder gewaltlos zu lösen. Über König David wird erzählt, daß er Gewalt sehr bewußt gebrauchen konnte. Er hat seine Feinde vernichtet, und er hat den Mann seiner Geliebten umbringen lassen. Elia, ein wichtiger Prophet des alten Testamentes, tötet sehr viel Feinde, Andersdenkende am Karmel.

Die Bibel erzählt auch von der Gewalt zwischen Männern und Frauen. Im 1. Buch Mose, im 34. Kapitel, wird berichtet, wie Jakobs Tochter Dinah vergewaltigt wird. Im 2. Samuelbuch wird berichtet, daß der Sohn Davids mit Namen Ammnon seine Schwester vergewaltigt. Im Lukasevangelium, Kapitel 9, wird erzählt, daß die Jünger Jesu terroristische Ambitionen haben. Sie sind mit Jesus unterwegs nach Jerusalem und werden in einem Dorf nicht aufgenommen. Auf Grund dieser Verweigerung haben sie Neigung, diesen Ort untergehen zu lassen. Sie wollen die Macht und Gewalt Gottes gegen diesen Ort heraufführen. Jesus tritt ihnen scharf entgegen, aber die Gewalttendenzen sind in den Jüngern vorhanden.

Es gibt Menschen, die eigenmächtig Gewalt anwenden. Gegen solche Menschen muß es in der Gesellschaft gesellschaftlich-kontrollierte Gewalt geben können. Die Gesellschaft muß Mittel haben, sich vor den Gewalttätern zu schützen, und sei es mit Gewalt. Das ist ein Problem. Dieses Problem muß immer sichtbar gemacht werden. Der Staat hat für Recht und Frieden zu sorgen. Das ist seine Aufgabe. Eine andere Aufgabe hat er zwischen Menschen nicht. Er hat für Recht und Frieden zu sorgen, deshalb muß seine Gewaltanwendung der Kontrolle der Menschen unterliegen. Es darf in der Gesellschaft keinen Selbstlauf von Gewalt geben, wiewohl Androhung und Ausübung von Gewalt mit zu den Mitteln des Staates gehört, das Leben und die Lebensmöglichkeit in der Gesellschaft aufrechtzuerhalten. Recht und Frieden aber sind die Kriterien, die Maßstäbe für die Gewaltanwendung in der Gesellschaft. So sagt es die Bekennende Kirche 1934 im Gegenüber zum faschistischen Staat.

Gewaltlose Strategien entwickeln - sich an Leitbildern orientieren

Mit Gewalt und Gewaltanwendung muß man sich nicht abfinden. Gewaltanwendung in der Gesellschaft läßt sich vermindern, Gewaltanwendung in der Erziehung läßt sich vermindern, Gewaltanwendung unter Partnern zerstört die Partnerschaft, internationale Gewalt läßt sich kontrollieren und regulieren und verhindern. Mahatma Ghandi hat vorgelebt, was Gewaltlosigkeit bewirken kann, Martin Luther King hat mit seinem Lebenszeugnis aufgezeigt, welche Macht und welches Veränderungspotential in der Gewaltlosigkeit steckt, in der richtig angewandten gewaltlosen Aktion. Wir können Strategien der Gewaltlosigkeit entwickeln, in unseren Jugendgruppen, in der Gesellschaft, in der Schule, in der Familie, in unserer Partnerschaft. Streitigkeiten lassen sich anders lösen als durch Gewalt. Konflikte lassen sich anders bearbeiten als durch Gewalt. Wir müssen die Kultur des Streites lernen und die Kultur der Konfliktaustragung lernen. Da sind wir alle noch Anfänger.

(Rudi Pahnke, Textauszug aus dem Kirchentagsreferat: Was können Jugendliche gegen Gewalt tun, ZaW, Dortmund, 1991)

Angst

In einem Kinderlied von I. Fiege vom Kirchentag 1981 in Hamburg hieß es: ... meine Angst ist wie ein rotes Licht, sie sagt: halt, wach auf und schlafe nicht ... Dem gibt es eigentlich nichts mehr hinzuzusetzen. Jeder von uns hat Angst. Aber nicht jeder will sich seine Angst eingestehen. Und wer vollmundig davon spricht, daß er keine Angst kenne, wundert sich vermutlich auch nicht darüber, wenn Angst sich in Haß, Gewalt, Ohnmacht oder Krankheit verwandelt. Angst als Warnsignal für Verdrängtes, in Unordnung oder außer Kontrolle Geratenes ist wie eine lebenswichtige Alarmglocke, die frühzeitig aufmerksam macht: ... wach auf und schlafe nicht ... bleib nicht allein.
Angst: Gefühlzustand, der einer unbestimmten Lebensbedrohung entspricht. *(aus: Brockhaus Enzyklopädie)*

(Shirin Pargas)

Haß

Haß: ein gegen Personen oder soziale Gruppen (Stände, Völker, Rassen, Minderheiten) gerichteter Vernichtungsaffekt, von besonders stark ausstrahlender Wirkung auf alles mit den gehaßten Personen Zusammenhängende. Im Unterschied zur Antipathie ist der Haß besonders affektstark, aber vom "gerechten" Zorn zu unterscheiden. Tatsächlich entsteht Haß oft aus Gründen, die dem Bewußtsein zunächst entzogen sind, z.B. aus Angst, verletztem Selbstgefühl, Umschlagen von Liebe in Haß (Haßliebe, Ambivalenz). Das Bewußtmachen der seelischen Gründe kann oft zur Überwindung des Hasses beitragen. *(aus: Brockhaus Enzyklopädie)*

(aus: Projekthandbuch Rechtsextremismus, 1989. Shirin Pargas)

Sexismus

"Verhaltensweisen, die einen Menschen aufgrund seines Geschlechtes benachteiligen. Mit Sexismus kennzeichnet insbesondere die Frauenbewegung das diskriminierende Verhalten von Männern gegenüber Frauen in Politik, Arbeitswelt und Gesellschaft. **Sexismus beruht auf dem Vorurteil, daß die Frau aufgrund ihrer biologischen Geschlechtszugehörigkeit dem Mann körperlich und intellektuell unterlegen sei.** Sexismus wird überall dort deutlich, wo Frauen zuerst als Geschlechtswesen und erst dann als Menschen betrachtet und behandelt werden."

(aus: "Aktuell-Lexikon", Chronik Verlag)

Sexismus ist der Glauben an die Höherwertigkeit des männlichen und die Minderwertigkeit des weiblichen Geschlechts. Der Begriff Sexismus wurde in Anlehnung an den Begriff Rassismus geprägt. Er bezieht sich nicht nur auf individuelle Vorurteile, sondern auch auf institutionalisierte Diskriminierung.

Sexismus zieht sich wie ein glühender roter Faden durch die Geschichte und die alltäglichen Lebensbereiche von Frauen. Die verharmlosende Begriffserklärung "Benachteiligung der Frau" ist bei weitem nicht ausreichend für eine von Männern dominierte Kultur, die kontinuierliche Herrschaft und Gewalt gegen Frauen ausübt.

Aufrechterhalten und gestützt wird Sexismus durch die geschlechtsspezifische Arbeitsteilung zwischen Männern und Frauen:

Aufgrund ihrer Gebärfähigkeit und der damit verbundenen Schwangerschaft wird den Frauen in einer patriarchalischen Gesellschaft der Bereich des Haushalts und der Kindererziehung zugewiesen. Sie sind außerdem zuständig für die Rekreation des Mannes, in der Familie soll er sich erholen, um seine gesellschaftlich anerkannte Arbeitskraft zu erhalten. Zugleich wird der Erziehungsarbeit und Hausarbeit der Frauen eine geringe Bedeutung beigemessen, sie wird unbezahlt geleistet. Die Zuordnung der Frauen in den häuslichen Bereich hat erhöhte Verfügbarkeit und Machtlosigkeit zur Folge: Frauen haben keinen Zugang zum Bereich der Öffentlichkeit, zu finanziellen Ressourcen, zur politischen Macht. Der Sexismus in unserer Gesellschaft liegt in der irrigen biologischen Ansicht begründet, die "natürliche" Bestimmung der Frauen liege in der Familie.

"Feminismus ist als politische Bewegung die Antwort auf alle Spielarten des Sexismus, denen Frauen gegenwärtig ausgeliefert sind. **Feminismus bedeutet Kampf gegen den Sexismus.**" *(M. Janssen-Jurreit)*

(aus: Sexismus, Gewaltfreie Aktion, Baden).

Deutschland zum Thema machen

Deutschland als Thema

Was ist deutsch?

Was heißt eigentlich Demokratie?

Deutsch für Deutsche - was ist deutsch?

Was heißt hier eigentlich Deutschland?

Du doitsch?

Die deutsche Nationalhymne

Heimat

Ausländer raus?

Neues Deutschland

Neulich deutschten auf deutsch vier deutsche Deutschlinge
deutschend, sich überdeutschend am Deutsch, welcher der Deutscheste sei:
Vier deutschnamige benannt: Deutsch, Deutscherig, Deutscherling, Deutschdich,
selbst so hatten zu deutsch sie sich die Namen gedeutscht.
Jetzt wettdeutschen sie, deutschend in grammatikalischer Deutschheit,
deutscher Komparativ, deutschesten Superlativ.
"Ich bin deutscher als deutsch." "Ich bin deutscherer." "Deutschester bin ich."
"Ich bin der Deutschereste oder Deutschestere."
Darauf durch Komparativ und Superlativ fortdeutschend, deutschten sie auf bis zum -
Deutschestzerestersten, bis sie vor komperativisch
und superlativischer Deutschung den Positiv von Deutsch hatten vergessen zuletzt.

Friedrich Rückert (1788-1866): Grammatikalische Deutschheit

Deutschland als Thema

Die Frage nach der deutschen Identität beschäftigt nicht nur durchgeknallte Jugendliche oder der Vergangenheit zugewandte Politiker, sondern immer mehr auch Pädagogen und politische Profis, die begonnen haben, das Thema Deutschland nicht mehr den Rechtsextremisten zu überlassen.

Das Unbehagen, das nicht wenige Menschen in Deutschland angesichts der Wiederherstellung des deutschen Nationalstaates haben, mag man schelten, die Gründe für solches Unbehagen sind aber nicht einfach beiseite zu schieben. Der deutsche Nationalstaat hat den Menschen dreimal den Krieg gebracht - 1870, 1914, 1939. Auf dem Höhepunkt seiner Macht - im Zweiten Weltkrieg - war dieser deutsche Staat zugleich der furchtbarste Staat der Moderne, den wir kennen.

Auf der Suche nach menschenfreundlichen Versuchen, dieses Thema neu zu eröffnen, bewußt zu enttabuisieren und dort, wo es notwendig ist, zu problematisieren, sind wir auf zum Teil ausgesprochen lebenslustige und fantasievolle Beispiele und Versuche gestoßen. In der Folge stellen wir einige Beispiele und Arbeitsblätter vor, die wir zum Teil aus Platzgründen nur knapp kommentieren können.

Was ist deutsch?

Mit Erfolg haben wir immer wieder zwei Arbeitsbögen eingesetzt:

a) Deutschland buchstabieren:
   Es geht darum, zum jeweiligen Buchstaben Begriffe zu finden, um diese dann in der Gruppe als für Deutschland charakteristisch zu bewerten.
b) Deutschland - was ist deutsch?
   Ein Koordinatensystem zur Eintragung "deutscher" Merkmale und Eigenschaften.

Für beide Prozesse ist der jeweilige anschließende Konsensfindungsprozeß in der Gruppe der maßgebliche.

Deutschland buchstabieren:

D ....
E ....
U ....
T ....
S ....
C ....
H ....
L ....
A ....
N ....
D ....

Deutschland
Was ist deutsch?

gut	weniger gut
nicht gut	schlecht

AG - SOS - Rassismus

Was heißt eigentlich Demokratie?

Was heißt eigentlich

DEMOKRATIE

Welche Begriffe fallen Dir zur Demokratie ein?

A........................
B ....
C ....
D ....
E ....
F ....
G ....
H ....
I ....
J ....
K ....
L ....
M ....
N ....
O ....
P ....
Q ....
R ....
S ....
T ....
U ....
V ....
W ....
X ....
Y ....
Z ....

DEMOKRATIE

Bitte bewerte Deine gefundenen Begriffe von sehr gut bis sehr schlecht.

sehr gut	weniger gut
nicht gut	sehr schlecht

Deutsch für Deutsche - was ist deutsch?

Aufgabe: Bitte suche drei Begriffe heraus, von denen Du sicher bist, daß sie wirklich deutsch sind.

Ananas, Auberginen, Avokados und Apfelsinen, Bananen, Balsaholz, Bambussprossen, Blues, Calamares, Cevapcici, Chicoree, Corned Beef, Couscous, Country & Western Music, Curry-Ketchup, Datteln, Demokratie, Diamanten, Diskotheken ... Emmentaler, Erdnüsse, Erdöl, Espresso ... Feigen, Flamenco, Flipperautomaten, Fondue, Frühlingsrollen ... Gorgonzola, Grapefruitsaft, Gyros... Hamburger, Hard Rock, Heavy Metal, Hot Dogs ... Ingwer, italienisches Eis ... Jazz, Jeans, Joghurt ... Kaffee, Kakao, Kautschuk, Kiwi, Knäckebrot, Knoblauch, Kokosnüsse, Kupfer ... Lasagne, Limonen, Limericks ... Miniröcke, Musicals ... Nizza, Salat, Pullover ... Oliven, Ölsardinen ... Paprika, Parmesan, Pizza, Pommes frites, Punks ... Quiche Lorraine ... Radio Luxemburg, Ravioli, Reggae, Reis, Rock'n'Roll ... Salami, Skateboards, Schaschlik, Science-fiction, Sirtaki, Sojabohnensprossen, Spaghetti ... Tabak, Teakholz, Tee, Tsatsiki, Tulpen, Thunfisch, Türkischer Honig ... Ungarischer Gulasch, Urlaubsinseln ... Vanille, Video ... Wantan Suppe, Zimt, Zitronen, Zucchini, Zuckerrohr, Zwiebelsuppe ...

Was heißt hier eigentlich Deutschland?

So heißt unsere Übung, in der wir ohne große Diskussion jedem Beteiligten einen Borstenpinsel und einen weißen Plakatkarton aushändigen und ihm je drei gleich große Farbkleckse (Voll- und Abtönfarbe, 750 ml-Flaschen, gibt's in jedem Baumarkt) in den Farben schwarz-rot-gold auf das Plakat vorgeben. Die Aufgabe besteht einzig und allein darin, mit diesen drei Farben Deutschland optisch neu zu gestalten oder zu symbolisieren. Experimentierfreude entwickelt sich, und wer will, darf auch mehrere Versuche unternehmen. Erstaunlich ist immer noch, welche "Hemmschwelle" ältere Pädagogen bei dieser Übung haben, die Farben schwarz-rot-gold und eigene Kreativität zusammenzubringen. Gerade deshalb, vor allem aber, um einen Platz neu zu besetzen, der in den Händen von Rechtsextremisten Unheil anrichten würde. Heute zieren schon manche Ausstellungen zum Thema: "Buntes Deutschland - ein Farbenspiel" manche Schulen und Jugendzentren.

Eines der schönsten Plakate dieser Serie ist als Deutschlandplakat über uns zu beziehen. Außerdem lohnt es sich, eindrucksvolle Motive auf Großplakate der Städtereklame (Städtereklame ca. DM 10,— pro Tag) per Dia oder Overhead-Projektor zu übertragen.

Du doitsch?

Mit großem Spaß haben wir immer wieder die deutsche Sprache untersucht. Dies begann immer mit der Sammlung von Begriffen zu bestimmten Themen, z.B. welche Lebensmittel gibt es, und dem zweiten Schritt: der Klärung des jeweiligen Herkunftsortes.

Aufgabe: Unterstreichen Sie alle arabischen Lehnwörter im Text.

Nur eine Alltagslappalie

Darf ich Sie in dieses Café einladen,
gnädige Frau? Sie sind ermattet? Legen Sie
bitte die Jacke ab, und nehmen Sie dort hinten auf
dem Sofa mit der karminroten Matratze Platz!
Der Konditor mit der steifen Mütze und dem weißen Kittel
wird sofort eine Tasse Bohnenkaffee mit zwei Stückchen Zucker
vor sie hinstellen - oder lieber eine Karaffe eisgekühlte Limonade,
falls sie nicht Alkohol vorziehen? Nein? Dazu mögen Sie sicher eine
Obsttorte mit Aprikosen und Bananen garniert. Natürlich, mein
Freund, sind Sie heute zum Essen mein Gast! Zur Eröffnung darf ich
Ihnen ein Sorbet von Orangen reichen. Die gefüllten Artischocken
werden Ihnen als Vorspeise gefallen. Und was halten Sie jetzt von
bardiertem Kapaun auf pikantem Reis mit Spinat-Krusteln? Danach
kann ich Ihnen die Zimtröllchen in Arraksauce sehr empfehlen.
Und zum Schluß einen Mokka. Und machen Sie es sich bitte auf
dem Diwan bequem.

Lösungen:
Café, ermattet, Jacke, Sofa, karmin, Matratze, Konditor, Mütze, Kittel, Tasse, Bohnenkaffee, Zucker, Karaffe, Limonade, Alkohol, Aprikosen, Bananen, Sorbet, Orangen, Artischocken, bardiert, Reis, Spinat, Zimt, Arrak, Mokka, Diwan
(aus der Materialmappe: Publik-Forum "Du doitsch?", Oberursel ,1991)

Die deutsche Nationalhymne

Die Frage nach der Notwendigkeit einer deutschen Nationalhymne beschreibt in einem knappen, mit Hintergrundinformationen und Arbeitsperspektiven versehenen Aufsatz: Bernhard Wittmann in der GEW-Zeitschrift "Neue deutsche Schule" (nds), Heft 19,1991.

Ist eine Nationalhymne heute überhaupt noch nötig?

150 Jahre Deutschlandlied: Nur noch 3. Strophe Nationalhymne

Am 26. August 1991 war es 150 Jahre her, daß der Dichter Hoffmann von Fallersleben das Deutschlandlied schrieb. Doch es hatte zunächst wenig Erfolg. Bis in unser Jahrhundert hinein weitgehend unbeachtet, danach umstritten, dann mißbraucht, erlebt es zu seinem 150. Geburtstag eine Renaissance, die seine Wirkungsgeschichte - so scheint es - mehr verdrängt als verarbeitet. In einem Briefwechsel zwischen Bundespräsident und Bundeskanzler wurde das Deutschlandlied in seiner Funktion als Nationalhymne nun lediglich auf die 3. Strophe beschränkt. Ist das die Lösung des Problems Nationalhymne? Wurde eine weitere historische Chance vertan? Ist eine Nationalhymne heute überhaupt noch nötig?

Eine sehr detaillierte Auseinandersetzung mit dem Deutschlandlied liefert in seinem Buch: Benjamin Ortmeyer, "Argumente gegen das Deutschlandlied" - Geschichte und Gegenwart eines Lobliedes auf die deutsche Nation Bund-Verlag, Köln 1991. Die "Argumente gegen das Deutschlandlied" sollen, wo immer es zu Diskussionen über dieses furchtbare Lied kommt, helfen, gegen den deutschen Nationalismus vorzugehen.

Denn so fest und übermächtig auch die "Deutschländer" scheinen, ihre Begründungen und Argumente sind brüchig und hohl, die gesamte wirkliche Entwicklung in Deutschland birgt mehr Brüche und Krisen in sich, als die Bonner Politikerprominenz ahnt.

Das vorliegende Buch versucht umfassender als bisher die Debatten über das Deutschlandlied kritisch zusammenzufassen und zu bewerten, um vor der zunehmenden Gefahr des deutschen Nationalismus zu warnen.

Heimat

Mit Verwunderung haben wir selbst feststellen müssen, daß wir mit Begrifflichkeiten wie Stadtteilarbeit, Gemeinwesen, Territorialität, Da-wo-meine-Freunde-sind, Kiez etc. das deutsche Wort "Heimat" zugedeckt haben, ohne diesem weitergefaßten Begriff jemals gerecht geworden zu sein. Die Frage danach, ob es sich hier um einen faschistischen Begriff handelt, ist völlig ungeklärt und wird gerade in Menschenrechtsgruppen tabuisiert.

Genau sich aber auf die Spur von Heimatdefinitionen zu setzen und zu fragen, wie Heimat wann, von wem und in welchem Interesse definiert wurde, ist exakt die aktuelle Aufgabe, um nicht rechtsextremistischen Verbrechern und Faschisten dieses wichtige Thema zu überlassen.

Als Hinweise einige Literaturempfehlungen:

- "Heimat und Nationale Identität", Institut für Jugendarbeit des Bayerischen Jugendrings in Gauting, 1991
- "Heimat" - Eine Auseinandersetzung mit einem strapazierten Begriff, Eberhard Führ, Bauverlag GmbH, Berlin, 1985
- Entstehung und Entwicklung der Siedlung "Heimaterde", Essen, Rhenania Verlag, Düsseldorf, 1928
- Zeitschrift für Architekten "ARCH", Nr. 81, August 1985
- Zeitschrift "Der Bürger - ein Staat", Landeszentrale für politische Bildung, Baden-Württemberg, Heft 4, November 1983
- Ernst Bloch "Das Prinzip Hoffnung", Suhrkamp-Verlag, Frankfurt, 1959.

"Der Mensch lebt noch überall in der Vorgeschichte, ja alles und jedes steht noch vor Erschaffung der Welt, als einer rechten. Die wirkliche Genesis ist nicht am Anfang, sondern am Ende, und sie beginnt erst anzufangen, wenn Gesellschaft und Dasein radikal werden, das heißt, sich an der Wurzel fassen. Die Wurzel der Geschichte aber ist der arbeitende, schaffende, die Gegebenheiten umbildende und überholende Mensch. Hat er sich erfaßt und das Seine ohne Entäußerung und Entfremdung in realer Demokratie begründet, so entsteht in der Welt etwas, das allen in die Kindheit scheint und worin noch niemand war: Heimat."

("Das Prinzip Hoffnung", Ernst Bloch).

Auf der Suche nach didaktischen Materialien zum Thema Heimat haben wir selbst einen Arbeitsbogen entwickelt, in dessen Koordinatensystem wir von jedem Beteiligten vier Fragestellungen benennen ließen:

1. **Wo ist der räumliche Ort von Heimat?**
2. **Welche Erinnerungen hast Du an Heimat?**
3. **Welche Notwendigkeiten gibt es für eine Heimat, braucht der Mensch eine Heimat?**
4. **Welche Sehnsüchte oder Hoffnungen verbindest Du selbst mit Heimat?**

HEIMAT

"Die Entwurzelung ist bei weitem die gefährlichste Krankheit der menschlichen Gesellschaft. Wer entwurzelt ist, — entwurzelt." *(Simone Weil)*

Ort	Erinnerung
Notwendigkeit	Sehnsucht/Hoffnung

AG-SOS-RASSISMUS)

In einem zweiten Schritt hatten wir einen Arbeitsbogen vorbereitet:

Heimat bedeutet für mich

1. ....
2. ....
3. ....

Und in einem dritten Arbeitsschritt boten wir dann den Entwurf von 1848 mit der heutigen Situation (auch Vergleiche mit dem Ausländergesetz sind erlaubt) an.

Heimaths-Gesetz von 1848

(Entwurf)

Das Gebiet eines jeden deutschen Staates zerfällt in bestimmt abgegrenzte Gemeindebezirke; diese bilden zugleich Heimathsbezirke.

Den einzelnen Staaten bleibt es überlassen, mehrere Gemeindebezirke zu einem Heimathsbezirke zu vereinigen.

§. 2.

Der Aufenthalt und Wohnsitz in einem Heimathsbezirke, so wie das Recht zum Gewerbebetriebe, so weit dieses nicht durch die deutsche Gewerbeordnung beschränkt wird, darf keinem Deutschen verweigert werden. so lange er nicht daselbst der öffentlichen Armenunterstützung anheimfällt oder wegen eines gemeinen Verbrechens verurteilt wird.

§. 3.

Das Heimathsrecht wird erworben:

a, durch Geburt.

Eheliche Kinder folgen der Heimath des Vaters, uneheliche der Heimath der Mutter, Findlinge erlangen das Heimathsrecht in dem Heimathsbezirke, in welchem sie gefunden werden, fallen aber der Fürsorge des Staates anheim.

b, durch Verheirathung.

Ehefrauen erwerben die Heimath in dem Heimathsbezirke ihres Ehemannes.

c; durch ausdrückliche Aufnahme.

Diese darf keinem Deutschen verweigert werden, welcher erwerbsfähig ist und zur Zeit seiner Aufnahme weder öffentliche Armenunterstützung genießt, noch wegen eines gemeinen Verbrechens bestraft worden ist.

d; durch mehrjährigen Aufenthalt.

Wer sich fünf Jahre ununterbrochen durch sein Vermögen oder seine Thätigkeit in einem Gemeindebezirke redlich ernährt hat, erwirbt daselbst das Heimathsrecht, wenn er nicht sein früheres Heimathsrecht sich erhalten hat.

e; durch Erwerbung des Gemeindebürgerrechts.

Dasselbe schließt das Heimathsrecht stets in sich.

§. 4.

Wer in einem Gemeindebezirke Heimathsrecht erwirbt, verliert dasselbe in seinem früheren Heimathsbezirke, wenn er nicht daselbst Gemeindebürger bleibt.

§. 5.

Das Heimathsrecht kann ohne Besitz des Gemeindebürgerrechts bestehen und begründet noch kein Recht auf die Nutzungen des Gemeindevermögens.

§. 6.

Das Heimathsrecht gewährt den Anspruch, im Falle der Arbeitsunfähigkeit und Verarmung, von dem Heimathsbezirke nothdürftig unterhalten zu werden. Liegt in diesem Falle Dritten die Verpflichtung ob, für den Unterhalt des Heimathsberechtigten zu sorgen, so kann die Gemeindebehörde diese zur Erfüllung ihrer Verpflichtungen anhalten.

§. 7.

Die weiteren Rechte und die Verpflichtungen der Heimathsberechtigten und derer, welche ohne heimathberechtigt zu sein, in einem Gemeindebezirke Wohnsitz haben, gegen die Gemeinde, werden durch die Gemeinde-Verfassung bestimmt.

§. 8.

Hülfsbedürftige haben in jedem Gemeindebezirke, wo sie sich zur Zeit ihrer Hülfsbedürftigkeit befinden, Anspruch auf nothdürftige Verpflegung. Die betreffende Gemeinde hat dieselbe vorschußweise für Rechnung des verpflichteten Heimathsbezirks zu leisten. Der Anspruch auf Wiedererstattung des geleisteten Vorschusses verjährt drei Monate nach eingetretenem Verpflegungsfalle, beziehungsweise nach Ermittelung des verpflichteten Bezirks.

§. 9.

Wer fünfzehn Jahre von seinem Heimathsbezirke freiwillig abwesend gewesen und an keinem anderen Orte Heimathsrecht erlangt hat, behält zwar daselbst sein Heimathsrecht, fällt aber im Verarmungsfalle der Versorgung desjenigen Staates anheim, zu welchem der Heimathsbezirk gehört.

Ausländer raus?

Die Problemstellung 'Ausländer rein oder raus' hat nicht erst heute etwas mit unserem eigenen Egoismus zu tun. Die Aufspürung der Hintergründe, Interessen, Ursachen und Wirkungen von Wanderungsbewegungen kann spannend gestaltet werden, vor allem, wenn der Spannungsbogen von je gleichzeitig historischen und gegensätzlichen Prozessen aufgezeigt wird und die Frage erforscht werden soll, warum die jeweilige Entscheidung (für oder gegen) zustande gekommen ist.

Im Klartext:

Es lohnt sich, Jugendliche z.B. in die Parteibüros von z.B. CDU/CSU und der GRÜNEN zu schicken, um einen plausiblen Grund zu suchen und zu finden, warum die einen für und die anderen gegen ein Einwanderungsgesetz sind. (Vorsicht, nicht mit hohlen Sätzen abfertigen lassen!)

In der Rückverfolgung der deutschen Geschichte lohnt es sich immer wieder, diese Spannung (von PRO + CONTRA) mit Jugendlichen aufzubauen, die jeweiligen Ursachen aufzuspüren und zu benennen, um sie dann von Jugendlichen bewerten zu lassen.

Als ein Beispiel dafür empfehlen wir die Konfrontation zweier Broschüren:

1. **Das Edikt von Potsdam**
   Ausländerbeauftragte des Senates
   Potsdamer Str. 65
   1000 Berlin 30

2. **Fremde in Ludwigsburg**
   DAZ Ludwigsburg
   Stuttgarter Str. 12
   7140 Ludwigsburg,

aus denen wir die beiden folgenden Faksimiles (mit dem Auftrag an Jugendliche, diese in unsere heutige Sprache zu übersetzen) abgedruckt haben:

No. LXV. Edict, betreffend diejenige Rechte, Privilegia und andere Wohlthaten, welche Se. Churfürstl. Durchl. zu Brandenburg denen Evangelisch-Reformirten Frantzösischer Nation, so sich in Ihren Landen niederlassen werden, wegen der Jurisdiction und sonst, daselbst zu verstatten gnädigst entschlossen seyn; den 29. Octobr. 1685.

Wir Friderich Wilhelm, von Gottes Gnaden, Marggraf zu Brandenburg, des Heil. Römisch. Reichs Ertz-Cammerer und Chur-Fürst, in Preussen, zu Magdeburg, Jülich, Cleve, Berge, Stettin, Pommern, der Cassuben und Wenden, auch in Schlesien, zu Crossen und Jägerndorf Hertzog, Burggraf zu Nürnberg, Fürst zu Halberstadt, Minden und Camin, Graf zu Hohenzollern, der Marck und Ravensberg, Herr zu Ravenstein, und der Lande Lauenburg und Bütow, etc.

Thun kund und geben Männiglichen hiemit zu wissen, nachdem die harten Verfolgungen und rigoureusen proceduren, womit man eine zeithero in dem Königreich Franckreich wider Unsere der Evangelisch-Reformirten Religion zugethane Glaubens-Genossen verfahren, viel Familien veranlasset, ihren Stab zu versetzen, und aus selbigem Königreich hinweg in andere Lande sich zu begeben, daß Wir dannenher aus gerechten Mitleiden, welches wir mit solchen Unsern, wegen des heiligen Evangelii und dessen reiner Lehre angefochtenen und bedrengeten Glaubens-Genossen billig haben müssen, bewogen werden, vermittels dieses von Uns eigenhändig unterschriebenen Edicts denenselben eine sichere und freye retraite in alle unsere Lande und Provincien in Gnaden zu offeriren, und ihnen dabeneben kund zu thun, was für Gerechtigkeiten, Freyheiten und Prærogativen Wir ihnen zu concediren gnädigst gesonnen seyn, umb dadurch die grosse Noth und Trübsal, womit es dem Allerhöchsten nach seinem allein weisen unerforschlichem Rath gefallen, einen so ansehnlichen Theil seiner Kirche heimzusuchen, auf einige Weise zu subleviren und erträglicher zu machen.

1.

Damit alle diejenige, welche sich in Unsern Landen niederzulassen resolviren werden, desto mehrere Beqvemligkeit haben mögen, umb dahin zugelangen und überzukommen, so haben Wir Unserm Envoye extraordinaire bey denen Herren GeneralStaten der vereinigten Niederlande, dem von Diest, und Unserm Commissario Romswinckel in Amsterdam anbefohlen, allen denen Frantzösischen Leuten, von der Religion, welche sich bey ihnen angeben werden, Schiffe und andere Nothwendigkeiten zu verschaffen, umb sie und die ihrige aus Holland biß nach Hamburg zu transportiren, allwo Unser Hoffrath und Resident im Nieder-Sächsischen Crayse der von Gericken, ihnen ferner alle facilität und gute Gelegenheit an Hand geben wird, deren sie werden benöthiget seyn, umb an Ort und Stelle, welche sie in Unsern Landen zu ihrem etablissement erwählen werden zu gelangen.

2.

So viel diejenige anbetrifft, welche über Sedan, aus Champagnen, Lothringen, Burgundien und aus denen nach Mittag gelegenen Frantzösischen Provincien, ohne durch Holland zu gehen, nach Unsern Landen sich werden begeben wollen, selbige haben ihren Weg auf Franckfurt am Mayn zu nehmen, und sich daselbst bey unserm Rath und Residenten Merian, oder auch zu Cölln am Rhein, bey Unserm Agenten Lely, anzugeben, gestalt wir denn denenselben beyderseits anbefohlen, ihnen mit Gelde, Passeporten und Schiffen beforderlich zu seyn, und sie den Rhein hinunter biß in Unser Hertzogthum Cleve fort zuschaffen, woselbst Unsere Regierung Sorge tragen wird, damit sie entweder in Unserm Clev- und Märckischen Landen etabliret, oder, da sie weiter in andere Unsere Provincien zu gehen willens, mit aller desfalls erforderten Nothdurfft versehen werden mögen.

3. Wei-

(Edikt von Potsdam)

Von Gottes Gnaden
Friederich Eugen,
Herzog zu Wirtemberg und Tek ꝛc.

Unsern Gruß zuvor, liebe Getreue!

Wir haben Uns schon mehrmal veranlaßt gesehen, Euch den gnädigsten Befehl zu ertheilen, alle Französische Emigranten, welche sich in den Euch gnädigst anvertrauten Ober- und Staabsämtern befinden würden, hinweg zu schaffen.

Da Uns nun allerdings sehr viel daran gelegen ist, daß diese Unsere gnädigste Willensmeinung aufs genaueste befolgt werde, so geben Wir Euch noch einmahl, und zwar auf ~~für~~ Eure Verantwortung auf, solche Vorkehrungen zu treffen, daß schlechterdings unter keinem Vorwand irgend einem Französischen Emigranten, geistlichen oder weltlichen Standes, männlichen oder weiblichen Geschlechts der Aufenthalt in den Euch gnädigst anvertrauten Ober- und Staabsämtern gestattet, oder das Einschleichen nur möglich gemacht werde. Stuttgart, den 4. August, 1796.

Ex ſpeciali Reſolutione Sereniſſimi Domini Ducis.

(Fremde in Ludwigsburg)

Politikern auf die Finger klopfen ...

Randale im Bundestag

Du nix deutsch? - Ich nix Antwort!

Nicht nur mit Taten - auch Sprache kann Wirklichkeit schaffen

Gespenstertheater

Deutsches Rassismus-Register

Die Gelbe Karte für Rassismus

Die rassistische Sprache von Politikern

Geradheit setzt sich nicht durch Lavieren durch, die Wahrheit nicht durch Lüge, der demokratische Geist nicht durch autoritäre Anordnung. Ob ich Erfolg haben werde, weiß ich selbstverständlich nicht. Ich weiß aber, wie ich sicherlich keinen Erfolg haben werde: Indem ich Mittel wähle, die den Zielen widersprechen. Das ist nämlich, so lehrt die Geschichte, der direkte Weg zur Aufhebung der Ziele selbst, die eigentlich erreicht werden sollten. Oder:
Anstand, Verstand, Verantwortung, Aufrichtigkeit, Kultur und Toleranz kann man - soll dies wenigstens eine kleine Chance auf Erfolg haben - nur auf eine einzige Weise durchsetzen: Anständig, vernünftig, verantwortlich, aufrichtig, kultiviert und tolerant. Ich erkenne an, daß dies nicht gerade die Kriterien einer pragmatischen Tagespolitik sind.

(Vaclav Havel, aus: Sommermeditationen 1992)

Randale im Bundestag

Eine szenische Darstellung der Art, wie heute, ohne daß es jemand gemerkt hat, Rassismus hausgemacht wird. Szene für Konferenzen, Tagungen etc. *Auf dem Podium sitzt die Parlamentspräsidentin mit Glocke, eröffnet die Parlamentssitzung und kündigt dann jeweils den nächsten Redner an. Am Pult o.ä. steht einer und zitiert dann jeweils den Text. Im Publikum stehen zwei Grüppchen von Leuten (ca. 2 x 4) und kommentieren das jeweilige Zitat im Sprechchor, wobei sie leise beginnen und ihre Sprüche dann ca. dreimal lauter rufen.*

Präsidentin: Das Wort hat: Dietmar Schlee, Innenminister von Baden-Württemberg.

Parlamentarier: "Im Asylbereich muß unser Ziel sein, zu einem politischen Konsens vergleichbar mit dem zur Bekämpfung der organisierten Kriminalität zu kommen."
(Brief an Friedel Läpple vom 30.07.1991).

Randalierer: "Asylantenpack!" *(dreimal)*

Präsidentin: "Hartwig Mammen, CDU-Ratsmitglied in Roggenstede, Ostfriesland."

Parlamentarier: "Wir haben nichts gegen Ausländer. Nur in unserem Dorf ist für sie kein Platz."

Randalierer: "Deutschland den Deutschen - Ausländer raus!" *(dreimal)*

Präsidentin: Es spricht zu Ihnen: Alfred Dregger, CDU/CSU-Fraktionschef im Bundestag.

Parlamentarier: "Ausländer sind Gäste, nicht Bürger, und von daher auch nicht Mitbürger."

Randalierer: "Auf die Bäume ihr Affen." *(dreimal)*

Präsidentin: Sie hören: Edmund Stoiber, bayerischer Innenminister.

Parlamentarier: "Was soll ich den Leuten sagen, wenn in der Nähe eines Asylantenheimes ein junges Mädchen vergewaltigt wird?"

Randalierer: "Türkensau!" *(dreimal)*

Präsidentin: Das Wort hat: Fridhardt Pascher, SPD, Bürgermeister Bad Urach, Schwäbische Alb.

Parlamentarier: "Weil wir Bürgermeister doch nur dazu da sind, Asylanten unterzubringen ..., werden wir demnächst ausflippen und mit Handgranaten im Rucksack nach Stuttgart ziehen."

Randalierer: "Ich bin stolz, ein Deutscher zu sein." *(dreimal)*

Präsidentin: Ich bitte um Ruhe für: Manfred Ritter, CSU, Landesanwalt, Verwaltungsgericht, Ansbach.

Parlamentarier: "Vergleiche mit einem Heuschreckenschwarm, der überall, wo er durchzieht, eine Wüste hinterläßt, sind keinesfalls übertrieben. Die Lösung kann daher nur lauten: Konsequente Abschirmung Europas vor der Zuwanderung aus den Entwicklungsländern."

Randalierer: "Ausländer raus, Ausländer raus!" *(dreimal)*

Präsidentin: In der Rednerliste folgt nun: Klaus Landowsky, CDU-Fraktionsvorsteher in Berlin.

Parlamentarier: "Es kann nicht sein, daß ein Teil der Ausländer bettelnd, betrügend, ja auch messerstechend durch die Straßen ziehen, festgenommen werden und nur, weil sie das Wort "Asyl" rufen, dem Steuerzahler auf der Tasche liegen."

Randalierer: "Parasiten und Schmarotzer!" *(dreimal)*

Präsidentin: Zuletzt spricht nun: Wilhelm Schmans, CDU, stellvertretender Bürgermeister Jesteburg, Niedersachsen.

Parlamentarier: "Dieses Zeugs muß hier weg!"

Randalierer: "Packt sie und zerhackt sie!" *(dreimal)*

(Nach einer Idee von Brunhild Schmidt und Hans-Werner Ludwig auf der Konferenz für Jugendarbeit Westfalen der EKvW im Herbst 1992 in Berchum. Alle Zitate sind der Zeitschrift "Stern" vom 17.10.1991 entnommen.)

Du nix deutsch? - Ich nix Antwort!

Im Bundeskanzleramt schien man mit Fremdsprachen aufräumen zu wollen. Nach der Devise: "Deine Sprache sei deutsch - sonst wird dein Anliegen nicht behandelt" hatte sich eine sonderliche Praxis eingeschlichen.

Was war geschehen?
Unser Freund Ali M. aus G. hatte - der deutschen Sprache noch nicht hinreichend mächtig - dem Bundeskanzler in seiner Heimatsprache ein Anliegen vorgetragen und erhielt folgende Antwort:

"Für Ihr Schreiben vom 4. Januar, das Sie in Ihrer Sprache an den Herrn Bundeskanzler gerichtet haben, danke ich Ihnen. Die Übersetzung fremdsprachiger Briefe belastet unsere Steuermittel mit erheblichen Beträgen. Daher bitte ich Sie, Ihr Anliegen in deutscher Sprache vorzubringen. Sicher ist jemand in Ihrer Nachbarschaft bereit, Ihnen dabei zu helfen."

Bedauerliche Entwicklung? Einmalige Entgleisung? Oder längst systematische Praxis einer moralischen Wende?

Immerhin, ein Bundestagsabgeordneter richtete eine schriftliche Anfrage an die Bundesregierung:

1. Trifft es zu, daß der Bundeskanzler Briefe ausländischer Mitbürger, die ihm in ihrer Landessprache schreiben - weil sie der deutschen Sprache noch nicht hinreichend mächtig sind -, zurücksendet mit der Aufforderung, ihre Briefe in deutscher Sprache abzufassen?
2. Beabsichtigt der Bundeskanzler, sich in gleicher Weise gegenüber ausländischen Regierungschefs zu verhalten, die sich brieflich an ihn wenden?

Die Antwort der Bundesregierung blieb nicht lange aus; im Bundestag erklärte sie:
"Ausländische Bürger, die sich in der Bundesrepublik Deutschland aufhalten und dem Bundeskanzler in ihrer Muttersprache schreiben, werden unter Hinweis auf die begrenzten Mittel gebeten, ihr Anliegen - eventuell mit Hilfe von Nachbarn - in deutscher Sprache vorzubringen. Aus dem Ausland kommende fremdsprachige Eingaben an den Bundeskanzler werden amtlich übersetzt.

Für Schreiben, die Regierungschefs untereinander austauschen, gelten internationale Gepflogenheiten, von denen der Bundeskanzler ebensowenig abweicht wie seine Vorgänger im Amt."

Aha, haben wir gedacht, so sieht das aus mit der Ungleichwertigkeit von Menschen in Deutschland.

Um Nägel mit Köpfen zu machen, haben wir uns zusammengesetzt und Briefe geschrieben: an den Bundeskanzler und seine Freunde, an unsere FreundInnen und verschiedene Ministerien. Einzelne Kontakte führten zu Gesprächen, wir konnten unser Anliegen vortragen und unseren Standpunkt erläutern.

Und siehe da, wir stießen auf offene Ohren.
Zwar ließ uns der Bundeskanzler im Dezember noch die obige Bundestagserklärung ausrichten, aber schon im Januar erhielten wir eine neue Antwort aus dem Bundesministerium für Arbeit und Sozialordnung, mit welchem wir am meisten Streß hatten, weil die uns zuerst nicht geglaubt und in der Öffentlichkeit erklärt hatten, daß unsere Angaben eine Lüge sind.

"Ich bin der Sache nachgegangen und habe erfahren, daß das Bundeskanzleramt in der Vergangenheit - anders als zum Beispiel das Bundesministerium für Arbeit und Sozialordnung - Schreiben, die in einer weniger bekannten Fremdsprache (z.B. auch in Türkisch) abgefaßt waren, mit derartigen Standardbriefen beantwortet hat. Die bisherige Praxis ist jedoch ab 1. Januar auf Wunsch des Bundeskanzlers geändert worden. Derartige Schreiben wird das Kanzleramt in Zukunft übersetzen lassen und dann beantworten."

So, haben wir gedacht, gibt es denn das? Natürlich haben wir uns gefreut, Ibrahim hat seinen "Raki" (türkisches Spezialgetränk) rausgeholt und auf deutsch das Lied vom weichen Wasser, das den Stein bricht, gesungen. Also, es läßt sich schon was verändern, aber Du mußt schon die Zähne auseinanderbringen und Dich in Bewegung setzen. Lamentieren hilft nicht. Ran an den Speck!

Wir sind skeptisch und optimistisch zugleich, weil wir bei unseren vergangenen Aktionen schon gelernt haben, daß wir oft zwei Schritte rückwärts gehen müssen, um drei nach vorn tun zu können.

Es sind kleine Schritte, nicht größer als wir selber.

(AG - SOS - Rassismus)

Nicht nur mit Taten - auch Sprache kann Wirklichkeit schaffen:

Das Wort Asylant

Das Denken lenkt die Sprache, aber umgekehrt können auch Begriffe das Denken prägen und letztlich dazu führen, Handeln zu legitimieren. Der Bochumer Literaturwissenschaftler Jürgen Link hat Entstehen und Anwendung des Begriffes "Asylanten" untersucht und kommt zu dem Ergebnis, daß hier sehr bewußt eine politische Unterscheidung vorgenommen werden soll - in **"gute" Flüchtlinge und "schlechte" Asylsuchende**. Link schlägt vor, das Wort Asylant zu vermeiden, weil es negativ besetzt sei und entsprechende Emotionen wecke.

Im "Wörterbuch der 80er Jahre" fehlt der Begriff "Asylant" noch. Aber 1980 nahm ihn der Duden in sein Glossar auf: Seit etwa 1977, stellt Jürgen Link fest, ist die Bezeichnung "Asylant" immer weiter in den deutschen Sprachgebrauch eingedrungen.

Die Wortschöpfung steht in einer Tradition, die in der zweiten Hälfte des neunzehnten Jahrhunderts beginnt. Seit damals sei den Worten mit der Endung -"ant" die Bedeutung des Nicht-Normalen angehängt worden, belegt Link. Die rasche Entwicklung der Psychiatrie samt ihrer Diagnostik, die Krankheitsbilder mit ähnlichen Symptomen gegeneinander abgrenzt, habe zum Entstehen von Begriffen wie "Querulanten" und "Simulanten" geführt.

Sie fanden Eingang auch in den juristischen Sprachgebrauch, vor allen in die Kriminalistik. Darüber hinaus, erklärt Link, wurde der wissenschaftliche Jargon auch in der Alltagssprache aufgegriffen. Sie schuf weitere neue Formen wie zum Beispiel den "Bummelanten" oder den "Pedanten".

Auch in der Literatur und Publizistik fand Link, daß neue Wortschöpfungen mit dem Anhängsel "-ant" negativ besetzt waren: Sie sollten Gegner klar markieren. Als "Provokanten" und "Kollaboranten" schärften sie z.B. die Polemiken der Literaturgeschichte. Die negative Verwendung habe sich auch dem Begriff der "Asylanten" aufgedrückt, folgert Link.

In der Bochumer "Diskurswerkstatt", einem Ort angewandter Germanistik, untersucht Links Mitarbeiterin Ute Gerhard seit fünf Jahren die Mediensprache. Angeregt von der Eskalation der Gewalt gegen Asylbewerber im Jahr 1991 stellte sie nun die Verwendung des Begriffs "Asylanten" in der überregionalen Presse in einer ausführlichen Dokumentation dar.

Gemeinsam arbeiten Link und Gerhard an einer Analyse dieser Mediensprache. Nach ihrer Einschätzung werden Sprachbilder inflationär und zielgerichtet eingesetzt: Wörter wie "Einfallsrouten" und "Frontstaaten" seien dem Militärjargon entlehnt, das "volle Boot" erzeuge kollektive Bedrohungsgefühle.

Im französischen und englischen Sprachgebrauch existiert lediglich die Bezeichnung "Flüchtlinge", betont Link. In Deutschland sei dagegen eine Abgrenzung zu beobachten: Mit "Flüchtlingen" seien überwiegend wohlwollende Attribute verknüpft, "Asylanten" würden eher negative Beiwörter angehängt. Auf diese Weise soll das soziale Phänomen der Flüchtlinge gespalten werden, meint der Wissenschaftler.

Die Gründe für das Aufkommen des zusätzlichen Begriffes "Asylant" seit ungefähr 1977 vermutet Link in politischem Bedarf. In diese Zeiten fielen steigende Zahlen von Flüchtlingen aus dem Golfkrisengebiet, aus der Türkei und Pakistan. Die Süd-Flüchtlinge, sagt Link, belegten Politiker mit der Wortneuschöpfung der "Asylanten", um sie gegen Aussiedler oder Ost-Flüchtlinge abzugrenzen.

Der Instrumentalisierung solcher "politisch gewünschter Begriffe" durch die Medien will der Wissenschaftler entgegentreten. In der von ihm betreuten Zeitschrift "Kul-tuRRevolution" will er weiter die Diskussion zu diesem Thema anregen. Denn für Link sind die Medien beim Phänomen des Neorassismus nicht nur Beobachter: "Wirklichkeit schafft sich nicht nur Sprache, sondern Sprache prägt auch Verhalten."

(Christoph Strünck, aus: WAZ vom 14.01.1992)

Gespenstertheater

Mitarbeiter der Arbeitsgruppe SOS-Rassismus, zuerst alarmiert durch schlimme Fernsehsendungen zur Landtagswahl NRW 1986, haben in der Folge bitter erleben müssen, wie aus ungelösten gesellschaftlichen Problemen (Arbeitslosigkeit, Wirtschaftsstagnation, gesellschaftliche Identität) Sündenböcke produziert und "Ausländer" zu einer Bedrohung für das deutsche Volk hochstilisiert wurden. Gleich einer Sturmflut scheinen Ausländer heute über unser Land hineingebrochen zu sein, sie zerstören unsere Kultur, rauben unseren Kindern die Muttersprache und ziehen schmarotzend und die Wirtschaft plündernd durchs Land.

Wir halten es für wichtig, jenen Politikern, die bewußt oder aus politischem Kalkül heraus rassistische Sprüche ablassen, gehörig auf die Finger zu klopfen. Das von ihren entwickelte Gespenstertheater ist ein Teil dieses Streites um Menschlichkeit und Menschenrechte in einer Gesellschaft, in der Rassismus und rücksichtslose Ellenbogen wieder salonfähig geworden sind.

Rassismus - ein gespenstisches Theaterstück

Akteure:

Justitia, blond natürlich, steht mit Waage und Schwert erhöht im Vordergrund und verkündigt Urteile.
Gespenster treiben sich im Publikum umher und erzählen Schauergeschichten:

Gespenst:

Guten Tag, darf ich mich vorstellen, mein Name ist Gespenst, und das da oben ist meine Freundin Justitia. Aber uns gibt es schon lange nicht mehr. Heute heißen die Gespenster Rassismus, Fremdenfeindlichkeit, Ausländerhaß! Gibt es auch nicht, glauben Sie? Na, dann passen Sie mal auf!

Gespenst:

Ich habe gehört, daß der Bürgermeister R. Kiewitz aus Vilshofen sich in einem Interview gegen die Integration von Asylbewerbern wandte, er schlug statt dessen vor, diese zu "konzentrieren". Ohnehin schade "übertriebene Menschlichkeit den Interessen des deutschen Volkes". Kurz vorher hatte Kiewitz die CSU-Fraktion gewarnt: "Heute geben wir den Asylanten Fahrräder und morgen irgendwelche Töchter."

(Passauer Aktuelle Zeitung, Juni 1986)

Justitia:

Gegen den Bürgermeister R. Kiewitz ergeht im Namen unserer Freun-

dinnen und Freunde mit ausländischen Eltern folgendes Urteil:
R. Kiewitz wird verurteilt, wegen Berufsunfähigkeit sein Amt als Bürgermeister gegen den Posten eines Hausmeisters in einem bayerischen Flüchtlingslager einzutauschen. Dortselbst hat er täglich die Fahrräder der Flüchtlinge instand zu setzen, damit die Rendezvous von Flüchtlingen und bayerischen Töchtern ohne Komplikationen zu freudigen Ereignissen führen.

Gespenst:

Können Sie sich eigentlich vorstellen, daß der Bundesbeauftragte *für*, ich betone noch einmal, *für* Asylangelegenheiten seit 1981 ununterbrochen *gegen* anerkannte Asylbewerber geklagt hat, aber nicht ein einziges Mal Widerspruch für, ich betone, *für* einen abgelehnten Flüchtling einlegte?

Justitia:

In Erinnerung an "Die Weiße Rose" und die "Edelweißpiraten" ergeht gegen den Bundesbeauftragten für Asylangelegenheiten folgendes Urteil: Der Bundesbeauftragte für Asylangelegenheiten wird verurteilt, drei Jahre lang ausschließlich Widersprüche für abgelehnte Asylbewerber einzulegen und während dieser Zeit den Titel "Beauftragter gegen Asylangelegenheiten" zu tragen.

Gespenst:

Einer, der sich unter Zechprellern gut auszukennen scheint, gibt uns Recht und sieht mittlerweile "Wirtschaftsflüchtlinge". Sie sehen, so schlecht steht es um uns Gespenster noch nicht; Helmut Kohl hat erklärt: "Der jetzige Zustand kann so nicht bleiben. Ich bin nicht einer von denen, die die Dinge unnötig dramatisieren. Aber was jetzt passiert, ist gänzlich unerträglich, ist ja, daß Schlepper und Menschenhändler Wirtschaftsasylanten, Leute, die nicht verfolgt sind im üblichen Sinne zu Hause, hierher bringen, einfach mit der Vorspiegelung, daß dies ein Land ist, in dem die wirtschaftlichen und sozialen Gegebenheiten viel besser sind, und daß man dort sozusagen seine Probleme abládt. Das geht nicht, und das müssen wir ändern ..." *(ZDF, 17.08.1986).*

Gespenst:

Ja, was ist denn das? Was sehen wir denn hier? Entschuldigung, sind Sie ein Gespenst? Haben Sie schon welche gesehen? Nein?
Und Sie? Auch nicht? Oh, mir wird schon richtig schlecht. Wissen Sie, manchmal merkt man gar nicht mehr, was mit einem passiert, erst wollen sie das Grundgesetz ändern - denkt natürlich keiner dran -, und

dann ändern sie einfach das Ausländergesetz - ist ja alles halb so schlimm -, und dann sperren Sie Flüchtlinge wieder in richtige Lager. Glauben Sie auch nicht - ja, was glauben Sie denn dann, etwa wir wären keine Gespenster - ja, vielleicht sind wird die Gnadenkinder einer späteren Geburt ...

Die ausführliche Fassung ist erhältlich bei AG - SOS - RASSISMUS, Villigst.

Den Politikern auf die Finger klopfen ...

Deutsches Rassismus-Register

Offener Brief
An die Mitglieder
des Deutschen Bundestages

Arbeitsgruppe SOS-Rassismus
Haus Villigst
5840 Schwerte

An die Mitglieder
der Parlamente in den
16 Ländern der Bundesrepublik Deutschland

An die deutschen Mitglieder
des Europäischen Parlamentes

An die Journalisten und Redakteure
überregionaler Zeitungen und anderer Medien

Sehr geehrte Damen und Herren,

Gewalt und Rassismus haben in Deutschland eine lange Geschichte, die weder einfach vom Himmel gefallen ist, noch mit dem 3. Reich begonnen oder mit seinem Zusammenbruch beendet worden ist. In offener, unterschwelliger oder verfeinerter Form erleben wir heute Gewalt und Rassismus in ungebremster Eindringlichkeit. Weil Rassismus in jedem Menschen, jeder Gruppe und Nation schlummert und bei kritischer gesellschaftlicher und wirtschaftlicher Entwicklung verkappt oder offen wirksam werden kann, haben wir beschlossen, ihm das Wasser abzugraben. Gründe dafür finden sich in unserer eigenen Lust am Leben, in dem Willen, auch morgen noch in Frieden miteinander und nicht gegeneinander zu leben und in dem Wissen, daß wir eine Zukunft nur in kultureller Vielfalt gestalten können. Angesichts des gesellschaftlichen Umbruchs in der Bundesrepublik Deutschland und weil Rassismus in den Zentren unserer Gesellschaft vorgedrungen ist und sich dort einnisten möchte, haben wir beschlossen, ihn öffentlich anzuprangern.

Wir wissen heute, daß Rassismus und die Akzeptanz von Gewalt vor allem durch eine sich verrohende politische Kultur und entsprechende besorgniserregende, rassistische Äußerungen von Politikern und Journalisten in die Herzen und die Köpfe von immer mehr Menschen transportiert worden ist.

Weil Rassisten nichts mehr fürchten, als in der Öffentlichkeit als Rassist gebrandmarkt zu werden, haben wir uns angesichts der kritischen Entwicklungen nunmehr entschlossen, zu diesem harten Mittel zu greifen, um der Eskalation von Gewalt und Rassismus entgegenzuwirken. Aus diesem Grunde werden wir ab sofort ein

"Deutsches Rassismus-Register"

eröffnen, in dem all jene Politiker, Journalisten und Medien aufgeführt werden sollen, die sich trotz eindringlicher Mahnung rassistischer Äußerungen nicht enthalten wollen und auch zur Zurücknahme ihrer diesbezüglichen Äußerungen nicht bereit sind.

Wir werden in Zukunft alle uns zugänglichen Quellen verstärkt auf rassistische Inhalte hin überprüfen.

Den jeweiligen Verfasser werden wir bitten, sich selbst bzw. seine Äußerung o.ä. zu überdenken, zurückzunehmen und zu korrigieren. Sollte dieses unterbleiben, werden wir die Gelbe Karte für Rassismus zusenden, die Angelegenheit veröffentlichen und den jeweiligen Politiker wegen Anstiftung zu Rassismus im "Deutschen Rassismus-Register" aufzeigen und einen entsprechenden Bericht dazu verfassen.
Wir beabsichtigen schon heute, auf überregionalen Veranstaltungen und dem nächsten Deutschen Evangelischen Kirchentag eine Podiumsveranstaltung zu diesem Themenbereich vorzubereiten.

Wir bitten Sie um Verständnis für unsere Aktion und darum, uns bei der Sammlung und Auswertung von rassistischen Äußerungen und deren Bekämpfung zu unterstützen.

Mit freundlichem Gruß
Arbeitsgruppe - SOS - Rassismus

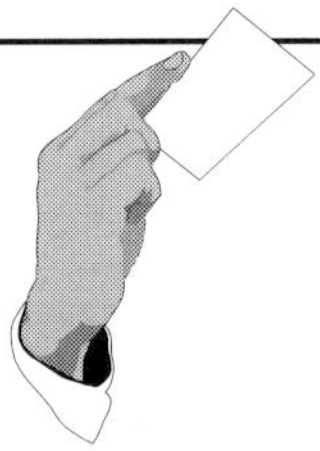

Die Gelbe Karte

für Rassismus

Rassismus liegt immer dann vor, wenn bestimmte Merkmale von Menschen (z.B. Hautfarbe, Asylbewerber zu sein, Geschlecht usw.) mit bestimmten Eigenschaften gekoppelt werden (z.B. wenn von der Hautfarbe oder Herkunft auf geistige, kriminelle oder sexuelle Energie o.ä. geschlossen wird) und durch diese Konstruktion eine Bewertung entsteht.

Weil Rassismus in jedem Menschen, in jeder Gruppe und in jeder Nation schlummert und bei kritischen gesellschaftlichen oder wirtschaftlichen Entwicklungen gefährlich wird, ist es notwendig, immer wieder zu überprüfen, wie er bekämpft und überwunden werden kann.

Arbeitsgruppe - SOS - Rassismus Haus Villigst 5840 Schwerte 5

Die rassistische Sprache von Politikern

"Ausländer belasten die Umwelt."
Den Umweltschutz hat die Ausländer-Behörde von Wiesbaden mit als Grund angeführt, um einem Iraner die Verlängerung seinerAufenthaltserlaubnis zu versagen. In dem mehrseitigen Schreiben, mit dem der 31jährige zur freiwilligen Ausreise innerhalb von sechs Wochen aufgefordert wird, heißt es unter anderem, "die hohe Bevölkerungsdichte in der Bundesrepublik Deutschland und die hieraus resultierenden Umweltbelastungen gebieten es, den Zugang von Ausländern zu begrenzen."
(Quelle: Evangelischer Pressedienst vom 04.12.1990)

"Was wir nicht haben wollen, sind die Wirtschaftsschmarotzer aus der ganzen Welt." Unter dem Beifall der nach Parteiangaben rund 7.000 Kundgebungsbesucher forderte Streibl erneut eine Änderung des Grundgesetzes. Der "Mißbrauch unseres Asylrechts" sei seit Jahren ein Ärgernis.
(aus: Süddeutsche Zeitung vom 05.03.1992)

"Es scheint als unerträglicher Zustand, wenn für die Reinheit des Bieres und die Zusammensetzung von Mayonnaisen einheitliche Vorschriften mühsam ausgehandelt oder gar eingeklagt wurden, während auf diesem fundamentalen Gebiet des Asylrechts die Disharmonien größer geworden sind."
(Heinrich Lummer, Februar 1988 in MUT)

"Leider haben die Behörden zur Kenntnis nehmen müssen, daß die moslemischen Familien das Siedeln in der geschlossenen Volksgruppe vorziehen. Sie richten sich offensichtlich darauf ein, in türkischen Enklaven auf Dauer in Deutschland zu bleiben, mit der Folge, daß sie aufgrund ihres schnellen Wachstums die Grenzen ihrer Siedlungsbereiche schnell erweitern und große Teile der deutschen Großstädte in derselben Weise besetzen werden wie die Puertoricaner Manhattan. (...)"
(Jürgen Schilling, "Repatriierung" vor dem Ausländerkongreß der CDU, 20./21.10.1982)

Der CDU-Abgeordnete Pauls warf Innenminister Schnoor (SPD) vor, dieser habe den Abschiebestopp für Roma "unter dem erpresserischen Druck" des "Bettelmarsches der Zigeuner" Anfang 1990 verfügt. Schnoor betreibe eine "Rechtsfindung nach Art des Teppichhandels in Istanbul", die sich "auf dem Balkan" herumgesprochen habe. Dadurch habe NRW Mitte 1990 "einen bisher nicht geahnten Zustrom von Zigeunern vor allem aus Rumänien" ins Land "gelockt".
(aus: WAZ vom 15.03.1991)

Die Landesregierung appelliert an die Städte und Gemeinden, soweit irgend möglich, in den von ihnen betriebenen Unterkünften zur Unterbringung von Asylbewerbern und De-facto-Flüchtlingen ebenfalls für einen "abschreckenden" Effekt durch die Art der Unterbringung zu sorgen - so heißt es in den Mitteilungen des Nordrhein-Westfälischen Städte- und Gemeindebundes vom Oktober 1990.
(aus: Mitteilungen des NRW-Städtebundes vom 20.10.1990)

"Was sich jetzt in Deutschland abspielt, ist keine Ausländerfeindlichkeit. Übergriffe hat es immer gegeben."
(Max Streibl, CSU-Ministerpräsident, aus: Freitag vom 15.1.93)

"Um den Druck in der Asyldiskussion aufrechtzuerhalten", spricht sich Verteidigungsminister Volker Rühe (CDU) dagegen aus, Asylbewerber in leerstehenden Kasernen unterzubringen.
(aus: Freitag vom 15.1.93)

"Der Münchener Süden muß sofort zur asylantenfreien Zone erklärt werden."
(Erich Riedl, CSU-Bundestagsabgeordneter, aus: Freitag vom 15.1.93)

"Am Kragen packen und raus damit"
(Friedhelm Farthmann, SPD-Fraktionsvorsitzender in Nordrhein-Westfalen, aus :Freitag vom 15.1.93)

"Politische Verfolgung allein ist noch kein Grund, Asyl zu gewähren. Schließlich wird auch die CSU politisch verfolgt von der SPD und den Grünen."
(Otto Wiesheu, CSU-Staatssekretär, aus: Freitag vom 15.1.93)

"Es gibt keinen Anstieg von Ausländerfeindlichkeit."
(Bericht des Statistischen Bundesamtes vom 30. Juni 1992, aus :Freitag vom 15.1.93)

Den Politikern auf die Finger klopfen ...

Die folgenden Zitate entstammen dem Stern vom 17.10.1991

"Ich halte es für einen Skandal, daß Asylbewerber heute noch nicht einmal bereit sind, für Ordnung in ihren eigenen Unterkünften zu sorgen."
(Hermann-Josef Arentz, CDU-Abgeordneter im Düsseldorfer Landtag)

"So können die Deutschen zum dritten Mal in diesem Jahrhundert das ihrige dazu beitun, Europa zu ruinieren, dieses Mal durch ihre modische Wahnidee, hier das Sozialamt und das Krankenhaus für die ganze Welt zu errichten."
(Prof. Klaus Hornung, CDU, Politikwissenschaftler, Uni Stuttgart-Hohenheim)

"Es kann nicht sein, daß ein Teil der Ausländer bettelnd, betrügend, ja auch messerstechend durch die Straßen ziehen, festgenommen werden und nur, weil sie das Wort Asyl rufen, dem Steuerzahler auf der Tasche liegen."
(Klaus Landowsky, CDU-Fraktionsvorsitzender in Berlin)

"Angesichts der jetzt schon beklagten Überfüllung stellt sich die Frage: Wie viele Menschen verträgt das Land? Das ist eine Frage der Physik und der Biologie und - wie wir heute wissen - auch der Ökologie."
(Peter Gauweiler, CSU, bayerischer Umweltminister)

"Große Flüchtlingsströme aus dem Osten können der europäischen Kultur ein Ende setzen. Sie können für Europa gefährlicher werden als die Rote Armee in der Zeit des Kalten Krieges."
(Steffen Reiche, Vorsitzender der SPD Brandenburg)

"Nur ganz wenige der Asylbewerber haben wirkliche Not. Sie probieren das Leben im Westen schlicht und ergreifend aus ... Sie gehen keiner Arbeit nach und kommen leider oft auf dumme Gedanken."
(Hartmut Schauerte, CDU-Vorsitzender von Olpe und NRW-Landtagsabgeordneter)

"Eine Gruppe, die gar keine Ausländerfeindlichkeit mehr hätte, also sich gar nicht mehr absetzen würde gegenüber Ausländern und Fremden, die hätte auch kein eigenes Gruppenbewußtsein mehr, keine eigene Kultur."
(Prof. Robert Hepp, Soziologe an der Universität Osnabrück)

"Es ist aus ökonomischen und ökologischen Gründen falsch, noch mehr Menschen in diesen ohnehin übervölkerten Raum hineinzulassen. Man darf zwar, ja man muß, für die Erhaltung jeder Spezies, Tier- und Pflanzenart in der Natur sein, den natürlichen Egoismus eines Volkes, seine Art, Mentalität und Lebensweise zu bewahren, darf man aber nicht schützen wollen."
(Peter Meier-Bergfeld, Autor beim Rheinischen Merkur, Düsseldorf)

"Der Mißbrauch des Asylrechtes ist die Normalität. Das geht zu Lasten des deutschen Volkes." Er rät Bürgern, "den Aufstand zu proben".
(Josef Schön, CDU, Kriminaloberrat beim Bundeskriminalamt)

"Viele Asylanten kommen aus Kultur- und Zivilisationskreisen, die uns völlig fremd sind. Die haben auch ein anderes Verhältnis zum Eigentum, als es die meisten der deutschen Eltern ihren Kindern beibringen."
(Horst Niggemeier, SPD-MdB und Bürgermeister von Datteln, Nordrhein-Westfalen)

Spiele gegen Gewalt und Rassismus

Asyl - Eine Fantasiereise

Das Pinguin-Spiel

Das Einmischungs-Spiel

Das Außenseiter-Spiel

Das Elefanten-Spiel

Das Ruhr-Kanaker-Spiel

Sesam, öffne Dich!

Schwein schlachten

Das Spiel: Dialog mit der Jugend

Spiele gegen Gewalt und Rassismus

Weil nicht nur wir festgestellt haben, daß gerade im Bereich Gewalt, Faschismus und Rassismus viel zu viel über den Kopf geschieht, plädieren wir nachdrücklich dafür, ganzheitlich, d.h. auch spielerisch, sich kritischen Themen anzunähern.

Gerade über das Spiel vermitteln sich Empathie, Vertrauen und Offenheit, auch zu Themen, die oft in stundenlangen Vorträgen nicht zu bewältigen sind. Insbesondere empfehlen wir als Fundus die Bücher der Serie "New Games" aus dem Verlag an der Ruhr, die in aller Regel flexibel genug sind, aktuelle Themen ins Spiel zu bringen.

Sie richten sich gegen Aggression und Gewalt und bewirken ein konstruktives Ausleben der eigenen Energien, ein spielerisches Kräftemessen und ein lustvolles Miteinander-Umgehen. Sie eignen sich für jedes Alter und für Gruppen von 2 bis 200 Spielern. Außerdem enthalten sie viele Hinweise für SpielleiterInnen und ausführliche Spielbeschreibungen. Für den solidarischen Wettkampf miteinander empfehlen wir aus den beiden Bänden folgende Spiele:

Drachenschwanzjagen; Riesenraupe; Amöbenrennen; Tanz der Vampire; Sockeln; Jurtenkreis; Virus; Sprungfeder.

*(A. Fluegelmann und S. Tembeck, **New Games - Die neuen Spiele** und **New Games - Die neuen Spiele, Band 2.** Beide im Verlag an der Ruhr, Mülheim an der Ruhr.)*

Asyl - Eine Fantasiereise

Spielbeschreibung

Eine imaginäre Fluchtsituation soll die Teilnehmerinnen und Teilnehmer dazu anregen, Entscheidungen zu fällen, die für den Erfolg/Mißerfolg einer Flucht ausschlaggebend sein werden.

Die Teilnehmerinnen und Teilnehmer bekommen den Arbeitsbogen ausgehändigt und erhalten genügend Zeit, sich Gedanken zu machen und in Stichworten ihre Antworten zu notieren. Freiwillige können anschließend ihre Entscheidungen vortragen und begründen, oder es werden im gemeinsamen Gespräch die unterschiedlichen Antworten zu den einzelnen Fragen direkt eingebracht und verglichen.

Intention

Die Teilnehmerinnen und Teilnehmer sollen sich in die Situation eines Flüchtlings kurz vor seiner Flucht hineinversetzen. Die Vorgaben machen deutlich, daß der Entschluß für eine Flucht bereits gefallen ist. Es geht nur noch darum, sich unter verschiedenen Möglichkeiten für ein bestimmtes Vorgehen zu entscheiden. Wozu auch immer sich jemand durchringt, es wird folgenschweren Einfluß auf den weiteren Verlauf der Flucht und den Asylantrag haben. Damit soll den Teilnehmerinnen und Teilnehmern am Beispiel ihrer eigenen Entscheidungen vor Augen geführt werden, warum es in bestimmten Situationen zu Entschlüssen gekommen ist, die im nachhinein anders bewertet werden können.

Methodische Hinweise:

Zielgruppe:
Sekundarstufe I/II und Erwachsenenarbeit

Anzahl der Mitspielerinnen/Mitspieler:
unbegrenzt

Voraussetzungen:
keine

Einsatzmöglichkeiten:
Unterricht und Erwachsenenarbeit. Der Arbeitsbogen eignet sich sowohl als Einstimmung in die Thematik Flüchtlinge/Flucht als auch zur Vorbereitung eines Interviews/Gesprächs mit Flüchtlingen. Einzelarbeit wie auch Gruppenarbeit sind möglich.

Zeitdauer:
Mit Auswertung ca. 45 Min.

Vorbereitung und Materialien:
Außer dem Kopieren der Vorlagen keine.

Sonstiges (Spielvariation):
Einzelne Teilnehmerinnen und Teilnehmer können die Rolle einer flüchtlingsfeindlichen Grenzkontrolle übernehmen und versuchen, die Antworten gegen die Flüchtlinge auszuwerten im Sinne von: "Die meisten Flüchtlinge kommen allein aus wirtschaftlichen Gründen und sind nur mit Hilfe von Schlepperorganisationen in unser Land gekommen. Ihre Angaben sind widersprüchlich und beweisen, daß sie ohne politischen Grund ihr Heimatland verlassen haben."

Auswertungsgesichtspunkte

Die Auswertung ist zusammen mit einem Flüchtling (Asylbewerber aus der Dritten Welt, Exilsuchenden während der Nazidiktatur oder Aussiedler) besonders fruchtbar. Sie können an Hand der Fragen (und der vorher von den Teilnehmerinnen und Teilnehmern eingebrachten Antworten) von ihren eigenen Fluchterfahrungen berichten. Die Teilnehmerinnen und Teilnehmer werden daran interessiert sein, welche ihrer Entscheidungen besonders lebensnah sind. Im Gespräch sollte deutlich werden, daß alle Entscheidungen Vorurteile, aber auch Gefahren beinhalten. Jede Flucht ist eine lebensbedrohende Krisensituation und entzieht sich deshalb den bürokratischen Prüfkriterien, die meinen, den "echten" von dem "unechten" Flüchtling trennen zu können.

Arbeitsbogen: Asyl - eine Fantasiereise

Stellen Sie sich vor, daß in Ihrem Land aufgrund eines Militärputsches eine diktatorische Regierung an die Macht gekommen ist. Sie können fest damit rechnen, daß nun in Ihrem Land für die nächsten Jahrzehnte eine Diktatur herrschen wird. Die herrschenden Kräfte haben alle politischen Zusammenschlüsse und Äußerungen verboten. Sie wissen, daß Sie verhaftet werden, wenn Sie nicht das Land innerhalb von 12 Stunden verlassen haben.

Über einen Freund ist die Ausreise organisiert. Sie wissen darüber nichts Genaueres, nur, daß Sie um 22.15 Uhr am Parkplatz unter der Nordbrücke stehen müssen.

Bis dahin müssen Sie alles geregelt haben. Ihr Telefon wird überwacht, und Sie müssen damit rechnen, daß die geheime Sicherheitspolizei jederzeit in Ihre Wohnung einbricht.

Was alles würden Sie versuchen mitzunehmen? (Sie haben in dem Fluchtauto wahrscheinlich nur Platz für einen kleinen Koffer.)

Ein Bekannter kann für Sie noch einen Telefonanruf übernehmen; was soll er damit für Sie erledigen?

Sie müssen sich vor der Abfahrt für ein bestimmtes (außereuropäisches) Land entscheiden und mit guten Argumenten begründen können, warum Sie damit rechnen, in diesem Land aufgenommen zu werden. (Bitte geben Sie das Land an und schreiben Sie Gründe auf.)

Ihr engster Freund gibt Ihnen DM 5.000,— bar auf die Hand.

Wofür würden Sie das Geld benutzen:

- um eine Ordnungsstrafe, zu der Sie vom Amtsgericht verurteilt worden sind, zu bezahlen, damit Sie bei der Ausreise aus dem Land keinen Ärger bekommen?
- für die Gruppe, die Ihre Flucht organisiert, damit die Flucht sicherer wird?
- für die Ankunft im neuen Land?
- um noch Sachen einzukaufen?
- für alle Fälle noch einen gefälschten zweiten Reisepaß besorgen?

Ihnen ist bekannt, daß Sie bei der Einreise in das Fluchtland eine Erklärung über Ihre Fluchtmotive abgeben müssen, damit deutlich wird, daß Sie politisch verfolgt wurden. Denken Sie sich ein kurzes Ereignis aus, das diese Verfolgung deutlich macht, und schreiben Sie es in Stichworten auf.

(aus: 2 x Aussetzen. Spiele zum Thema Flucht und Asyl. Bezugsadresse: Vereinigte Evangelische Mission, Medienstelle, Rudolfstr. 137, 5600 Wuppertal 2)

Das Pinguin-Spiel. Die Scholle ist voll

Im Rahmen der bundesweiten Kampagne: "Dem HASS keine Chance" hatten wir mit Kindern und dem Künstler Klaus Schiemann ein Plakat entwickelt, auf welchem auf einer Eisscholle dicht gedrängt ca. 30 Pinguine im Ozean dahintreiben. Alle Pinguine waren durch unterschiedlichste nationale Merkmale als Polen, Türken, Tamilen etc. erkennbar. Nicht weit von dieser Gruppe trieb ein weiterer üppiger Eisberg mit nur einem Pinguin namens Teutonikus, mit Baseball-Schläger und grimmigem Gesicht bewaffnet. In einem Schreibwettbewerb hatten wir Kinder gebeten, zu diesem Bild Geschichten zu entwickeln. Was wir vor allem zurückerhielten, waren Spielideen. Die schönste kam von der ehemaligen Bildungsministerin Marianne Birthler aus Brandenburg, nennt sich "Das Pinguin-Spiel" und eignet sich in hervorragender Weise zur nonverbalen Eröffnung des Themas in Schulklassen, Elternversammlungen, Parteiveranstaltungen etc.

Benötigt wird eine Rolle Tapetenpapier. Diese wird zu Beginn der Veranstaltung in 2 bis 3 Meter lange Streifen gerissen und auf dem Boden zu einer Eisscholle zusammengelegt.

Alle Leute nehmen dann auf der Eisscholle Platz und merken schon bald, daß sie sich auf hoher See wärmeren Gefilden nähern. Denn eh' sich jemand versieht, hat die Sonne (das bist Du natürlich) überstehende Ecken und Zacken des Eisberges abgeschmolzen und abgerissen. Es wird eng. Was passiert nun? Klettern die Leute aufeinander, ärgern sie sich? Stoßen sie sich herunter, setzt sich der Stärkste durch? Wehren sie sich gemeinsam gegen die Sonne ...

Spielen Sie das Spiel - es kommt immer ein neues Ergebnis heraus:

Anlaß zur Reflexion über Asyl und Politik.

Das Einmischungs-Spiel

Ein Rollenspiel aus dem Bereich "Training zur Gewaltfreien Aktion"

Zu Beginn der Beschreibung muß erwähnt werden, daß es günstig ist, wenn der Gruppenleiter im Rollenspiel Vorerfahrungen mitbringt. Eine Rolle in diesem Spiel wird möglichst vom Gruppenleiter selbst übernommen ("ausländerfeindlicher Passant"), damit er sich eine Zeit vorher intensiv mit dieser ungewöhnlichen Rolle auseinandersetzen und möglichst echt in der Spielszene auftreten kann.

Beschreibung

Die Gruppe, die zum Thema "Ausländer" arbeiten möchte, erhält Rollenkarten, über die mit den anderen Gruppenmitgliedern nicht gesprochen wird. Folgende Rollen sind für diese Spielszene notwendig:

a) ein Ausländer, der Flugblätter in der Fußgängerzone verteilt,
b) ein Passant (möglichst der Gruppenleiter selbst), der ihn lautstark beschimpft und bedrängt (bei gewünschter hoher Eskalationsstufe auch die Flugblätter entreißt),
c) mindestens 9 "Passanten", die mit Einkaufstüten bepackt in der Fußgängerzone auf und ab gehen. Es ist eine ganz normale Alltagssituation.

Alter:
ab 16
Zeit:
mindestens 1 Stunde
Gruppengröße:
mindestens 12 Personen
Ziel:
Spielen und Nachdenken über Gewalteskalationen und evtl. mögliche gewaltfreie Reaktionsmuster. Erspüren des eigenen Aggressionspotentials.
Besondere Hinweise:
Die Gruppe wird mit dieser Spielsituation überraschend konfrontiert. Die "Spielsituation" ist auch als "Straßentheater" denkbar.

(aus: Nie wieder wegsehen, Ev. Jugendbüro Bonn)

Das Außenseiter-Spiel

Alter:
ab 8
Zeit:
30 Min.
Gruppengröße:
ab 6
Ziel:
Nachvollziehen können, was ein "Außenseiter" erlebt und wie er sich dabei fühlt.

Besondere Hinweise:
In der Gruppe sollte ein hohes Maß an Vertrautheit vorhanden sein.

Spielregeln:
- Sorgt für ausreichend Platz.
- Wählt jemanden aus, der in Eurer Gruppe beliebt ist und über ein ausgeprägtes Selbstbewußtsein verfügt. Der Ausgewählte wird zum "Außenseiter".
- Der Rest der Gruppe spielt "Treffen, Begrüßen, Unterhalten". Alle Gruppenmitglieder laufen durch den Raum, schütteln sich die Hände, begrüßen sich (auch Umarmen ist erlaubt) und unterhalten sich.
- Der "Außenseiter" geht ebenfalls durch den Raum und versucht, mit den anderen in Kontakt zu kommen. Schafft er es, eine Hand zu schütteln oder ein Gespräch zu führen, hat er gewonnen.
- Die Gruppenmitglieder wehren jeden Kontaktversuch ab und weichen dem Außenseiter aus. Schaffen sie das, haben sie gewonnen.

Bei der gesamten Übung ist es hilfreich, Musik im Hintergrund laufen zu lassen.

Für die Auswertung können folgende Impulse hilfreich sein:
- Wie hat der "Außenseiter" versucht, Kontakt aufzunehmen? Bei wem?
- Wie haben die Angesprochenen darauf reagiert?
- Wie hat sich der "Außenseiter" dabei gefühlt, was hat er gedacht? Wie hat er die Mitspieler erlebt?
- Hat sich die Art, Kontakt aufzunehmen, im Lauf des Spiels verändert (häufig, selten, aggressiver)?
- Wie haben sich die Gruppenmitglieder bei ihren Kontakten erlebt?
- Habt Ihr eine ähnliche Situation, wie hier gespielt, schon einmal erlebt?

(aus: Nie wieder wegsehen, Ev. Jügendbüro Bonn)

Das Elefanten-Spiel

Das Elefanten-Spiel stammt aus den Bewegungen des gewaltfreien Widerstandes und lehnt sich an die MILGRAM-Experimente der 70er Jahre zur Gehorsamsbereitschaft fast aller Menschen an. "Ganz gewöhnliche Menschen", so erkannte damals Prof. Stanley Milgram, "die nur schlicht ihre Aufgaben erfüllen und keinerlei persönliche Feindseligkeiten empfinden, können zu Handlangern in einem grausigen Vernichtungsprozeß werden. Schlimmer noch: selbst wenn ihnen die zerstörerischen Folgen ihres Handelns vor Augen geführt und klar bewußt gemacht werden, so verfügen doch nur vereinzelte Menschen über genügend Standfestigkeit, um der Autorität Widerstand entgegenzusetzen." Dieses Spiel eignet sich besonders gut für Jugendliche und junge Erwachsenengruppen und beginnt mit einem Gespräch über die Frage, wie sich alltägliche Gewalt äußert und von uns selber erlebt werden kann. Bei ersten Anzeichen stockenden Gesprächsflusses kann die Diskussion durch dieses Spiel unterbrochen werden. Es empfiehlt sich, alle härteren Gegenstände (Uhren, Brillen, Gürtelschnallen, Schuhe) abzulegen. Die Gruppe teilt sich in zwei gleich große Teile. Eine Gruppe spielt den Elefanten und stellt sich zusammen auf, jeder hält und klammert sich am anderen fest, so daß aus der Elefantengruppe eine in sich geschlossene elefantenähnliche Einheit entsteht. Die andere Gruppe hat nun die Aufgabe, den Elefanten wieder auseinanderzunehmen. Es gibt nur eine Regel, die besagt, daß das jeweilige Maß an "Kraftaufwand" (Gewalt) von jedem selber auch verantwortet werden muß.

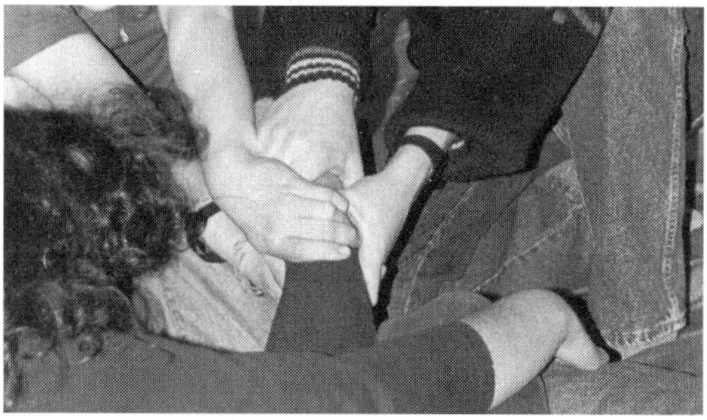

Für jeden ist es jederzeit möglich, den eigenen Einsatz zu reduzieren, zu verändern oder abzubrechen. Von daher wäre es möglich, den Elefanten z.B. durch Kitzeln, Liebkosungen, Verlockungen etc. aufzulösen; das Gegenteil ist aber in der Regel der Fall. Nach anfänglichen zaghaften Versuchen, beginnen die "Elefanten-Jäger" kräftig zu ziehen und der Elefant heftiger zu stöhnen. Gerade die Elefanten-Leute scheinen Lust dabei zu empfinden, wenn ihnen das Bein oder der Arm langgezogen wird.

Erstaunlich ist nämlich gerade in der Reflexionsphase nach diesem Spiel die eigene Erkenntnis, daß, obwohl man mit gewaltfreien Absichten in dieses Spiel ging,

- Gewalt in der (spielerischen) körperlichen Auseinandersetzung einen "rauschartigen Zustand" bewirkt;
- ein "In-dem-Spielgeschehen-Aufgehen" die Frage nach der Gewalt zurückgedrängt hat;
- eine "intensivst erlebte Gegenwart" das Drum und Dran vergessen ließ;
- Körper und Geist in "vollster Handlungseinheit" lustvoll erfahren wurden.

Die Annäherung an spielerische Gewalterfahrungen erscheint uns heute gerade deswegen so notwendig, weil Gewalt schon viel zu lange unreflektiert tabuisiert und allzu gerne von jenen heimlich praktiziert wird, die Gewalt als öffentliches Thema ablehnen.

Das Ruhr-Kanaker-Spiel

Alle gehen mit verbundenen Augen suchend durch den Raum. Sobald sie eine/einen MitspielerIn treffen, geben sie ihr/ihm die Hand und sagen: "Quak, Quak". Eine/einer allerdings ist die Kanakerin/der Kanaker (heimlich vorher ausmachen). Sobald jemand dieser/diesem die Hand gibt, sagt sie/er: "Hua, Huu, Huu"; und schon bist auch Du eine Kanakerin/ein Kanaker. Bald sind alle Kanaker oder auch nicht: wer nämlich einen Quaker trifft, wird wieder Quaker, und vielleicht gibt es auch Ibis, die rufen nämlich immer: "Ibi, Ibi".

Sesam, öffne Dich!

Die Spielleiterin bildet eine Jungen- und eine Mädchengruppe. Die Mädchen gehen zuerst hinaus. Die Jungen bilden einen sehr dichten Kreis, Schulter an Schulter. Dies ist die Zauberburg. Sie kann nur durch ein bestimmtes Verhalten (z.B. kitzeln, sanft am Ohr ziehen, Rücken streicheln) geöffnet werden. Wenn sich die Zauberburggruppe auf so ein Verhalten geeinigt hat, kommen die Mädchen herein und probieren aus, indem sich jeweils ein Mädchen hinter einen Jungen stellt. Wer herausgefunden hat, welches Verhalten Sesam-öffne-dich auslöst, wird in die Zauberburg eingelassen (Kreismitte).

(aus: G. u. A. Preuschoff, Gewalt an Schulen, Köln ,1992)

Schwein schlachten

Alter:
alle

Spielerzahl:
mind. 10-80

Ziel:
Spaß

Material:
Rosa Papierschweineschwanz und etwas Tesa

Der Metzger muß raus.
Einer bekommt heimlich den Schwanz dran geklebt. Der Metzger kommt rein und will die Sau holen. Aber die Schweine solidarisieren sich, jeder tut so als ob, sie laufen hin und her und zeigen ihren Popo nicht. Der Metzger hat es schon schwer.

Das Spiel: Dialog mit der Jugend

Projekte und Aktionen

Projektorientiertes Arbeiten

Voraussetzungen für die Arbeit mit "schwierigen" Jugendlichen

Projekt der sozialdiakonischen Jugendarbeit Lichtenberg

Wir brandenburger SchülerInnen sagen NEIN zu Gewalt und Rassismus

Wie bitte gründet man eine Aktiengesellschaft zur Überwindung von Gewalt und Rassismus?

Textplakat (Entwurf) gegen Gewalt und Rassismus

Brandenburger Flugblatt

Wie plane ich ein Seminar?

Wölfe im Schafspelz

Faschisten - was'n das?

Asyl: Fakten gegen Vorurteile

Die Zukunfts- und Ideenwerkstatt - ein Methode, bei der alle gewinnen

Ideologiekritische Arbeitsansätze

Macht hoch die Tür ... (Ton-Dia-Serie)

Rassismus (Ton-Dia-Serie)

Medienschelte

Zeitungstheater

Persönliches ... in der Tageszeitung

Das Faß ist voll

Ton-Dia-Serien

Rosa Weiß

Essener Info-Koffer

Wie Rassismus entsteht und wie er überwunden werden kann

Die Klagemauer

Internationaler Stadtgang

Stadtspiel "Fremdsein in unserer Stadt"

Geradeaus und dann rechts ... ab nach Frankreich

An die Disco XY

Ferndorfer Kampftrinker

Paris: Aktion und Freibier

Aktion Pogromnacht 9. November

"Heil Hitler, Herr Lehrer!"

Aktion COURAGE

Verhalten in Bedrohungssituationen

Anleitung zur Einrichtung von Telefonketten und Ausländertelefonen

Das Mädchenzentrum Gladbeck

Ist der Karneval rassistisch?

"Der gute Rat" - für Politiker

Westfälischer Aufschrei

Plädoyer der Arbeitsgruppe - SOS - RASSISMUS NRW

für ein Antidiskriminierungsgesetz

Häuptling trifft Kanzler

Die Katholikenflut im Bundestag!

Das Katholikenproblem lösen!

Boykottieren Sie diesen Kiosk!

Achtung Sondermülltüte

Der internationale Tag der UN

zur Überwindung von Rassendiskriminierung

Postkarten und Aufkleber herstellen

Cliquen melden sich zu Wort

Ruhrkanaker

Kocgiri

Suomi - Goldwaschen in Lappland

Projektorientiertes Arbeiten

1. Begründung und Zielsetzung

Projektorientiertes Arbeiten ist kein Begriff, den es neu historisch zu belegen oder erziehungwissenschaftlich aufzuarbeiten gilt.

Projektorientiertes Arbeiten ist eine Form ganzheitlichen Lernens. Das Konzept ermöglicht Jugendlichen, Erfahrungen zu sammeln, Situationen im täglichen Leben mitzugestalten, Aufgaben verantwortlich zu übernehmen und individuelle Bedürfnisse einzubringen und so Denken und Handeln stärker aufeinander zu beziehen.

Projektorientiertes Arbeiten fordert das kreative Denken und die Gestaltungskraft der Jugendlichen heraus.

Projektorientiertes Arbeiten durchzuführen bedeutet:
- problemorientiertes/realitätsorientiertes,
- bedürfnisorientiertes,
- interessenorientiertes,
- auf die Beteiligten bezogenes,
- interdisziplinäres Lernen.

Problemorientierung

Individuelle Bedürfnisse und Interessen und/oder eine bedeutende Fragestellung sind Ausgangs- und Bezugspunkt. Unter beratender und unterstützender Beteiligung einer "Expertin"/eines "Experten" wird Vorwissen gesammelt, werden Überlegungen zusammengetragen, werden denkbare Aufgaben, wie ein eventueller Handlungsplan, ein mögliches Ziel, problematisiert. Das Erreichenwollen eines solchen Zieles fördert die Motivation.

Produktorientierung

In der Auseinandersetzung mit idealtypischen Ideen und realitätsbezogenen Sachzusammenhängen müssen Informationen, Meinungen, Einstellungen und Verhaltensweisen schon in der Planungsphase im Hinblick auf ein denkbares Produkt reflektiert werden. Fachliche Aspekte werden nicht isoliert betrachtet, sondern je nach Aufgabenstellung und Zielsetzung fachübergreifend und auch unter Einbeziehung außerschulischer Lernorte und Realbegegnungen überlegt (Interdisziplinarität).

Die unterschiedlichen Methoden zur Bewältigung des Vorhabens fördern selbständiges und selbsttätiges Arbeiten; sie "erziehen" zum selbst- und sachkritischen Einschätzen von Arbeitsergebnissen und damit zum erfolgskontrollierten Lernen. Darüber hinaus fördert das geplante Produkt die soziale Kompetenz. Wenn gelernt wird, arbeitsteilig zu arbeiten und Arbeitsabläufe aufeinander abzustimmen, hilft projektorientiertes Arbeiten, Sach- und Sozialkompetenz zu entwickeln, individuelle Neigungen, Fähigkeiten und Begabungen zu entfalten und zu fördern. Projektorientiertes Arbeiten will Jugendlichen ein Stück Lebenswirklichkeit erschließen und dabei mithelfen, ihnen Arbeits- und Lerntechniken an die Hand zu geben, die es ihnen ermöglichen, eine immer komplexere Umwelt zu durchdringen und Sachverhalte und Lebenszusammenhänge zu erkennen.

2. Konzeptionelle Phasen

In der Phase der Motivation können Jugendliche solche Lernbedürfnisse artikulieren, die sowohl dem Sachanspruch als auch ihren Interessen entsprechen. Indem sie eigene Arbeitsvorschläge einbringen, begründen und zur Diskussion stellen sowie die Vorschläge anderer befragen, verändern oder aber akzeptieren, entwickeln sie zunehmend ein Bewußtsein für die Gestaltung von Lernprozessen.

In dieser Phase des projektorientierten Arbeitens lernen sie auch, demokratische Entscheidungsprozesse zu gestalten und als notwendig zu akzeptieren, damit einmal getroffene mehrheitliche Entscheidungen von der gesamten Projektgruppe aktiv mitgetragen werden können.

Der anfangs erheblich höhere Zeitaufwand, der für solche Entscheidungsprozesse notwendig ist, wird von diesem übergeordneten Erziehungsziel her gerechtfertigt.

Es läßt sich beobachten, daß alle Beteiligten mit zunehmender Projekterfahrung immer sicherer und selbstverständlicher über die verschiedenen Möglichkeiten und Methoden zur Vorbereitung eines Projektes verfügen.

Sie lernen, Materialien und Informationen zu beschaffen, von der Aufgabenstellung her zu sichten und zu bewerten.

Sie lernen, Unterrichtsgänge vorzubereiten und Gäste einzuladen, d.h. sie erwerben insgesamt Sicherheit im Umgang mit anderen Institutionen. Sie erproben sich in der Strukturierung komplexer Lernfelder.

So steht in der Phase der Konzeption die gemeinsame Arbeit an der gewählten Sache im Mittelpunkt des Lernprozesses. Die konsequente Auseinandersetzung mit einer Aufgabenstellung wird möglich durch die Erprobung unterschiedlicher methodischer Verfahren und Lösungsstrategien. Neben-, Irr- und Umwege sind erlaubt, ja sie sind Teil der Lernprozesse, die aus Eigenerfahrung zur Selbständigkeit führen sollen.

Um die Ergebnisse der Projektarbeit sinnvoll in den persönlichen sozialen Kontext integrieren zu können, müssen die Lernenden eigene Handlungsmöglichkeiten erproben können. Dise beginnt mit der Bereitschaft zur Auseinandersetzung über unterschiedliche Meinungen und Anschauungen und führt über zunehmende Außenkontakte hinein in eine engagierte Jugendarbeit.

Stärker als üblich können in der Phase der Aktion im projektorientierten Arbeiten Realkontakte hergestellt und integriert werden, läßt sich Handlungskompetenz erweitern. Auf diese Weise erfahren Jugendliche, daß sowohl theoretische als auch praktische Lernergebnisse mit der Lebenswirklichkeit verbunden werden, daß selbsttätig neue Erkenntnisse und Einsichten gewonnen werden und Handlungsprodukte als konkrete Ergebnisse des Lern- und Arbeitsprozesses vorzulegen sind. Sie treffen Entscheidungen zu einer selbstgestellten Aufgabe und gelangen in selbstorganisierten Lern- und Arbeitsprozessen, in Kooperation mit ihren Mitarbeiterinnen und Mitarbeitern, zu einem Ergebnis, das sie verantwortlich tragen müssen. Die Ergebnisse der Phase der Dokumentation, zum Beispiel Dokumente in Buch- und Bildform, Ausstellungen, Theateraufführungen, Aktionen, Informationsabende, Feste ..., wirken sich auf das Innenleben der Einrichtung (Jugendzentrum u.ä.) positiv aus. Alle Beteiligten arbeiten in neuen Gruppierungen miteinander, Arbeitsergebnisse einer Gruppe können von einer anderen aufgegriffen und genutzt werden. Häufig ergeben sich aus den Produkten projektorientierten Arbeitens neue Anstöße für neue und andere Projekte. In der Phase der Reflexion von Ausgangspunkt, Zielsetzung und dem tatsächlich Erreichten kann überprüft werden, ob die eingesetzten Verfahren und die gefundenen Lösungen dem Anspruch der gestellten Aufgabe entsprechen: Durchlaufende Lernwege werden ins Gedächtnis zurückgeholt, der Erfolg am geleisteten Aufwand gemessen, Fehlentscheidungen offengelegt und Veränderungen für neue Projekte planend in Angriff genommen. Zustimmung, Kritik und Selbstkritik aller Beteiligten muß jedoch kontinuierlich erfolgen und kann nicht auf das Endstadium der Arbeit allein beschränkt bleiben. Gemeinsame Planung, gemeinsame Arbeit erfordern gemeinsame Reflexion. Deutlich wird, daß das Lernen in allen Phasen projektorientierten Arbeitens ausgerichtet ist auf eine Befähigung aller Beteiligten zu selbstgesteuerten Lernprozessen. Dies bewußt zu machen, dieses Bewußtsein zu erhalten und Hilfen zum Erreichen dieses Zieles anzubieten ist Aufgabe von Jugendhilfe. In der schrittweisen Erprobung eigener Möglichkeiten unter einer gemeinsamen Aufgabenstellung soll die Bereitschaft und Fähigkeit zu lebenslangem Lernen grundgelegt werden. Dabei verweisen Lernprozesse des einzelnen in der projektorientierten Arbeit immer auf das Ganze der gemeinsamen Projektaufgabe.

Motivation

- Jugendliche äußern Bedürfnisse, zeigen sich motiviert und artikulieren ihre Interessen.
- Alle Beteiligten (ggf. Eltern) kommen zur Entscheidung, an dem Projektthema weiterzuarbeiten.
- Ein mögliches Produkt kann angedeutet werden.

Konzeption

- Die Gruppe sammelt und protokolliert Vorwissen, Meinungen und Einstellungen.
- Die Notwendigkeit der Weiterarbeit wird begründet, ein Konzept entwickelt.
- Das mögliche Produkt wird konkreter dargestellt.
- Überlegungen zur Durchführung (Aktion) werden in der Gruppe thematisiert, z.B.
  - Welches Wissen müssen wir uns aneignen?
  - Welche Fertigkeiten werden von uns verlangt?
  - Um welche Fähigkeiten müssen wir uns bemühen?
  - Wer kann uns bei der Arbeit helfen? (Fachlehrer, Eltern, Experten)

Aktion

- Die Gruppe führt inner- und außerschulische Maßnahmen (Aktionen) durch, die gemäß der Konzeption fachbezogen, fächerübergreifend, jahrgangsstufengleich oder -übergreifend, arbeitsgleich oder arbeitsteilig verlaufen können.
- Es können Experten hinzugezogen, Befragungen durchgeführt, Exkursionen unternommen, Protokolle erstellt werden.
- Ein Produkt entsteht.

Dokumentation

- Die Ergebnisse der Arbeit werden der "Öffentlichkeit" (Eltern, Stadtteil, Presse ...) vorgestellt.
- Es ergeben sich Anstöße für eine Weiterarbeit und/oder Alternativen.

Reflexion

- Alle an der Arbeit Beteiligten diskutieren und reflektieren den Verlauf ihrer Arbeit und das Ergebnis.
- Überlegungen zu den folgenden Fragen werden protokolliert:
  - Was haben wir gelernt?
  - Wie haben wir zusammen gearbeitet?
  - Was haben wir falsch gemacht?
  - Was können wir besser machen?
  - Was sagen andere über unsere Arbeit?
  - Wollen wir zusammen weiterarbeiten?
  - Die Arbeit kann beendet sein oder ist Ausgangspunkt für weitere projektorientierte Arbeit.

Dieser Beitrag orientiert sich im wesentlichen an dem Strukturmodell und der didaktischen Konzeption zum projektorientierten Arbeiten (S. 8-15) in dem hervorragenden und für Schule wie Jugendhilfe sinnvoll einzusetzenden Reader:

Projektorientiertes Arbeiten in der Realschule*, Landesinstitut für Schule und Weiterbildung, 4770 Soest, Paradieser Weg 64.*

Literaturempfehlungen

Bastians, J. und Gudjons, H. (Hrsg.) 1986: **Das Projektbuch.** Hamburg: Bergmann und Helbig.
Bielefeldt, H. und Emundts, M. 1987: **Lehrgang und Projekt.** Zwei Seiten der Medaille "Unterricht". Heinsberg: Agentur Dieck.
Frey, K. 1987: **Die Projektmethode.** Weinheim: Beltz (Bd. 106)
Gudjons, H. 1984: **"Was ist Projektunterricht?** Begriffe - Merkmale - Abgrenzungen". Westermanns Pädagogische Beiträge, Heft 6, Braunschweig: Westermann.
Gudjons, H. 1986: **Handlungsorientiert leben und lernen.** Projektunterricht und Schüleraktivität. Hannover: Klinkhardt.
Das Prowo-Buch 1983: **Leben, Lernen, Arbeiten in Projekten und Projektwochen.** Frankfurt: Scriptor.
Materialien zum Unterricht, Sek. 1.: **Heft 36 und 73, Lernen in Projekten.** Frankfurt: Diesterweg-Salle

Voraussetzungen für die Arbeit mit "schwierigen" Jugendlichen

1. Grundvoraussetzung für den pädagogischen Prozeß ist **gegenseitiges Vertrauen** auf der Grundlage von gegenseitiger Ehrlichkeit, das Einlassen aufeinander. Der Pädagoge ist gleichzeitig Lernender. Nur der ehrliche Mensch kann dem Jugendlichen Partner werden. Erst im Wahrnehmen der Gesamtpersönlichkeit des Gegenübers ist es möglich, über gemeinsame Perspektiven und Ziele nachzudenken und sie festzulegen. Der Jugendliche muß sich - häufig in der Gleichaltrigengruppe - seinen Lebensraum selbst erobern.
Wahrnehmen des konkreten Jugendlichen kann z.B. heißen:

- Der Jugendliche ist mehr als nur "Gewalttäter" oder "Rechtsradikaler". Er hat durchaus Ansätze für förderungswürdige Denk- und Verhaltensformen.
- Die Gruppe, in der er sich bewegt, hat für ihn starke positive, eigendynamische, solidarische Impulse - Erfahrungen, die er in seinem Alltag vermißt.

2. In diesem Zusammenhang ist der Gedanke geradezu absurd, eine große Nähe der politischen Auffassungen zwischen dem Pädagogen und den Jugendlichen der zu begleitenden Gruppe sei förderlich für den pädagogischen Prozeß. Ich entdecke hier bestenfalls förderliche Impulse für eine erste Kontaktaufnahme. **Nähe und Distanz** im Umgang mit der Gruppe müssen bewußt bestimmt werden. Dazu ist es erforderlich, konkrete Ziele in der Arbeit festzulegen und die Umgehensweisen daran zu vergleichen (z.B. könnte eine große Nähe in einer gemeinsamen Sehnsucht nach Ehrlichkeit genauso sinnvoll und förderlich sein, wie eine große Distanz in den politischen Anschauungen).

3. Wir müssen uns klar darüber sein, daß der **Einsatz der Polizei** gegen Jugendliche bzw. Jugendgruppen - so wichtig ihr gezielter Einsatz zum Schutz von Menschen vor Beeinträchtigung ihrer Freiheit ist - ihre Lebenserfahrungen immer wieder bestätigen und so also letztlich ihr Verhalten mittel- und langfristig verstärken. Durch den Einsatz der Polizei erfahren sie:

- Durchbrechen der Langeweile
- Förderung des Gruppenzusammenhalts gegen den "Feind"
  (das Entwickeln positiver Identifikationen wird für die Gruppe unnötig)
- Bestätigung: Gewalt löst Konflikte
- Herabsetzung der Hemmschwelle zur Gewaltanwendung
  ("Dann müssen wir eben nächstes Mal besser sein.")
- Bestätigung der Lebenserfahrung: "Ich bin als Person nichts wert."

4. Im Umgang mit den Jugendlichen geht es **nicht um die Vermeidung von Denk- und Verhaltensweisen** (Gewalt etc.). Versucht man Dinge zu vermeiden, nimmt man dem Jugendlichen etwas weg, was bisher für ihn in seinem Leben eine Funktion gehabt hat. Er kann das nur als Bedrohung verstehen. So ist das Kennenlernen von Gruppen, die verfeindet sind, für die Beziehungen zwischen diesen Gruppen sicherlich hilfreich; es nimmt jedoch den Gruppen den Feind und damit eine wichtige (Negativ-)Identifikation. Die Gruppe muß sich neue Feinde suchen, da sie sonst Gruppeninhalte verliert. Es kann also nur um den Aufbau einer für die konkrete Person bzw. konkrete Gruppe tragfähigen Struktur gehen, um das Entwickeln positiver Identifikationen.

5. Im Umgang mit Jugendlichen, die sich rechtsradikal artikulieren, geht es über lange Zeit überhaupt nicht um die Aufarbeitung der deutschen Geschichte, der NS-Vergangenheit oder ähnliches, sondern um die **Aufarbeitung der persönlichen Geschichte des Jugendlichen**, der für seine Erfahrungen keine Bewältigungsformen gefunden hat. Insbesondere im Umgang mit Jugendlichen, die in der DDR im Gefängnis, im Heim oder im Jugendwerkhof waren, wird das immer wieder deutlich.

6. Handeln mit den Jugendlichen wird in folgendem Zusammenhang sinnvoll:

- Der Jugendliche muß **sozial eingebunden** sein. Dazu gehört Beschäftigung und Verdienst, Wohnraum und sichere Kontakte, also das Wissen darum, wo er hingehen kann, wo er dazugehört.
- Auf diesem Hintergrund muß der Jugendliche befähigt werden, **entscheidungsfähig für sein Leben zu werden.**
  Das ist nur derjenige, der mehrere Lebensformen, mehrere Handlungsalternativen kennengelernt und probiert hat (diese Möglichkeit hatten viele Jugendliche in ihrem bisherigen Leben nicht). Entscheidungen müssen vom Jugendlichen selbst getroffen werden (auch wenn sie für den Mitarbeiter und die Mitarbeiterin mit seinem/ihrem Engagement hart sind).
- Es geht darum, mit dem Jugendlichen gemeinsam **Liebe zu seinem eigenen Leben** zu entwickeln. Das Ringen darum dreht sich letztendlich um die persönliche Füllung der Begriffe Sicherheit - Gerechtigkeit - Freiheit. Diese Dinge müssen für den Jugendlichen hautnah erfahrbar werden, persönlich und in seinem gesellschaftlichen Umfeld.

(Michael Heinisch, O-Berlin 1992)

Projekt der sozialdiakonischen Jugendarbeit Lichtenberg

Projektbeschreibung

Entstehung:

- In Lichtenberg versuchte eine kirchliche Initiative zu DDR-Zeiten eine alternative offene Jugendarbeit zur staatlich verordneten zu gestalten;
- mit der "Wende" '89 veränderte sich der soziale Zusammenhang der betreuten Jugendlichen erheblich (Konfrontation mit fremden Lebensformen, Arbeitslosigkeit, Perspektivlosigkeit, massive Einengung ihrer Lebenswelt);
- in dieser Situation entstand ein eigenständiges Hausaufbauprojekt in Trägerschaft des Vereins "Sozial-Diakonische Jugendarbeit Lichtenberg e.V." (Arbeitsbeginn 1. 1. 1991).

Zielgruppe:

- Jugendliche aus dem Lichtenberger Kiez, fast alles "Neubaukinder", viele mit Knasterfahrung.

Methoden:

- 20 Jugendliche bauen miteinander ein Haus sowie 10 Wohnungen in der Nachbarschaft aus;
- die Gruppe setzt sich zusammen aus einigen, die sich als politisch "Rechte" verstehen, als auch aus politisch "Linken"; einige bezeichnen sich als Hooligans, andere als "Stinknormale";
- die Baubetreuung erfolgt durch 5 Anleiter; Grundlage ist das gegenseitige Einlassen auf die Persönlichkeit des jeweils anderen;
- es wird Wert gelegt auf die Auseinandersetzung mit bisher unbekannten Lebensformen und Lebensweisen;
- auf der Grundlage von gewachsenem Vertrauen werden die Jugendlichen mit bisher Unbekanntem konfrontiert, wie z.B. Sportveranstaltungen mit ausländischen Jugendlichen, Besuche von Ausstellungen (Jüdische Buchausstellungen, KZ-Sachsenhausen ...), Besuche von anderen Jugendlichen und Jugendgruppen, z.B. im Prenzlauer Berg, erlebnisorientierte Reisen (z.B. Kanu-Tour in Schweden), intensives Mitgestalten eines Theaterstückes im Grips-Theater, Kennenlernen von unbekannten "angsteinflößenden" Institutionen, z.B. durch Einladen von Referenten;
- sozialpädagogische Beratung und Begleitung;
- handwerklich qualifizierende Betreuung im Hinblick auf ihr zukünftiges Berufsleben.

Ziel:
- Trotz Gegensätzlichkeiten miteinander gute Erfahrungen machen;
- Jugendlichen helfen, entscheidungsfähig für ihr Leben zu werden;
- durch neue Erfahrungen die innerhalb ihrer Sozialisation erlernten Denk- und Handlungsmuster überprüfen und eventuell ändern;
- Aufbau einer sozial tragfähigen Struktur für den einzelnen (d.h. Vermittlung und Gestaltung einer eigenen Wohnung, Möglichkeit eines Arbeitsplatzes etc.).

Probleme:
- Die Realisierung gestaltet sich schwierig durch das spannungsvolle Verhältnis zu den benachbarten Hausbesetzern (Einbrüche, Zerstörungen, Übergriffe);
- Versuche der Kommunikation zwischen Hausbesetzerinnen/Hausbesetzern und Projektjugendlichen finden auf Initiative des Trägers immer wieder statt;
- es ist schwer, geeignete Mitarbeiter für ein solches Projekt zu finden.

Aus der Geschichte des Projektes

Sommer 1990

Im Juli 1990 lief die Arbeit im Prof.-Fischer-Haus aus, zumindest stand eine längere Pause wegen des - endlich bevorstehenden - Ausbaues an. Die Gruppe, die ich zu dieser Zeit am intensivsten begleitete, war damit gar nicht einverstanden. Es waren insbesondere die Jugendlichen des Neubaugebietes Frankfurter Allee Süd, sowohl die "Linken" als auch die latent "Rechten".

Letztere hatten deutliche Überschneidungen mit der Szene um die rechtsradikale "Nationale Alternative", da auch deren Betreiber im Neubaugebiet groß geworden waren. Die gesamte Gruppe war von der "Wende" stark betroffen, die meisten waren beschäftigungslos, orientierungslos. Insbesondere die mit der Amnestie '89 Entlassenen waren zum großen Teil ohne feste Bleibe. In der Pfarrstraße waren 3 Häuser besetzt, zu den Besetzern gab es Annäherungsversuche. Die Jugendlichen waren auf der Suche nach Orientierungen und neuen Grenzen für ihr Verhalten. Letztere wurden ihnen nicht gesetzt.

Ich war auf der Suche nach einem Ausweichobjekt für die Weiterführung der Arbeit. Beim Nachdenken darüber wurde in Gesprächen deutlich, daß ein Freizeittreff für diese Jugendlichen nicht ihrem geänderten sozialen Gefüge entspricht. Die täglichen Probleme betrafen immer mehr fehlende Wohnung und Arbeit.

September/Oktober 90
Am 3.9. wurde die Pfarrstraße 112 angemietet. Über die Gestaltung eines gemeinsames Projektes dachte ich mit einem "inneren Kreis" von etwa 7 Jugendlichen nach.

Die Jugendlichen wollten dort wohnen und sich die Wohnungen herrichten, im Parterre sollte ein Klub entstehen. Die Nähe zu den Hausbesetzern war von den Jugendlichen und auch von mir gewollt ("Wenn sie schon mal da sind ... die meisten sind ja auch ganz in Ordnung."). Mitte September wurde das Haus von Fremden besetzt. Wir setzten Gesprächsprozesse mit den Besetzern in Gang, die unterschiedlich konstruktiv waren.

Unter den Besetzern dominierten leider diejenigen, die einen Großteil der Lichtenberger Jugendlichen als Nazis bezeichneten, mit denen kein Zusammensein möglich sei. Es mischte sich schließlich der Besetzerrat Berlins ein, was Gespräche unmöglich machte. Wir traten vom Vertrag zurück und verhandelten mit der WbG Lichtenberg über ein neues Haus.

Mitte Oktober wird die Pfarrstraße 112 geräumt, die sozialdiakonische Jugendarbeit wird vom Senat als Vorwand dazu benutzt. Wenige Stunden später eskaliert der Konflikt in der Mainzer Straße. In der Folgezeit rückt die Arbeit ins öffentliche Interesse als Arbeit mit Rechtsradikalen. Es kommt nach mehreren Gewalteskalationen in Lichtenberg zu einer Solidarisierung von Neubaujugendlichen gegen die Hausbesetzer. 3 Initiatoren der "NA" kommen zu mir und berichten mir, daß ihre Orientierung gescheitert ist. Sie bitten mich um Beratung und Berücksichtigung beim Projekt.

Der Verein "Sozial-Diakonische Jugendarbeit e.V." wird gegründet, im wesentlichen mit denen, die die Arbeit kirchlicherseits unterstützen. Er soll der Träger des Projektes sein.
Am 30.10. wird der Mietvertrag für die Pfarrstraße 111 geschlossen.

Dezember 90
Zusammenstellen der Gruppe: Sie soll 20 Menschen umfassen. Die Idee ist eine paritätische Besetzung mit "Linken" und "Rechten" (sofern diese Unterscheidung überhaupt möglich ist). Nun haben aber die meisten "Linken" auch andere Angebote, weshalb letztlich nur 4 von ihnen beginnen. 4 Leute von der Weitlingstraße sind auch dabei. 3 bezeichnen sich als "Hooligans", die anderen sind keiner Szene eindeutig zuzuordnen, einige von ihnen latent der Skinheadszene.

Ein Treuhänder für das Projekt wird schnell gefunden, die L.I.S.T.-GmbH (Sitz im Wedding). Sie sagen Vorfinanzierung und Abwicklung aller Finanzgeschäfte zu, ansonsten werden keine konkreten Absprachen getroffen.

Bauanleiter werden gesucht, die vor Ort mit den Jugendlichen arbeiten sollen und wollen, 4 Leute sind dazu bereit.

Klar ist allen, daß in dieser Zeit, wo sich keine festen Tendenzen für weitere gesellschaftliche und soziale Entwicklungen abzeichnen, die Arbeit erst einmal gemeinsam begonnen werden muß.

Wir wollen das Haus und das Hofgebäude (Remise) möglichst schnell herrichten, in der Remise soll ein Freizeitklub entstehen, im Haus Wohnungen für diejenigen, die sie dringend benötigen.

Die Jugendlichen sollen ABM-Verträge als Bauhelfer bekommen.

Januar 91

Beginn: 10 Jugendliche bekommen gleich Verträge, die anderen arbeiten unentgeltlich mit, da ihre ABM-Beantragungen noch nicht bearbeitet wurden. Die Jugendlichen sind äußerst engagiert.

Wir versuchen, durch ständige Gesprächsangebote eine Kommunikationsebene mit den Hausbesetzern herzustellen. Diese gelingt jedoch nur mit einem Teil. Es gibt unter den Hausbesetzern einige, die ständig aktiv an der Provokation von Konflikten mitwirken. Mit ihnen gelingt kein Gespräch.

Bis zum 15. Januar sind täglich Journalisten und Kamerateams da, die alle glauben, unser Projekt bewerten zu müssen. Ich werde öffentlich als Figur innerhalb der Skinhead- und Hooliganszene identifiziert, was kein Wunder ist, da ich mich öffentlich zu Wort gemeldet hatte anläßlich des Mordes am Fußballfan M. Polley durch einen Polizisten am 3.11.90. Ich glaubte damals daran, daß Öffentlichkeit eine gute Möglichkeit ist, unser Projekt zu erklären, als Versuch, miteinander Lösungen zu finden und eben keine neue rechtsradikale Szene zu etablieren. Dann beginnt der Golfkrieg, und wir sind die Journalisten vorerst los.

Februar 91

Völlig unterschiedliche Herangehensweisen an die Jugendlichen bzw. die Jugendarbeit innerhalb des schnell zusammengesuchten Anleiterteams führen zu starken inneren Spannungen im Projekt. Das Anleiterteam ist zeitweise handlungsunfähig. Schließlich gehen 2 Mitarbeiter.

Ich entscheide mich dazu, dieses Projekt auch nach Fertigstellung des Pro.-Fi.-Hauses weiter zu betreiben.

März bis Sommer 91

Es bilden sich Arbeitsformen vor Ort heraus. Es wird ein neuer Anleiter und eine Verwaltungskraft eingestellt. Ich selbst arbeite auf dem Bau mit, Projektmanagement, Einzelbegleitung und Freizeitbetreuung betreibe im wesentlichen ich, wenn die anderen Feierabend haben. Die anderen Anleiter lassen sich nur punktuell einbinden.

Gearbeitet wird von 7.00 bis 15.30 Uhr, mittwochs machen wir am Nachmittag eine gemeinsame Freizeitgestaltung, Freitag-Mittag ist Schluß für die Jugendlichen, die Anleiter machen nachmittags eine Teamsitzung. Geld wird freitags gezahlt (Abschläge von 200 DM), einmal im Monat ist Restzahlung.

Die Jugendlichen verdienen anfangs 9,81 DM in der Stunde, sie steigen jedoch mit dem allgemeinen Bautarif unabhängig von ihrer Leistung. (Diese Finanzierungsform hat sich nicht bewährt!)

Unter den Jugendlichen bilden sich Untergruppen. Wir trennen uns in dieser Zeit von 3 Jugendlichen, die das Projekt für sich nicht als Chance begriffen bzw. unsere Angebote nicht akzeptieren konnten. Wir müssen uns an häufige nächtliche Sachbeschädigungen im Haus gewöhnen.

Zu Himmelfahrt kommt es zu einer Gewalteskalation zwischen Neubaujugendlichen und Hausbesetzern. Etliche "unserer" Jugendlichen sind dabei. Letztlich löst das aber bei uns langwierige Gesprächsprozesse über das Selbstverständnis im Projekt aus. Angefeindet werden wir von außen immer stärker wegen der Mitarbeit der vier von der ehemaligen Weitlingstraße.

Es wird aber allmählich deutlich, daß dieses Projekt in seiner Form für einige Jugendliche ein richtiges Angebot ist. Insbesonders aber für diejenigen, die länger als etwa 3 Jahre im Gefängnis waren, erweist sich das Projekt als völlig unzureichend. Unter ihnen sind auch 3 "Ehemalige" von der "Nationalen Alternative" der Weitlingstraße.

Juli 91

Kanufahrt in Schweden gemeinsam mit dem Fan-Projekt Berlin. Es kommen zehn von "unseren" Jugendlichen mit. Die Fahrt ist für alle Beteiligten gut.

September bis November 91

Im September bauen wir einen Jugendkeller in der Segenskirche im als "links" geltenden Stadtteil Prenzlauer Berg nebenbei mit aus, die Jugendlichen sind sehr engagiert. Anschließend "verborgen" wir wechselnd 4 Jugendliche an die Zukunftsbau-GmbH (eine Beschäftigungsgesellschaft unseres Treuhänders), da wir aus bautechnischen Gründen nicht in der Lage sind, alle zu beschäftigen (wir haben immer noch keine Baugenehmigung!). Es gibt wieder ständige Provokationen durch Hausbesetzer, es gelingt uns nur ungenügend, Frustrationen dadurch aufzuarbeiten. Es wird jede Woche eingebrochen, Arbeit wird zerstört. Außerdem werden die Arbeiten langwieriger und schwieriger als zu Zeiten des Abrisses. Es beginnen Motivationsprobleme. Jugendliche haben auf der Straße Angst (wegen der Nachbarschaft), viele können sich nicht mehr vorstellen, später in der Pfarrstraße zu wohnen. Nur unwillig werden Arbeiten verrichtet. Im Sinne eines neuen Motivationsschubes planen wir ein Richtfest, um uns und anderen zu zeigen, daß wir etwas geschafft haben. Einen Tag vor dem Richtfest brennen durch einen Brandanschlag das Treppenhaus und 2 Wohnungen aus. Als wir früh zur Arbeit kommen, ist die Feuerwehr gerade beim Löschen. Wir stehen auf der Straße.

Etliche Hausbesetzer stehen an den Fenstern und begrüßen offensichtlich den Brand. Bei der Nachrichtenagentur ADN erscheint ein Bekennerschreiben einer "antifaschistischen Gruppe", die mit diesem Anschlag ein Signal gegen das Erstarken des Rechtsradikalismus setzen wollte.

Wir wollen das Richtfest trotzdem feiern (der Dachstuhl steht ja noch), jedoch irgendwo anders, nicht in der Pfarrstraße. So kurzfristig bekommen wir aber keine Ausweichräume.

Nach der Richtfestfeier (viele Jugendliche sind betrunken) kommt es zu einer Pöbelei zwischen einem Jugendlichen und einem Hausbesetzer. Das Aggressionspotential ist auf beiden Seiten so groß, daß innerhalb von 10 Minuten eine Straßenschlacht entsteht, die andauert, bis die von mir gerufene Polizei die Parteien trennt.

Fazit: 16 Verletzte, 2 davon schwer. Wir schließen das Projekt, da wir nicht wissen, wie wir nun weitermachen können.

In zweiwöchiger Auseinandersetzung mit Anleitern, Vereinsmitgliedern und Jugendlichen wird beschlossen, drei Jugendliche zu entlassen, nicht vordergründig, weil sie bei den Ausschreitungen dabei waren, sondern, weil niemand mehr Perspektive für sie in unserem Projekt sieht. Es sind die drei oben erwähnten ehemaligen NA-Mitglieder. Ein weiterer Jugendlicher kündigt aus Solidarität. Mit allen anderen wird über weitere gemeinsame Perspektiven nachgedacht.

Ergebnis: Auf Wunsch der Jugendlichen wollen wir versuchen, im Kiez verteilt ausbaufähige Wohnungen für alle interessierten Jugendlichen zu bekommen, die wir zusammen rekonstruieren. Das Projekt Pfarrstraße 111 findet mit diesen Jugendlichen bei Fertigstellung des Hauses seinen Abschluß.

Dezember 91 bis Februar 92

Die frei gewordenen Bauhelferstellen werden mit "neuen" Jugendlichen besetzt. Bei den "Alten" häufen sich Motivationsprobleme. Es ist nicht mehr das Haus, in das sie später einziehen werden.

Die Verhandlungen mit der WbG Lichtenberg über separate Wohnungen sind erfolgreich. Es werden zunächst 8 Wohnungen angemietet. Die Bosch-Stiftung stellt uns in großem Umfang Maschinen für die Arbeit zur Verfügung, es ist die technisch modernste Ausstattung, die ich bisher gesehen hatte. Wir lagern die Ausrüstungen in Blechschränken ein. In der übernächsten Nacht wird eingebrochen und alles gestohlen. Wir haben nicht mal mehr eine Bohrmaschine.

März 92 bis Juni 92

Beginn der Arbeiten in den 8 Wohnungen, die zunächst bis Juni fertig sein sollen. Es zeigt sich, daß der Betreuungsaufwand der Jugendlichen durch fachlich kundige Anleiter höher ist als angenommen. Die meisten Jugendlichen brauchen ständige Anleitung und machen Arbeiten nie ganz zu Ende. Äußerst konstruktiv ist die Zusammenarbeit mit Schauspielern des Grips-

Theaters, die ein neues Theaterstück ("Heimatlos") inszenieren. Wir führen auch gemeinsame Aktionen mit dem "Schneckenhaus" (eine kirchliche Initiative für "linke" Jugendliche) durch.

Je länger das Zusammensein ist, desto mehr wird deutlich, daß einige Jugendliche das Projekt als Chance begriffen haben, sich persönlich und handwerklich zu qualifizieren. Andere dagegen verhärten in Denk- und Verhaltensweisen, die ich als perspektivisch unkonstruktiv einschätze, immer mehr. Besonders auffällig sind hier wieder die "Langstrafer" der Ex-DDR.

Zum Sommer hören 3 Jugendliche bei uns auf, fühlen sich nun fit genug, um als Bauarbeiter auf dem Arbeitsmarkt zu bestehen, einer beginnt eine Lehre. Einbrüche sind ständig weiter an der Tagesordnung. Sie zermürben uns persönlich und bringen uns im Mai an den Rand des finanziellen Ruins.

Ausblick

Die 8 Wohnungen werden bis Ende Oktober fertiggestellt.

Die ersten Jugendlichen wohnen bereits dort. Das Wohnhaus Pfarrstraße 111 wird Anfang nächsten Jahres fertig. Das Projekt wird mit der Fertigstellung am 31.1.93 in seiner jetzigen Form beendet. Das Hofgebäude hat keine Bauförderung erhalten.

Für die Jugendlichen ist klar, daß ihre Zeit bei uns mit der ABM ausläuft. Einige haben bereits Ideen entwickelt, was sie dann tun, andere lassen das auf sich zukommen. Für einige deutet sich eine Vermittlung in andere Arbeitsstellen an. Im Haus Pfarrstraße 111 wird dann ein betreutes Wohnprojekt für junge Menschen in Krisensituationen beginnen. Darüber hinaus wollen wir ein Berufshilfeprojekt für "schwierige" Jugendliche in Lichtenberg etablieren.

(Michael Heinisch, O-Berlin 1992)

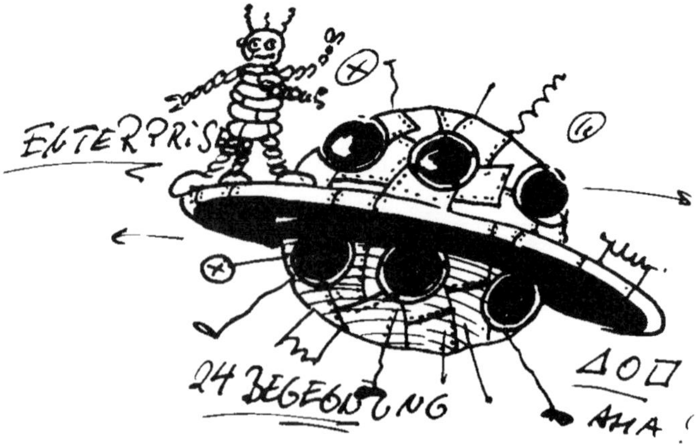

Wir brandenburger SchülerInnen sagen NEIN ...

Mit einem weit über die Landesgrenzen von Brandenburg hörbaren NEIN zu Gewalt und Rassismus hat sich am 29.9.91 auf der Landesdelegiertenkonferenz des Landesschülerrates Brandenburg die Initiative:

"Wir brandenburger SchülerInnen sagen NEIN zu Gewalt und Rassismus"

gegründet. Die gewalttätigen Übergriffe und Anschläge der jüngsten Vergangenheit haben den Beschluß und Mut wachsen lassen, sich öffentlich der Gewalt und dem Rassismus in den Weg zu stellen. In einer ersten Erklärung der Schülerinitiative vom 3.10.1991 heißt es:

"... Gewalt und Rassismus haben in Deutschland eine lange Geschichte, die weder einfach vom Himmel gefallen ist, noch mit dem 3. Reich begonnen oder mit seinem Zusammenbruch beendet worden ist. Besonders in der jetzigen Situation, in der soziale und wirtschaftliche Ängste und Nöte die Menschen beschäftigen, in der die Identität und Sicherheit vieler zerstört wurde, bekommen Rechtsextremismus und Rassismus großen Zuspruch.

Immer wieder treten gewalttätige Jugendliche in das Licht der Öffentlichkeit. Doch das eigentlich Erschreckende ist die große schweigende Menge, die teils fasziniert zuschaut, teils erschreckt wegschaut.

Wir dürfen nicht zulassen, daß schon wieder diejenigen sich durchsetzen, die am lautesten brüllen und am stärksten prügeln.

Wir wissen, daß die Mehrheit der brandenburgischen Schülerinnen und Schüler gegen Gewalt als Mittel der politischen Auseinandersetzung und gegen Rassismus als Mittel des Umgangs von Ausländern und Deutschen ist. Mit unserer Kampagne wollen wir für alle ein Podium schaffen, auf dem niemand durch Schuldzuweisungen ausgegrenzt wird, den bis jetzt fehlenden Dialog wollen wir durch sympathische und akzeptable Aktionen und attraktive Projekte anregen und fördern ...

... Unser Ziel ist es, ein Netzwerk aller Gruppen und Personen zu schaffen, die Gewalt und Rassismus ablehnen und überwinden. Wir bitten alle, das Schweigen zu beenden und sich mit uns zu solidarisieren, damit endlich der Dialog begonnen werden kann ..."

Von daher bat die Schülerinnen-/Schülerinitiative um Unterstützung aus allen Teilen der Bundesrepublik und bot zum eigenen Gebrauch in anderen Städten und Ländern auch das eigene Logo -

WIR BRANDENBURGER
Schülerinnen und Schüler
sagen **NEIN** zu
Gewalt und Rassismus

- sowie die auf Vorrat gedruckten Rohplakate (Deutschland ohne Text / eigene Texte können also eingedruckt werden) an. Unter Berücksichtigung des "Wiedererkennungswertes" bei einem solchen Plakat ging es uns dabei auch darum, den Rechtsextremisten u.a. die Farben schwarz-rot-gold streitig zu machen und mit dem ersten Schritt, unserem unübersehbaren NEIN, eine Kurskorrektur in bezug auf die öffentliche Meinung vorzunehmen. Durch die frühzeitige (Frühsommer '91) Planung und Konzipierung der Kampagne stand dieselbe angesichts der dramatischen und eskalierenden Entwicklungen um Hünxe und Hoyerswerda (Sept./Okt. '91) plötzlich im Interesse bundesweiter Initiativen, um eigene Maßnahmen dieser Art in anderen Städten und Bundesländern in Gang zu setzen. Durch die bausteinartige Zusammensetzung und Ersetzbarkeit von Ortsnamen bot sich die Übernahme aller Materialien auch für andere Bundesländer geradezu an und war auch nicht unbeabsichtigt. Am deutlichsten geschah dies mit dem "Deutschlandplakat", welches von sieben landesweit arbeitenden Organisationen und von über 125 kommunalen Initiativen übernommen worden ist.

Der Slogan: "Wir ... sagen NEIN zu Gewalt und Rassismus" wurde beobachtbar vor allem von Jugendringen und von jugendlich dominierten Initiativen bevorzugt (wir vermuten seiner Prägnanz wegen); eine große Gruppe wählte für sich aber auch in Anlehnung an die Interkulturelle (Ausländer-)Woche das Motto: "In ... Xdorf ... haben viele Kulturen eine Zukunft" oder in Anlehnung an die Kampagne der Arbeitsgemeinschaft der Evangelischen Jugend (aej) das Logo: "Dem HASS keine Chance". Die einzelnen Bausteine der Brandenburger Schülerinnen-/Schülerkampagne lassen sich heute wie folgt zusammenfassen:

1. Deutschlandplakat 30 cm x 70 cm mit Logo

2. Aufkleberset DIN A 4 mit je 5 Aufklebern (permanent!) nur Logo

3. Textplakat mit 5 kurzen, präzisen und sachlichen Erklärungen zur aktuellen Situation

4. Flugblatt mit einer leicht verstehbaren Positionsbeschreibung für eine Gesellschaft, die auch morgen noch in Frieden leben will

5. Extra-Nummer der Schülerzeitung des Landesschülerrates Brandenburg (10.000) "Imbiss" als **"Extra Imbiß"** mit Reportagen, Interviews, Berichten und einem didaktischen und Arbeitsteil zu den Themen: Medien, Aktion Sühnezeichen, Schreibwettbewerb für Kinder, Warum handeln Menschen gegen ihre eigenen Interessen?, Rassismus und Gewalt, Das Zeugnis für Lehrer, Der Test für RassistInnen, Was können wir gegen Rechtsextremismus tun?

6. Ein schülerinnen-/schülerhosentaschengerechtes informatives Aufklärungsheft mit dem Titel: FASCHISTEN - WAS'n DAS?

7. Ein ähnlich konzipiertes Heft zum Thema:
   ARGUMENTE GEGEN GEWALT UND RASSISMUS

8. Ein Schreibwettbewerb für Grundschulkinder zu unserem Pinguinplakat

9. Eine Seminarreihe beginnend im März 1992 zu den Themenbereichen:
   a. Siebdruckwerkstatt für Schülerinnen und Schüler:
      "DRUCK WAS DICH DRÜCKT"
   b. Gewalt und Gewaltlosigkeit
   c. Rassismus und die Frage nach der Ungleichwertigkeit von Menschen
   d. Perspektiven zur Entwicklung einer Gesellschaft, die auch morgen noch in Frieden leben will, oder Was heißt eigentlich: Interkulturelles Lernen für eine multikulturelle Gesellschaft?

10. Die Entwicklung und Realisierung eines für uns überschaubaren und damit überprüfbaren Entwicklungshilfeprojektes mit Kindern ehemaliger Arbeitsemigranten. (Es handelt sich hierbei um die Unterstützung einer nach Marokko (südöstlicher Atlas) zurückgekehrten und in bittere Not geratenen "Gast"arbeiterfamilie. Geplant ist die Reise zu den Atlasberbern bei Ouarzazate und die Beschaffung und Installation einer landesüblichen Diesel-Wasserpumpe.)

Dabei ging es uns vor allem darum, unsere Bausteine als eine didaktische Kette zu entwickeln und einzusetzen. Der Erfolg und Modellcharakter dieser Kampagne zeigen noch einmal die Wichtigkeit solcher aufeinander bezogener Maßnahmen. Wie einen ins Wasser fliegenden Stein hatten wir unser Deutschlandplakat mit dem Brandenburger Logo (Wir Brandenburger Schüler sagen NEIN ...) auch als Provokation in Umlauf gebracht. Der durch dieses Plakat ausgelösten Kritik (Das kann ja wohl nicht alles sein) folgte in einem zweiten Schritt das Textplakat mit fünf kurzen Sätzen. Wer mehr wissen wollte, bekam ein Flugblatt, danach eine Extra-Schülerzeitung zum Thema, dann ein Projekte-Handbuch; zur Vertiefung entstanden die Hefte: "Faschisten - Was'n das?" und "Argumente gegen Gewalt"; erste (größere Kreise ansprechende) Seminare zu den Themen: Druck was dich drückt, Gewalt, Rassismus, Perspektiven, Multi-Kulti etc. gaben eine Antwort auf präzise Fragestellungen und eröffneten die Entwicklung für eine antirassistische auf Schülerinnen und Schüler bezogene Infrastruktur in Brandenburg. Die Kampagne hatte sich verselbständigt und damit die Aufgabenstellung für uns:

- Stabilisierung der jeweiligen Schülerinitiativen.

- Entwicklung und Stabilisierung entstandener Schwerpunktsetzung bei den Schülern, die plötzlich als Experten von außen angefragt und angefordert wurden.

- Die Übertragung der Kampagne in einen praktischen Realitätsbezug *(Projekte in Asyllagern / Marokko-Projekt / Widerstand gegen Gewalt etc.).*

Wie bitte gründet man eine Aktiengesellschaft

zur Überwindung von Gewalt und Rassismus?

Angesichts der dramatischen Entwicklung im Bereich von Gewalt und Rassismus in der Bundesrepublik haben wir eine Aktiengesellschaft gegründet, um sofort mit Aktionen, Projekten und einer Kampagne dem Rassismus das Wasser abzugraben. In den Osterferien 1991 waren wir mit zwei VW-Bullis und einer Gruppe von Jugendlichen in Brandenburg, um nach Partnerinnen und Partnern für einige Jugendzentren in NRW zu suchen und um überhaupt mal nachzusehen, was da in den "neuen" Ländern so in der Jugendszene alles los ist. Diese Reise ist uns ganz gut bekommen, wir haben in einigen Jugendhäusern halt gemacht, bei den Hausbesetzerinnen und -besetzern in Potsdam übernachtet, gute Leute kennengelernt, neue Freundinnen und Freunde gewonnen. Mulmig wurde uns allerdings, als wir in die harten Auseinandersetzungen von rassistischen und gewalttätigen Jugendcliquen gerieten. Mit großer Betroffenheit mußten wir feststellen, daß immer dort, wo rechtsextremistische Banden unwidersprochen ihre schlimmen Parolen verbreiten konnten, es in der Folge zu auch gewalttätigen Auseinandersetzungen gegen willkürlich herausgegriffene Sündenböcke kam. Auch heute noch machen wir die Beobachtung, daß überall dort, wo die Perspektive für eine friedliche und demokratische Gesellschaft fehlt, rassistische Cliquen ein leichtes Spiel haben. Weil einige unserer Leute selber übel von rechtsextremistisch orientierten Jugendlichen auf dem Potsdamer Bahnhof angemacht wurden, hatten wir dann gezielt nach möglichen Partnerinnen und Partnern gesucht, die mit uns mal über dieses Problem diskutieren, aber dabei nicht stehen bleiben wollten. In Leuten aus dem Landesschülerrat Brandenburg haben wir dann sehr schnell Freundinnen und Freunde gefunden, die wie wir der Meinung waren, daß man gegen Rassismus schon einiges tun müsse und auch könne. Wir haben überlegt, geplant, verworfen, diskutiert, gestritten und immer wieder Konsens gefunden. Na ja, und dann wußten wir in etwa sehr genau, was wir wollten und was das kostet (vor allem Druckkosten für Flugblätter, Infos und Plakate), aber nicht, woher wir die Knete (ca. 20.000,- DM) nehmen sollten, um das alles zu bezahlen. Doch dann hatte Shirin die Idee: Wir gründen eine Aktiengesellschaft - so einfach, ... aber wie? Klar war für uns, wenn wir schon die Kampagne und die Arbeit machen, sollen wenigstens die bezahlen, die das Geld für so eine Geschichte haben: die Förderstellen in den Jugendministerien der beiden Länder NRW und Brandenburg und im Jugendministerium der Bundesregierung. Wir haben also herumtelefoniert: und waren stinkesauer, daß ein positiver Bescheid nach gründlicher Prüfung vielleicht in einem halben Jahr oder später oder gar nicht zu bekommen wäre. Um aber sofort und ohne alle Umschweife die Kampagne beginnen zu können und die Eisen zu schmieden, wenn sie heiß sind (Hünxe und Hoyerswerda kündigten sich im Sommer 1991 schon durch ähnliche Übergriffe und durch eine unglaublich dreiste Pressekampagne der Bildzeitung an), brauchten wir Sponsoren, die für eine Zwischenzeit ihr Geld zur Verfügung stellen und im Fall der allerschlimmsten Fälle (wenn die öffentlichen Quellen nicht mitmachen) auch auf ihr Geld verzichten. Was wir also brauchten, waren mutige Bürgen für unser Vorhaben. Wir haben also all unsere Freundinnen und Freunde, von denen wir wußten, daß sie etwas Geld auf der Tasche haben, freundlich angeschrieben und mit unserem Vorhaben bekannt gemacht. (Außerdem haben wir solche Freundinnen und Freunde besonders freundlich angeschrieben, die jeweils Kontakt zu einer der oben genannten Förderquellen haben, um einfach etwas mehr Druck zu machen. Na ja, ist ja wohl erlaubt.) Und dann kamen sie, Politiker, Jugendorganisationen, zum Teil Leute, die wir gar nicht genau kannten - die aber unsere Kampagne gut fanden. Schulklassen, Benjamin mit seinem halben Taschengeld, Jugendgruppen, eine türkische Mutter, Nusemine mit ihrem Babysittergeld und so weiter. Innerhalb von drei Wochen hatten wir mehr Aktienanteile unter die Leute gebracht, als wir eigentlich brauchten. Einige hatten uns sogar mitgeteilt, daß wir bei den Plakaten oder bei den Aktionsstreifen viel mehr drucken sollten und daß wir deswegen den gezeichneten Aktienanteil auch wirklich verbrauchen sollten. Na, da haben wir gestaunt und gelacht und gedruckt, was uns drückt und, so denken wir: dem Rassismus und der Gewalt schon etwas Handfestes entgegengesetzt.

(Shirin Pargas, Ralf-Erik Posselt, Arbeitsgruppe SOS-Rassismus)

Bürgschafts-Aktie

Gewalt und Rassismus haben in Deutschland eine lange Geschichte, die weder einfach vom Himmel gefallen ist, noch mit dem 3.Reich begonnen oder mit seinem Zusammenbruch beendet worden ist. In offener, subtiler oder verfeinerter Form erleben wir heute Gewalt und Rassismus in ungebremster Eindringlichkeit. Weil Rassismus wie ein gefährlicher Virus in jedem Menschen, jeder Gruppe und Nation schlummert und bei kritischer gesellschaftlicher und wirtschaftlicher Entwicklung verkappt oder offen wirksam werden kann, haben wir beschlossen, ihm das Wasser abzugraben. Gründe dafür finden sich in unserer eigenen Lust am Leben, in dem Willen, auch morgen noch in Frieden miteinander und nicht gegeneinander zu leben und in dem Wissen, daß wir eine Zukunft nur in kultureller Vielfalt gestalten können. Angesichts des gesellschaftlichen Umbruchs und Vakuums im Osten unserer Republik und weil offener Rassismus in die Zentren unserer Gesellschaft vorgedrungen ist und sich dort einnisten möchte, haben wir gemeinsam mit Schülerinnen und Schülern im Land Brandenburg beschlossen, ihm wieder den Garaus zu machen. Aus diesem Grunde haben wir nun unsere Kampagne begonnen:

WIR BRANDENBURGER
Schülerinnen und Schüler
sagen **NEIN** zu
Gewalt und Rassismus

Im Rahmen dieser Kampagne, die immer weitere Bevölkerungsgruppen einbeziehen soll, werden Kosten entstehen, die uns über den Kopf wachsen könnten. Unsere FreundInnen von der **Projektgruppe Marokko im Kirchenkreis Steinfurt-Coesfeld-Borken und der Samariterkirchengemeinde Berlin-Friedrichshain** haben sich deshalb kurzerhand bereit erklärt, uns im Rahmen einer Bürgschafts-Aktie einen Betrag in Höhe von **1000 DM** zur Verfügung zu stellen. Das gibt Sicherheit und Mut, vor allem unseren FreundInnen in Brandenburg selber. Von daher lachen wir uns ins Gesicht und rufen ganz laut **Danke**

Arbeitsgruppe SOS-Rassismus

Textplakat

Wir BRANDENBURGER Schülerinnen und Schüler sagen NEIN zu Rechtsextremismus und Rassismus

Wir erleben:

- Nationalistische, rassistische, rechtsextremistische Gruppierungen verbreiten in unserem Land Angst, Gewalt und Schrecken.
- Ihre menschenverachtenden Parolen finden Anklang.
- Ihre Sprüche und Aktionen gegen Ausländer und andere Minderheiten sprechen auch Jugendliche an.

Wir wissen:

- Rassismus und Ausländerfeindlichkeit wird möglich, wo ein Mensch mit dem anderen konkurrieren muß: um den Ausbildungs- und Arbeitsplatz, um die Wohnung, um eine neue Lebensperspektive und eine menschliche Zuflucht.
- Nationalismus und Rassismus werden von solchen Politikern, Medien und Organisationen geschürt, die mit angstmachenden Ausländer-, Asyl- und Aussiedlerdebatten Ausländer als Sündenböcke mißbrauchen.

Wir sehen:

- Die Menschen aus anderen Ländern bedrohen nicht unsere Ausbildungs- und Arbeitsplätze, sie kürzen kein Arbeitslosengeld und die Arbeitslosenhilfe, sie spekulieren nicht mit unseren Wohnungen, sie beuten nicht unsere wirtschaftlichen Ressourcen aus.

Wir glauben:

- Die Gerechtigkeit und Freiheit sind nicht blond und blauäugig. Hunger haben, arm sein, arbeiten wollen ist kein Verbrechen, wohl aber: Verhungern lassen, ausbeuten und arm machen!
- "Die Würde des Menschen ist unantastbar ... und deshalb auch unteilbar."
  Auch die der Türken, Polen, Roma ...
  Niemand darf wegen seiner Hautfarbe, Herkunft, Religion, Kultur verfolgt oder benachteiligt werden ... auch nicht in Brandenburg.

Wir fordern:

- Den Fremden, Hungernden und Verfolgten Gastrecht und Teilhabe in unserem Land zu gewähren.
- Den bei uns lebenden Ausländern elementare Bürgerrechte zu gewähren.
- Eine Bildungs-, Jugend- und Sozialpolitik, die es jedem ermöglicht, ein Leben in Würde zu führen.

Brandenburger Flugblatt

An verschiedenen Orten in Brandenburg haben sich Gruppen und Parteien gebildet, zu deren Zielen eine "Ausländer-raus-Politik" gehört. Sie sagen: "Deutschland soll das Land der Deutschen bleiben!" In letzter Zeit häufen sich gewalttätige Übergriffe und Anschläge auf Wohnheime von Ausländern und Flüchtlingen.

Was steckt dahinter? Gerade Jugendliche sind von den aktuellen gesellschaftlichen Veränderungen und Entwicklungen sehr betroffen. Sie erleben die Folgen von Arbeitslosigkeit, Verarmung, Wohnungsnot auch in der eigenen Familie hautnah und bedrückend. Immer mehr Menschen fühlen sich heute durch wirtschaftliche, technische und politische Veränderungen rücksichtslos an den Rand gedrängt. Jugendliche, die noch das ganze Leben vor sich haben, verlieren immer mehr ihr Vertrauen in die eigene Zukunft. Dieses Gefühl der Perspektivlosigkeit ist berechtigt. Viele gesellschaftliche Probleme sind unbeantwortet und ungelöst. Die daraus entstehende Unzufriedenheit wird von unverantwortlichen Politikern und rechtsextremistischen Gruppierungen mißbraucht, um eine angebliche "Überfremdung" als Ursache herbeizureden. Ausländer sollen zu Sündenböcken gemacht werden. Ausländer sind in aller Regel aber nicht diejenigen, die Arbeit- und Ausbildungsplätze leichtfertig aufs Spiel setzen oder wegrationalisieren, sie sind nicht die Miethaie und Spekulanten, die an der Wohnungsnot verdienen oder Wohnraum leerstehen und verkommen lassen, sie sind es nicht, die Arbeitslosengeld, Krankenkassenzuschüsse, Renten, Bafög usw. kürzen oder streichen. Manche Politiker lenken von diesen Hintergründen ab und konzentrieren sich statt dessen auf eine angstmachende Asyldiskussion. Dadurch werden die Argumente rechtsextremistischer Gruppen noch verstärkt. Vor allem asylsuchende Flüchtlinge werden in zunehmendem Maße als Sündenböcke für gesellschaftliche Fehlentwicklungen mißbraucht.

Werden wir unterwandert? Ausländische Arbeitnehmer und ihre Familien haben uns nicht "unterwandert". In allen Bundesländern sind sie im Interesse der Wirtschaft und mit Zustimmung aller gezielt angeworben worden. Ausländer haben viel zum Wohlstand der Bundesrepublik beigetragen. Die Anzahl von Ausländern, die sich legal in Deutschland aufhalten, ist ebensowenig eine Gefahr, wie die Zahl der im Ausland lebenden Deutschen. Gefährlich sind Menschen, die vor lauter Haß ihre eigene Menschlichkeit verlieren und vergessen, daß Gewalt sich zuletzt immer gegen den Gewalttäter selber richtet.

Werden wir überfremdet? Alle Nationen, auch die deutsche, sind in einer langen Geschichte zu dem geworden, was sie heute sind. Im Laufe der Geschichte haben sie die verschiedensten kulturellen Einflüsse in sich aufgenommen und sich dabei selbst verändert. Dieser Prozeß setzt sich fort, solange die Bewohner eines Landes kulturell lebendig bleiben. - Wem ist heute noch bekannt, daß das deutsche Volkslied "Kein schöner Land ..." italienischer Herkunft ist? Die deutsche Marsch- und Blasmusik wurde von den Türken abgeschaut, den Kaffee brachten sie ebenfalls. Kartoffeln und Tomaten sind Produkte Amerikas, das Gulasch hat seinen Ursprung in Ungarn, die Zwiebel kam aus Asien. Aufgrund der kulturellen Vielfalt nationale Ängste heraufzubeschwören und Feindseligkeit zu schüren ist verhängnisvoll und hat uns in diesem Jahrhundert bereits einmal ins Verderben gestürzt.

Scheinasylanten raus? Die große Mehrheit der Flüchtlinge flieht vor existenzbedrohenden Verfolgungen. Aber im Asylverfahren sind Krieg und selbst Folter keine Gründe, um als asylberechtigt anerkannt zu werden. Auch unstreitig politisch Verfolgte, die bei der Flucht ein anderes Land betreten, sind nach dem Willen des Gesetzgebers nicht ohne weiteres asylberechtigt. Eines ist aber deutlich: Die Rede vom massenhaften Mißbrauch des Asylrechts ist unangebracht und falsch und wird von jenen regelmäßig angeführt, denen es darum geht, Ausländer aus ideologischen Gründen zu mißbrauchen. Zu den Menschenrechten gehört der Schutz und die Achtung der menschlichen Würde. Deshalb dürfen auch abgelehnte Flüchtlinge nicht in Kriegs- und Krisengebiete abgeschoben werden, in denen sie gefährdet sind oder wenn ihnen dort der Tod droht. Viele der bei uns lebenden Flüchtlinge erhalten so Schutz, obwohl sie nicht als asylberechtigt anerkannt sind. Die Beschimpfung dieser Flüchtlinge als "Scheinasylanten" ist Anstiftung zu Gewalt und Rassismus.

Der Gewalt und dem Haß entgegentreten! Die Ablehnung von Ausländern wird verstärkt, wenn sich Organisationen und Stimmungen gegen Ausländer weiter ausbreiten können und die hinter ihnen stehenden Ideologien unwidersprochen hingenommen werden. Alle verantwortungsbewußten Menschen, Deutsche und Ausländer, können sich diesen Entwicklungen nur entgegenstellen. Mit unserer Kampagne: "Wir brandenburger Schülerinnen und Schüler sagen NEIN zu Gewalt und Rassismus" wollen wir den Dialog eröffnen und fördern, wir wollen in sachlicher Diskussion Probleme aufdekken, um gemeinsame Lösungen zu finden. Weil Rassismus in jedem Menschen, jeder Gruppe und Nation schlummert und bei kritischer gesellschaftlicher und wirtschaftlicher Entwicklung verkappt oder offen wirksam werden kann, bitten wir Dich:

- wehr Dich, wenn in der Schule, am Ausbildungs- oder Arbeitsplatz, in Deiner Clique oder Gruppe rassistische oder diskriminierende Entwicklungen und Sprüche laut werden

- widersprich, wenn gegen Ausländer gehetzt wird

- setze Dich gegen Gewalt ein

- schreibe Leserbriefe an Zeitungen, wenn einseitig oder negativ über Ausländer berichtet wird und zeige positive Beispiele auf

- beziehe Stellung gegenüber menschenverachtenden Witzen

- ruf beim Rundfunk und Fernsehen an und beschwer Dich, wenn einseitig oder negativ über Ausländer oder Deutsche berichtet worden ist

- hilf mit (oder mach es selber), daß ausländerfeindliche Parolen an Mauern und Gebäuden möglichst schnell wieder entfernt werden

- suche Kontakte (mit Deiner Gruppe) zu ausländischen Menschen in Deiner Nähe

- hilf mit, die "Woche der ausländischen Mitbürger / interkulturelle Woche" vorzubereiten und durchzuführen

- Überlege bitte, ob Du unsere Initiative "WIR BRANDENBURGER..." unterstützen und weiterverbreiten kannst

- überprüfe, ob Du mit Deinen Freundinnen und Freunden vielleicht selbst eine Initiativgruppe gründen kannst.

Auf jeden Fall aber bitten wir Dich (gemeinsam mit Deinen Freundinnen und Freunden): Sieh nicht weg, wenn Flüchtlinge und Ausländer benachteiligt oder mißhandelt werden, stell Dich schützend vor sie. Und wenn es wirklich ganz schlimm wird, überlege schon einmal jetzt, wo Ausländer in diesem Land Asyl finden könnten und wo Du sie vor Angriffen verstecken könntest.

Wie plane ich ein Seminar?

Viele Seminare werden ein Flopp, weil viel zu viel über den Kopf passiert, und nachher gehst Du nach Hause und fragst Dich, wo Du eigentlich gewesen bist. Damit das anders wird, haben wir experimentiert und immer wieder fünf erfolgreiche Schritte ausprobiert und empfehlen diese heute:

1. **Theoretische Aufbereitung** des Themas und Einführung in das Thema (Paper - Thesen - Auszüge - Zitate usw.)
   Didaktische Umsetzung
   * warum mache ich die Einleitung?
   * wie:
   * was:
   * wie lange:
     (Wandzeitung - Dias - Filme - Tonband usw.)
2. a) **Hereinholen der Wirklichkeit**
   * in die Seminarsituation (direkte Erfahrung) durch Gespräche mit Betroffenen oder aber Mitarbeiterinnen und Mitarbeitern aus den speziellen Bereichen,
   * Vermittlung von Alltagserfahrungen aus Bereichen, mit denen in der Regel nur wenige konfrontiert sind bzw. werden.

   b) **Vertiefung der Erfahrungen** in differenzierten Arbeitsgruppen zum Thema.
3. **Einbeziehen der eigenen Körperlichkeit.**
   Überall da, wo sich ein Themenbezug herstellen läßt, als volle Zeiteinheit, ansonsten aber zum morgendlichen Einstieg (gute Möglichkeit bei Themen wie: Gewalt - Frieden - Haß - Angst - Rassismus - Verständnis - Solidarität usw.).
4. **Praktische Umsetzung** und methodisches Lernen ("Learning by doing")
   Möglichkeiten können dabei sein:
   * Herstellen einer Fernseh-Sendung (Video)
   * Erkundungen mit Foto/Film
   * Rollenspiele
   * Modelle herstellen (z.B. bei Planung - Zukunftsfragen - Wohnen usw.)
   * Handwerkliches Arbeiten (Erlernen von Technik)
   * Straßenbefragungen (was ist die Meinung der Leute - wie ist die Wirklichkeit?)
5. **Ergebnissicherung und Dokumentation**
   * Zusammentragen der Ergebnisse
   * Auswerten
   * Lösungsansätze (gefundene) benennen
   * Wo entsteht weiterer Arbeitsbedarf?
   * Was hat Lust gemacht; was Frust?
   * Wie geht's weiter? - Verabredungen.

(Nach einer Seminarkonzeption von Erich Schriever, Amt für Jugendarbeit der EKvW)

Wölfe im Schafspelz

Bei unseren Projekten unter dem Stichwort "Wölfe im Schafspelz" ging es darum, aus der Erfahrung Konsequenzen zu ziehen, daß nicht alles, was wir jungen Menschen sagen, auch schon deshalb, weil wir es gesagt haben, von ihnen geglaubt wird. Gerade im Bereich rechtsextremistischer Orientierung haben wir feststellen müssen, daß es zum Teil unverzichtbar ist, Jugendliche unmittelbare und originäre Erfahrungen machen zu lassen.

Von daher stammte auch unsere Idee, gezielt jugendliche Cliquen anzusprechen und um die Beantwortung von und Recherchen zu sehr konkreten Fragestellungen zu bitten.

Mit konkret meinen wir, daß sich die Frage selbst direkt aus der Äußerung und dem Verhalten, z.B. aus der Kleidung der Leute, ergeben muß. Unsere unmittelbare Aufgabe bestand in der Folge darin, die notwendigen Hintergrundinformationen abrufbereit zu halten, entsprechende Hilfsmittel bereitzuhalten und den "Forschungscharakter" der Maßnahmen durch geeignete Attraktionen (gemeinsame Wochenendfahrten, Besuchen bei betroffenen Politikern, Erstellung von Publikationen und Veröffentlichungen) sicherzustellen. Am Beispiel des Heftes "Faschisten, was'n das?" wird vielleicht am deutlichsten, welche Absicht wir verfolgen, wenn wir Jugendliche selbst mit ihren Untersuchungsmethoden überprüfen lassen, ob Schönhuber ein Wolf im Schafspelz, ob der Bundeskanzler ein Rassist, ob Benetton eine Religion, Ausländer heute zunehmend in die Rolle der Juden während des 3. Reiches gedrängt werden ...[1)]
Eine Mädchenclique aus unserem Jugendhaus hatte in der Schule an die Lehrerzimmertür gekritzelt "Die Lehrer ... (drei Namen) sind Faschos" und war dabei erwischt worden. Erst einige Zeit später stellte sich allerdings heraus, daß die beteiligten Mädchen ursprünglich ein ganz anderes und härteres Schimpfwort für die drei Lehrer verwenden wollten, dann aber den Begriff "Faschos" wählten, weil der "im Augenblick für blöde Leute in" sei und A...löcher wirklich etwas zu hart gewesen sei. Was Faschisten wirklich sind, konnten sie nicht genauer erklären, aber irgendwie wußten sie doch, daß die Lehrer darauf wohl sauer reagieren würden. Als wir im Jugendzentrum von der Geschichte hörten, luden wir die Clique gezielt ein und baten sie, uns für 200,- Bares [2)], präzise die Frage zu beantworten, was ihrer Meinung nach denn Faschos wären. Dazu stellten wir den Mädchen einen eigenen Clubraum, Archiv (und die Anne-Frank-Zeitung, Amsterdam) zur Verfügung.

In einem etwa 3monatigen Beratungsprozeß, in dem es vor allem um die Belange der Mädchenclique selbst ging und auch die Frage beantwortet wurde, ob Lehrer nun Faschos sind - oder nicht, welche Elemente denn Faschismus ausmachen, entstand bei den Mädchen plötzlich die Idee, das gesammelte Wissen als ein Buch für Jugendliche und Kids herauszugeben. Exakt solche

Träume aufzugreifen und an ihrer Realisierung zu arbeiten, verstehen wir heute als einen Schwerpunkt sozialer Arbeit.

Das Schreiben, Layouten, Drucken lassen standen plötzlich auf der Tagesordnung. Die (13- bis 14jährigen) Mädchen als "Herausgeberinnen und Expertinnen" in Sachen Faschismus waren plötzlich wer und wurden von Schulklassen angefragt, um dort ihr Heft vorzustellen und über ihr Projekt zu berichten.

Ja, genau davon hatten wir selbst geträumt: Den Kids bei ihrem Streß und bei ihren Ohnmachtserfahrungen so den Rücken zu stärken, daß sie plötzlich von ganz allein aus der Kurve kommen. Daß die Kids plötzlich stolz auf sich selbst und ihr Heft waren, hat, so denken wir, allerhand gute Gründe.

Anmerkungen:

1) Weitere Themen waren: Lohnt es sich, auf Deutschland stolz zu sein? Dummheit und Stolz... Argumente gegen Rassismus. Neonazis dulden oder verbieten? Benetton oder Esprit - ich fühl' mich, wie ich mich kleide.

2) Unsere Beweggründe, Kids für gute Arbeit auch Bares anzubieten, haben wir schon in dem Projektehandbuch Rechtsextremismus, S. 230 ff, offengelegt.

Faschisten - was'n das?

Faschisten - was'n das? Aktionsvorschlag: Zur "Immunisierung" gegen rechtsextremistische Einstellungen in der Kinderszene.

Das von Kindern (einer Clique 13-jähriger Mädchen) 1989 hergestellte Heftchen (auf dem Hintergrund diverser Vorlagen getextet, layoutet, gedruckt, gelegt, geheftet) ist grundsätzlich verbesserungswürdig. Es soll an (Jugendliche) Kinder (Kids) mit der Bitte verteilt werden, zu überprüfen, ob

a) der Text verständlich geschrieben ist,
b) welche Textpassagen korrigiert werden sollten,
c) die Bilder zum Text passen (gibt es bessere, z. B. Comics/Karikaturen),
d) die Botschaft des Heftes rüberkommt und verstanden wird und richtig ist,
e) die Form und Aufmachung stimmt oder verändert werden sollte,
f) das Heft mal richtig neu gestaltet werden soll.

Achtung: Das Heft selbst ist in diesem Prozeß ein Nebenprodukt: Der Weg ist hier das Ziel.

Die Druckergruppe des Flüchtlingsrates Mülheim ist bereit, Eure korrigierte und neugestaltete Fassung extra und kurzfristig für Euch zu drucken (Preisvorschlag: 1 Titelseite einseitig/3 Innenblätter beidseitig (=12 Seiten) bei 100 Exemplaren in DIN A 4 = DM 40,-).

(Ein Aktionsvorschlag der Arbeitsgruppe SOS-Rassismus, Haus Villigst, 5840 Schwerte, Tel.: 02304/755-190.)

Dem HASS keine Chance!

FASCHISTEN WAS'N DAS?

Wenn man einigen Menschen glauben würde, dann liefen überall in der Bundesrepublik Faschisten herum. Dieses Etikett wird beinahe für jeden gebraucht: 'brutale' Polizisten; 'gewalttätige' Demonstranten; Bürgermeister; strenge Lehrer; sexistische Männer; rassistische Witzerzähler; Menschen, die die NPD wählen; **usw.**

'Faschist' ist eines der schlimmsten Schimpfwörter, und es wird immer häufiger benutzt.

Das wäre alles nicht so tragisch, wenn es nicht noch echte Faschisten in der Bundesrepublik und anderswo geben würde. Denn wenn jeder nach Lust und Laune andere als Faschisten beschimpft, wird die notwendige Aufmerksamkeit von ihnen abgelenkt. Sie bekommen durch das entstehende Begriffschaos eine wunderbare Entschuldigung und können sagen: 'Wieso, ich ein Faschist? Das wird doch von dem oder jenem auch behauptet!'

Darüberhinaus verliert das Wort 'Faschist' natürlich seine warnende Kraft, wenn es auf alle möglichen Personen angewandt wird.

Faschisten - was'n das?

(Textvorlage für ein Schülerheft)

Wer den Faschismus bekämpfen möchte, muß genau wissen, was die Faschisten wollen, wie sie handeln und auf welche Art und Weise sie versuchen, die Menschen für sich zu gewinnen. Man muß sie als Faschisten erkennen!

Die grundlegenden Ideen der Faschisten

- **Ungleichheit**
  - Faschisten denken, daß der eine Mensch mehr wert ist als der andere.
  - Faschisten unterscheiden die Menschen aufgrund ihrer Rasse. Sie denken, daß ihre eigene Rasse die beste ist.
  - Menschen, die anders denken oder sich anders verhalten als die Faschisten, sind minderwertig, z. B. politische Gegner, Frauen und Homosexuelle.
  - Faschisten wollen keine Regierung, die durch alle gewählt wird und auch wieder abgewählt werden kann. Faschisten haben immer nur Führer, die bestimmen, was Recht und Unrecht ist.
  - Faschisten denken, daß Frauen den Männern untertan sind. Männer müssen kämpfen, arbeiten und führen. Auch in der Familie ist der Mann der Boss, Frauen sollen soviel wie möglich zu Hause sein, Kinder gebären und sie aufziehen.
- **Das Volk**
  Faschisten denken, daß ihr eigenes Volk an erster Stelle stehen muß, weil es das beste ist. Menschen sind für die Faschisten erst dann wichtig, wenn sie etwas für das Volk, das Vaterland und den Führer tun.
- **Nationalismus**
  Das eigene Volk ist das wichtigste. Dieses Volk muß, nach Meinung der Faschisten, zusammen in einem Land (Nation) leben. Wenn dem Land etwas fehlt, hat es das Recht, sich diese Güter von anderen Ländern zu holen. Deswegen wollen die Faschisten immer eine stärkere Armee haben. Sie glauben, daß sich die Kraft des Volkes in der Stärke der Armee widerspiegelt.
- **Keine Gegensätze im Volk**
  Weil nichts so wichtig ist wie das eigene Volk, darf im Volk keine Unruhe herrschen. Daher dürfen verschiedene Gruppen im Volk nicht für ihre eigenen Rechte und Interessen kämpfen. Es darf keine freien Gewerkschaften geben, und die Frauen dürfen nicht für ihre Gleichberechtigung eintreten.

Gegen wen richten sich die Faschisten?

- **Verfolgung von Gegnern**
  Faschisten hassen die Menschen, die nicht ihrer Meinung sind. Vor allem Sozialisten, Gewerkschafter, Christen und alle anderen, die in der Öffentlichkeit den Faschismus verurteilen; schon allein wegen ihrer Gedanken werden sie festgenommen.
- **Sündenböcke**
  Faschisten haben meistens ein starkes Verlangen nach Sündenböcken. Das sind Menschen oder Gruppen, die für alles, was im gesellschaftlichen Zusammenleben falsch läuft, die Schuld zugeschoben bekommen:
  Arbeitslosigkeit, Orientierungslosigkeit, Wohnungsnot, Kriminalität u.s.w.
  Im 3. Reich war die jüdische Bevölkerung der Sündenbock.
  Heutzutage sind es vor allem Menschen mit einer anderen Hautfarbe, Sprache, Herkunft und Lebensgewohnheit, die zu Sündenböcken gestempelt werden.

Wie arbeiten sie?

- **Mißbrauch von Gefühlen**
  Faschisten versuchen, die Menschen für sich zu gewinnen, indem sie sich auf ihre nicht begründbaren Gefühle einstellen, z.B. übertriebene Vaterlandsliebe, Angst vor Menschen, die "anders" sind, Sicherheitsbedürfnisse, Ruhe und Ordnung, das Bedürfnis nach einfachen Erklärungen und Lösungen, besser als andere sein wollen. Sie nennen es "das gesunde Volksempfinden" oder "der gesunde Verstand".
- **Verherrlichung von Gewalt**
  Faschisten denken, daß sie sich mit Gewalt ihr "Recht" holen können. Für sie gilt das Recht des Stärkeren.
  Kämpfen ist Männersache. Die Frauen müssen allein dafür sorgen, daß sie genügend Jungen gebären, die später robuste und starke Männer werden. Kampf und Krieg werden verherrlicht.
- **Eindruck schinden: mit äußerlichem Geprotze**
  Faschisten lieben es, auf die Menschen Eindruck zu machen:
  Mit Uniformen, Waffen, Stiefeln, vielen Flaggen, Marschmusik und riesigen Zusammenkünften.
- **Ausnutzung von Angst und Unsicherheit**
  Wenn Menschen sich unsicher fühlen oder Angst haben, in Zeiten großer Arbeitslosigkeit, bei sinkenden Löhnen, wenn große Wohnungsnot herrscht, zu wenig Nahrungsmittel vorhanden sind oder Menschen ihre Orientierung verloren haben, dann sehen die Faschisten ihre große Chance.
  Sie behaupten: "Leute, wenn wir einmal an der Macht sind, lösen wir alle

Probleme." Sie versuchen, Sündenböcke zu finden, um an ihnen die Angst und Wut der Bevölkerung rauszulassen. Dadurch stiften sie zu Gewalt an. Darüber hinaus verüben sie selbst Anschläge, um noch mehr Angst zu machen.
Der Faschismus sah vor der Machtübernahme in vielen Punkten anders aus als danach. Dieser Unterschied gilt auch heute!

- **Faschismus und Nationalismus**
  In den meisten Ländern Westeuropas wird heute von "Faschismus" gesprochen, um den politischen Gesellschaftsformen gerecht zu werden, die sich in den 20er und 30er Jahren in ganz Europa herausbildeten: in Italien der Faschismus, in Spanien der Francismus, in Deutschland der Nationalsozialismus usw. Die Anhänger des Nationalsozialismus werden oft auch 'Nazis' genannt.
  Neben den nationalen Unterschieden, die sicher nicht unwichtig waren, gab es doch vor allem Übereinstimmungen. Die Merkmale, wie sie hier beschrieben werden, beziehen sich vor allem auf die deutsche Variante des Faschismus: den Nationalsozialismus.

Wenn Faschisten an der Macht sind

- **Totale Kontrolle**
  Sobald die Faschisten an der Macht sind, beginnen sie alle Lebensbereiche zu beeinflussen. Zuerst verbieten sie das Parlament, alle politischen Parteien und nichtfaschistischen Organisationen. Es gibt dann keine freie Meinungsäußerung mehr, keine Versammlungsfreiheit. Die Faschisten bestimmen, was in den Zeitungen geschrieben wird und was im Radio und Fernsehen gesendet werden darf. Die Richter müssen den Anweisungen des Führers folgen. Nichtfaschisten haben keine Rechte mehr. Überall, in den Betrieben, in den Schulen, in der Familie und in der Freizeit müssen die Menschen das tun, was die Führer bestimmen. Gleichzeitig wird, um ihre Position zu stärken, fast alles für die Rüstung, die Armee und die Polizei ausgegeben.

Alles vorbei?

Vorbei? 1945 wurden die Nazis besiegt. Ihre Ideen leben jedoch bis heute weiter. Auch heute noch werden oft rassistische Aussagen gemacht, auch heute gibt es noch Gruppen und Parteien, die den Rassismus zu schüren versuchen und ihn benutzen, um Anhänger zu gewinnen.

- **Antisemitismus**
  Es gibt immer noch Menschen, die die Juden hassen. In Witzen und Bemerkungen kommt das zum Ausdruck. Außerdem wurden in den letzten Jahren wieder Anschläge auf Synagogen, jüdische Geschäfte und Friedhöfe in verschiedenen Ländern Europas verübt.
- **Rassismus**
  liegt immer dann vor, wenn bestimmte Merkmale von Menschen (z.B. Hautfarbe, Asylbewerber sein, Geschlecht usw.) mit bestimmten Eigenschaften gekoppelt werden (z.B. wenn von der Hautfarbe auf die geistige, kriminelle oder sexuelle Leistungsfähigkeit o.ä. geschlossen wird) und durch diese Konstruktion eine qualitative Bewertung vorgenommen wird oder werden soll. Diese willkürliche Konstruktion von "Rasse" zielt darauf ab, als minderwertig erklärte Menschen schlechter zu behandeln oder zu vernichten.
- **Der Sündenbock**
  Viele brauchen einen Schuldigen für ihre eigenen Probleme: einen Sündenbock. Wenn es mal wirtschaftlich schlechter geht und Leute arbeitslos sind, ist auf einmal zu hören: "Daran sind die Ausländer schuld". Sie erhalten die Schuld für alle möglichen Probleme, und es wird gesagt: "Wenn die weggehen, dann hört der ganze Ärger auf". Dies scheint eine einfache Lösung zu sein. Aber sie stimmt nicht, noch taugt sie etwas, denn die Probleme sind natürlich viel komplizierter. Gerade rassistische Gruppierungen und Parteien versuchen, Anhänger zu gewinnen, indem sie Sündenböcke (Ausländer, Schülerinitiativen, Bürgerinitiativen) benennen.
- **Neofaschistische Gruppierungen**
  In allen westeuropäischen Ländern gibt es kleine neofaschistische Gruppen, z.B. die "National Front" in England oder die "FAP" (Freiheitliche Deutsche Arbeitspartei). In ihrem Denken und Handeln ähneln sie den Nazis von früher. Oft kleiden sie sich ähnlich und treten in "Kampfgruppen" auf. Auf verschiedene Weise versuchen sie, die nationalsozialistische Vergangenheit zu beschönigen. Beispielsweise streiten sie den Massenmord an den Juden als "jüdische Lüge" ab. Vor allem gegenüber Ausländern treten sie äußerst aggressiv auf. Ihr Anhang ist meist klein, weil sie den Nazis zu sehr ähneln. Dafür sind sie um so aktiver.
- **"Volksparteien"**
  Viel gefährlicher sind Parteien, die immer wieder betonen, daß sie nichts mit dem Faschismus zu tun hätten, in der Praxis aber faschistische Merkmale zeigen. Man denke nur an die "Front National" in Frankreich, die "Centrumpartij" in den Niederlanden oder die Nationaldemokratische Partei (NPD), Deutsche Volksunion (DVU) und Republikaner (REP), FAP (Freiheitliche Arbeiterpartei), NF (Nationalistische Front) usw. in Deutschland.

Auf oft raffinierte Art versuchen sie, die Gefühle von Angst und Unsicherheit vieler Menschen auszunutzen.
Fast alle diese Parteien bieten die gleiche "einfache Lösung" an: "Die Ausländer müssen raus". Damit schüren sie Vorurteile und Diskriminierung. Auch die Nazis sagten: "500.000 Arbeitslose, 400.000 Juden. Die Lösung ist einfach..."

Alle Menschen sind Ausländer ... fast überall!

Wir sprechen von Rassismus, wenn anderen Menschen wegen ihrer Herkunft, Merkmale oder Verhaltensweisen mit Vorurteilen oder Diskriminierung begegnet wird. In Deutschland spricht man auch häufig von Ausländerfeindlichkeit. Rassisten versuchen, ihr Denken mit verschiedenen Argumenten zu rechtfertigen. Sie sagen z. B.: "Wir haben eine hochentwickelte Kultur. Die Ausländer gefährden unsere Kultur mit ihrer Anwesenheit" oder: "Die Ausländer sind fremd und wollen sich auch nicht anpassen. Wenn sie hier bleiben, kommt es andauernd zu Auseinandersetzungen". Rassismus kann es überall geben: Auf der Straße, in Geschäften, bei Fußballspielen oder in Diskotheken. Ausländern werden üble Sprüche an den Kopf geworfen, und an vielen Wänden stehen rassistische Parolen, wie z. B. "Türken raus". Oft geht es sogar so weit, daß Ausländer zusammengeschlagen oder Flüchtlingslager in Brand gesetzt werden.

Solche Zwischenfälle kommen meist in die Zeitung, aber sie sind nur die Spitze des Eisberges. Viele meinen, daß das alles nicht so schlimm sei. Für die Betroffenen ist es dafür um so schlimmer! Rassismus spielt sich aber auch auf anderer Ebene ab. Wer hat zum Beispiel jemals danach gefragt, warum Ausländer so selten im Fernsehen zu sehen sind. Wenn sie darin mitspielen, dann häufig in der Rolle des Knechtes oder des Schurken, nicht als schlaue Heldin, als schlauer Held mit einem guten Job, netten Freunden und einem schönen Haus. Sprache und Kultur von Ausländern werden oft unterschwellig als minderwertig angesehen, als ob die deutsche, englische oder niederländische Art zu leben die beste ist.

Es gibt viele Gesetze, Vorschriften und Institutionen, die - obwohl sie es nicht beabsichtigen - Ausländer benachteiligen.

Ein paar Beispiele:

- Für Ausländer ist es im allgemeinen schwerer, eine Arbeit zu finden. Bei vielen Bewerbungen werden Ausländer von vornherein abgelehnt.
- Bei der Wohnungssuche werden Ausländer viel häufiger abgelehnt als Deutsche.

Aktionen gegen Rassismus

In einer demokratischen Gesellschaft muß jeder, ob weiß oder schwarz, ob deutsch oder türkisch, die gleichen Rechte haben.

Rassismus, Ausländerfeindlichkeit, Diskriminierung und Gewalt gehören nicht dazu. Viele Jugendliche und andere, die so denken, tun sich zusammen und machen Aktionen, um ihrer Überzeugung Ausdruck zu verleihen, z.B. eine Gruppe von deutschen und türkischen Jugendlichen in Berlin, die gemeinsam ein Theaterstück über ihre Erfahrungen mit Diskriminierung aufführen oder:

- eine Videogruppe von Jugendlichen aus Hamburg, die einen Film über Ausländerfeindlichkeit drehen;
- eine Gruppe von Asylbewerbern und Deutschen aus Potsdam, die sich alle zwei Wochen treffen, ihre Freizeit zusammen verbringen und sich gegenseitig helfen. Die Deutschen lernen libanesisch oder afrikanisch kochen; die Ausländer, wie man sich auf deutschen Ämtern zurechtfindet.

Sicher gibt es dafür auch in Deiner Umgebung Beispiele.

WIR BRANDENBURGER
Schülerinnen und Schüler
sagen **NEIN** zu
Gewalt und Rassismus

Gewalt und Rassismus haben in Deutschland eine lange Geschichte, die weder einfach vom Himmel gefallen ist, noch mit dem 3. Reich begonnen oder mit seinem Zusammenbruch beendet worden ist. Besonders in der gegenwärtigen Situation, in der soziale und wirtschaftliche Ängste und Nöte die Menschen beschäftigen, in der die Identität und Sicherheit vieler zerstört wurden, bekommen Gewalt und Rassismus Applaus und Zuspruch.

Unser Heft "Faschisten, was'n das" ist ein kleiner Baustein, um dem Rassismus, der Gewalt und dem Faschismus das Wasser abzugraben. Weil wir unsere Zukunft nur gemeinsam friedlich gestalten können, brauchen wir dazu auch Dich!

Ruf uns an, melde Dich, misch Dich ein, lach nicht mit, wenn dumme Ausländerwitze erzählt werden, geh dazwischen, wenn unsere Freundinnen und Freunde mit ausländischen Eltern oder aus anderen Kulturkreisen belästigt, bedroht oder geschlagen werden. Sag Deine Meinung, und bewege Dich schon heute, bevor Du morgen merkst, daß Du selbst Ausländerin oder Ausländer gewesen bist ...

Es ist leichter, einen Atomkern zu spalten als ein Vorurteil

Albert Einstein

Asyl: Fakten gegen Vorurteile

1. Vor-Urteil: Das Boot ist voll - Deutschland verkraftet nicht mehr Menschen

Die Fakten:

Seit der Vereinigung leben in Deutschland 222 Einwohner pro Quadratkilometer. Das Land gehört damit längst nicht zu den dichtbesiedelten Ländern Europas. Würde sich die Einwohnerzahl um 3,5 Millionen erhöhen, dann käme Deutschland auf die Besiedlungsdichte Großbritanniens (234 Einwohner pro qkm). Würden 20 Millionen Menschen zuwandern, beliefe sich die Besiedlungsdichte auf 280 Einwohner pro Quadratkilometer - damit wäre das Land immer noch weit von den Verhältnissen in Belgien (325) und den Niederlanden (360) entfernt. Andererseits schrumpft die deutsche Bevölkerung seit Jahren - außerdem verlassen mehrere Hundertausende Ausländer jährlich Deutschland. Experten rechnen vor, daß Deutschland eine Zuwanderung von über 300.000 Menschen pro Jahr benötigt, um die Finanzierung der Sozialsysteme zu sichern. 1991 wanderten 480.000 Menschen zu, nur etwa die Hälfte von ihnen waren Asylbewerber.

Vielfach werden Asylbewerber bei uns als "Scheinasylanten" beschimpft. Das Diakonische Werk in Stuttgart dokumentiert folgende Fälle von Asylbe-

werbern, die in Deutschland durch das Sieb des Asylverfahrens fielen: eine iranische Frau, die wegen Ehebruchs gesteinigt werden sollte; ein Kriegsdienstverweigerer aus dem Iran, der den Krieg von Saddam Hussein nicht mitmachen wollte; eine kurdische Familie, die vor Angriffen mit Giftgas durch irakische Truppen geflohen war; eine tamilische Mutter aus Sri Lanka, der man ihr Kind aus dem Arm schoß und die anschließend vergewaltigt und mit dem Tode bedroht wurde; ein Vater aus dem ehemaligen Jugoslawien, der mit seinen beiden Kindern dem Bombenhagel von Ossijek entkommen konnte.
Bei vielen Kritikern des angeblich zu liberalen deutschen Asylrechts laufen diese Fälle unter "Mißbrauch des Asylrechts". Für die meisten Betroffenen bedeutet die Rückkehr in ihr Heimatland den sicheren Tod.

2. Vor-Urteil: Die meisten Asylbewerber sind Wirtschaftsflüchtlinge

Die Fakten:
Richtig ist, daß von den Asylbewerbern letztlich nur wenig mehr als 20 Prozent als Asylberechtigte anerkannt werden. Der Grund liegt in der strengen Auslegung des Asylrechts. So wird zum Beispiel drohende Folter im Heimatland nicht als Asylgrund anerkannt. Außerdem kommt rund die Hälfte aller Asylbewerber aus Kriegsgebieten wie Bosnien-Herzegowina oder Sri Lanka.
Sie erhalten kein Asyl, dürfen aber nicht abgeschoben werden, weil Deutschland damit gegen die Genfer Flüchtlingskonvention der Europäischen Menschenrechtskommission verstoßen würde. Asylbewerber, die aus Armutsgründen oder über Schlepperorganisationen nach Deutschland kommen, mag es geben - es handelt sich dabei aber um eine kleine Minderheit. Diese Fakten zeigen, wie wenig die viel diskutierte Änderung des Grundgesetzes an der gegenwärtigen Situation ändern würde.

3. Vor-Urteil: Asylbewerber fressen den deutschen Staatshaushalt auf

Die Fakten:
Die Kosten für die Asylbewerber genau zu berechnen ist schwierig. Offizielle Schätzungen belaufen sich auf Ausgaben von etwa vier Milliarden Mark pro Jahr - im Durchschnitt belastet dies jeden Bundesbürger mit 52 Mark pro Jahr. Dies ist nicht sehr viel, bedenkt man, daß die Bundesbürger für ganz abstruse Staatsinvestitionen aufkommen müssen, ohne daß Protest laut wird: Z.B. bezahlen sie 43 Mark pro Jahr für die Tilgung von Krediten, die für die geplante und inzwischen zu den Akten gelegte Wiederaufbereitungsanlage in Wackersdorf aufgenommen worden sind, von den knapp 20 Milliarden Mark für den Golfkrieg ganz zu schweigen. Gleichzeitig gilt diese Ausgabenrechnung nur für Asylbewerber. Sind Ausländer erst einmal in unser Erwerbsarbeits- und Sozialsystem integriert, dann sind sie für die Staatskasse und für die Sozialversicherung ein großer Gewinn. Nach Angaben des Rheinisch-Westfälischen

Instituts für Wirtschaftsforschung (RWI) zahlten die Ausländer 1991 rund 30 Milliarden Mark in die deutsche Staatskasse und in die Sozialversicherung. Außerdem sind sie wichtige Kunden für den Handel.

4. Vor-Urteil: Die Asylbewerber nehmen uns die Arbeit weg

Die Fakten:
Asylbewerber dürfen in Deutschland erst seit Juli 1991 arbeiten. Seither haben sie zumeist Jobs auf Bauernhöfen oder im schlecht entlohnten Dienstleistungsbereich, zu denen sich Deutsche nicht bereit finden. Als direkte Konkurrenten um Arbeitsplätze treten Asylbewerber deshalb nur selten auf. Außerdem muß man bedenken, daß Asylbewerber weniger oder keine Sozialleistungen mehr erhalten, wenn sie arbeiten.

5. Vor-Urteil: Asylbewerber nehmen uns die Wohnungen weg

Die Fakten:
Asylbewerber wohnen nach ihrer Einreise in Gemeinschaftsunterkünften und treten nur in Ausnahmefällen als Konkurrenten bei der Wohnungssuche in Erscheinung. Sind sie als Asylberechtigte anerkannt, dann suchen sie eine Wohnung und verschärfen auf diese Weise den Engpaß auf dem Wohnungsmarkt. Dennoch haben sie die Misere auf dem Wohnungsmarkt nicht verursacht. Sie rührt daher, daß die Zahl der Single-Haushalte und die Ansprüche an den Komfort der Wohnungen ständig wachsen, während in den vergangenen Jahren immer weniger Wohnungen neu gebaut wurden. Die Mittel für Sozialwohnungen wurden radikal gekürzt. Die Wohnungsnot spiegelt das Versagen der Politik wider und kann nicht den Asylbewerbern angelastet werden.

6. Vor-Urteil: Asylbewerber erhöhen die Kriminalität

Die Fakten:
Rein statistisch sind Asylbewerber überdurchschnittlich stark an Gesetzesvergehen beteiligt. Die Statistik für 1991 enthüllt jedoch auch den Grund dafür: 84.168 Asylbewerber wurden im vergangenen Jahr verdächtigt, gegen das Asylverfahrensgesetz verstoßen zu haben, das ihnen zum Beispiel verbietet, die Gemeinde zu verlassen, der sie zugewiesen wurden. Verstöße gegen dieses sehr restriktive Gesetz sind leicht, sie fallen jedoch kaum unter den Begriff "Kriminalität". Die Zahl der Fälle von Rauschgifthandel lag dagegen bei 276 und war weit weniger spektakulär. Ein Problem stellen Übergriffe einzelner Asylbewerber gegenüber Frauen dar. Die Übergriffe resultieren aus dem Kulturschock dieser Menschen und aus ihrer schwierigen Lebenssituation in den Sammellagern. Diese Erklärung ist keine Entschuldigung - sie zeigt jedoch, wo eine entsprechende soziale Betreuung der Asylbewerber ansetzen müßte, um dieses Problem zu lösen.

(aus: Publik-Forum: Dossier, Herbst 1992)

Die Zukunfts- und Ideenwerkstatt - eine Methode, bei der alle gewinnen

Unsere Welt ist voller zur Zeit unlösbar erscheinender Probleme. Genauso schlimm wie diese Probleme selbst ist die Tatsache, daß die meisten Menschen nicht glauben, daß hier noch Lösungen möglich wären. "No future" ist ein Gefühl, das keine Erfindung der Jugend ist, sondern alle Gruppen der Gesellschaft befallen hat.

Solange es aber keine Ziele und Visionen mehr gibt, für die es sich einzusetzen und zu leben lohnt, solange kann sich auch nichts ändern.

Menschen, die extreme Verhältnisse wie Konzentrationslager, monatelanges Eingeschneitsein am Nordpol oder Verschüttetsein nach Erdbeben überlebt haben, berichten immer wieder, daß es ihre Vorstellungskraft und ihre auf die Zukunft gerichteten Gedanken gewesen seien, die ihnen Mut und Hoffnung gegeben haben.

Ohne den Glauben an eine mögliche gewaltfreie Zukunft, ohne den Glauben an Ziele und Projekte, die Träume wahr machen und dem Leben Sinn geben, ohne den Glauben an die Kraft von Gedanken und Ideen kann es keine menschliche Entwicklung geben. Die Zukunft ist keine bestimmte, feststehende Wirklichkeit, sondern etwas, das wir hier und heute durch unsere Entscheidungen schaffen.

Die Zukunft sind wir selbst.

In dem folgenden Kapitel sollen Menschen ermutigt werden, sich mit der Methode der Zukunftswerkstatt vertraut zu machen, die von Norbert R. Müller und Robert Jungk entwickelt wurde und in unterschiedlichsten Gruppen praktiziert wird. Sie könnte ein erster Schritt auf Kolleginnen/Kollegen zu sein, Veränderungen in Richtung auf weniger Gewalt an ihrer Schule einzuleiten.

Wie wird eine Zukunftswerkstatt durchgeführt? Eine Zukunftswerkstatt gliedert sich in fünf Hauptteile, die ich im folgenden beschreiben will: Vorbereitungsphase, Kritikphase, Phantasiephase, Verwirklichungsphase, Nachbereitungsphase. Es empfiehlt sich in jedem Fall, das entsprechende Buch von Robert Jungk und Norbert R. Müller zu lesen oder - falls möglich - Leiter der Zukunftswerkstätten zur Durchführung einzuladen.

(Kontakte über: *Zukunftswerkstätten Berlin, Görlitzer Str. 37, 1000 Berlin 36, Tel. 030/6185464)*

Vorbereitungsphase

In dieser Phase geht es darum, den Kolleginnen/Kollegen Lust auf die Zukunftswerkstatt zu machen, den Raum zu organisieren, der groß genug für einen Kreis und auch für zu bildende Arbeitsgruppen ist, Packpapier, Klebeband und Filzstifte zu organisieren und die Arbeitsweise zu erklären. Wenn die Gruppe größer als 25 Personen ist, sollten Parallelgruppen gebildet werden. Gemeinsam mit den Teilnehmern sollte ein "Stundenplan" erarbeitet werden, der genügend Pausen einplant. Obwohl Zukunftswerkstätten nicht selten fünftägig durchgeführt werden, reicht auch ein einziger Studientag, um eine Zukunftswerkstatt durchzuführen. Zeitknappheit verhindert allerdings oft kreative Phantasie, deshalb würde ich ein Wochenende oder einen Nachmittag und den folgenden Tag unbedingt vorziehen.

Die Zeitplanung könnte dann in etwa so aussehen: Vorbereitungs- und Kritikphase am Nachmittag, Phantasiephase am folgenden Vormittag, Verwirklichungsphase am späten Vormittag und Nachmittag, Nachbereitung am späten Nachmittag. Aber selbst "Kurzwerkstätten" von einer Stunde, bei der jede Phase 15 Minuten dauern darf, können für die Ankurbelung der Diskussion sinnvoll sein.

Kritik- und Beschwerdephase

In dieser Phase soll jeder/jede Kritik und Beschwerde (Redezeitbegrenzung auf 30 Sekunden!) zum Thema vortragen. Stichpunkte der einzelnen Beiträge werden auf den Wandpapierbögen für alle sichtbar notiert. Anschließend wird nach Beispielen gesucht, die die einzelnen Stichpunkte erläutern helfen. Danach werden Oberbegriffe oder Themenkreise gesucht, unter die sich die Beispiele ordnen lassen. Diese Themenkreise werden deutlich sichtbar ausgehängt. Jetzt erhalten die Teilnehmer einen oder mehrere Markierungspunkte, die sie an die Themen kleben dürfen, die sie am brennendsten interessieren und die sie vordringlich lösen wollen.

Phantasiephase

Die von den Teilnehmern gewählten brennendsten Kritikpunkte werden als Ziele positiv umformuliert. (Kritikpunkt z.B.: Vandalismus im Schulhaus - Ziel: Wie können wir unsere Schule verschönern?)

Es folgt eine möglichst lange Phase der "Träumerei": Wie soll unsere erwünschte Welt/Schule aussehen. Hierbei gibt es keinerlei Einschränkungen oder Grenzen (zu wenig Geld/wer soll das leisten etc.), alle Einfälle und Ideen - und seien sie auch noch so verrückt - werden aufgeschrieben. Anschließend wird durch Wahl entschieden, welche utopischen Entwürfe die meisten

Teilnehmer am interessantesten finden (Markierungspunkte werden an die Phantasiethemenkreise geklebt). Wenn genügend Zeit vorhanden ist, sollten nun Gruppen diese am meisten interessierenden utopischen Entwürfe mit anderen Mitteln darzustellen versuchen: z.B. szenische Darstellung: "Die Schule von Morgen" oder ein Bild: "Schule ohne Gewalt" oder eine Skulptur aus Teilnehmern: "Lehrer und Schüler morgen" etc.

Verwirklichungsphase

Zuerst wählen die Teilnehmer aus den Phantasievorstellungen wieder die aus, die sie am meisten interessieren. Jetzt werden Brücken zur Wirklichkeit geschlagen, d.h. die Teilnehmer fragen sich: Gibt es so etwas Ähnliches schon irgendwo? Was geht ungefähr in die gleiche Richtung? Wo könnte man Nachforschungen anstellen? Wen könnte man fragen?

Nun werden eine oder mehrere Ideen herausgegriffen und ein Forderungskatalog aufgestellt:

- An wen müssen wir welche Forderungen richten, damit unsere Idee eine Chance erhält?

Jetzt wird eine Forderung herausgegriffen und gefragt:

- Was wollen wir konkret tun? Wie wollen wir anfangen?
- Wer kann uns unterstützen?
- Wo soll das Projekt entstehen?
- Wann fangen wir an?

Es folgt ein Verwirklichungsplan mit festen Terminabsprachen, Verteilung der Verantwortlichkeiten und Aufgaben etc.

Nachbereitungsphase

In ihr können ein Protokoll der Werkstatt erstellt und die Ergebnisse verbreitet bzw. zusammengefaßt und ggf. verfielfältigt werden. Vorschläge zur Weiterarbeit werden gesammelt, das nächste Projekt wird vorgestellt.

(aus: Gewalt an Schulen, G. u. A. Preuschoff, Köln '92)

Ideologiekritische Arbeitsansätze

Gerade weil in den vergangenen Jahren deutlich spürbar geworden ist, daß gesellschaftliche Ideologien, Sinndeutungssysteme und Erklärungsmuster in sich zusammengebrochen sind, plädieren wir nachdrücklich in allen gesellschaftlichen Bereichen und Gruppierungen für eine Überprüfung und Klärung der eigenen Ideologie. Gerade im kirchlichen Bereich haben wir dabei bitter zu spüren bekommen, daß viel zu oft das sonntags verkündigte Evangelium schon am Montag der Realität nicht mehr standhalten konnte. Wenn es stimmt, daß unsere Ansprüche der Wirklichkeit nicht mehr gewachsen sind, wird es Zeit, unsere Wirklichkeit zu verändern oder unsere Ansprüche zu korrigieren. Vielfach entlarven nämlich heute gerade Kinder und Jugendliche vorgegebene "Wahrheiten" gesellschaftlicher Gruppen als Selbstbetrug und den Versuch, auch Kinder und Jugendliche zu korrumpieren.

In unseren Versuchen, "Politikern auf die Finger klopfen" s. S.127, oder z.B. dem "Zeugnis für Lehrer" haben wir gezeigt, daß exakt diese Arbeitsansätze von ideologiekritischen Verfahren auch Lösungen zu Tage befördern, die in die Zukunft weisen. Notwendig sind dafür drei elementare Schritte:

1. **Überprüfung der eigenen Ideologie und die Formulierung von Zielen.**
2. **Die Beschreibung der in den Blick genommenen Szenen und ihre Lebenssituationen.**
3. **Die Konstruktion eines Modells (Utopie, Vision), in dem die Ansprüche der Ideologien in Übereinstimmung mit denen der Szene gebracht werden können.**

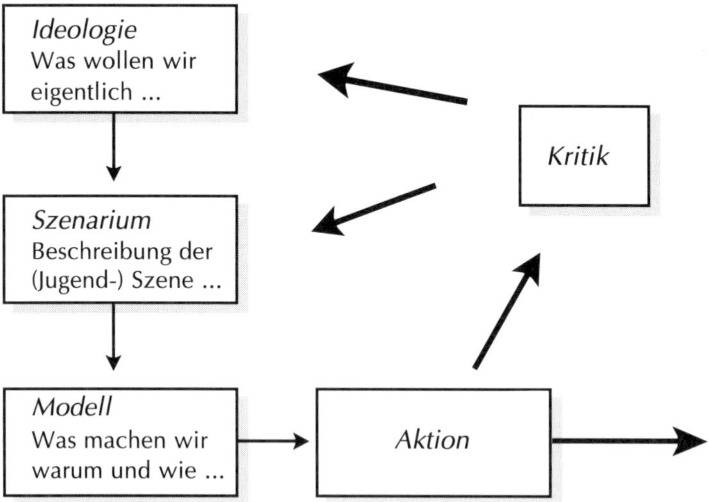

Die Konfrontation dieses Modells mit der Szene läßt sich im folgenden in Aktionen umsetzen, wobei diese, und das ist eben das Erstaunliche, bei Fehlern oder Selbstbetrug, durchaus auch als Kritik auf die eigene Ideologie zurückwirkt. Wenngleich dieser Prozeß schon als ausgesprochen erfolgreich und positiv zu bewerten ist, gilt es dennoch, über unseren eigenen Tellerrand hinauszusehen und zu einer aktiven Veränderung und Korrektur der uns umgebenden Wirklichkeit beizutragen.

An zwei Beispielen wollen wir zeigen, wie dies gelungen ist.

Macht hoch die Tür ... (Ton-Dia-Serie)

Bei dem Versuch, kirchliche Ideologien prägnant wiederzugeben und auf ihren Wahrheitsgehalt hin zu überprüfen, hatten Jugendliche sehr schnell die Weihnachtsgeschichte und das Lied "Macht hoch die Tür" zur Hand (es war zufällig auch Advent) und brachten kirchliche Ideologien auf die Formel: "Kommt her zu mir, alle, die ihr mühselig und beladen seid, ich will euch erquicken" *(Bibel).*

In einen harten Widerspruch dazu setzten sie die Art und Weise, wie asylsuchende Flüchtlinge heute bei uns untergebracht und trotz aller geräuschvollen Interventionen von unserer Kirche diese Unterbringung auch toleriert wird. Um dieses Problem zu vermitteln, wählten sie die Möglichkeiten einer Ton-Dia-Show. Zu dem Lied "Macht hoch die Tür" zeigten sie die Ankunft von Flüchtlingen in der BRD. Zur vorgelesenen Weihnachtsgeschichte (mit Hintergrund-Musik: "Vom Himmel hoch, da komm' ich her") werden Bilder der Ankunft in einem Flüchtlingslager, die Unterkunft, die Geburt eines Flüchtlingskindes, die räumliche Enge etc. gezeigt. Die Widersprüche in dieser Ton-Dia-Serie sind so deutlich und gehen so unter die Haut, daß wir bei Vorführungen bisher niemals Aggressionen oder Ärger der Zuschauer abbekamen, ganz im Gegenteil.

(Die Ton-Dia-Serie "Macht hoch ..." ist bei der AG SOS-Rassismus zu bekommen.)

Rassismus (Ton-Dia-Serie)

Im Rahmen eines Seminares mit Jugendlichen aus der IG-Metall ist unsere Ton-Dia-Serie "Rassismus" entstanden, die insbesondere die Frage klären sollte, ob und wenn ja, was Rassismus mit uns zu tun hat und wo er zu finden ist.

"Diese Ton-Dia-Serie ist eine kleine Reise! Rassismus gibt es in vielerlei Formen fast überall auf der Welt, mal offensichtlich, mal eher subtil und versteckt. Die krasseren, weil offenen Formen sind uns meist bekannt. Deshalb beginnt unsere Reise auch dort, in Südafrika.

Seit Jahrzehnten ist der offene Rassismus dort Bestandteil des gesellschaftlichen und politischen Lebens. Vielerorts werden die Ursachen dieses Rassismus allein den regierenden politischen Kräften in Südafrika zugeschrieben. Dies ist sicher nur zum Teil richtig, denn ein Teil der Bedingungen, die die Stabilität der politischen Verhältnisse in Südafrika ermöglichen, haben ihre Begründung auch bei uns.

Trotz weltweiter gesellschaftlicher und politischer Verurteilung der südafrikanischen Apartheid-Politik gibt es immer noch wesentliche, sehr wirksame Bestrebungen zur Unterstützung der Apartheid-Politik in Südafrika.

Speziell die Bundesrepublik Deutschland trägt mit ihren intensiven wirtschaftlichen Beziehungen zu Südafrika zur Stützung des politischen Regimes bei. Unsere Reise nach Südafrika will versuchen, in dokumentarischen Bildern und kurzen Einblendungen "unseriger Teilhabe" an den rassistischen Verhältnissen dort, die Zusammenhänge deutlich zu machen.

Die besondere Bedeutung erhält diese Angelegenheit ja dadurch, daß die Gewerkschaften der BRD zwar den Rassismus in Südafrika aufs Heftigste verurteilen, aber nur wenig dagegen unternehmen, daß sich bedeutsame Wirtschaftsunternehmen der BRD dort massiv engagieren und damit gegen die allgemeinen weltweiten Boykottmaßnahmen gegen Südafrika verstoßen.

Im zweiten Teil unserer Reise fliegen "wir" nach Europa, genauer gesagt in die Bundesrepublik Deutschland, weil "wir" die Verhältnisse in unserer Heimat nicht mehr ertragen können, oder sogar mit Folter und Tod bedroht sind. "Wir", das sind Tausende von Flüchtlingen aus aller Welt, die in ihren Heimatländern von Verfolgung und Unterdrückung bedroht sind, und die Zuflucht in anderen Ländern und Staaten suchen. Viele von "uns" wollen in die BRD. Auf dem See-, Land- und Luftwege versuchen wir in das Land zu kommen, welches so reich ist, weil wir so arm sind.

Die Art und Weise, wie mit uns in Deutschland umgegangen wird, zeigt uns deutlich, daß Deutschland selber immer noch für sich reklamiert, Herrenmensch zu sein, der satt werden muß, um Krümel von seinem Kuchentisch für uns entbehren zu können..."

(Aus einem Bericht des o.g. Rassismus-Seminars.)
(Die Ton-Dia-Serie "Rassismus" ist bei der AG SOS - Rassismus zu erhalten.)

Medienschelte

Manchmal packt Dich die kalte Wut, Du springst im Dreieck, tobst, schlägst den Journalistinnen und Journalisten ihre Sülze um die Ohren, rauchst eine Machorka und fällst dann in Dich zusammen: Nichts ist passiert, nichts verändert sich. Also beruhige Dich wieder, keep cool, darling: **recherchiere und berate Journalistinnen und Journalisten** (hetz sie nicht zu Tode) wie notwendige Informationen und Kritiken verantwortlich rübergebracht werden. Dazu ist es auch notwendig, daß Du selbst konkrete Anlässe recherchierst, mit Fakten belegst und sympathisch versuchst, Journalistinnen und Journalisten zu bewegen, verantwortliche Medienpolitik zu betreiben.

Das folgende Beispiel kann zwar noch verbessert werden, ist aber schon ein gutes Beispiel für eine solche Kehrtwendung.

Gestern wird schöner als Morgen

Wie die Medien dazu beitragen, daß der Rassismus in Deutschland wächst

Es beginnt schon mit der systematischen Ankündigung von Zahlen der Asylbewerber, die vor allem seit der Vereinigung tagaus, tagein bei jeder Nachrichtensendung den Zuhörern und Zuschauern wie Hammerschläge versetzt werden. Zahlen klingen stets sachlich, nüchtern und wahrheitsgetreu. Sie erhöhen die Überredungskunst.

Nackte Zahlen allein sind trocken. Sie werden daher in Bilder gebettet, die so oft gezeigt werden, daß sie automatisch eine Pawlowsche Reaktion hervorrufen. Bei ARD und ZDF zum Beispiel beginnen die Nachrichtensendungen über das Thema "Asyl" fast immer mit demselben starren Bild: Massen von Asylbewerbern, eingepfercht zwischen Gittern, vor dem Eingang der Asylstelle. Eine eingeblendete unendliche Schlange unterstreicht die Kommentare und Zahlen des Nachrichtensprechers und suggeriert Tausende von Menschen. Die dazu angewandte oder von Politikern übernommene Terminologie steuert ihren entsprechenden Teil bei: Asylantenschwemme, Flut von Asylanten, Zahl dramatisch gestiegen...

Wörter und Bilder sind Geschwister. Wörter malen die Realität mit Bildern, und Bilder können durch Wörter bis zur Unkenntlichkeit verzerrt werden: Unsere Bilder sprechen unsere Sprache. Immer.

Das Interesse der Hintergrundberichte gilt fast ausschließlich den Aufnahmekapazitäten der Kommunen, den Auswirkungen auf die Lebensqualität der deutschen Bürger und vor allem der Zunahme der Kriminalität und der Arbeitslosigkeit, die implizit und oft direkt mit den Asylbewerbern in Verbindung gebracht werden. Das alles gewürzt mit Forderungen der Politiker, "endlich Maßnahmen gegen die Asylantenflut" zu treffen.

Indessen wächst das Monster Rassismus, es wird zur alltäglichen Realität, und große Teile der Republik schauen zu oder weg.

In den meisten Diskussionen werden die Ausländer als "Problem" erörtert. **Wie viele Sendungen oder Berichte wurden aber dem menschlichen Schicksal dieser Menschen, ihren Leiden gewidmet?** Ausländer, Asylbewerber, Flüchtlinge werden im Grunde genommen kaum als mehr als eine gesichtslose Masse ohne fest umrissene Konturen wahrgenommen. Lediglich Haut- und Haarfarbe, die "andere" Religion und das "Fremdartige" bleiben haften.

Kein Wunder, daß unter diesen Bedingungen, über die kahlgeschorenen Horden hinaus, auch - und das ist das Bedrückendste - der Otto Normalverbraucher den Feuer-Anzündern Beifall klatscht und in Ausländerinnen und Ausländern oder Asylbewerberinnen und -bewerbern potentielle Aggressoren und Störenfriede sieht. Haben uns nicht gar hochrangige Politiker belehrt, daß auch diese Leute "Menschen" sind?!

Ob Talk-Show oder Unterhaltungssendung, zum zigsten Mal salbadern zu "Experten" gekürte Pseudo-Intellektuelle jeglicher Disziplin über die Gründe der Gewaltexplosion. Über die Medien äußern Politiker und immer mehr Deutsche "Verständnis" für die "verirrte Jugend". Die Quelle des Unheils sei im "alten SED-Regime", in dem "unerfahrenen Umgang mit Ausländern" oder in der "sozialen Misere" der neuen Bundes(mit?)bürgerinnen und -bürger zu suchen! Dementsprechend lauter wird ihre Larmoyanz und das permanente Geschrei nach Kohle. Eine, aus nichtdeutscher Perspektive gesehen, manchmal geradezu anstößig klingende Angelegenheit angesichts der Lage in den übrigen ehemaligen "sozialistischen Ländern", geschweige denn in den übrigen Teilen der Welt.

Auffallend an der Art und Weise, wie die Ausländerfeindlichkeit behandelt wird, ist, daß man stets über, aber in den seltensten Fällen mit den Ausländern diskutiert.

Die Debatte - sofern man von einer Debatte sprechen könnte - wird ohne die Betroffenen geführt.

Natürlich, einige Journalistinnen und Journalisten, Moderatorinnen und Moderatoren, manchmal gut inspiriert, denken auch mal daran, ihre Kolumnen oder ihre Sendungen einigen Ausländern zu öffnen, doch abgesehen davon, daß es viel zu selten passiert, sind es leider oft immer dieselben Gesichter.

(Mohammed Tilmatine, gekürzt aus: taz vom 14.10.1992).

Statistik schürt Angst vor Ausländern

Bei Asylbewerbern wird schon Fahrt in andere Stadt als Straftat registriert

Von Roland Losch
Frankfurt (ap)

Der britische Premier Churchill hat nur an Statistiken geglaubt, die er selbst gefälscht hatte. Ähnlich mißtrauisch durchleuchtete der Rechtsprofessor Vilmow die Kriminalstatistik, nach der jeder vierte Tatverdächtige in Deutschland ein Ausländer ist.

Sein Ergebnis bestätigte das Fazit mehrerer Fachkollegen: Da werden oft Äpfel und Birnen in einen Topf geworden. Und Fremdenfeinde können daraus ihr Süppchen kochen.

Dabei scheinen die Zahlen auf den ersten Blick eindeutig: 1991 wurden in Deutschland 415 622 Ausländer als Tatverdächtige registriert. Ihr Anteil an allen Tatverdächtigen betrug damit 25,9%, obwohl die Ausländer nur 6,4% der Bevölkerung stellen.

Besonders hoch ist die Kriminalitätsbelastung laut Statistik bei Asylbewerbern: Gegen 100 000 wurde im vergangenen Jahr ermittelt. Aber jede dritte Tat, die ihnen zur Last gelegt wurde, war ein Verstoß gegen das Ausländergesetz - Gesetze also, gegen die Deutsche kaum verstoßen können. Schon wenn ein Asylbewerber den Zuständigkeitsbereich seiner Ausländerbehörde verläßt, um in eine benachbarte Stadt zu fahren, begeht er eine Straftat. Ein weiteres Drittel ihrer Straftaten waren Kaufhausdiebstähle.

Schließlich wurde gegen Asylbewerber überdurchschnittlich häufig wegen Urkundenfälschung ermittelt. Alle anderen Straftaten treten weit dahinter zurück. Auch Drogenhandel fällt bei den Asylbewerbern nicht ins Gewicht - nur in einzelnen Regionen stellen sie einen Großteil der Dealer.

Die zweitgrößte Gruppe unter den ausländischen Tatverdächtigen sind Gastarbeiter. Von den 1,7 Millionen, die in Deutschland arbeiten, wurde im vergangenen Jahr gegen 83 000 ermittelt - zumeist wegen Diebstahl, Betrug oder Körperverletzung. Der Stuttgarter Kriminologin Monika Traulsen zufolge "besteht weitgehend Einigkeit darüber, daß die Kriminalitätsbelastung der ausländischen Arbeitnehmer etwas geringer als die der deutschen Bevölkerung ist".

Villmow wies darauf hin, daß von der Polizei einer Straftat verdächtigte Deutsche häufiger angeklagt und häufiger verurteilt würden als Ausländer. Offenbar würden Ausländer schneller angezeigt als Deutsche, vielleicht sei die Polizei auch eher zur Einleitung von Ermittlungen bereit.

Zeitungstheater

Ziel des Zeitungstheaters ist es, die von den Medien verbreiteten Informationen hinterfragen zu lernen. Das Zeitungstheater will zum bewußteren und kritischeren Wahrnehmen von Meldungen anleiten; es ermöglicht, aktuelle Themen im Unterricht aufzugreifen sowie einen aktiveren Einstieg in fast jede Thematik. Im Kern geht es um ein bewußtes "Lesen" und szenisches Nachspielen von Nachrichten und Meldungen.

Vorschlag zum Vorgehen:

1. L. bittet Schülerinnen und Schüler zum Thema Flüchtlinge, Ausländer und Ausländerinnen, Aussiedlerinnen und Aussiedler **Zeitschriften- und Zeitungsartikel** einer Woche zu sammeln und zur nächsten Unterrichtsstunde mitzubringen.
2. L. erläutert das Zeitungstheater und bittet die Schülerinnen und Schüler, **Kleingruppen** von 3 bis 5 Schülerinnen und Schülern zu bilden.
   Je nach Größe der Gruppe verteilt L. die Gruppenaufgaben (Die Gruppengröße richtet sich nach dem Schwierigkeitsgrad der "Lesemöglichkeit").
3. L. liest die Ausgangsmeldung vor und bietet seine Hilfe in den Kleingruppen an.
4. In den Kleingruppen werden die Gruppenaufgaben entsprechend der unten beschriebenen "Lesemöglichkeiten" bearbeitet. Nötige Materialien werden den Kleingruppen bereitgestellt.
   Die Gruppen haben 30 Minuten, um die **Präsentation der Zeitungsmeldung** vorzubereiten, die nicht länger als 3 Minuten dauern sollte.
   In dieser Ausgangsphase ist in erster Linie die Kreativität der Schülerinnen und Schüler gefragt. Bei der "Vorstellung des Zeitungstheaters" muß darauf geachtet werden, daß jede Szene, also jedes Gruppenergebnis, einen klaren Beginn und Schluß hat.
   Weitere inhaltliche Fragen, die sich bei der "spielerischen Bearbeitung" der Zeitungsmeldung ergeben, werden von der Gruppe schriftlich fixiert und nach der Präsentation besprochen.
5. Im Anschluß an die Präsentation wird der Inhalt der Zeitungsmeldung diskutiert und **die verschiedenen "Lesemöglichkeiten" bewertet**.
   - Hat die Bearbeitung der Zeitungsmeldung dazu beigetragen, daß die Meldung bewußter wahrgenommen wurde?
   - Welche inhaltlichen Fragen haben sich bei der Arbeit ergeben?

   Ein Austausch der Schülerinnen und Schüler beginnt, wobei das Benennen der Erfahrungen, die sie während der Theaterarbeit gemacht haben, nicht zu kurz kommen sollte.

6. L. hat **Plakate/Collagen (Materialsammlung:** kurze Aufsätze/Zeitschriften- und Zeitungsartikel) zu verschiedenen Aspekten der Ausländerfeindlichkeit vorbereitet.
   - Wohnbedingungen von Flüchtlingen in der BRD
   - Fluchtursachen/Fluchtmotive/Fluchterfahrungen
   - Asyldebatte
   - Gewalt gegen Ausländerinnen und Ausländer
   - Berichte Betroffener
   - Organisationen, die in der Ausländerarbeit tätig sind
   - Aktionsmöglichkeiten gegen Ausländerfeindlichkeit

Diese Materialien können durch die Sammlung der Schülerinnen und Schüler ausgetauscht werden.

7. L. bittet die Schülerinnen und Schüler, die **Materialien in Kleingruppen zu sichten** und die Informationen im Klassengespräch weiterzugeben.
8. Interessen der Schülerinnen und Schüler und Wünsche nach Vertiefung bestimmter Aspekte der Thematik werden aufgegriffen.
9. Zeitungstheater kann zu verschiedenen Zeitungsmeldungen gestaltet werden.

Weitere Ausarbeitungen für Zeitungstheater (z. B. "Asylsuchende abgeschoben - ist das Asylrecht an der deutschen Ostgrenze unbekannt?") liegen vor und können gegen DM 3,- in Briefmarken bestellt werden bei:
Dritte Welt Haus Bielefeld - Bildungsarbeit - , August-Bebel-Str. 62, 4800 Bielefeld 1.

Persönliches ... in der Tageszeitung

Eine wirksame Aktion der Evangelischen Jugend in Köln, solange zumindest, wie der Rubel noch in der Tasche rollt ... und wenn der zu Ende ist: Sponsoren für eine solche Anzeigen-Aktion finden sich immer; also, Fragen kostet nichts, und dann nix wie los!

ZUM TAG DER DEUTSCHEN VIELFALT
— EINHEIT BRAUCHT VIELFALT —

Initiiert vom Jugendpfarramt des evangelischen Stadtkirchenverbandes Köln und vielen anderen.

Liebe Familie Nika

wir wünschen Euch viel Glück
und hoffen mit Euch, daß Ihr in Forsbach bleiben könnt.

Hannelore, Ute, Ruth, Eric und Ralf Abry

Wir arbeiten gerne mit unseren ausländischen Kolleginnen und Kollegen zusammen.
ARBEITSKREIS FÜR DAS AUSLÄNDISCHE KIND e. V., KÖLN
Geschäftsstelle:
Antwerpener Straße 19–29
5000 Köln 1, Telefon 02 21/51 40 55
Telefax 02 21/51 41 53

Wir grüßen alle Ausländerinnen und Ausländer, die sich aufgrund drohender Ausweisung in Köln versteckt halten müssen

G. Seiler-Seidler
Ruth Hartmann
Claire Menke
Hildegard Schulze-Brünning
Klüs Völlmecke
Marla Quilling
Bernd Seifert
Adele Vöcking
Lutz Brenden
H. Hartenfels
Peter Böhmer
Lisa Cerny
Reinhilde Biefang

(Beschäftigte der Stadt Köln)

Hallo, Bahram, Firooz, Ha Yong, Nic, Sekou!
Schön, daß Ihr dabei seid! Auf weitere gute Zusammenarbeit — die **Mitarbeiterinnen** der Evangelischen Studenten-Gemeinde an den Fachhochschulen Köln.

Lieber Fikret!
Ich finde es toll wie gut Du in der Schule mitmachst und wünsche Dir und Deiner Familie, daß Du in unserem Land bleiben kannst.
Otmar

Lieber Cihan
ich freue mich, daß Du in Dellbrück wohnst und bin gerne mit Dir in der Schule.
Niklas

Liebe Mamure, lieber Goran!
Wir sind froh, daß wir Euch kennengelernt haben! Wir wünschen Euch und Euren Familien, daß Ihr endlich ein dauerhaftes und sicheres Bleiberecht bekommt. Dafür werden wir uns auch weiterhin einsetzen und Euch unterstützen. Wir werden Euch nicht im Stich lassen! Wir übersenden Euch viele liebe solidarische Grüße!
Allgemeiner StudentInnenausschuß (AStA) der Universität zu Köln

Jamelah, hallo Michel!
Toll, daß du hier bist.
Du bereicherst unser Leben,
machst es farbiger.
Evangelische Jugendliche aus Stammheim

Liebe Zübeyde
danke für 7 Jahre bereichernder und freundschaftlicher Zusammenarbeit in der Erziehung unserer Kinder zu gegenseitigem Verständnis und fröhlichem Miteinander in der Schule.
Geli und Ortrud

Hallo Andische, Behrouz, Fiedel, Shilan, Dalal, Rena, Arij, Daniel, Sara, Luam und Talayeh!
Wir grüßen Euch und wünschen, daß Ihr Euch bei uns in der Gemeinde wohl fühlt.
Eure Leute
vom Kindergottesdienst in Ostheim

Das Faß ist voll

Jede und jeder hat es schon erlebt: Im Radio, Fernsehen und in der Presse wird das Bild von Flüchtlingen, Arbeitsemigrantinnen und -emigranten, Ausländerinnen und Ausländern verfälscht und durch rassistische bzw. feindliche Begrifflichkeiten diffamiert. Dann beißt man und frau sich in den Bauch, schimpft auf die Verantwortlichen, die so wenig Ahnung haben, und geht mit seinem und ihrem Frust schlafen. Das soll anders werden. Wir wollen die Möglichkeiten, die wir haben, wahrnehmen. Oft ist es wirklich Unwissenheit seitens der Medien, die den Unsinn hervorbringen, und da können wir abhelfen: Also ruft an, meldet Euch zu Wort, verlangt die Verantwortlichen, und drängt auf sofortige Korrekturen und Richtigstellung!

Bayerischer Rundfunk
Rundfunkplatz 1
8000 München 2
Tel.: 089/590001

Radio Bremen
Heinrich-Hertz-Str. 13
2800 Bremen 33
Tel.: 0421/2460

Deutsche Welle
Raderberggürtel 50
5000 Köln 1
Tel.: 0221/3890

Eurosport
Oberkasseler Str. 74-76
4000 Düsseldorf 11
Tel.: 0211/571089

Hessischer Rundfunk
Bertramstr. 8
6000 Frankfurt 1
Tel.: 069/1551

Sportkanal
Joseph-Dollinger-
Bogen 30
8000 München 40
Tel.: 089/3233072

MTV Europe
Dingolfinger Str. 2
8000 München 80
Tel.: 089/298866

Norddeutscher Rundfunk
Rothenbaumchaussee 132
2000 Hamburg 13
Tel.: 040/4130

ORF
Würzburggasse 30
A-1136 Wien
Tel.: 0043222/82911

PRO 7
Bahnhofstr. 27 A
8043 Unterföhring
Tel.: 089/950010

RIAS Berlin
Kufsteiner Str. 69
1000 Berlin 62
Tel.: 030/85030

RTL Plus
Aachener Str. 1036
5000 Köln-Junkersdorf
Tel.: 0221/48950

Saarländischer Rundfunk
Funkhaus Halberg
6600 Saarbrücken
Tel.: 0681/6020

SAT 1
Hegelstr. 61
6500 Mainz
Tel.: 06131/3800

Sender Freies Berlin
Masurenallee 8-14
1000 Berlin
Tel.: 030/30310

Süddeutscher Rundfunk
Neckarstr. 230
7000 Stuttgart 1
Tel.: 0711/2881

Südwestfunk/ARD 1 Plus
Hans-Bredow-Str.
7570 Baden-Baden
Tel.: 07221/2761

Super Channel
14 Lanark Square
London E 149 QD
Tel.: 004471/4189418

Westdeutscher Rundfunk
Appellhofplatz 1
5000 Köln 1
Tel.: 0221/2201

ZDF / 3 SAT
Postfach 4040
6500 Mainz
Tel.: 06131/701

Arte
Rue de la Fonderie 2
67000 Straßbourg
Tel.: 0033/88218888

VOX
Richard-Byrd Straße 6
5000 Köln 30
Tel.: 0221/59340

Ostdeutsche Rundfunkanstalten

Norddeutscher
Rundfunk (NDR)
Funkhaus Mecklenburg-Vorpommern
Schloßgartenallee 61
O-2751 Schwerin
Tel.: 0385/8104-0

Mitteldeutscher
Rundfunk (MDR)
Springer Str. 22-24
O-7022 Leipzig
Tel.: 0341/5663-0

Ostdeutscher Rundfunk
Brandenburg (ORB)
August-Bebel-Str. 26-53
O-1591 Potsdam
Tel.: Potsdam/ 965-360,
9653536/7

Antenne Brandenburg
Puschkinallee 4
O-1561 Potsdam
Tel.: Potsdam/320-0

Radio Brandenburg
Nalepastr. 10-50
O-1160 Berlin
Tel.: 030/5516-5261

Landesfunkhaus
Sachsen (MDR)
Holbeinstr. 22
O-8019 Dresden
Tel.: 0351/4595002

Landesfunkhaus
Thüringen (MDR)
Alfred-Hess-Str. 37
O-5082 Erfurt
Tel.: 0361/691225

Landesfunkhaus
Sachsen-Anhalt (MDR)
Kulturpark -
Am Winterhafen
Postfach 3929
O-3010 Magdeburg
Tel.: 0391/554377-9

Deutscher Rundfunk
Rudower Chaussee 3
O-1199 Berlin
Tel.: 00372/6310

Raub und Schläge

Trio überfiel 21jährigen Mülheimer

Von einem Trio beraubt wurde am Sonntagmorgen gegen 6.30 Uhr im Hauptbahnhof ein 21jähriger Mülheimer. Nach einem heftigen Gerangel um sein Portemonnaie vermißte der junge Mann 250 DM.

Die drei Männer hatten ihm, aus Richtung City-Center kommend, zunächst den Weg versperrt. Anschließend versuchte der Haupttäter, an die Brieftasche des 21jährigen zu kommen. Als sich dieser wehrte, wurde er mit Faustschlägen traktiert. Die Geldbörse, mittlerweile in Händen des Schlägers, zerriß bei dem folgenden Handgemenge und fiel zu Boden.

Gemeinsam verließ das Trio den Bahnhof durch den Nordausgang. Die Beschreibung der Polizei: südländisches Aussehen mit dunklen, gelockten Haaren. Einer trug wahrscheinlich einen Ohrring und war mit einer schwarzen Lederjacke sowie einer schwarzen Jeans-Hose bekleidet. Ein weiterer Täter trug ebenfalls schwarze Jeans und eine rote Satinjacke.

WAZ. 16.12.91

Kritik an Beschreibung

In der WAZ vom 16.12.91 berichten Sie von einem Überfall im Hauptbahnhof und davon, daß es sich bei den Tätern laut Polizeibeschreibung um junge Münner „südländischen Aussehens" handeln soll.

Meine Gäste aus Bayern haben Ihren Bericht als eine unglaubliche Dreistigkeit bezeichnet, und wie ich glaube mit Fug und Recht weit von sich gewiesen. Außerdem haben sie mit großer Sorge die offensichtliche Polizeipraxis in Mülheim zur Kenntnis genommen, die schon vom „Aussehen" her die Herkunft von Menschen zu bestimmen glaubt.

Ralf-Erik Posselt

WAZ. 11.1.92

Ton-Dia-Serien

Um aktuelle Problemstellungen zu thematisieren, haben wir (Arbeitsgruppe - SOS - Rassismus) in der Vergangenheit immer wieder darauf zurückgegriffen, Jugendliche zu bitten (für Knete i.d.R. ca. 200,- pro Serie + Material), uns aus ihrer Sicht das Thema optisch und akustisch wiederzugeben. Wir haben den Jugendlichen immer unser Problem benannt. Zum Beispiel:

Individualisierung in den Jugendszenen, Pluralisierung, Einsamkeit, Was kann man gegen Wandschmierereien machen?, Rassismus, was ist das denn?, Asyl und Kirche, Faschisten - was'n das?, Ist unsere Stadt kinderfeindlich?, Wo haben Jugendliche Platz in unserer Stadt?, Welches Gesicht hat unsere Stadt?, Welche Bilder hat die Zukunft?, usw.

Erstaunlich war, daß sich im Grunde immer drei Arbeitsphasen entwickelten:

a) Eine erste Phase des Versuchs, unser Anliegen zu verstehen und optisch an die jeweilige Realität anzubinden (wenn das nicht gelang, brach hier schon das Projekt zusammen). Meistens entwickelten sich hier schon Bruchstücke für so etwas wie ein Drehbuch. Erste Ideen wirkten wie zündende Funken.
b) Ausgerüstet (von uns - wenn es nicht anders geht) mit Kameras und Dia-Filmen zogen die Leute dann los, spielten mit ihrer eigenen neuen Rolle, entwickelten persönlich stabilisierte Vorgehensweisen (seitdem gibt es einen Presse-Ausweis von der Arbeitsgruppe - SOS - Rassismus, der schon manche bisher verschlossene Tür öffnete und manches Eintrittsgeld ersparte) und formierten sich plötzlich zu einer zumindest kurzfristig wirkenden stabilen Gruppe.
c) Die Effekte einmal ausgelöster Ideen- und Phantasienflut bei Jugendlichen brauchen wir an dieser Stelle nicht besonders zu beschreiben. Spannend war für uns dabei, daß bei den verabredeten Dia-Serien am Ende gerade von den Jugendlichen neue und weitere offeriert wurden, die am Rande ihrer Aktivitäten plötzlich neu in die Optik getreten waren.

Folgende Ton-Dia-Serien sind z.Z. bei der Arbeitsgruppe - SOS - Rassismus zu haben:

- **Wandschmier-Aktion, Bochum**
- **ASYL - Macht hoch die Tür**
- **Rassismus**
- **Wir sind auf dem Weg - in ein neues Jahrtausend**
- **Deutschlands Kohl-Zwerge**

Rosa Weiß

In dem Bilderbuch "Rosa Weiß" von R. Innocenti findet das Mädchen Rosa in ihrer kindlichen Neugier ein abgelegenes Konzentrationslager. Betroffen über ihre Entdeckung macht Rosa in der Folge weitere Beobachtungen in ihrer Stadt und versucht, den Kindern im KZ mit Lebensmitteln zu helfen, bis sie in den Wirrnissen der letzten Kriegstage selber umkommt.

Mit Kindern in unserem Jugendzentrum haben wir dieses Buch zusammen gelesen und kamen über die eigene Betroffenheit der Kinder, ihrer Identifikation mit Rosa Weiß und den vielen Fragen über das Thema "Drittes Reich" auf die Idee, mit den Kindern einen Videofilm mit dem Inhalt des Buches zu drehen, der uns hilft, die Geschichte zusammen mit den Kindern aufzuarbeiten.

Von jedem Bild des Bilderbuches haben wir ein Standbild von ca. 45 Sekunden Länge hergestellt.

Danach wurde eine passende Hintergrundmusik herausgesucht und der Film zusammen mit den Kindern vertont.

An die Kinder wurden dann die verschiedenen Texte zu den Bildern verteilt, damit sie das flüssige Vorlesen üben konnten.

Der Film wurde danach in einem Stück vertont. Sobald ein neues Standbild auf dem Monitor erschien, wurde die Hintergrundmusik heruntergeregelt und der Bildtext dazu immer von einem Kind ins Mikrophon gesprochen.

Den ganzen Film zu drehen und zu vertonen hatte nicht länger als zwei Stunden in Anspruch genommen, und das Ergebnis konnte sich sehen lassen, wie wir auf späteren Vorführungen, auch mit den Eltern der Kinder, feststellen konnten.

Der Zuspruch der Eltern und die Begeisterung in der Kindergruppe hatten dann zwangsläufig zur Folge, daß wir später zusammen mit den Kindern noch einen "richtigen" Film drehten.

Mit Jugendlichen hatten wir schon des öfteren ein ehemaliges KZ (Breedonk/ Antwerpen) besucht. Dorthin entschlossen wir uns, gemeinsam mit den Kindern, ein Wochenende zu fahren und einen Film mit richtigen Darstellern zu drehen.

Wir haben uns für das KZ Breedonk auch aus dem Grund entschieden, weil diese Stätte einen weit weniger bedrohlichen Eindruck auf den Besucher macht als z.B. das KZ in Auschwitz und wir etwas Angst davor hatten, wie die Kinder (und später deren Eltern) reagieren, wenn sie mit der Realität unserer Geschichte konfrontiert werden.

Das Bilderbuch "Rosa Weiß" diente uns auch hier als Hintergrund für unser Drehbuch, das wir in den nächsten Wochen mit den Kindern erarbeiteten.

Da die Kinder mit dem Schluß des Buches nicht einverstanden waren und unbedingt so etwas wie ein "Happy -end" in ihrem Film sehen wollten, haben wir die Geschichte etwas umgeändert, dies in der Richtung, daß Rosa sich am Ende des Filmes mit den anderen Kindern ihrer Stadt zusammenschließt, ein Loch in den Zaun schneidet, die Kinder aus dem KZ befreit und sich dann alle in einem Haus im Wald verstecken.

Nach Erstellung des Drehbuches wurden die einzelnen Rollen verteilt und dann gemeinsam mit einigen Eltern die Kleidung für die Darsteller genäht (alte Mäntel, Hosen, Judensterne für die Häftlinge ...).

In Breedonk selbst, wohin auch einige Eltern mitkamen und auch (als Statisten) mitspielten, haben wir einen Tag lang alle Szenen des Filmes ausprobiert. Erst am nächsten Tag wurde dann gedreht, um die Arbeit am Schneidetisch so gering wie möglich zu halten.

Aufgrund der konzentrierten Vorbereitungen und der Begeisterung aller Beteiligten funktionierte alles reibungsloser, als wir es uns erhoffen konnten. Das Schneiden und Vertonen des Filmes nahm später noch einen Abend in Anspruch, wobei wir noch einige Szenen, in denen Panzer durch die Stadt rollen, aus Nachrichtensendungen aufzeichneten und in unseren Film einspielten.

Der fertige Film hat eine Länge von ca. 30 Minuten, und alle, die ihn gesehen haben, erklärten, daß wir mit unserem "Werk" durchaus zufrieden sein könnten, insbesondere mit dem neuen Ende ...

Die Kindergruppe arbeitet heute an einem komplett selbst geschriebenen Drehbuch für einen Film, den wir während der nächsten Kinderfreizeit drehen wollen.

(Klaus Schumacher / Duisburg)

Das Buch ist erschienen im Alibaba Verlag, Frankfurt. Hier gibt es auch einen Materialienband: "Kinder als Opfer des Nationalsozialismus".

Essener Info-Koffer

Neonazismus und rechtsextreme Orientierungen bei Jugendlichen

Der Essener Info-Koffer "Neonazismus und rechtsextreme Orientierungen bei Jugendlichen" wurde auf Initiative des Arbeitskreises "Jugend Essen", also der im Jugendhilfeausschuß des Rates der Stadt Essen vertretenen Jugendverbände, erstellt.

Bedeutsam daran ist, daß der Rechtsextremismus als politisches Problem in Essen schon vor den spektakulären "Erfolgen" der "Republikaner" bei den Wahlen zum Berliner Abgeordnetenhaus vom Januar 1989 verstärkt in die Diskussion geraten war und darüber nachgedacht wurde, wie sich Jugendverbandsarbeit und kommunale Jugendarbeit dieses Problems annehmen können.

Bedeutsam ist aber auch die gerade bei diesem Thema notwendige und sinnvolle Kooperation und Kommunikation zwischen Essener Jugendverbänden, dem Jugendamt der Stadt Essen und Vertretern aller im Jugendhilfeausschuß des Rates vertretenen Parteien.

Zielgruppe

Der Essener Info-Koffer wendet sich an Multiplikatoren in den verschiedenen pädagogischen Bereichen wie Jugendarbeit, Jugendverbandsarbeit, Schulen und an die interessierte Fachöffentlichkeit.

Gliederung des Essener Info-Koffers

Besonderes Merkmal des Koffers ist ein übersichtliches Gliederungssystem aus 45 farblich den einzelnen Fachgebieten zugeordneten Einzelmappen.

U.a. werden angeboten Mappen zu Ursachen und Bedeutung des Rechtsextremismus, Überblick über rechtsextreme Gruppierungen, Besonderheiten des Rechtsextremismus in den neuen Bundesländern, Lebenswelten ostdeutscher Jugendlicher, umfangreiche Bibliographien, Informationen über die Lebenswelten rechtsradikal gefährdeter Jugendlicher, u.a. ausführliche Interviews mit Skinheads und Fußballfans. Der Info-Koffer bietet reichlich Anschauungsmaterial zur Skin- und Hooligan-Szene. Dazu gehören z.B. Fanzines, Flugblätter und Skin-Musikbeispiele. Der Info-Koffer macht gleichzeitig auch handlungsorientierte Praxisbeispiele zugänglich. Er beinhaltet die Beschreibung von 17 Projekten für Schule und Jugendarbeit, die auf andere Städte und Gemeinden übertragbar sind. Dazu gehören, insbesondere für den Schulbereich, auch detaillierte Unterrichtsentwürfe.

Ein weiteres Paket enthält Materialien und Medien der verschiedensten Art, die den sofortigen Einsatz in Jugendarbeit und Schule möglich machen. Dazu gehören zum Beispiel eine Mappe mit Overhead-Projektor-Folien, Videofilme, ein kommentiertes Filmverzeichnis, Tonkassetten u.v.m. Der Info-Koffer kann beim Landesjugendring NRW und bei der Arbeitsgruppe - SOS - Rassismus ausgeliehen werden. Wir empfehlen allen Gruppierungen die Anschaffung dieses Info-Koffers.

Finanzierungsmöglichkeiten finden sich wahrscheinlich über die jeweiligen Jugendämter der Städte und Kreise. Anfragen, Kritik und Anregungen an:

Jugendamt der Stadt Essen/Jugendinformationszentrum Politische Jugendbildung, Horst Zimmer, Postfach, 4300 Essen 1, Tel.: 0201/88-4431, -3151, -2430.

Wie Rassismus entsteht und wie er überwunden werden kann

Die kommunalen Auseinandersetzungen zur Bereitstellung von Wohnraum für asylsuchende Flüchtlinge erreichten im Frühjahr und Sommer 1990 in NRW einen gefährlichen Höhepunkt, als allgemein deutlich wurde, daß weder von Politikerinnen und Politikern (i.d.R. also den Stadträten) noch von den Stadtverwaltungen in vorausschauender Planung Wohnraum oder entsprechende Notunterkünfte bereitgehalten worden waren. Obwohl durchaus eine große Anzahl von Flüchtlingen erwartet wurde, ist heute vielmehr davon auszugehen (und zahlreiche Presseberichte bestätigen dies), daß von seiten vieler Kommunen gezielt auf eine Mangelversorgung mit Wohnraum gesetzt wurde, um bei aufkommenden Pogromstimmungen in der Bevölkerung leichter asylverschärfende Rechts- und Verfahrensvorschriften durchsetzen zu können. Für Mülheim an der Ruhr bedeutet dies, daß, wohl wissend um die unmenschliche Wohnsituation der Flüchtlinge in Mülheim, weiterhin Millionen für eine wohlfeile Gartenschau verpulvert wurden (und immer noch werden) und die Wohnproblematik dem "freien Spiel der Kräfte" überlassen wurde ... Daß dieses Strickmuster politischen Aussitzens und Vorgehens schon recht alt ist, darf uns über seine Wirkung nicht hinwegtäuschen. Frappierend ist in diesem Zusammenhang nämlich immer noch der sich in solchen Situationen entwickelnde gefährliche Automatismus bei fast allen beteiligten Gruppierungen. Was war passiert?

In Mülheim an der Ruhr hatten sich im Frühsommer urplötzlich und unabhängig voneinander fünf Bürgerinitiativen zur Verhinderung von Containersiedlungen in verschiedenen Stadtteilen gebildet und in einigen Fällen mit erheblicher Wut, juristischem Aufwand und mittels quergestellter Kraftfahrzeug, Trecker und Barrikaden tatsächlich den Bau von Containerdörfern für Flüchtlinge vorläufig stoppen können. Erschreckend war in diesem Zusammenhang für fast alle Beteiligten die unverfrorene Dreistigkeit der Stadt (Verwaltung) selbst, zum Teil in Nachtaktionen und völlig ohne Absprache oder gar Ankündigung mit den Bezirksvertretungen, Stadtteilen, Beratungsstellen etc. und sogar unter Umgehung von Baurechtsbestimmungen die Fundamente und Vorkehrungen für Containersiedlungen legen zu lassen. Bedrükkend in diesem Zusammenhang auch, und ein optischer Vergleich bekräftigt diese Vermutung, daß von seiten der Kommune generalstabsmäßig die neuen Massenunterkünfte in solche Wohngebiete gebaut wurden, die sich vor allem aus Bewohnerinnen und Bewohnern einfacher sozialer Schichten zusammensetzen und von denen eigentlich kaum wirksamer Widerstand zu erwarten war.

Die wütenden und z.T. gegen Flüchtlinge gerichteten Auswüchse, nicht nur in Mülheim, sind allgemein bekannt.

Denn wenn es stimmt, was allein im Bereich der Jugendforschung an Ursachen für Neorassismus erkannt und veröffentlicht worden ist, mag die plötzlich entstandene Pogromstimmung in der Bevölkerung nicht mehr verwundern.

Sowohl von allen gesellschaftlichen Gruppen (Kirchen, Gewerkschaften usw.) als auch von der Stadtverwaltung und politischer Seite aus war nämlich alles unterlassen worden, um die betroffenen Stadtteile auf jene Mechanismen und Fallen, die Rassismus und Rechtsextremismus auslösen und befördern, vorzubereiten.

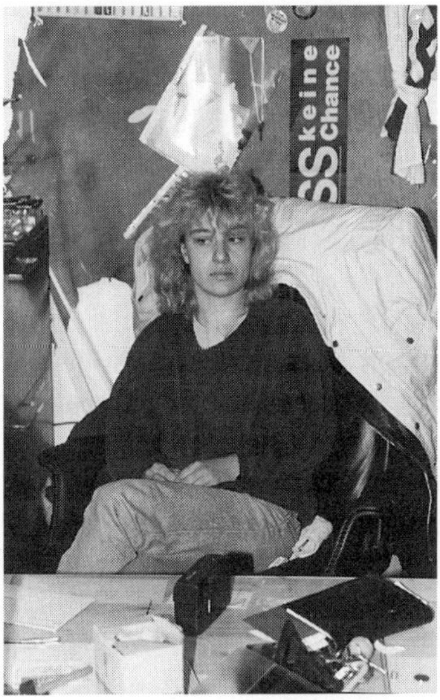

Denn was passiert eigentlich mit Dir selbst, wenn Du merkst, daß Dir die Ereignisse entgleiten und um Dich herum Dinge passieren, die sich nicht nur Deiner Kontrolle entziehen, sondern angesichts ihrer innewohnenden Eigendynamik auch noch an Bedrohlichkeit gewinnen:

Du wirst unsicher oder bekommst es gar mit der Angst zu tun. Angst als Signal für aufkommende Handlungsunsicherheit, Isolierung, Ohnmacht kann durchaus als ein positiver Anknüpfungspunkt für gemeinsames Handeln (auch Widerstand) verstanden werden. Viel leichter passiert es uns allerdings, hier Ursachen und Wirkungen zu vertauschen und aus der jähen Angst vor dem Wirken der eigenen Stadtverwaltung eine gewaltige Angst und noch eine größere Wut auf all die "Asylschnorrer, Wirtschaftsasylanten, Sozialhilfeschnorrer ..." zu entwickeln. Im besten Einvernehmen gesellen sich einige alte Nazis dazu, die Reps und NPD-Leute haben schon immer vor der *Durchrassung* unseres Volkes gewarnt, und schon beginnt das gewohnte Konzert; die üblen Sprüche sind bekannt.

Mit den ersten Pressemeldungen über rassistische Sprüche, Plakate und Aktionen wurden auch die Menschenrechtsgruppen und Antifaschisten wach: Der Feind steht rechts, Niederbrüllen und "Nazis raus" sind die einhellige Meinung; auch die SPD-nahe Presse hatte ihr Fressen: Endlich wieder was los in dieser Stadt und in diesem Sommerloch. Durchkreuzt wurde der ganze Spuk von einigen einsamen Leuten aus dem Flüchtlingsrat, die allerdings wegen Ferienzeit und deswegen ohne Abstimmungen mit ihrer eigenen Basisgruppe später ganz schön ins Schleudern gerieten.

"Ausländer raus - das kann doch nicht die Wahrheit sein?" so war ihr Flugblatt überschrieben, mit dem sie alle Bürger des zuerst betroffenen Stadtteils zu einem Gespräch im Namen des Flüchtlingsrates einluden. Und sie kamen auch, wenige erst, beim zweitenmal schon mehr. Und die Frage wurde gestellt, ob es erlaubt ist, Angst vor den zu erwartenden Roma zu haben? Und ob die gefährlich sind oder nicht oder doch und überhaupt ...

Die plötzliche Chance, offen einzugestehen: Ich habe Angst vor dem schwarzen Mann (Wer hat Angst vorm schwarzen Mann? Niemand! Wenn er aber kommt? Dann laufen wir!) eröffneten die ersten Schritte im Umgang mit der eigenen Hilflosigkeit und als vertrauensbildende Maßnahme auch die Chance, sich vom unterschwellig schon lange als "falsche Freunde" erkannten Rechtsextremismus abzusetzen.

Was nun begann, war ein Tanz auf dem Drahtseil, Unterschwelliges brach durch, bekam eine Stimme, wurde ausgesprochen, alte Ressentiments wollten diskutiert werden. Persönliches kam zur Sprache, Intrigen, Mißgunst, Neid wurden sichtbar, das Drahtseil drohte oft zu reißen, der Absprung war allerdings auch mit einkalkuliert - wer sich in heikle gesellschaftpolitische Problemlagen und Prozesse einklinkt, verliert durchaus ab und zu die Fähigkeit, über den Dingen stehen zu können.

Manchmal spürst Du, wie Du selbst trudelst. Gut war es von daher, nicht allein in den Versammlungen der Bürgerinitiativen aufzutauchen, sondern bewußt je die Rolle des Akteurs und der Beobachtenden wahrzunehmen, um Eindrücke später austauschen zu können.

Erstaunlich - nach kürzester Zeit: Wir waren plötzlich nicht mehr die Einladenden, sondern wir wurden eingeladen, andere Bürgerinitiativen tauchten plötzlich bei uns auf, um die Fragen zu diskutieren, ob es sinnvoll sei, die Stadt wegen sinkender Grundstückspreise im Stadtteil (wegen des neuen Containerlagers) zu verklagen, ob die Bewaffnung des Nachbarn (mit Hund und Gaspistole) nicht übertrieben sei, ob man die eigene Frau noch frei herumlaufen lassen könne und was man vielleicht sonst noch tun und überlegen müsse.

Mit der Zeit änderte sich das Klima in den Bürgerinitiativen. Die Reps und andere Rechtsextremisten blieben weg oder wurden ausgeladen (später sogar der letzte rausgeschmissen), die politische Richtung der Auseinandersetzung änderte sich - nicht mehr die zu erwartenden Flüchtlinge waren Thema, sondern die Art und Weise der Unterbringung, die Frage nach Integration, sozialer Versorgung und sozialer Verträglichkeit, nach Schule, Hausaufgaben usw. usw.

Der mittelgroße Knall blieb bei uns allerdings doch nicht aus; den gab es schon - wenn auch mit einiger Verzögerung. Nachdem nämlich Ursache und Wirkung sich so einigermaßen wieder eingerenkt hatten, hatten die fünf

Bürgerinitiativen miteinander Kontakt aufgenommen und festgestellt, daß es sinnvoll sei, gemeinsam mit der Stadt zu verhandeln und gemeinsam aufzutreten, um entstehenden Rassismus, auch dem von seiten der Stadt, frühzeitig etwas entgegenzusetzen. Zur Gründung einer alle Bürgerinitiativen einschließenden Organisation wurden auch die Beraterinnen und Berater aus dem Flüchtlingsrat geladen. Die Diskussion über eine gemeinsame Plattform endete mit der einstimmigen Übernahme der mittlerweile bekannten Positionen des Flüchtlingsrates; und weil man schon einmal einig war und auf die gute Zusammenarbeit nicht mehr verzichten wollte, wurde auch gleich einer der Berater aus dem Flüchtlingsrat zu einem der Sprecherinnen/Sprecher der soeben gegründeten "Solidargemeinschaft Mülheimer BürgerInnen" (alle 5 mittlerweile "gewendeten" Bürgerinis plus Flüchtlingsrat) gewählt.

Und genau das war dann einigen zuviel. Als nämlich mit dem Ende der Sommerferien die Antifa-Leute, Flüchtlingsratmitglieder, Friedensfreundinnen und -freunde usw. auftauchten, zum bekannten Halali auf die Neo-Nazis ansetzten und plötzlich feststellen mußten, daß zwischenzeitlich einige aus den eigenen Reihen mit den Faschos an einem Tisch gesessen hatten, ließen sie sich auch nicht von den vorhandenen Veröffentlichungen der neugegründeten "Solidargemeinschaft" irreführen - nein, ein Tribunal und Schlimmeres mußte her; alles riecht doch nach Verrat. Und außerdem: da hatten wir endlich mal ein richtig gutes Feindbild gehabt ...

Mir ist fast schlecht geworden bei dem Gedanken, daß unser Antifaschismus und unser Gefühl, auf der richtigen Seite zu stehen, exakt etwas damit zu tun haben kann, sich furchtbar einsam, ohnmächtig und handlungsunsicher zu fühlen; oder kennen wir das nicht schon?

Das Problem noch einmal im Klartext:

Der Verzicht auf Stigmatisierung, Grenzziehung und Vorverurteilung bei ersten oder sich andeutenden rassistischen oder rechtsextremistischen Entwicklungen zugunsten einer raschen, wenngleich nicht ungefährlichen Krisenintervention darf nicht länger tabuisiert bzw. verwehrt bleiben. Wenn es erlaubt ist, Bedrohung als solche wahrzunehmen, muß es auch erlaubt sein, diese zu äußern und auszusprechen. Daß bei vorhandener Angst und Bedrohung die Wortwahl manchmal durcheinander oder auch ins Abseits gerät, darf uns noch lange nicht dazu verleiten, den Teufel mit dem Beelzebub austreiben zu wollen.

Denn die Wiederholung von Auschwitz (in einem völlig neuen Gewand) wird sich nur dann verhindern lassen, wenn wir uns darüber verständigen, warum nicht sein kann, was nicht sein darf.

(Shirin Pargas, Elisabeth Gerlach, Ralf-Erik Posselt)

Die Klagemauer

Zeit:
mehrwöchiges Projekt

Ziel:
öffentliches Bewußtsein für die Situation einer bestimmten Gruppe schaffen

Besondere Hinweise:
Die Reaktion der Passanten sollte ausgewertet werden!

An öffentlichen Plätzen kann nach Beantragung beim Ordnungsamt eine Dauerausstellung einer Klagemauer veranstaltet werden.

Klagemauern sind sicherlich vor allem dazu ein geeignetes Medium, auf Mißstände, Ungerechtigkeiten, Leidsituationen usw. aufmerksam zu machen. Einige Beispiele seien genannt: Wohnungsnot, Arbeitslosigkeit, Asyl, Armut, Vertreibung, Umwelt ...

Eine Mauer muß nicht unbedingt aus Pappkarton gebaut werden. Hier soll eine Methode vorgeschlagen werden, die mindestens genauso wirkungsvoll ist.

Aufbau: Zwischen zwei Bäumen oder Stangen werden 3 oder 4 Bindfäden gespannt, die einen Abstand von einer DIN-A4-Seite im Querformat haben sollen. An diesen Fäden werden in DIN-A4-Klarsichthüllen gesteckte Beiträge (Gedanken, Sprüche, Gedichte, Bilder, Symbole, Zeitungsausschnitte...) so aufgehängt, daß der Eindruck einer Mauer entsteht. Vielleicht ist es günstig, als Trägermaterial der Beiträge braunes Packpapier zu wählen.

Ihr werdet sehen, daß viele Passanten stehen bleiben, um zu lesen, zu schauen und vielleicht auch darüber zu sprechen. Diese Methode wirkt vielleicht deshalb so anziehend, weil jeder mit seiner Meinung ganz bei sich bleiben darf. Dennoch wird bei jedem Betrachter etwas angestoßen.

(aus: Nie wieder wegsehen, Ev. Jugendbüro Bonn)

Internationaler Stadtgang

Um die vielfältigen Probleme der Deutschen mit den Ausländern in den Blickwinkel der Bevölkerung zu rücken, haben sich mehrere kirchliche und öffentliche Einrichtungen, freie Initiativen und Einzelpersonen zusammengeschlossen, um eine Aktion, einen sogenannten "Internationalen Stadtgang" in Hannovers Innenstadt durchzuführen. An und in Standorten der Stadt finden sieben verschiedene kreative Aktionen zu bestimmten Themen statt.

Einige Beispiele für Aktionen:

Station I: Hauptbahnhof
Hier kommen die meisten an, in Deutschland, und von dort aus muß man wieder zurück, wird vielleicht abgeschoben.
Vorzeigeobjekt ist eine große Wurzel, die aus einem Koffer herausgeholt wird. Dazu spricht ein Flüchtling folgendes Gedicht:

Gedicht eines Asylsuchenden

Wenn ihr Deutschen und alle Menschen fühlen könntet wie wir!
Wenn ihr versuchen könntet, zu fühlen wie ein Mensch,
der weit weg ist von seinem Heimatland! Entwurzelt sind wir. Heimatlos.
Wenn ihr nur Kamerad sein könntet für einen Flüchtling!
Wir flüchten vor den Trennungen.
Wenn ihr wüßtet, wer all diese Trennungen verursacht hat.
Ich spreche zu euch, Felsen, grüne Wiesen und freie Vögel.
Wie viele Männer verließen uns und starben dort - unbeachtet.
Ich wünschte, ich wäre geblieben und gestorben wie sie.
O Mütter! Wo sind diese Männer hingegangen?
Ich wünschte, sie wären am Leben.
Ich wünschte, die reißenden Wölfe wären tot, damit die Lämmer leben könnten.
Ich wünschte, ich wäre kein Flüchtling.
Ich wünschte, ich wäre nicht am Leben.

Nächstes Vorzeigeobjekt ist ein überdimensionaler Paß, der aus einem Koffer herausgeholt wird. Dazu spricht ein ausländischer Mitbürger/eine ausländische Mitbürgerin wieder ein Gedicht.

Station II: Mittelpunkt der Stadt/City
Hier fanden 1988 brutale Straßenkämpfe zwischen Skinheads und türkischen Jugendlichen statt.

- Zunächst wird von zwei Deutschen ein Transparent getragen, auf dem steht: "Wir sind stolz, Deutsche zu sein!"
- Dann wird von zwei Türken ein Transparent getragen, auf dem steht: "Wir sind stolz, Türken zu sein!"
- Danach folgen alle möglichen Nationalitäten mit Transparent (siehe Beispiel "Deutsche/Türken").

Die Transparente werden der Reihe nach in einem selbstgebauten Sarg beerdigt. Auf dem Sarg steht in großen Lettern:

"DIE WÜRDE DES MENSCHEN IST UNANTASTBAR."

Nach der symbolischen Beerdigung stehen Ausländerinnen/Ausländer und Inländerinnen/Inländer gemeinsam unter einem Transparent, auf dem zu lesen ist: UNSERE ANTWORT LAUTET: **ALLE MENSCHEN SIND GLEICH."**

Station III Kindergarten
Hier wachsen die meisten Kinder "international" heran. Kinder sind noch nicht so voller Vorurteile wie Erwachsene.
Hier ist noch etwas zu erwarten, im positiven Sinne.

Station IV Landtag (oder dem Thema adäquate Einrichtung)
(Wegen der Bannmeile in Hannover müssen wir leider darauf verzichten.)
Hier geht es um Rechte. Rechte, die der deutschen Bevölkerung zugestanden werden, aber einem anderen Teil der Bevölkerung nicht.

Station V Marktkirche
Propheten waren es damals im Volk Israel, die vor Fremdenfeindlichkeit warnten: "Einen Fremdling sollst Du nicht bedrücken." Der Auftrag an die Kirche heute: Asyl zu gewähren, denn Asyl heißt Schutzraum.

Station VI Schule (Am hohen Ufer)
Hier besucht ein hoher Prozentsatz von ausländischen Jugendlichen die Hauptschule. Hier beginnt die schizophrene Erlebniswelt der Jugendlichen, die in zwei Kulturen heranwachsen; "Morgens Deutschland, abends Türkei ..."

Station VII: Moschee (oder Kulturzentrum)
Verständigung mit anderen Religionen, vor allen Dingen mit dem Islam. Bereit sein zum Dialog. Nicht das Fremde verurteilen, bevor man es nicht kennt.
Diese Station dient einzig und allein dem Ziel, der Aktion einen besinnlich-meditativen Abschluß zu geben. Wie diese Situation im einzelnen inhaltlich ausgefüllt wird, überlassen wir den Adressaten unserer Arbeit. Wichtig erscheint uns, daß alle vier Zielgruppen zur Sprache kommen: jugendliche

Aussiedlerinnen und Aussiedler, Flüchtlinge, Ausländerinnen und Ausländer der 2. Generation - und nicht zu vergessen junge Deutsche ohne Lebensperspektiven. Aspekte des interreligiösen Dialogs sollen ebenfalls zum Tragen kommen, deshalb lassen wir diese Situation in einer Moschee stattfinden. Während des gesamten Ablaufs soll möglichst - bis auf die Rednerinnen/Redner - geschwiegen werden. Anschließende Diskussionen könnten den Charakter dieses Schlußteils stören und den Erlebniswert zunichte machen.

Erfahrungsbericht

Insgesamt hatten wir Teilnehmer das Gefühl, daß wir eine gute Idee realisiert oder zu realisieren versucht haben. Mit einer Versammlung hätten wir nur wenige und immer dieselben Menschen angesprochen, mit einem Vortrag nur den Kopf. Die Beteiligung von Deutschen wie Ausländern am Stadtgang zeigte unsere Zusammengehörigkeit stärker als ein Nebeneinandersitzen im selben Raum. Kritisch haben wir uns einige Mängel bewußt gemacht. So war der Stadtgang zu lang - nicht nur wegen des windig-kalten Wetters. Der Zug, der beim Kindergarten spürbar anwuchs, nahm im weiteren Verlauf ebenso spürbar ab. Öffentlichkeitswirksam war er nur am Anfang - im innersten Kern der Stadt, vor allem am Kröpcke, wo wir rassistische Sätze in einem Sarg begruben. Viele Stationen befanden sich an publikumsarmen Stellen - etwa die, wo wir die Rechte der Deutschen und Ausländer gegeneinander auf eine Waage legten. So wurde aus der Ansprache an die Menschen vor allem Selbstbesinnung, vor allem vor der Kirche. Unser Transparenttext war zu formal. Auch die Lautsprecheransage wiederholte formal immer dasselbe und fand keinen Kontakt zu den Passanten. Die symbolischen Szenen hätten meist etwas spritziger sein können - über good will hinaus. Gut war, daß Kinder, Jugendliche und Erwachsene verschiedener Gruppen beteiligt waren.

Gespräche am Rande mit Passanten offenbarten mehr Ablehnung des Anliegens als Ermutigung. Die Medien berichteten, auch wenn wir uns noch mehr Echo gewünscht hätten. Wir wollen unsere Aktion nicht fallen lassen, sondern eher weiterentwickeln. Nicht zuletzt der Abschluß in der Moschee hat dazu Mut gemacht. Eindrucksvoll war - auch in der Moschee - das Statement eines deutschen Arbeitslosen.

Weitere Informationen in der Dokumentation Landesjugendpfarramt, Archivstr. 3, 3000 Hannover 1, Tel.: 0511-1241556

Stadtspiel "Fremdsein in unserer Stadt"

Das "Stadtspiel" oder auch "Stadterkundungsspiel" bietet Jugendlichen die Möglichkeit, sich die eigene Umgebung vertrauter zu machen und sie gleichzeitig unter einem bestimmten Blickwinkel neu zu entdecken. Mit Hilfe des Stadtspiels "Fremdsein in unserer Stadt" sollen sie die Lebenssituationen von Ausländerinnen und Ausländern in ihrer Umgebung kennenlernen.

Dies geschieht einerseits durch Befragungen verschiedenster Ämter und Organisationen, die in der Ausländerarbeit tätig sind, andererseits - falls möglich - durch direkte Kontakte mit Ausländerinnen, Ausländern und Flüchtlingen etc. Ein paar Vorkenntnisse über die rechtliche und soziale Situation von Ausländerinnen, Ausländern, Arbeitsemigrantinnen, Arbeitsemigranten und Flüchtlingen und deren Kinder sind hilfreich für die vorherige Erarbeitung eines Fragenkataloges. Hierbei soll festgelegt werden, was für das genauere Kennenlernen der Situation ausländischer Menschen in unserer Stadt/Gemeinde von Wichtigkeit ist und was in einzelnen Ämtern/Dienststellen/Kontaktbüros in Erfahrung gebracht werden kann und möchte. Lehrerinnen und Lehrer bzw. Gruppenleiterinnen und -leiter sollten hier ergänzen und die notwendigen Adressen beisteuern.

Ziele:
- Kennenlernen der sozialen und menschlichen Situation von Ausländerinnen, Ausländern und Flüchtlingen;
- Kennenlernen der Zuständigkeit der verschiedenen Ämter/Dienststellen und der Art ihres Umgangs mit den Ausländerinnen und Ausländern;
- Kennenlernen der angebotenen sozialen Dienste;
- Kennenlernen dessen, was Ausländer- und Flüchtlingsorganisationen sagen und vertreten;
- Kennenlernen einzelner, konkreter Menschen, Jugendlicher, Kinder, die hier bei uns als Ausländer, Flüchtlinge und Aussiedler leben.

Mögliche Anlaufstellen (soweit vorhanden):
- Ausländerbehörde;
- Sozialamt;
- Fürsorgestellen;
- Einwohnermeldeamt;
- Betreuungsstellen für Ausländer/Flüchtlinge der Kirche und der Wohlfahrtsverbände;
- kirchliche Sozialdienste und diakonische Einrichtungen;

- Ausländerbeirat oder Vertretungsgremium der Ausländerinnen und Ausländer;
- Flüchtlingsrat oder Vertretungsgremium für Flüchtlinge;
- Flüchtlingsgruppen;
- "Dritte Welt"-Gruppen;
- amnesty international;
- Stadtbibliothek.

Nur nach Absprache und entsprechender Vorklärung:
- Besuch bei Asylbewerberunterkünften oder in Aussiedlerheimen;
- Besuch bei Nachbarn derartiger Häuser;
- Besuch bei einzelnen Flüchtlingsfamilien.

Die Befragungen sollen von den Jugendlichen gemäß eines vorher festgelegten Fragebogens in Kleingruppen durchgeführt werden. Dies kann auch in Form eines Wettbewerbes geschehen. Die Jugendlichen können ihre Befragungen auch auf Kassettenrecorder festhalten.

Vorbereitung:
Neben der inhaltlichen Vorausarbeit mit den Schülerinnen und Schülern müssen die Anlaufstellen dafür gewonnen werden, diese Befragungen/Belästigungen zu ertragen.

Nacharbeit:
Für die anschließende Austausch- und Auswertungsphase muß genügend Zeit eingeplant werden.
Hierbei ist es besonders wichtig, daß die Jugendlichen ihre Erfahrungen und Eindrücke äußern, austauschen und reflektieren können.

(gefunden in: Fremdenfeindlichkeit, Material für den Unterricht, GEW, Berlin, Nr. 4, Oktober 1992).

Geradeaus und dann rechts ... ab nach Frankreich

Im Rahmen meiner Arbeit als Jugendreferentin bekam ich vor ca. 2 Jahren Kontakt zu einer Clique von Jugendlichen, die verschiedene Treffpunkte in ihrem Stadtteil hatten. Die Gruppe bestand aus einem Kern von ungefähr 25 Jugendlichen zwischen 14-20 Jahren, die unterschiedlich intensiv untereinander Kontakt hielten bzw. sich zur Clique zugehörig fühlten.

Bereits seit ungefähr einem Jahr nutzten die Jugendlichen einen kleinen Raum in einer Kirchengemeinde einmal wöchentlich als Treffpunkt; während der Woche traf und trifft sich immer noch ein Teil von ihnen fast täglich vor der Kirche.

Nach anfänglich großer Distanz entwickelte sich unsere beiderseitige Egal-Haltung langsam zu vorsichtigen Gesprächsversuchen und Anfragen. Hieraus ergab sich im Laufe der Zeit ein weiterführender, allerdings noch völlig unverbindlicher und ungeplanter Austausch.

Rechtsextremistische, rassistische Äußerungen sowie klare Feindbilder waren deutlich bei den Jugendlichen zu beobachten und bereits unreflektierte Normalität. In Gesprächen über ihre rassistischen Sprüche stellten sich bei fast allen Jungen sehr deutlich rechtsextremistisch orientierte Einstellungen heraus. Ein Teil der Jungen trat optisch dem Reden entsprechend auf.

Mädchen kamen in der Clique, mit einer Ausnahme, nur als jeweilige Freundin der Jungen vor. Jugendliche, die andere Einstellungen als die o.g. vertraten, wurden nicht akzeptiert.

Einige der Jugendlichen hatten eine Lehrstelle, während bei den übrigen Jugendlichen alle Schultypen, von Hauptschule bis Gymnasium, vorkamen. Nachdem im Laufe der Zeit unsere Kontakte verschiedene gemeinsame Aktivitäten ermöglichten, entstand die Idee, für den Sommer eine gemeinsame Fahrt zu planen. Ohne mein Zutun war bei der Clique auch schon sehr schnell Frankreich als mögliches Ziel benannt worden.

Zur Planung, Organisation und Durchführung der Reise, und weil ich mir mit den Jugendlichen nicht so ganz sicher war, hatte ich Leute (Kids und Kolleginnen und Kollegen) aus anderen Jugendeinrichtungen eingeladen. Die Mischung unterschiedlicher Jugendszenen, auch mit politisch kontroversen Ansichten, erwies sich dann während des Projektes auch als hervorragend, um:

- Konfliktsituationen kontrovers und konstruktiv zu erörtern,
- Konflikte auf der Ebene der Teilnehmerinnen und Teilnehmer durch sie selber lösen zu lassen,
- pädagogische Zeigefinger vergessen zu lassen,
- Themen, die sonst verborgen geblieben wären, zur Sprache zu bringen.

Insgesamt setzte sich die Projektgruppe aus 18 Mitgliedern der "Nicolaiclique" zusammen, wobei 8 Mädchen gezielt eingeladen worden waren. Hintergrund dazu war der Wunsch nach Parität bei der Teilnahme, weil von uns nach wie vor angenommen wird, daß Rechtsextremismus bei Mädchen eine fast ebenso große Rolle spielt wie bei Jungen, sich allerdings versteckter äußert.

Die Auswahl Frankreich als Gastland hat sich als hervorragend erwiesen, weil:
- in diesem Land die Möglichkeit besteht, auf fast allen öffentlichen Plätzen mit Gruppen - wild - zu übernachten, um damit flexibel auch auf unkonventionelle Bedingungen zu reagieren;
- landschaftlich sehr unterschiedliche Attraktionen in erreichbaren Entfernungen zur Verfügung stehen;
- insgesamt das gesellschaftliche Klima in Frankreich den nomadenhaften Charakter unseres Projektes noch toleriert;
- die klimatischen Verhältnisse attraktiv auf Jugendliche wirken - die Stimmung heben und besondere Gruppen- und Gemeinschaftserfahrungen begünstigen (schlafen ohne Zelt, erzählen und diskutieren bis in den frühen Morgen usw.).

Durch die schon frühzeitig stattgefundenen Kontakte von mir mit der Gesamtclique und der unvoreingenommenen Akzeptanz durch die Clique war es in der Vorbereitung möglich, zumindet einen für das Projekt maßgeblichen Konsens herauszuarbeiten und festzuschreiben. Dieser bestand darin, daß Entscheidungen während des Projektes nur einvernehmlich gefällt werden konnten und jede/r damit ein Vetorecht besaß, mit dem sie/er alle weiteren Aktivitäten der Gesamtgruppe blockieren konnte oder auch nicht. Dieser Konsens spielte für den Verlauf des Projektes immer wieder eine zentrale Rolle, auch wenn es um so simple Dinge wie Spüldienst, Einkauf, Aufräumen, Kochen, Platz reinigen usw. ging.

Seine volle Bedeutung erhielt er allerdings in der Auswahl der jeweiligen Aufenthaltsorte. So war schon vor dem Projekt ausgemacht, daß erster Zielort Avignon sein solle, um dort die Entscheidung für einen See im Central-Massiv, dem Mittelmeer, dem Atlantik oder der Rhône selber zu treffen.

Von uns erwartet war für Avignon eine erste herbe und auf interne Machtkämpfe angelegte Auseinandersetzung über den nächsten Zielort (für die wir Pädagoginnen und Pädagogen uns gut vorbereitet hatten), die dann aber völlig ausfiel. Wir vermuten, daß bei allem Machogehabe, unterschwelligen rassistischen Äußerungen usw. gerade in der ersten Phase dieses Projektes Widerstände gegen basis-demokratische Entscheidungswege deshalb ausblieben, weil diese Jugendlichen zum ersten Mal überhaupt damit Kontakt hatten, unser nichtdirektives Vorgehen nicht einschätzen konnten und daher in ihren eigenen Positionen völlig verunsichert waren.

In der Folge führte dies zu endlosen, oft ermüdenden Grundsatzdebatten über den Sinn und Zweck von Demokratie und ihren Entscheidungswegen und ihren Aussichten, auch in kritischen Situationen standhalten zu können.

Zum Teil wurden wir Pädagoginnen und Pädagogen auch etwas aggressiv aufgefordert, unsere Meinung zu äußern, um Orientierung zu finden oder je nach Sympathie o.ä. entscheiden zu können (so vermute ich). Oft hat es die Jugendlichen richtig fuchtig gemacht, wenn wir erklärten, daß wir die Reise ganz toll fänden, eigene Wünsche an Reisezielen z.Z. gar nicht hätten und gespannt wären, wie hier eigentlich Probleme gelöst würden ... und daß wir hier den Platzhirschen nicht machen würden.

Die vielfarbigen Einzelbiographien und Lebenserfahrungen der Jugendlichen haben uns eindeutig gezeigt, daß unsere Beschränkung auf die Sicherung der groben Rahmenbedingungen dieses Projektes richtig gewesen ist. Die Öffnung für einen gemeinsamen, den Inhalt des Projektes ausmachenden, demokratischen Lernprozeß hat zwar immens Zeit, Diskussionsbedarf und Zuwendung erfordert, aber gleichsam klargemacht, daß exakt diese Elemente den Jugendlichen bisher zu fehlen schienen.

Deutlich wurde dies nicht nur in den immer stringenter geführten Diskussionen über Sinn und Unsinn von zeitraubenden Basisentscheidungen oder straffen Kommandos, sondern auch in der anfänglichen Ohnmächtigkeit beim Entgegennehmen und später auch beim Austausch von Anerkennung, Lob, Sympathie und insbesondere bei Zärtlichkeiten untereinander.

Unsere Reise führte uns von Avignon über Nîmes ans Mittelmeer, wo wir uns kurzzeitig (3 Tage) von der Anreise zu erholen versuchten, um dann über Carcassonne und die Landkommune "Mater Dei" in den Pyrenäen einen Camping-Platz am Atlantik (Bordeaux) zu erreichen.

Erst hier kam es eigentlich zu den von uns ebenso erhofften wie befürchteten Auseinandersetzungen über Verbleib und Weiterreise, da ebenso viele gute Gründe für beide Positionen ausgetauscht werden konnten und plötzlich auch wurden. Wir saßen plötzlich bei schlechtem Wetter am Atlantik fest, die einen wollten der Sonne hinterher - die anderen auf eine Besserung warten. Die Stimmung sank, es bildeten sich Teilcliquen, die Sprache wurde wieder normal, bedrohlich und gewalttätig.

Und dann die Frage: Was nun?: Klopperei, der Stärkste bestimmt, die Frauen oder wer ...? Insgesamt fünf Tage brachten wir, immer hart an roten Ohren vorbei (soll heißen: eins auf die Ohren kriegen), an dieser Stelle zu, bis wir endlich einen neuen Kompromiß fanden. Auch die Sonne war wieder da, als plötzlich der Knoten platzte - ich vermute mehr, weil er lange genug gehalten hatte und eben auch ausgehalten wurde, als daß plötzlich eine neue bis dato unbekannte Lösung gefunden worden wäre.

Der weitere Verlauf unserer Reise führte uns dann zu Paddel-Touren auf die

Dordogne und von dort über das Chateau Gaillard bei Rouen über Paris wieder zurück nach Deutschland.

Unsere Erfahrungen haben gezeigt, daß wir mit unseren gemeinsamen Vorbereitungen in bezug auf die
- Auswahl des Landes,
- offene Reiserouten-Planung,
- Gruppenzusammensetzung,
- Auswahl der Fahrzeuge (3 VW-Bullis),
- Vorbereitungsseminare,
- Material und Ausrüstung,
- Art und Weise der Verpflegung (selbst!) so falsch nicht gelegen haben können.

Überrascht waren wir trotzdem, daß während unseres Projektes
- so gut wie keine medizinischen Versorgungen notwendig waren,
- die Gruppe insgesamt ein sehr geschlossenes Bild abgab,
- Rechtsextremismus von außen kaum zu erkennen war,
- die gute Reisestimmung sich während der gesamten Zeit erhielt (bis auf ca. 3 Tage, s.o.),
- sich zu Ende der starke Wunsch artikulierte, gemeinsam ein nächstes Projekt in den Blick zu nehmen.

Rückblickend läßt sich sagen, daß die Überwindung der Angst vor der eigenen Courage, mit den hier betroffenen Jugendlichen dieses Projekt zu veranstalten, eigentlich für uns als Begleitungsteam das größte Problem dargestellt hat. Die Dankbarkeit aller Teilnehmerinnen und Teilnehmer uns gegenüber drückte sich zuerst in der für uns nicht immer erkennbaren Fragestellung aus, warum wir eigentlich mit ihnen wegfahren würden und was wir davon hätten, einer Frage, der wir durchaus heute noch auf der Spur sind.

Erst später folgten auch eher provozierende (man muß doch über alles reden können / man kann ja mal darüber reden) Anfragen an unser Selbstverständnis, die immer spiegelbildlich von den Jugendlichen auf ihre eigene Situation hin überprüft wurden.

Exakt dieser Prozeß des Überprüfens, Kommunizierens, Abwägens war von uns erhofft und gewollt und hat bewirkt, daß alle Jugendlichen unseres Projektes neue und elementarste zwischenmenschliche Erfahrungen und Gegenerfahrungen machen konnten.

Genau dies war beabsichtigt und gibt uns Anlaß, über die nächsten Schritte nachzudenken.

(Elisabeth Gerlach, Mitarbeiterin der AG - SOS - Rassismus)

An die Disco XY

Sehr geehrte Damen und Herren!
Mit großer Betroffenheit haben wir mehrfach zur Kenntnis nehmen müssen, daß Sie i.d.R. junge ausländische Männer nicht in Ihre Diskothek lassen. Entsprechend dem Artikel 3 des Grundgesetzes für die BRD machen wir Sie heute darauf aufmerksam:
GG: Art. 3.
(1) Alle Menschen sind vor dem Gesetz gleich.
(2) Männer und Frauen sind gleichberechtigt.
(3) Niemand darf wegen seines Geschlechtes, seiner Abstammung, seiner Rasse, seiner Sprache, seiner Heimat und Herkunft, seines Glaubens, seiner religiösen oder politischen Anschauungen benachteiligt oder bevorzugt werden.

Außerdem informieren wir Sie darüber:
Rassismus liegt immer dann vor, wenn bestimmte Merkmale von Menschen (z.B. Hautfarbe, Asylbewerber sein, Geschlecht usw.) mit bestimmten Eigenschaften gekoppelt werden (z.B. wenn von der Hautfarbe oder Herkunft auf die geistige, kriminelle oder sexuelle Energie o.ä. geschlossen wird) und durch diese Konstruktion eine Bewertung entsteht.
Und:
Sexismus ist eine Verhaltensweise, die einen Menschen aufgrund seines Geschlechtes benachteiligt.
Wir bitten und ermahnen Sie heute, Ihre Praxis entsprechend den demokratischen Regeln unserer Verfassung und unserer Gesellschaft zu korrigieren.
Sollte unsere Ermahnung nichts nützen, erklären wir Ihnen heute schon, daß wir all unsere Kraft, Fantasie und unseren Widerstandswillen gegen Gewalt und Rassismus mobilisieren werden, um unserer Stadt eine menschenfreundliche und friedliche Zukunft zu erhalten. Von daher erlauben wir uns heute schon, die politisch verantwortlichen Vertreter unserer Stadt, die Kirchen und Gewerkschaften, den Ausländerbeirat, die Gewerbeaufsicht, die Staatsanwaltschaft und die politische Polizei (K 14) im Polizeipräsidium über den heutigen und jeweils aktuellen Stand der Entwicklung in Kenntnis zu setzen.
Weil wir an einer gedeihlichen Zusammenarbeit dringend interessiert sind, bitten wir um ihre baldige Antwort und verbleiben
mit freundlichen Grüßen

Hans Belagerer und
Sigrid B. Oykott

AG - SOS - Rassismus

Ferndorfer Kampftrinker

Einmal im Jahr (manchmal auch zweimal) lädt unser Jugendzentrum (JUZ) alle "wilden Cliquen" im Bereich unseres JUZ zu einer Fete im Wald ein. Absprache ist: Freibier für alle und keine Schlägerei oder Klopperei. Das müssen alle Cliquen vorher deutlich erklären, dann sind sie eingeladen.

Interview mit Eddie S. von den Kampftrinkern:
Wie die ganze Geschichte zustande gekommen ist, weiß ich nicht mehr, nur daß plötzlich die Parole umging, daß die von der OT da oben die alte Waldarbeiterhütte gepachtet haben und eine dicke Sauferei abziehen wollen. Naja, und das hat sich so 'rumgesprochen und hat auch etwas Streß gegeben, weil die Fackels auch kommen sollten. Das sind so dreckige Blödsäcke, die immer Streit anfangen wollen, und im Grunde hilft da nur eins, denen immer einen auf die Schnauze zu hauen. Aber das ging ja nun nicht, weil der Jörg gesagt hat, daß nur die mitmachen und in Zukunft eingeladen wären, die wohl kräftig saufen - aber nichts mit Klopperei und so, denn dafür hätten sie einen Hund, hab' ich aber nicht gesehen - der spinnt sowieso manchmal. Auf jeden Fall gab's vorher schon Ärger deswegen, weil jede einzelne Clique zusagen mußte, daß es keine Schlägerei oder so was gibt, sondern Freibier - stell dir das mal vor. Wir sind da in den Wald gegangen, weil hier in der Stadt wäre das nicht gut gegangen. Bis von Herford sind die gekommen und aus Duisburg die SOS-Leute, aber die können nicht richtig saufen und belatschern dich total voll, da mußt du dich in acht nehmen. Ich glaub', die haben das auch nur deswegen gemacht. So gegen zehn Uhr ging das da oben richtig los, am Lagerfeuer mit Speck und Rippchen braten und Faß aufmachen und allem, was dazugehört. Geschlafen haben wir eigentlich nicht, erst am Sonntagmorgen ist der letzte umgefallen. So viel gequatscht wie in dieser Nacht hab' ich noch mein Leben nicht, auch als das Bier ausging, haben wir noch fünf neue Kästen geholt. Wir Kampftrinker hatten schon gewußt, daß der Jörg mit seinen zwei Fässern nicht auskommt und uns einen entsprechenden Vorrat angelegt. Der hat ja dann auch gereicht, aber so ganz genau weiß ich das auch nicht mehr. Auf jeden Fall weiß ich heute, daß ich den Türken in unserer Kneipe, wenn die Scheiß bauen, auch mal Streß mache, weil Scheiß bauen die ja schon, und deswegen bin ich ja nicht gleich ein Ausländersack oder so was. Naja, die Türken vertragen ja nicht so viel Alkohol, das haben wir gemerkt. Ich glaub', die waren um zwei Uhr schon alle fertig, das macht das lange Training von uns, und die Fackels sind am Ende auch umgefallen, die hatten fast einen halben Zentner Koteletts und Kartoffeln mitgebracht. Ich sag' dir, ich war am Ende nicht nur total besoffen, sondern vollgefressen und schwarz von all dem Rauch. Was jetzt mit den Ausländern ist? Weiß ich auch nicht so genau, ich denk', das ist auch nicht das Problem hier, Problem ist, wenn die unsere Frauen anpacken, also, das kann ich nicht haben, da werd' ich total rattig, aber sonst soll die mal keiner anpacken, da sorgen wir schon für. Und bei SOS machen wir jetzt auch mit, aber saufen können die nicht - ich lach' mich tot.

Paris: Aktion und Freibier

Gerade mit rechtsextremistisch orientierten Jugendbanden und Cliquen empfiehlt es sich, manchmal den Ort der Handlung in die geographische Ferne zu verlegen. Aktion und Freibier, Stichworte aus der Szene sind Anlaß für ein Spektakel am Centre Pompidou, um gemeinsam die Chancen einer neuen Kontaktaufnahme und gegenseitige Akzeptanz zu überprüfen.

Unsere Paris-Touren sind zwischenzeitlich fester Bestandteil in vielen Jugendzentren geworden. Informationen gibt's bei der AG - SOS - Rassismus. Der Verlauf der Aktion ist i.d.R. immer der gleiche: Alle kommen mit (50-300 Leute), Freitag = Anreise, Übernachtung je im Wald, Samstag=kreuz und quer durch Paris, Samstagnacht = Spektakel im Chateau Gaillard, Sonntag=Spektakel und Clownerien am Centre Pompidou, Pfingstmontag=Abreise.

Interview mit Frank aus Duisburg:

Also, ich fahr' ja jetzt schon seit fünf Jahren immer Pfingsten mit den Leuten mit. Das Abgefahrenste sind ja immer die Leute, die da mitfahren, die kommen aus ganz Deutschland, alle aus einem anderen Jugendzentrum, und da sind Gestalten bei, hast du vorher nur im Fernsehen oder in Comics gesehen, Punks, Popper, Ökos, Skater, Strohpenner, Grufties.

In Paris laufen ja auch irre Leute 'rum, deshalb fahr'n wir wahrscheinlich auch da hin, um nicht ganz so doll aufzufallen, meist sind wir aber so mit sechs oder sieben Bullies unterwegs und dann gucken auch die Pariser, als wären die Yetis in die Stadt eingefallen.

Aber, du kannst mir glauben oder auch nicht, bis jetzt ist noch auf keiner einzigen Fahrt richtig Randale gewesen, obwohl sich diese Art Leute normalerweise auf der Straße gegenseitig die Köpfe einschlägt, hab' ich auch nie verstanden, warum. Ich glaub', das liegt daran, daß wir alle zusammen in der gleichen Scheiße sitzen, und die sogenannten Leiter, die sind so hart drauf, wenn du dir nicht selbst das Essen kochst und die fragst, wann es denn was zu futtern gibt, sagen die dir, es wird Zeit, daß du anfängst, was zu kochen, oder soll ich auch noch mit dir aufs Klo gehen, also, ich kenn' das ja schon, aber manche Leute macht das echt fertig, wenn sie mal ein paar Tage was selber machen müssen, und ich glaub', deshalb versuchen die auch gar nicht erst, Stunk zu machen, aber begriffen hab' ich das auch nicht so richtig.

Auf jeden Fall waren die Touren immer total abgefahren und auch die Aktion in Paris und in dem Schloß, wo die immer vorbeifahren, aber ich will mal so sagen, mit dem bunten Haufen könntest du auch zum nächsten Baggerloch fahren, müßte überhaupt nicht Paris sein, mit den Leuten kriegste überall 'ne gute Stimmung hin, nur, zum Baggerloch würde ich ja auch nicht mitfahren; Paris bin ich aber nächstes Mal wieder dabei, könnte ruhig öfter sein, oder auch nicht, aber jetzt muß ich wirklich los - Tschüß!

Interview mit Silke aus Dortmund:

Was das Schärfste an Paris war, wollt ihr wissen? Also, wenn ich genau nachdenke, sind es eigentlich drei Dinge, aber das Schärfste waren im letzten Jahr die Bomber aus Kiel. Die hatten das mit dem Freibier ernstgenommen, und die wußten ja nicht, daß sie das Geld da in Paris erst selbst verdienen müssen, durch eine Schau oder so, naja, und weil die das nicht wußten, hatten sie sich auch nicht vorbereitet. Die Akrobaten aus Recklinghausen fand ich ja supergut, und es hat mir auch Spaß gemacht, da mitzumachen, nur viel Geld hatten wir eigentlich nicht bekommen, naja, ich will mich nicht beklagen. Aber bei den Bombern wär' ich fast gestorben vor Lachen, mir tut jetzt noch alles weh, hab' ich da auf dem Teppich am Centre Pompidou gelegen und neben mir noch 50 andere Kids. Weil die nämlich nichts dabei hatten, so Feuerspucken oder Musikinstrumente oder was, haben sie sich dann unser riesengroßes Zaubertuch ausgeliehen und haben sich alle 20 drunter versteckt, bis auf einen, der blieb draußen und hat total den Klamauk gemacht, daß hier mitten in Paris gleich der Mond aufgehen würde. Und deswegen alle Geldwährungen außer Kraft gesetzt würden und alle Pariser und herumstehenden Germanen und Briten und Belgier und so ihr Geld abliefern sollten. Dazu hat der Typ immer Klamauk gemacht, und die Kids unter dem Tuch haben gestöhnt, als wenn da gleich was losginge. Und als der Typ endlich seine 300 Francs zusammen hatte, konnten wir schon fast nichts mehr sehen, weil so viele Leute den Mondaufgang erleben wollten. Und er macht das auch, hebt ganz vorsichtig und langsam das Tuch, bittet auch noch Leute mitzuhelfen, weil der Mond doch ein sehr großer sei. Und dann kommt er auch zum Vorschein, nur kurz zwar, aber in seiner vollsten Klarheit. 20 nackte Pos - ich hab' mich totgelacht, die Leute auch. Ja, und das Schärfste war, das haben die zweimal gemacht und uns dann alle zum Freibier eingeladen.

Aktion Pogromnacht 9. November

Wie Du weißt, fand vor über 50 Jahren, am 9. November 1938, in Deutschland die Pogromnacht statt, in welcher sich Haß, Rassismus, Neid und brutale Gewalt gegen jüdische Nachbarn entlud. Wohin diese Entwicklungen geführt haben, ist Dir bekannt. Erschreckt stellen wir aber heute genau deswegen fest, daß wieder neue Sündenböcke für gesellschaftliche und wirtschaftliche Probleme gesucht und auch gefunden werden. Rassismus, Haß und Eigennutz sind wieder salonfähig geworden; polternd greifen sie auch in unseren Medien und in unseren Parlamenten um sich.

Aus diesem Grunde haben wir überlegt: Was passiert eigentlich, wenn wir einmal, in Erinnerung an den 9. November, das Experiment wagen, am 9. November mit einem Davidstern herumzulaufen? Du weißt, warum und wann die Juden den Stern tragen mußten. Du weißt sicher auch, daß für Juden weitere Sondergesetze galten. Stell Dir vor, Du steckst Dir also am 9. November den Stern an und gehst einfach mal Äpfel kaufen (war für Juden streng verboten).

- Was passiert dann?
- Was werden die Leute sagen?
- Was für ein Gefühl hast Du?
- Traust Du Dich? Werden Dir die Äpfel verkauft?
- Machen Dich die Leute an?
- Wirst Du beschimpft?
- Erklärt man Dich für verrückt?

Genau das ist es nämlich, was wir herausfinden wollen:
Wie weit ist der Virus Rassismus schon wieder wirksam geworden.

ACHTUNG:
Vor einer Aktion mit dem Davidstern solltet Ihr auf jeden Fall ein Gespräch mit der jüdischen Gemeinde führen. Können sie zulassen, was Ihr vorhabt? Wollen sie Euch unterstützen oder sogar mitmachen? Verbietet ihnen die Erinnerung an das 3. Reich vielleicht eine solch spektakuläre Aktion?
Wir wissen aus eigener Erfahrung, daß es ganz wichtig ist, vor einem solchen Projekt ihre Zustimmung einzuholen.

Also:
Jetzt weißt Du, worum es uns geht. Wir suchen Leute, Gruppen, Schulklassen, die dieses Projekt miteinander beraten und dann bewußt für eine kurze Aktion

oder einen halben Tag in die Rolle von "Sündenböcken" steigen (z.B. eine Stunde mit Davidstern vor der ehem. Synagoge stehen usw.) und uns danach einen Bericht anfertigen. Wie ist es Dir ergangen, hattest Du Angst?
Was haben die Leute, die Eltern, die Lehrer oder andere Mitschülerinnen und Mitschüler gesagt, haben sie Dich unterstützt und ermutigt, oder hatten sie einfach nur Angst vor der eigenen Courage? Wer hat sich über Euch aufgeregt? Unsere Arbeitsgruppe möchte nach Euren Experimenten Eure Erfahrung in einem Reader veröffentlichen und damit auch zeigen, daß Geschichte nicht nur in Schulbüchern stattfindet. Wenn Du mit Deiner Clique, Gruppe oder Schulklasse mitmachst, schick uns Deinen Bericht - im Gegenzug bekommst Du so etwa im Februar-März ein Exemplar unseres Readers.

Wenn Du mehr über die Pogromnacht wissen willst: In: Der kleine Verlag, Düsseldorf 1988, ist ein sehr informatives Buch, "Als die Gotteshäuser brannten" erschienen.

Und jetzt:
Denk nach, grüble, hol tief Luft, ruf deine Freundinnen und Freunde zusammen, fang an ...

"Heil Hitler, Herr Lehrer!"

Angenommen: Ein Schüler stürmt in die Klasse mit dem Ruf "Heil Hitler, Herr Lehrer!"
Bevor Sie reagieren, möchte ich Sie fragen:
Was ist er?
- Ein überzeugter Neonazi - auch "Fascho" genannt?
- Ein Provokateur, dem jeder Spruch recht zu sein scheint?
- Ein Wichtigtuer, der nicht begreift, was er da schwätzt?
- Ein etwas einfältiger Schüler, der einmal mutig sein wollte?

Noch bevor Sie hierauf antworten können, sollten sie nach ihrem Gefühl handeln. Das würde wohl auch Ihren Schulrealitäten entsprechen.

Ich selbst fühle bei diesem Spruch Abscheu, denn mit Mördernamen möchte ich nicht begrüßt werden. Deshalb könnte ich mir folgende Reaktion vorstellen: "Verlaß' sofort das Klassenzimmer, Du bis hier nicht unter Deinesgleichen!"
Oder:

"So, so, Hitler, na dann stramm gestanden, 50 Kniebeugen, anschließend erfolgt mein nächster Befehl!"
Oder:

"Laß' gut sein, wir reden gleich darüber, mit wem Du mich verwechselst."
Diese und andere Reaktionen verdeutlichen, daß Sie noch genauer hinsehen müssen, um zwischen Ulk-, Protest- und rechtsextrem-orientiertem Verhalten unterscheiden zu können.

Wenn dies angesichts der Klassenstärke möglich ist, dann fragen Sie sich, auf welcher Ebene sich besagter "Gruß" abgespielt hat: Wurde er mehr aus dem Gefühl heraus gesagt? Oder gehört er bereits zum typischen Verhalten des Schülers? Und inwieweit sind hier Elternhaus und andere Einflüsse erkennbar? Diese differenzierte Einschätzung der Gefühls-, Verhaltens- und Kontextebene ermöglicht es, genauer auf die Hintergründe zu achten und adäquater zu handeln. Dazu gehört, deutlich zu signalisieren: "Bis hierher und nicht weiter!" Wie scharf die Grenzkonturen sein müssen, hängt von ihrer Kompetenz und natürlich den Klassenbedingungen ab.

Mit dieser Sicht- und Handlungsweise haben Sie auch die Möglichkeit, darauf zu achten, wie es um das selbstbewußte oder eher autoritäre Verhalten des Schülers bestellt ist. Denn dies ist die Voraussetzung für den weiteren Umgang mit ihm, bei dem es darum geht, sowohl Überreaktionen als auch eine Bagatellisierung zu vermeiden.

Ein selbstbewußter und mit seinem Selbstwertgefühl übereinstimmender Schüler wird nicht nach dem erwähnten Muster greifen und sie nicht mit "Heil Hitler, Herr Lehrer!" begrüßen, um auf sich aufmerksam zu machen.

Dies ist eher kennzeichnend für eine autoritäre Unterordnung oder sogar Unterwürfigkeit, für Hilflosigkeit und Ängste. In der sich im genannten Beispiel darstellenden Form von Autoritarismus könnte auch die Bereitschaft zu repressivem Verhalten gegenüber Schwächeren oder Minderheiten enthalten sein, was in der weiteren Deformierung zu rechtsextremistischer Orientierung und Überzeugung führen kann. In der Konsequenz für die Schulpraxis wird es darauf ankommen, neben der erforderlichen Grenzziehung möglichst Repressionen, die beim Schüler weitere Ängste auslösen, zu vermeiden. Sonst geraten Sie in eine unkontrollierte Spirale, die beim Schulverweis enden könnte. Wer Angst bekämpft, indem er anderen Angst einjagt, verstärkt die Ängste. Der Schlüssel zur Änderung autoritären Verhaltens und rechtsextremistischer Orientierung ist die Reduzierung von Angst, die bekanntlich in der frühen Kindheit ihren Anfang nimmt. Menschen mit tiefliegenden Angsterfahrungen, die sich in instabilen Verhältnissen befinden, orientierungslos sind, sich Situationen ausgeliefert sehen, klammern sich am Grundgefühl des Glaubens an den Mythos eines Beschützers, Vaters oder Führers fest, um sich damit Sicherheit oder Bestätigung zu geben. Bericht über einschlägige Gerichtsprozesse oder Interviews mit rechtsorientierten Skinheads oder jungen Neonazis bestätigen dies. So antwortet mir ein Gymnasiast und Mitglied der FAP auf die Frage nach seinen Kindheitserlebnissen:

"Mein Vater hat mich oft verdroschen, aber geschadet hat es mir nicht, und einer muß ja der Herr im Hause sein."

Wenn ein Schüler mit dieser Erfahrung und Einstellung bereit ist, sich von der Idee der "Ungleichheit der Menschen" überzeugen zu lassen, und Zugang findet zur Ideologie des Nationalismus und Rassismus, dann befindet er sich bereits auf dem Weg des Rechtsextremismus.

Je nach Ausprägung verlangt dies von Lehrerinnen und Lehrern, ihre Handlungsweisen neu zu überdenken.

Vergleichen wir diesen Entwicklungsprozeß mit einer Skala, dann gilt es herauszufinden, bis zu welcher Marke unsere sozial-pädagogische Einflußnahme im Rahmen der Schulwirklichkeit noch etwas bewirken kann und wo eindeutig die Grenze erreicht ist. Aus eigener Erfahrung weiß ich, daß dies nicht so einfach zu "messen" ist.

Viele Kolleginnen und Kollegen, die mit diesen Problemen konfrontiert sind, wollen aus Angst oder Unsicherheit auch überzeugte Jungnazis nicht als solche wahrnehmen. Dies entspricht dem bundesüblichen Umgang mit - wohlgemerkt überzeugten - jungen Rechtsextremisten.

Hierzu schreibt Burkhard Schröder: "Den Jugendlichen wird bescheinigt, daß sie ordentlich, in der Schule oder im Beruf fleißig und strebsam seien, daß man die neonazistischen "Flausen" nicht so ernst nehmen dürfe.

Eine ostdeutsche Mutter sagt, während der zwanzigjährige Sohn vor Hitler-

Bildern und -Büchern posiert und damit prahlt, daß er eigenhändig Steine auf polnische Touristen geworfen habe: "Mein Sohn ist kein Neonazi."

Der deutsche Untertan wie eh und je: er spielt zu Hause Klavier, streichelt den Hund und die Kinder - und terrorisiert und massakriert ganz nebenbei, weil es ja zu seinen dienstlichen Pflichten gehört, die "Untermenschen". Und die schweigende Mehrheit sieht weg oder zu, weil das ja privat ganz nette Menschen sind. Und nur das geht sie offenbar etwas an." *(Schröder, S. 17/18.)*
Mit diesem Beispiel ist die Grenze - zumindest für den Schulbereich - eindeutig überschritten. Denn in einer Situation, in der Menschenrechte verletzt oder andere Schüler angegriffen werden, helfen keine positiven Unterrichtsbedingungen oder Ängste abbauendes Lehrerinnen-/Lehrerverhalten, sondern schlichtweg nur noch Sanktionen.

Es gibt aber häufig auch Situationen, bei denen besagte Grenze nur scheinbar überschritten wird und das Schülerverhalten zwar autoritär, nicht aber rechtsextrem motiviert ist. Mir ist dies zum erstenmal bei einem Vortrag mit anschließender Diskussion zum Thema "Ausländerfeindlichkeit" vor einigen Monaten in einer Ost-Berliner Schulklasse passiert. 14- bis 15jährige Schülerinnen und Schüler sitzen vor mir, hören auch durchaus interessiert zu. Ich denke, daß ich wohl gut ankomme - mit meinen vielen Geschichten, die den Vortrag lebendig machen sollen. Plötzlich fällt mein Blick auf drei Schüler in der vorletzten Reihe. Einer befindet sich gerade auf dem Entwicklungsweg zum Jungmännerdasein, die anderen sind sehr schmächtig. Alle drei haben die fast zum üblichen "Outfit" gehörenden schwarzen Fliegerjackenimitationen an und sitzen mit der ebenfalls üblichen Lässigkeit an ihren Tischen. Mir kommt es beim Hinschauen so vor, als öffneten sie fast gleichzeitig ihre Jacken. Auf den weißen T-Shirts darunter sehe ich bei dem einen ein großes D aufgedruckt, bei den anderen jeweils die Buchstaben SDA. Ich erkläre gerade, daß es nicht Vietnamesen, Mosambikaner oder Türken seien, die über die Vergabe oder den Erhalt von Arbeitsplätzen zu bestimmen und entscheiden hätten, sondern daß dies abhängig von der Treuhand, von Unternehmensleitungen und Personalbüros sei, in denen bekanntlich die genannten Nationalitäten nicht vertreten seien. Da schieben besagte Schüler die beiden Hälften ihrer Jacken noch mehr zurück und zeigen mir - lässig, wie sie so dasitzen - ihre Meinung: "NSDAP".

"Aha, was sehe ich denn da, Ihr wollt mich wohl austesten?", war damals meine erste Reaktion. Dann las ich laut "NSDAP". Alle anderen drehten sich zu den Dreien um. Diese grinsten, zwei bekamen rote Köpfe.

Dann erkundigte ich mich bei ihnen, ob sie wüßten, was "NSDAP" bedeutet. "Nazis", antwortet schließlich einer.

"Seid ihr Nazis?", war meine nächste Frage. Natürlich nicht, aber sie fanden es okay, so etwas zu tragen. Ich erklärte, warum ich dies als Werbung für eine

Partei ansähe, die, hätte sie die Macht, vieles verbieten würde, so auch meinen Vortrag. Ausgehend von der Frage, wie sich das alltägliche Leben verändern würde, wenn die NSDAP an der Macht wäre, konnte ich dann ein spannendes Unterrichtsgespräch unter Beteiligung aller anregen.

Ein ähnliches Modell könnten Sie beispielsweise mit der hypothetischen Frage anwenden: Was hat sich nach einer vierjährigen Regierungskoalition von REP und DVU in Deutschland politisch, sozial, wirtschaftlich etc. verändert? Damit könnten Sie Szenarien, Planspiele, Unterrichtsgespräche u.a. gestalten. Hinzunehmen würde ich dann die Analyse von aktuellen Parteiprogrammen, Plakaten, Zeitungsberichten. Sie könnten nichtdeutsche Bürgerinnen und Bürger einladen, die über ihre Minderheitensituation berichten. Und schließlich ließe sich hinterfragen, was Wählerinnen und Wähler bewegt haben könnte, den REPs oder der DVU ihre Stimme zu geben. Mit diesem Modell werden Istzustand und mögliche Auswirkungen verdeutlicht. Es zwingt Schülerinnen und Schüler nicht ein "Bekenntnis" auf, sondern ermöglicht eine Auseinandersetzungsform, die keine autoritären Gegeninformationen und keine klassenöffentlichen Niederlagen beinhaltet.

Eine andere Möglichkeit im Rahmen des Unterrichtes ist es, die aus Zeitungsausschnitten gesammelte Berichterstattung über rechtsextreme Anschläge auszuwerten.

Dabei wäre interessant, die Darstellung der Täter mit derjenigen der Opfer zu vergleichen. Sie werden feststellen, daß meistens die Täter im Mittelpunkt stehen.

Aber auch in pädagogischen Kreisen werden bei der Auseinandersetzung über die Möglichkeiten des Einwirkens auf die jugendlichen Täter allzu häufig die Opfer vergessen. Dies kritisiert auch die Psychologin Birgit Rommelspacher. Sie befürwortet selbstverständlich die sozialpädagogische Arbeit mit rechtsextremen Jugendlichen, "findet es aber sehr problematisch, daß über diese ganze Konzentration auf rechtsextreme Jugendliche die Arbeit mit den eigentlichen Opfern, mit den Flüchtlingen, Einwanderinnen und Einwanderern, vergessen wird" *(taz, 11.2.1992)*. Und: "Das Bedürfnis, die Täter zu entlasten, hat mittlerweile sogar dazu geführt, neonazistische Gewalttäter oder Gewaltbefürworter nicht nur zu den Opfern widriger Umstände zu machen, sondern ihr Gewalthandeln gegenüber Schwächeren zum Widerstand gegen soziale Ungerechtigkeit und Benachteiligung zu stilisieren." *(Konkret 9/1991)*
Tragen Sie diese Auseinandersetzung in das Unterrichtsgespräch hinein, zumal es hier nicht um ein fertiges Meinungsbild gehen kann, sondern um Positionen, die Ihre Schülerinnen und Schüler selbst finden sollten.

In diesem Zusammenhang kann die Frage nach der sozialen Herkunft von rechtsextrem-orientierten Jugendlichen nicht unerwähnt bleiben, denn auch sie könnte Ihren Schülerinnen und Schülern Zugang zur eigenen Orientierung ermöglichen, ohne daß sie sich angegriffen fühlen.

Sie könnten beispielsweise mit der Frage einsteigen, wie Befragungen durchgeführt werden, wer die Ergebnisse interpretiert, welche Wahrscheinlichkeit und Zufälligkeit und welche Interessen dahinter stecken könnten.

Konzentrierte man sich in sozialwissenschaftlichen Kreisen nach den ersten Wahlerfolgen der REPs und der Zunahme rechtsextremistischer Orientierungen zunächst auf die Figur des deutschen, männlichen Jugendlichen aus den unteren und untersten sozialen Schichten und machte damit sozial Deklassierte zum Prototyp der rechtsextremistischen Klientel, so stellten Held/Horn/Leiprecht/Mavrakis dem mit ihrer "Tübinger Untersuchung" eine andere Sichtweise entgegen.

Sie befragten Jugendliche im Alter zwischen 18 und 22 Jahren, die sich zur Hälfte aus sozial benachteiligten Jugendlichen (ausländische Staatsangehörigkeit, niedrige Schulbildung, Landbevölkerung, Heimkinder), zur anderen Hälfte aus nichtbenachteiligten jungen Menschen (gute Schulbildung, beschäftigt in High-tech-Betrieben, sichere familiäre Verhältnisse) zusammensetzte. Entgegen der Erwartung der Forscher äußerten sich die gut situierten Jugendlichen überwiegend rechtsextremer als die benachteiligten. Besonders deutlich zeigte sich dies bei Themen wie Ausländer, Asylbewerber u.a. und bei der Aussage, daß Deutsche fleißiger und pflichtbewußter seien als andere. Hierzu die Tübinger: "Jugendliche, die von der Wohlstandsgesellschaft profitieren, die "Gewinner der gesellschaftlichen Modernisierung", identifizieren sich mit der vorherrschenden Lebensweise und verhalten sich Minderheiten gegenüber solange neutral, solange ihre eigene privilegierte Stellung nicht gefährdet ist. Das Bedürfnis, das Erworbene gegen äußere Bedrohung abzusichern, also der Wunsch, die Kontrolle über die Lebensumstände zu behalten ..." *(Päd. Extra, 5/1991)* kann - so ergänze ich hier - bei sozial abgesicherten Jugendlichen, die sich mit dem wirtschaftlichen Wohlstand stark identifizieren, zur rechtsextremistischen Orientierung führen." Zu deutsch: Die jungen Extremen handeln nur extrem nach den Leistungsnormen, die der Kapitalismus stanzt", kommentiert Bartholomäus Grill in "Die Zeit" (29.5.1992).

Mutmaßen Sie, welche Meinungen ihre Schülerinnen und Schüler hierzu haben. Spannend wäre es, wenn es Ihnen gelingen würde, einen Wissenschaftler in die Schule einzuladen. Naheliegenderweise könnten Sie mit Ihrer Klasse natürlich auch selbständig Meinungen erforschen.

Das kann dazu führen, das Schülerinnen und Schüler neue Fragen nach den Hintergründen und Ursachen stellen.

Daran können Sie anknüpfen, indem Sie gemeinsam mit ihnen nach Antworten suchen. Dazu bietet sich auch der geschichtliche Bereich an.

(aus: Gewalt an Schulen, Gisela und Axel Preuschhoff, Köln '92)

Aktion COURAGE

Courage

für Toleranz und Demokratie

Nein zu Gewalt und Rassismus

Es ist Zeit, Mut zu zeigen, Toleranz zu beweisen und gegen Gewalt und Rassismus aufzustehen. Mit unserer Aktion COURAGE fordern wir alle Menschen zum gemeinsamen Handeln gegen Gewalt und mit gewaltlosen Mitteln auf. Helfen Sie mit, COURAGE zu beweisen und durch Gewalt und Rassismus in Bedrängnis Geratene zu schützen. Wir wollen unsere Augen, Ohren und unseren Mund öffnen, um Menschen zu schützen, die heute das erleben, was uns morgen selber bedroht. Unser Button (und Aufkleber) soll als deutliches Signal getragen werden:

- Ich mache den Mund auf gegen rassistische Äußerungen
- Ich schütze AusländerInnen gegen Bedrohung auf der Straße, in Bahn und Bus, in der Schule, am Arbeitsplatz...
- Ich hole sofort Hilfe bei Angriffen und Anfeindungen
- Ich benütze in Gewalt-Situationen meine Trillerpfeife, um Gewalttätern zu zeigen, daß sie für Ihre Tat zur Rechenschaft gezogen werden.

Außerdem ist unser Button/Aufkleber ein Zeichen der Solidarität und sozialen Verantwortung: - Ich helfe couragierten Bürgerinnen und Bürgern, die sich der Gewalt in den Weg stellen und, was fast genauso wichtig ist:
Ich erkenne BürgerInnen, die mir selber in solchen Situationen helfen.
Unser COURAGE Button, das Schwarz-Weiß des Zebras soll verdeutlichen, daß die Trennung von Menschen in schwarz und weiß, in oben und unten, in deutsch und undeutsch der Versuch ist, gesellschaftliche Probleme mit schwarz-weiß Malerei und künstlichen "Sündenböcken" zu lösen. Weil wir wissen, daß die Verletzung der Würde und die Gewalt gegen Menschen morgen auch uns selbst treffen wird, bitten wir Sie: Helfen Sie mit, der Gewalt und dem Rassismus in Deutschland entgegenzutreten.

* Die Idee zu unserer Aktion Courage haben wir von der Aktion Courage in Sachsen "Wir beweisen Courage" erhalten. Diese Akton hat in Dresden mit einem breiten Jugendbündnis begonnen.

Die Buttons, der Aufruf und die Aufkleber (je 1,-Mark) sind zu erhalten bei:

Arbeitsgruppe - SOS - Rassismus,
Haus Villigst, 5840 Schwerte 5,
Tel.: 02304-755190

Verhalten in Bedrohungssituationen

Ratschläge zum Verhalten in Bedrohungssituationen:

1. VORBEREITEN!
Bereite Dich auf mögliche Bedrohungssituationen seelisch vor: Spiel Situationen für Dich allein und im Gespräch mit anderen durch. Werde Dir grundsätzlich klar darüber, zu welchem persönlichen Risiko Du bereit bist. Es ist besser, sofort die Polizei zu alarmieren und Hilfe herbeizuholen, als sich nicht für oder gegen das Eingreifen entscheiden zu können und gar nichts zu tun.

2. RUHIG BLEIBEN!
Panik und Hektik vermeiden und möglichst keine hastigen Bewegungen machen, die reflexartige Reaktionen herausfordern könnten. Wenn ich "in mir ruhe", bin ich kreativer in meinen Handlungen und wirke meist auch auf andere Beteiligte beruhigend.

3. AKTIV WERDEN!
Wichtig ist, sich von der Angst nicht lähmen zu lassen. Eine Kleinigkeit zu tun ist besser, als über große Heldentaten nachzudenken. Wenn Du Zeuge oder Zeugin von Gewalt bist: Zeig, daß Du bereit bis, gemäß Deinen Möglichkeiten einzugreifen. Ein einziger Schritt, ein kurzes Ansprechen, jede Aktion verändert die Situation und kann andere dazu anregen, ihrerseits einzugreifen.

4. GEH AUS DER DIR ZUGEWIESENEN OPFERROLLE!
Wenn Du angegriffen wirst: Flehe nicht, und verhalte Dich nicht unterwürfig. Sei Dir über Deine Prioritäten im klaren und zeige deutlich, was Du willst. Ergreif die Initiative, um die Situation in Deinem Sinne zu prägen:
Schreib Dein eigenes Drehbuch!

5. HALTE DEN KONTAKT ZUM ANGREIFER!
Stelle Blickkontakt her und versuche, Kommunikation herzustellen bzw. aufrechtzuerhalten.

6. REDEN UND ZUHÖREN!
Teile das Offensichtliche mit, sprich ruhig, laut und deutlich. Hör zu, was Dein Gegner bzw. Angreifer sagt. Aus seinen Antworten kannst Du Deine nächsten Schritte ableiten.

7. NICHT DROHEN ODER BELEIDIGEN!
Mach keine geringschätzigen Äußerungen über den Angreifer.
Versuche nicht, ihn einzuschüchtern, ihm zu drohen oder Angst zu machen.
Kritisier sein Verhalten, aber werte ihn persönlich nicht ab.

8. HOL DIR HILFE!
Sprich nicht eine anonyme Masse an, sondern einzelne Personen. Dies gilt sowohl für Opfer als auch für Zuschauerinnen und Zuschauer. Sie sind bereit zu helfen, wenn jemand anderes den ersten Schritt macht oder sie persönlich angesprochen werden.

9. TU DAS UNERWARTETE!
Fall aus der Rolle, sei kreativ, und nutz den Überraschungseffekt zu Deinem Vorteil aus.

10. VERMEIDE MÖGLICHST JEDEN KÖRPERKONTAKT!
Wenn Du jemandem zu Hilfe kommst, vermeide es möglichst, den Angreifer anzufassen, es sei denn, Ihr seid in der Überzahl, so daß Ihr jemanden beruhigend festhalten könnt. Körperkontakt ist in der Regel eine Grenzüberschreitung, die zu weiterer Aggression führt.
Wenn nötig, nimm lieber direkten Kontakt zum Opfer auf.

Aktives gewaltfreies Verhalten ist erlernbar
Indem wir uns unsere Ängste und Handlungsgrenzen bewußt machen, erfahren wir gleichzeitig auch mehr über den Bereich, der zwischen diesen Grenzen liegt. Oft unterschätzen wir die Vielfalt unserer Möglichkeiten. In Rollenspielen und konkreten Übungen zum Umgang mit direkter Gewalt können wir neue kreative Antworten auf Konfliktsituationen entdecken. Verhaltenstrainings bieten uns die Chance, bisher ungewohntes Verhalten auszuprobieren, einzuüben und zu reflektieren.
Trainingskurse bieten an:
Bildungs- und Begegnungsstätte für gewaltfreie Aktion, Kirchstr. 14, 3135 Wustrow, Tel.: 05843-507
Ghandi Informationszentrum, Lübecker Str. 44, 1 Berlin 21, Tel.: 030-3941420
Graswurzelwerkstatt, Scharnhorststr. 6, 5 Köln 60, Tel.: 0221-765842
Friedens- und Begegnungsstätte Mutlangen e.V., Forststr. 3, 7075 Mutlangen, Tel.: 07171-75661.
Werkstatt für gewaltfreie Aktion Baden, c/o Renate Wanie, Römerstr. 32, 6900 Heidelberg, Tel.: 06221/161978
Bund für soziale Verteidigung, Friedensplatz 1a, 4950 Minden, Tel.: 0571/29456

(Dieses Konzept wurde von Milan entwickelt. Weitere Informationen sind erhältlich beim Trainingskollektiv für gewaltfreie Aktion und kreative Konfliktlösung, c/o Graswurzelwerkstatt (s.o.)).

Anleitung zur Einrichtung von Telefonketten und Ausländertelefonen

Telefonketten und Ausländertelefone übernehmen nicht die Aufgabe der Polizei, sondern unterstützen deren Arbeit beim Schutz der mit uns zusammenlebenden Ausländerinnen und Ausländer. Telefonketten haben sich beim Schutz von Asylbewerberheimen bewährt. Sie sollten überall in der Nachbarschaft eingerichtet werden, wo Ausländerinnen und Ausländer wohnen.

A. Telefonketten

1. Zusammenstellen einer Liste von schutzbereiten Bürgerinnen und Bürgern, Namen und Telefonnummern.
2. Diese Liste erhalten alle Ausländerinnen und Ausländer der Gegend sowie alle an der Kette Beteiligten.
3. Im Falle drohender Gewalt ruft der-/diejenige, der von dem Bedrohten zuerst erreicht wird, den nächsten auf der Liste an. Sobald er/sie eine/einen erreicht hat, geht er/sie sofort los, und die Kette wird vom nächsten fortgesetzt. So können in kurzer Zeit sowohl Bürgerinnen und Bürger am Tatort eintreffen als auch immer mehr mobilisiert werden.
4. Der/die erste Angerufene muß in jedem Fall sicherstellen, daß die Polizei informiert ist.

5. Abgesehen von der Unterstützung in aktuellen Bedrohungssituationen kann die Telefonkette dazu genutzt werden, um Bedrohten oder solchen, die schon Opfer eines Angriffs waren, Begleitung anzubieten, wenn sie dies wünschen.

B. Telefonnetze

Bei größeren Telefonketten kann diese auch in Netzform organisiert werden, wobei nur eine begrenzte Anzahl von Knotentelefonen die gesamte Liste haben und von dort aus herumtelefonieren. Man kann auch das Schneeballsystem anwenden.

C. Ausländertelefone

In jeder Gemeinde sollte ein Ausländertelefon eingerichtet werden, das möglichst rund um die Uhr, auf jeden Fall aber auch in den Abend- und späten Nachtstunden besetzt ist.

1. AUFGABEN

Über Ausländertelefone kann Unterstützung in aktuellen Notfällen mobilisiert werden. Bei Diskriminierung werden darüber die zuständigen staatlichen Stellen oder Rechtsanwälte eingeschaltet.
Sie legen Beschwerde ein und stellen Öffentlichkeit her, falls die Polizei Ausländer nicht oder nur unzureichend schützt.

2. WO?

Tagsüber kann das Telefon im Büro des/der Ausländerbeauftragten oder in einem Wohlfahrtsverband eingerichtet werden. Nach Büroschluß an einem Ort, wo sich mehrere Leute aufhalten, zum Beispiel in einer Gaststätte, Wohngemeinschaft, Wohnheim, Jugendzentrum, Krankenhaus, Gemeindehaus o.ä.

3. WIE?

Das Telefon muß immer mit einer kompetenten Person besetzt sein.
Es sollte:

- für Notfälle mit einer Telefonkette in Verbindung stehen;
- die zuständigen Behörden einschalten, z.B. Gewerbeaufsichtsamt bei Diskriminierung in Gaststätten und Discos usw.;
- den Ausländerbeauftragten der Polizei in Fällen polizeilichen Fehlverhaltens einschalten.

4. BEKANNTMACHUNG

Die Telefonnummer des Ausländertelefons muß immer wieder in der örtlichen Presse erscheinen und mit anderen Mitteln veröffentlicht werden, damit sie allen Betroffenen bekannt wird.

Das Mädchenzentrum Gladbeck

1. Mädchen in der Jugendarbeit

Wer sich mit der Situation von Mädchen, mit ihren Sorgen und Nöten, aber auch mit ihren Freizeitinteressen beschäftigt, wird schnell feststellen, daß Jugendarbeit bisher meist an den Mädchen vorbei geplant wurde.

Die Ausstattung der Jugendzentren ist mit Kickern und Holzwerkstatt eher den Interessen der Jungen angepaßt und wird auch von ihnen dominiert. Auch die Programme und Angebote bieten den Mädchen nur wenig Entfaltungsmöglichkeiten; sie sind häufig nur als "Freundin von ..." dabei und bleiben im Hintergrund. Durch ihr lautstarkes, raumgreifendes und oftmals aggressives Verhalten ziehen die Jungen die Aufmerksamkeit der Mitarbeiterinnen und Mitarbeiter auf sich; die Mädchen scheinen dagegen unproblematisch, bedürfen keiner besonderen Zuwendung. Für die Mitarbeiterinnen und zahlenmäßig überlegenen Mitarbeiter der Jugendeinrichtungen ist es nicht einfach, sich in die Situation der Mädchen hineinzudenken; oft fehlt es an dem nötigen Verständnis, an Sensibilität, aber auch an Wissen, da Mädchenarbeit in der Aus- und Weiterbildung nur zufällig vorkommt.

Mädchen wie Jungen sind von drohender und tatsächlicher Arbeitslosigkeit betroffen, sie haben Schwierigkeiten mit ihren Familien, Gesundheits- oder Drogenprobleme, fühlen sich einsam oder werden "kriminell". Aufgabe von Jugend- und Sozialarbeit ist es zu vermeiden, daß diese und andere Probleme auftreten; ist dies nicht möglich, wenigstens bei deren Bewältigung zu helfen. Doch neigen Mädchen viel stärker als Jungen dazu, sich mit ihren Sorgen zurückzuziehen, zu resignieren und sich selbst die Schuld zuzuschreiben. Sie werden also von sich aus auch nur selten den Schritt auf die Mitarbeiterinnen und Mitarbeiter zu machen.

Hinzu kommt, daß die Mädchen in ihrer Freizeit durch Pflichten in der Familie stärker eingeschränkt sind und weniger selbständig über ihre freie Zeit verfügen dürfen als Jungen, so daß sie seltener im Jugendtreff auftauchen. Auch von daher ist es für sie schwierig, zu den Mitarbeiterinnen und Mitarbeitern ein vertrauensvolles Verhältnis aufzubauen. Für viele ausländische Mädchen ist der Besuch einer Jugendeinrichtung ohnehin undenkbar, da sie hier unkontrollierten Kontakt zu männlichen Jugendlichen haben könnten.

2. Zur Situation von Mädchen

Gerade diese Mädchen sind aber durch ihr Leben in oder zwischen zwei Kulturen einer besonders starken Belastung ausgesetzt. Ist es schon für deutsche Mädchen schwierig, für ihre Lebensplanung eigene Vorstellungen zu entwickeln und diese dann auch um- und durchzusetzen, so müssen die ausländischen Mädchen mit den Anforderungen zweier Kulturen fertig werden.

Auf der Suche nach einer eigenen Identität erleben sie, wie deutsche Mädchen sich scheinbar selbständig entwickeln und viel Freizügigkeit genießen können. In ihrem Umfeld ist dies so nicht durchsetzbar, entsprechend den heimatlichen Normen sollen sie hier ihre Identität als Hausfrau und Mutter finden. Unterstützung bei den hieraus erwachsenden Problemen erfahren sie kaum. Zwar sind gleichaltrige Mädchen meist in der gleichen Situation, doch ist die Angst vor gegenseitiger Kontrolle groß. Die Mädchen sind so meist auf sich allein gestellt, wenn sie einerseits versuchen, sich den Normen ihrer Eltern nicht bedingungslos zu unterwerfen, andererseits ihre Familie und kulturellen Bezüge aber nicht aufgeben wollen. Diese Aspekte machen deutlich, daß es wichtig ist, den Mädchen einen Raum zu verschaffen, in dem sie sich frei bewegen und ihre Fähigkeiten und Fertigkeiten entwickeln und weitergeben können, wo sie mit ihren Problemen ernstgenommen werden und Beratungsangebote und Orientierungshilfen bekommen können.

Voraussetzung hierfür sind Räumlichkeiten, die nur für Frauen und Mädchen zugänglich sind, wodurch auch die notwendige Akzeptanz der Eltern ausländischer Mädchen gewonnen werden kann.

3. Konzeption und praktische Arbeit des Mädchenzentrums

Die Konzeption und die Arbeit des Mädchenzentrums Gladbeck orientiert sich stark, aber nicht ausschließlich an den Problemen und Bedürfnissen der ausländischen Mädchen und versteht sich als ein Projekt interkultureller Mädchenarbeit. Das bedeutet, daß wir nicht nur die Unterschiede, sondern auch die Gemeinsamkeiten ausländischer und deutscher Mädchen sehen und daß beide bei der Entwicklung und Umsetzung eigener Lebensentwürfe Unterstützung brauchen. Die Probleme der Mädchen werden aufgegriffen, aber auch ihre individuellen Stärken gefördert. Neben der Beratung und der Einzelfallhilfe besteht die Möglichkeit, in verschiedenen Kursen, Gruppenangeboten und Bildungsveranstaltungen, bei Ausflügen und Festen Erfahrungen zu sammeln, Fähigkeiten zu erlernen, das Selbstbewußtsein und die kulturelle Identität zu stärken.

Das Programm des Mädchenzentrums umfaßt sowohl traditionelle Bereiche wie z.B. Näh- und Kochkurse als auch Angebote, die die Themen und Aufgaben unserer Zeit aufgreifen wie Hilfestellung bei der Berufswahlorientierung oder Selbstbehauptungs- und Selbstverteidigungstraining. Dadurch können sowohl Mädchen, die an sich arbeiten, wie auch die, die nur hin und wieder der Kontrolle der Eltern ein wenig entgehen wollen, für sich passende Angebote und damit Zugang zum Mädchenzentrum finden.

Die Angebote sind alle als themenorientierte Gruppen oder Kurse konzipiert. Wir haben festgestellt, daß es den meisten Mädchen schwerfällt, "nur so" ins Mädchenzentrum zu kommen, daß sie wissen wollen, was sie erwartet und wen sie dort treffen werden, und daß sie offene Angebote deshalb kaum annehmen. Im übrigen ist es natürlich leichter, den Eltern zu erklären, frau ginge zu einem Kurs, als zu sagen, sie treffe sich mit Freundinnen, um sich über den Freund, die Eltern, den Körper und was es sonst an Themen gibt zu unterhalten. Denn selbstverständlich dienen alle Gruppen und Kurse nicht nur dem Erlernen von Fähigkeiten, sondern in mindestens dem gleichen Maße auch dem Austausch untereinander, dem Gespräch über Probleme aller Art, dem gegenseitigen Zuhören und Unterstützen.

Diese Angebote, zu denen sich deutsche und ausländische Mädchen treffen, ermöglichen außerdem die Verständigung und Auseinandersetzung mit verschiedenen Kulturen und Religionen, mit Rassismus, Sexismus und Isolation. Jedoch sind wir von der vollständigen Umsetzung dieser Überlegungen oft noch ein ganzes Stück entfernt. Immer wieder experimentieren wir mit neuen Angeboten, die den verschiedenen Interessen gerecht werden sollen, und manchmal ändert sich die Zahl und die Herkunft der Teilnehmerinnen eines Kurses schon allein dadurch, daß es abends früher dunkel wird und die ausländischen Mädchen im Winterhalbjahr nicht mehr alle kommen dürfen.

4. Entwicklungen

Das MZ existiert seit Mai 1985 und ist für wöchentlich 80 bis 100 Besucherinnen Freizeitstätte und Beratungsstelle, Bildungseinrichtung und Kulturangebot geworden.

Seit dieser Zeit wurden bestehende Kontakte zu Mädchen und deren Familien vertieft, neue Mädchen konnten für den Besuch des Mädchenzentrums gewonnen werden. Mit ständig steigendem Zulauf wurden Kurs- und Gruppenangebote erweitert, ebenso stieg die Zahl der Einzel- und Beratungsgespräche. Auch die Zusammenarbeit mit anderen wurde intensiviert, und es kam zu zahlreichen Aktionen und Aktivitäten. Kurz: Die gesamte Arbeit konnte kontinuierlich ausgebaut werden.

Dies war jedoch nicht immer einfach, denn gerade in einem relativ neuen Arbeitsfeld wie dem der Mädchenarbeit übersteigen die Arbeitsanforderungen das sonst in der Jugendarbeit normale Ausmaß. Wir können in der Mädchenarbeit, besonders in der interkulturellen, auf keinen breiten Fundus an Erfahrungen und Literatur zurückgreifen, sondern müssen alle Fehler selbst machen, sie erkennen, analysieren und daraus Konsequenzen ziehen. Um innovative Konzepte entwickeln zu können, ist es erforderlich, die Auseinandersetzung mit anderen zu suchen und Anspruch und Wirklichkeit miteinander zu vergleichen. Wir müssen uns ständig überprüfen und weiterbilden und geben unsere Erfahrungen an soziale Institutionen, Forschungseinrichtungen und politische Gremien weiter.

Zunächst richteten sich die Angebote des Mädchenzentrums hauptsächlich an Mädchen und Frauen im Alter von ca. 13 bis 20 Jahren. Durch die Elternarbeit, den Kontakt mit den Müttern der Mädchen, wurde uns jedoch schnell klar, daß auch diese Frauen Freizeit- und Beratungsmöglichkeiten brauchten und suchten. Auch wurden "unsere Mädchen" älter, heirateten, bekamen Kinder, brachten ihre frisch aus der Türkei eingetroffenen Schwägerinnen mit, so daß sich auch eine Menge junger Frauen und Mütter immer wieder an das Mädchenzentrum wandten. Außerdem erschien es uns sinnvoll, auch mit jüngeren Mädchen, ab dem 6. Lebensjahr, zu arbeiten, um ihnen (und ihren Eltern) den Besuch des Mädchenzentrums zu einer Selbstverständlichkeit werden zu lassen und sie auch schon in dieser Zeit begleiten zu können. So gehören inzwischen Mädchen und Frauen im Alter von 6 bis 50 Jahren zu unseren Besucherinnen, der größte Teil unserer Angebote richtet sich jedoch nach wie vor an unsere ursprüngliche Zielgruppe, und wir verstehen uns nach wie vor als Mädchenzentrum.

Ist der Karneval rassistisch?

"Seit einiger Zeit gibt's in unserem Jugendzentrum einen Gymnastik- und Tanzraum, den wir ähnlich wie einen Ballettsaal mit Spiegeln und Stange an der Wand ausgestattet hatten. Der Hintergedanke dazu war u.a. die Überlegung, Mädchen in unser jungendominiertes Jugendzentrum zu kriegen. Später stellte sich dann heraus, daß einige der Mädchen, die bei uns Tanzunterricht erhielten, Rote Funken sind, Tänzerinnen also, die zum Karneval auftreten. Die hatten uns nämlich gefragt, ob die Rote-Funken-Garde bei uns proben könne - weil bei uns der Raum netter sei und überhaupt das Drum und Dran mit Schulaufgabenhilfe usw. viel besser sei. Wir hatten nix dagegen, bis dann eines Tages Irene mit zu einer **Herrensitzung** ging, wo die Roten Funken auftraten.

Am nächsten Tag war der Teufel los - weil die sich da auf der Machositzung total die Sauereien erzählt hatten, über Ausländer, Frauen, Ostfriesen und was weiß ich nicht noch. Auf jeden Fall ging das bei uns jetzt richtig rund. Was macht man denn in so einer Situation? Ohren zu, Augen zu oder was? Vielleicht ist das alles ja gar nicht so schlimm, und vielleicht brauchen die Männer so etwas ab und zu, wie?!

Wir haben lange mit den Mädchen beraten, wie sie das denn fänden und ob man was tun solle, und dann haben wir die Chefs vom Karnevalsverein angerufen und ihnen unsere Wut erzählt und sie zu einem Gespräch ins JuZ eingeladen. Zuerst haben sie noch etwas gemauert von wegen, das wäre 'ne geschlossene Versammlung gewesen und so, aber da haben wir gesagt, daß die Mädchen schon dabeigewesen wären und daß wir das halt an die Presse und in die Öffentlichkeit geben würden - da wurden sie zahm. Dann haben sie uns besucht, und dann haben wir über Rassismus und Sexismus geredet, und das haben sie auch nicht gewollt. Naja, und am Ende haben sie uns versprochen, daß sie erstens mit ihrem Karnevalsverein sprechen, damit die auch nicht mehr so einen Quatsch wollen und machen, und zweitens, daß sie dafür sorgen, daß so etwas nicht mehr vorkommt - weil mittlerweile die Roten Funken auch nicht mehr auftreten wollten, wenn das so weitergeht. Eine hatte die Sache auch zu Hause erzählt, und da ging's gut zur Sache - der Vater wollte fast die Polizei holen wegen sexueller Belästigung seiner Tochter oder so. Außerdem gehen jetzt immer mehrere Leute hier vom JuZ mit, weil die eben auch Spaß am Karneval haben, und seitdem läuft auch so 'ne Sauerei nicht mehr."

(Interview mit Irene und Jasmin, Gelsenkirchen: AG - SOS - Rassimus)

"Bei uns ist das anders gelaufen, wir hatten von den Grünen gehört, daß die immer offiziell zum Karneval eingeladen werden, aber nicht gehen, weil

keine(r) Lust hat. Dann haben wir denen von unserem Plan erzählt, und da haben wir von den Grünen die Einladungen und Karten bekommen und sind stellvertretend hingegangen.
Als die auf dem Karneval das erste Mal Witze über Türken gemacht haben, sind wir zu den Oberkarnevalisten gegangen und haben gesagt, daß das nicht geht. Entweder so was hört auf, oder wir gehen. Ist dann aber doch wieder passiert. Da haben wir wieder Bescheid gesagt und sind nach Hause gegangen.

Am nächsten Tag haben wir dann angerufen und den totalen Streß gemacht wegen Rassismus und Ausländerfeindlichkeit und Lustigmachen über Randgruppen und so, und dann gab es Gespräche hin und her. Am Ende haben die Karnevalsvereine bei uns auch erklärt, daß sie "alles in ihrer Macht Stehende tun wollen", damit Ausländerfeindlichkeit nicht mehr vorkommt, und daß sie alle Büttenredner vorher darauf aufmerksam machen werden, daß es sowas bei uns nicht mehr gibt. Also, es geht doch ..."

(Interview mit Carsten, Mülheim: AG - SOS - Rassismus)

AZ Nummer 269 Montag, 16. Novembe

Sängerin Ilona brac
Narren außer Rand un

Auch im Handelshof schlug Frohsinn h

(emi) Ob bei den „Mölmsche Houltköpp" im „Bürgergarten" oder beim im Handelshof: So hoch schlugen bei beiden Sessionseröffnungen am Nacht die Wellen närrischen Frohsinns, daß auch der eingefleischteste er nur dabeigewesen – sich im Handumdrehen zu Hoppeditz und seiner

Schon allein das prächtige Bild, das die närrisch dekoierte Bühne den MCC-Jecken m Handelshof-Festsaal bot: in stilisiertes Mülheim-Panrama mit Schloß Broich, tieflauer Ruhr und grasgrüner MüGa-Flur. Darüber das Motler Session 92/93 – „Garten- adé – Karneval olé" – nter thronend MCC Präsident Ferd Feld annen vom Elferallons und Girlle Deckenlam- -t.

weiß, ein Jahr ihr mußtet harren und warten auf das Fest der Narren. Zwar – Narren gab's das ganze Jahr; nur – manche sind für uns Gefahr". Doch, da war sich der Hoppeditz ganz sicher: „Rassismus Asylantenhetze, die fin bei uns keine Plätze".

Phon-Rak

Und dann w niorentanz David u die

Und zenp hatt mur ste

"Der gute Rat" - für Politiker

Beraterforum für Politikerinnen und Politiker

Jugendliche aus unterschiedlichen Initiativen, Jugendverbänden, Jugendzentren, Schulen und Häusern der Offenen Tür in NRW beraten Politikerinnen und Politiker zum Thema Gewalt und Rassismus.

Angesichts der schlimmen Entwicklungen von Gewalt und Rassismus in Deutschland hat der Innenminister von NRW, Dr. Herbert Schnoor, ca. 50 Jugendliche aus den o.g. Gruppen um Beratung in Fragen zur Gewalt und zur Entwicklung von Rassismus gebeten. Mit Unterstützung durch den Landesjugendring Nordrhein-Westfalen, das Ministerium für Arbeit, Gesundheit und Soziales und in Regie der Arbeitsgruppe - SOS - Rassismus NRW hat sich eine entsprechende Beratergruppe mit unterschiedlichen Beratungsteams zusammengefunden, in drei Seminaren vorbereitet und am Donnerstagabend, den 3. Dezember 1992 in einem ersten Schritt (und Versuch) den Innenminister beraten.

Von den Jugendlichen waren in der ersten Vorbereitungsrunde in Form eines "Brainstormings" allerhand aktuelle Themenbereiche zu Gewalt und Rassismus zusammengetragen worden. Am 3. Dezember kamen dann folgende ins Gespräch:
Langeweile und Abenteuer / Runde Tische gegen Gewalt / Alltagsgewalt bei Polizeistreifen / Sporttraining mit Jugendlichen und Polizei?! / Rassistische Politikerzitate aus dem Landtag NRW / Fußballfans und Gewalt bzw. Gewalteskalation / Pädagogische Zusatzausbildung der Polizei / Vernetzung von antirassistischen Initiativen und Gruppen / Politische Arbeit in Jugendzentren, Initiativen und Gruppen / Medien und Gewalt / Vorurteile in der Gesellschaft / Gewalt bei Jugendlichen / Gewalt in der Familie.

Unsere Überlegungen zielten darauf ab, landesweit eine Beratergruppe von ca. 50 Jugendlichen aus allen Jugendverbänden, Jugendwerken, Initiativgruppen und Jugendzentren (Delegationen ca. 2 TN je Verband bzw. Gruppe) einzuladen.

Ziel des guten Rates soll sein:
- Thematisierung der Problematik von Angst, Haß, Gewalt, Rassismus (Plenum-Arbeitsgruppen / zentral - dezentral).
- Entwicklung, Beratung und Verortung von Meinungsbildungs- und Positionsentwicklungsprozessen und einer Aufklärungskampagne: "Wir Jugendlichen in NRW sagen NEIN zu Gewalt und Rassismus".
- Entwicklung und Überprüfung von landesweiten Maßnahmen (z.B. Aktion Courage).

- Übertragung der Kampagne in kommunale Bezüge.
- Entwicklung des jugendpolitischen Forums: "Der gute Rat" zur Installierung von Beratungsgesprächen mit (attraktiven) (Jugend-)Politikerinnen und Politikern (in NRW).
  Jugendliche beratschlagen aktuelle Fragestellungen (Perspektiven und Entwicklungen) von Angst, Haß, Gewalt, Rassismus (Plenum und Arbeitsgruppen), um dann den Dialog mit Politikerinnen und Politikern (Medien) zu führen; Politikerinnen und Politiker bleiben dabei in der Rolle der Fragenden und Ratsuchenden.
- Übertragung der Erfahrungen mit "dem guten Rat" auf kommunale Ebenen.
- Dokumentation der Kampagne.

Unser Beraterforum "Der gute Rat" ist ein Versuch, den abgerissenen Dialog von Politikerinnen und Politikern mit Jugendlichen neu zu gestalten. (Politikerinnen und Politiker bleiben in der Rolle der Ratsuchenden - Jugendliche nutzen ihre Kompetenz, ihre Erfahrungen, ihr Problembewußtsein und ihre Fähigkeit, zuhören zu können, für die Beratung.)

In den drei Vorbereitungsseminaren hatten sich ca. fünfzehn Arbeitsgruppen (Beratungsteams) gebildet, zu je drei bis vier Leuten, und versucht, "ihr Problem" auf den Punkt zu bringen und einen Lösungsvorschlag (als guten Rat) oder zumindest einen Lösungsansatz zu entwickeln. Am Beispiel von Torne und Moritz zeigen wir, wie sie ihr Problem umsetzen und dann dem Innenminister vortragen:

Vorschläge zur Bekämpfung von Gewalt und Rassismus

1. Die Gesellschaft und ihr Umfeld muß menschlicher gestaltet werden. Jugendliche Energien müssen kreativ umgesetzt werden können. Die Möglichkeit zur Selbstverwirklichung muß geboten werden. Darum schlagen wir folgendes vor:

   Gezielte Förderung von pädagogischen Maßnahmen wie
   * Jugendheime (die derzeit reihenweise geschlossen werden)
   * Streetworker
   * Kulturarbeit (freies Theater, Musik, Rockmusik)
   * lebendigere Gestaltung des Lebensraums Schule/Freizeit (außerunterrichtliche Aktivitäten, AG's, schülerfreundlicher Unterricht ...)

2. Jugendliche, die sich derart kreativ ausleben können, werden empfänglich für die Heranführung an Fakten zum Thema, können auf den

Kontakt mit ausländischen Kulturen vorbereitet werden und sollten schließlich auch an die Menschen, die ausländischen Mitbürger, die Asylbewerber, herangeführt werden. So können Feindbilder und Vorurteile abgebaut werden. Der Ausländer ist nicht länger ein Unbekannter und kann in unsere Gesellschaft integriert werden. Wir schlagen also folgendes vor:

- Die Ghettoisierung von Flüchtlingen muß aufgelöst werden (dezentrale Unterbringung in kleinen Gruppen). Die Großlager mit mehr als 500 Flüchtlingen dürfen nicht eingeführt werden. Große Lager isolieren Flüchtlinge und verhindern Integration.
- Jugendliche müssen emotionslos informiert werden. Die aktuelle Asyl-Diskussion darf nicht weiter aufgeschaukelt werden.
- Rechtsradikale Argumente müssen konkret in der Öffentlichkeit enttarnt werden.

Die gesamte Beratung hatten wir in vier Blöcke verteilt:

- *Langeweile und Abenteuer,*
- *Jugendliche und Polizei,*
- *Demokratieerfahrungen von Jugendlichen und*
- *Medien und alltägliche Gewalt.*

Nach jedem Themenblock hatte der Innenminister die Gelegenheit für Rückfragen und dann für eine jeweilige Reflexion der stattgefundenen Beratung. Ja, das war toll. Endlich wurden wir nicht mehr zugelabert, sondern der Innenminister bezog sich ganz konkret auf unsere Vorschläge. Einige waren noch etwas diffus, na klar, aber bei den meisten spürten wir schon, wie die grauen Hirnzellen zum Ackern kamen. Na ja, und bei den Vorschlägen zu den rassistischen Politikersprüchen, zur friedlicheren Zusammenarbeit von Jugendarbeit und Polizei, zur Bekämpfung von Rechtsextremismus, zum Ausländer-Wahlrecht, zur argumentativ plausiblen Auseinandersetzung mit rechtsextremistischen Parolen und, und, und ... bekamen wir die Unterstützung von Herbert Schnoor und die Einladung, bald wiederzukommen, um zu sehen (und zu hören), was sich bis dahin verändert hat. Na also - wer hätte das gedacht -, man darf also nicht immer alles den Politikern überlassen und denken, die wüßten schon, wo's langgeht. Ganz im Gegenteil! Die brauchen uns, unsere Erfahrungen und unseren guten Rat!

(Silke und Shirin)

‚Guter Rat' für den Minister

Über Ausländerhaß und Gewalt sprach NRW-Innenminister Dr. Herbert Schnoor am Donnerstag abend in Düsseldorf mit rund 50 Jugendlichen aus NRW. Aus Mülheim dabei waren Moritz Pankok und Eti Saylan von der SV der Pankok-Schule, Torne Bodack und Andreas Jockenhöfer vom Flüchtlingskomitee, Benjamin Posselt und Burcin Özüyana von den „Ruhrkanakern" sowie Vertreter der Saarner und der Heinemann-Gesamtschule. Bei der Bekämpfung von Ausländerhaß, so ihr „guter Rat" an den Minister (auch Titel der Aktion), dürfe die Jugend nicht alleingelassen werden in ihrem Bedürfnis nach guten Jugendtreffs, intensiver Kulturarbeit oder lebendigeren Formen des Unterrichts. Die Jugendlichen sprachen sich für dezentrale Unterbringung von Flüchtlingen aus, für ein Ausländer-Wahlrecht und dafür, durch öffentliche Auseinandersetzung zwischen Politikern und den Führern von Rechts den Rechtsradikalen den Wind aus den Segeln zu nehmen.

Westfälischer Aufschrei

Das neue Ausländergesetz (Ausl.G.) will uns zu Spitzeln machen: Wer in einer "öffentlichen Stelle" arbeitet, wird ab 1991 gesetzlich und dienstrechtlich verpflichtet sein, "bestimmte Sachverhalte", die sich für ausländische Jugendliche nachteilig auswirken, unverzüglich an die zuständige Ausländerbehörde oder an die Polizei zu melden. "Öffentliche Stellen" können sein: alle Behörden, behördenähnliche Einrichtungen, staatliche/kommunale Einrichtungen, Stiftungen, öffentlich-rechtliche Anstalten, Körperschaften des öffentlichen Rechts, Jugendwohnheime, Jugendheime und -zentren usw. usw. "Bestimmte Sachverhalte" werden im neuen Ausländergesetz näher beschrieben. So haben Sie in Zukunft der Polizei bzw. der Ausländerbehörde zu melden, wenn eine nichtdeutsche Person

- wiederholt gegen Rechtsvorschriften verstößt
- eine Straftat im Ausland begangen hat
- sich unerlaubt politisch betätigt
- den Interessen der BRD zuwiderhandelt
- der Gewerbsunzucht nachgeht
- langfristig obdachlos ist
- die öffentliche Gesundheit gefährdet
- Sozialhilfe in Anspruch nehmen muß oder nimmt
- Hilfe zur Erziehung oder Hilfe für junge Volljährige erhält
- eine falsche oder gar keine Aufenthaltsgenehmigung besitzt
- gegen räumliche Beschränkungen ihres Aufenthaltes verstößt
- gefährliche Betäubungsmittel verbraucht, aber keine Therapie macht

Mitarbeiterinnen/Mitarbeiter von Behörden (z.B. Sozial- und Jugendämter, Justizbehören etc.) werden darüber hinaus dazu verpflichtet, "sonstige personenbezogene Informationen und sonstige Erkenntnisse" über Ausländerinnen/Ausländer an die Ausländerbehörde zu melden.

Das neue Ausländergesetz, das angeblich Rechtsunsicherheiten für 'ausländische' Menschen beseitigen soll, entzieht Migrantinnen/Migranten in elementarer Weise die bisher schon geringe Sicherheit. Es ist ein 'Ausländerinnen/Ausländer-Raus-Gesetz' geworden und eröffnet Grundlagen für eine datenmäßige Überwachung und 'Bespitzelung' ausländischer Mitbürgerinnen/Mitbürger.

Wir verweigern Spitzeldienste

Für den Fall, daß die Einrichtungen, in denen wir tätig sind, als 'öffentliche Stelle' im Sinne des § 76 definiert werden, erklären wir, unter keinen Umständen - weder als Privatperson noch in dienstlicher Eigenschaft - der Mitteilungspflicht im Sinne der §§ 75 und 76 Folge zu leisten.
Als kirchliche Mitarbeiter widersetzen wir uns jeglichem Spitzeldienst und Denunziantentum. Weil "hinter dem neuen Ausländergesetz und seinen Verhaltensregeln eine Staatsphilosophie steht, die Ausländer als potentielle Gefahr brandmarkt", "kaum Züge einer neuen Partnerschaft trägt" und "einem chauvinistischen Beharren auf staatlicher Souveränität nahekommt" (Jugendkammer der EKvW und aej-NW), verweigern wir unsere Beteiligung an Denunziation.
Des weiteren erklären wir uns solidarisch mit Mitarbeiterinnen/Mitarbeitern öffentlicher Stellen, die sich weigern, der in den §§ 75 und 76 enthaltenen Mitteilungspficht nachzukommen, und erklären schon heute unsere Unterstützung zur Abwendung disziplinarischer und anderer Repressionen.
Weil die Verletzung der Menschenwürde in den §§ 75 und 76 Ausl.G. so eindeutig ist, bitten wir alle Kolleginnen/Kollegen in staatlichen, öffentlichen Stellen, im Interesse unserer Zusammenarbeit und im Interesse des Vertrauensschutzes gegenüber Schutzbefohlenen die Ausführung dieser Vorschriften auch nach dienstlicher Weisung im Einspruchsverfahren (siehe § 38, Abs. 2 Beamtenrechtsrahmengesetz) zu verweigern.
Abgesehen davon, daß die Überwachung von Ausländerinnen und Ausländern rassistische Entwicklungen in unserem Land fördert und die Geschichte unseres Landes zeigt, daß staatlich geförderter Spitzeldienst die demokratischen Freiheiten aller gefährdet, ist festzuhalten, daß wir niemals einer nationalistischen und rassistischen Zwei-Klassen-Gesellschaft in Deutschland zustimmen.
Von daher fordern wir die Bundesregierung und den Bundesrat dringlich auf, das neue Ausl.G. entsprechend dem Grundgesetz und der Allgemeinen Erklärung der Menschenrechte der UN zu korrigieren.

(Villigst, 1991, ca. 400 Unterschriften aus der Evangelischen Kirche v. Westfalen)

Plädoyer der Arbeitsgruppe - SOS - Rassismus NRW für ein Antidiskriminierungsgesetz in der Bundesrepublik Deutschland

Die Würde
Die Würde des Menschen ist unantastbar ...
Wir lassen sie einfach hängen!
Die Würde des Menschen ist unantastbar ...
Aber wir können sie testen, ohne sie anzutasten ...
Die Würde des Menschen ist unantastbar
Aber belastbar ist sie ...

(Manuel Campos, 10. Juni 1987)

Präambel:

In Anbetracht der Existenz und der Zunahme rassistischer und nationalistischer Einstellungen, Bewegungen und Gewaltakte einerseits und im Rückgriff auf das Grundgesetz für die Bundesrepublik Deutschland Artikel 3:

1. Alle Menschen sind vor dem Gesetz gleich.
2. Männer und Frauen sind gleichberechtigt.
3. Niemand darf wegen seines Geschlechtes, seiner Abstammung, seiner Hautfarbe, seiner Sprache, seiner Heimat und Herkunft, seines Glaubens, seiner religiösen oder politischen Anschauungen benachteiligt oder bevorzugt werden.

Und andererseits:
In Erwägung, daß die Achtung der Menschenwürde und die Unterbindung der Rassendiskriminierung zum gemeinsamen kulturellen und rechtlichen Erbe aller menschlichen Gesellschaft gehören, in dem Bewußtsein des positiven Beitrags, den Menschen aus anderen Staaten und Ländern für die Entwicklung unserer Republik, in der sie sich legal aufhalten, geleistet haben und auch weiterhin leisten können, und der daraus folgenden Weiterentwicklung unserer Gesellschaft verurteilen wir aufs schärfste alle Äußerungen von Intoleranz und Feindseligkeit sowie die Anwendung von Gewalt gegenüber einer Person oder einer Personengruppe wegen rassistischer, religiöser, kultureller, nationaler und sozialer Unterschiede. Als junge Menschen, die auch morgen noch in

Frieden miteinander leben wollen, erklären wir erneut, daß jeder Mensch ungeachtet seiner Nationalität, Religion, Kultur und seiner Überzeugung unveräußerbare, heilige Rechte besitzt. Von daher fordern wir heute von unseren Vertretern in den Parlamenten ein Antidiskriminierungsgesetz zum Schutz der Würde eines jeden Menschen in der Bundesrepublik Deutschland und bitten hiermit in einem ersten Schritt um die Überprüfung unseres Entwurfes für ein Antidiskriminierungsgesetz.

Entwurf für ein Antidiskriminierungsgesetz für die Bundesrepublik Deutschland

Zur Untersagung und Bestrafung rassistisch und nationalistisch motivierter Diskriminierungen.

Artikel 1

Mit Strafe belegt wird

1. derjenige, der mit dem Ziel von Diskriminierung, Haß oder Gewalt gegen eine Person wegen deren Hautfarbe, Religion, Kultur, Herkunft oder nationaler oder ethnischer Abstammung vorgeht;
2. derjenige, der durch Maßnahmen der Diskriminierung, Rassentrennung, Haß oder Gewalt gegen eine Gruppe, eine Gemeinschaft oder deren Mitglieder wegen deren Rasse, Hautfarbe, Religion, Kultur, Herkunft oder nationalen oder ethnischen Abstammung vorgeht;
3. derjenige, der seine Absicht zur Rassendiskriminierung öffentlich kundtut.

Artikel 2

Bestraft wird derjenige, der beim Liefern oder beim Angebot einer Ware oder Dienstleistung an einem Ort, der der Bevölkerung allgemein zugänglich ist, Rassendiskriminierung gegen eine Person wegen deren Hautfarbe, Religion, Kultur, Herkunft oder ihrer nationalen oder ethnischen Abstammung begeht. Die gleichen Strafen werden verhängt, wenn die Rassendiskriminierung begangen worden ist gegen eine Gruppe, eine Gemeinschaft oder Mitglieder einer solchen wegen der Hautfarbe, Religion, Kultur, der Herkunft oder der nationalen oder ethnischen Abstammung der Mitglieder oder einiger von ihnen.

Artikel 3

Bestraft wird, wer einer Gruppe oder Vereinigung angehört, die öffentlich und wiederholt Rassendiskriminierung verübt oder propagiert, oder wer eine solche Gruppe oder Vereinigung aktiv unterstützt.

Artikel 4

Mit Gefängnis wird bestraft: jedes Parlamentsmitglied und jeder öffentliche Amtsträger oder Bedienstete, jeder, der ein öffentliches Amt bekleidet oder eine amtliche Funktion ausübt, wenn er einer Person wegen deren Hautfarbe, Religion, Kultur, Herkunft, nationaler oder ethnischer Abstammung die Ausübung eines Rechtes oder einer Freiheit, worauf diese Person Anspruch erheben kann, auf willkürliche Weise verweigert.
Dieselben Strafen werden verhängt, wenn solche Taten begangen worden sind gegen eine Gruppe, eine Gemeinschaft oder die Mitglieder einer solchen wegen deren Hautfarbe, Religion, Kultur, Herkunft oder der nationalen oder ethnischen Abstammung der Mitglieder oder einiger von ihnen.
Falls der Verdächtige beweist, daß er im Auftrag oder auf Befehl seiner Vorgesetzten gehandelt hat, in einer Angelegenheit, die zu deren Befugnissen gehört und in denen er als Untergebener ihnen zum Gehorsam verpflichtet war, werden die Strafen auch gegen die Vorgesetzten verhängt, die den Auftrag gegeben haben.
Falls öffentliche Beamte und Bedienstete dessen bezichtigt werden, die vorgenannten Willkürhandlungen angeordnet, zugelassen oder ermöglicht zu haben, und falls sie behaupten, daß ihre Unterschrift unter Verschleierung des wirklichen Sachverhaltes von ihnen erschlichen worden ist, sind sie verpflichtet, die Ausführung unverzüglich zu unterbinden und die Schuldigen zu benennen; andernfalls unterliegen sie der Strafverfolgung.

(Arbeitsgruppe - SOS - Rassismus, NRW)

Häuptling triff Kanzler

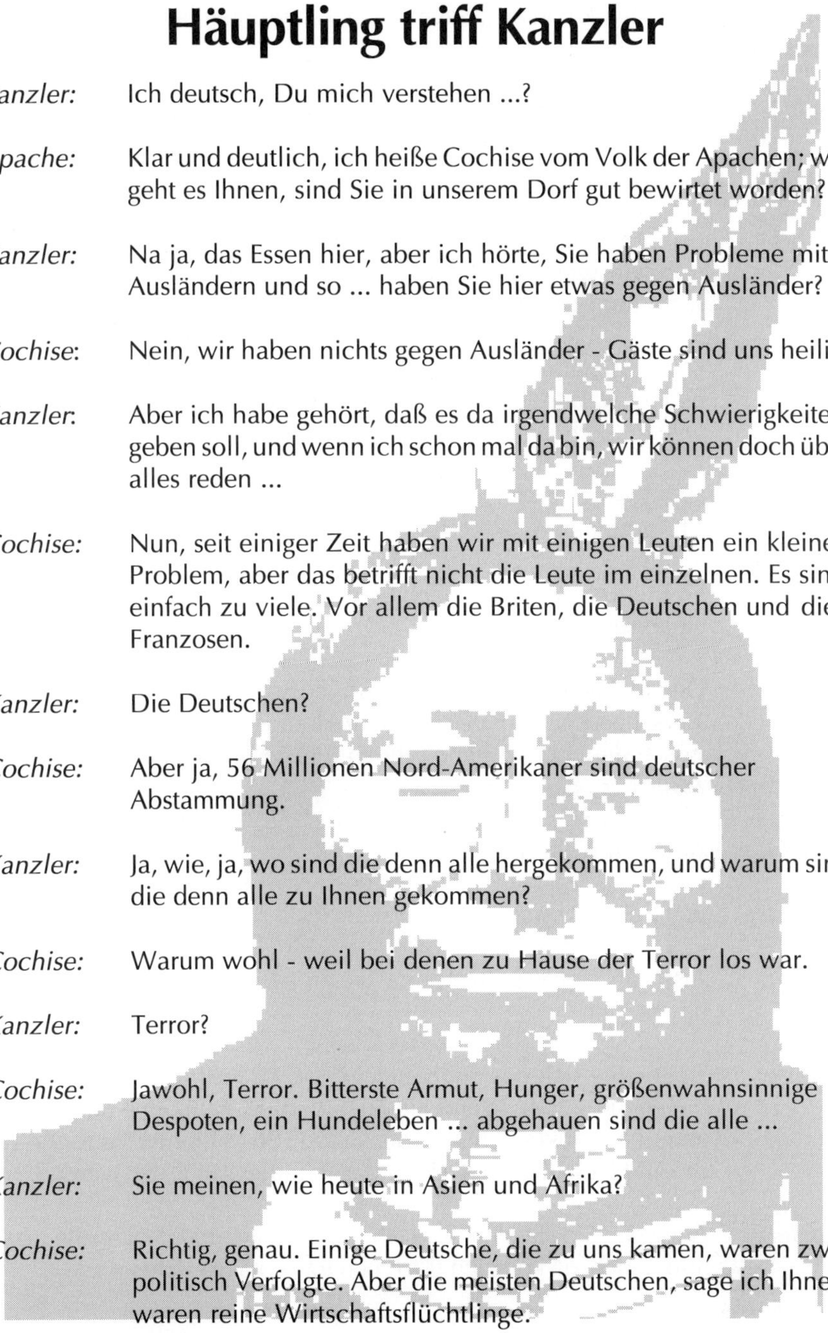

Kanzler: Ich deutsch, Du mich verstehen ...?

Apache: Klar und deutlich, ich heiße Cochise vom Volk der Apachen; wie geht es Ihnen, sind Sie in unserem Dorf gut bewirtet worden?

Kanzler: Na ja, das Essen hier, aber ich hörte, Sie haben Probleme mit Ausländern und so ... haben Sie hier etwas gegen Ausländer?

Cochise: Nein, wir haben nichts gegen Ausländer - Gäste sind uns heilig.

Kanzler: Aber ich habe gehört, daß es da irgendwelche Schwierigkeiten geben soll, und wenn ich schon mal da bin, wir können doch über alles reden ...

Cochise: Nun, seit einiger Zeit haben wir mit einigen Leuten ein kleines Problem, aber das betrifft nicht die Leute im einzelnen. Es sind einfach zu viele. Vor allem die Briten, die Deutschen und die Franzosen.

Kanzler: Die Deutschen?

Cochise: Aber ja, 56 Millionen Nord-Amerikaner sind deutscher Abstammung.

Kanzler: Ja, wie, ja, wo sind die denn alle hergekommen, und warum sind die denn alle zu Ihnen gekommen?

Cochise: Warum wohl - weil bei denen zu Hause der Terror los war.

Kanzler: Terror?

Cochise: Jawohl, Terror. Bitterste Armut, Hunger, größenwahnsinnige Despoten, ein Hundeleben ... abgehauen sind die alle ...

Kanzler: Sie meinen, wie heute in Asien und Afrika?

Cochise: Richtig, genau. Einige Deutsche, die zu uns kamen, waren zwar politisch Verfolgte. Aber die meisten Deutschen, sage ich Ihnen, waren reine Wirtschaftsflüchtlinge.

Kanzler: Wirtschaft, wieso ... Sie meinen, die wollten bei Ihnen nur reich werden?

Cochise: Sind sie auch.

Kanzler: Wie, was?

Cochise: Na ja, heute sind wir Indianer hier in großer Not und müssen froh sein, wenn wir bei den "Ausländern" Arbeit finden und selber nicht hungern müssen ...

Kanzler: Ja, wie ist denn das passiert? Und nun? ... Aber Sie können ja wohl nicht erwarten, daß all diese Wirtschafts- und Armutsflüchtlinge wieder nach Deutschland zurückkehren.

Cochise: Wie gesagt, ich habe nichts gegen Ausländer ... aber was zuviel ist, ist zuviel.

Kanzler: 56 Millionen? Zurück nach Deutschland? Wo wir doch selber so viele Ausländer haben!

Cochise: Genau, also passen Sie mal auf, ich schlage Ihnen ein Tauschgeschäft vor. Sie geben uns Indianern Ihre sechs Millionen Ausländer und wir geben Ihnen Ihre 56 Millionen Deutsche zurück.

Kanzler: Also, ich weiß nicht ...

Cochise: Ja, freuen Sie sich denn gar nicht?

Kanzler: Also näh, da muß ich erst mal unseren Bundestag fragen, was der davon hält.

Cochise: Stellen Sie sich das doch einmal vor. 80 Millionen Deutsche haben Sie schon. Wenn Sie jetzt noch 56 Millionen aus Nordamerika dazukriegen, sind das schon 136 Millionen Deutsche auf einem Fleck. Das muß doch das Paradies auf Erden werden.

Kanzler: Äh, wenn Sie glauben, also ich meine ... äh, und denken Sie mal, also ... nee, da krieg ich doch den totalen Streß daheim ...

(Nach einer Idee aus der WAZ vom 04.10.91, Arbeitsgruppe - SOS - Rassismus)

Die Katholikenflut - im Bundestag!

Niemand weiß mehr so genau, wo es entstanden ist, wo es zuerst aufgetaucht ist oder ob es gar, wie einige dreist behaupten, in Wittenberg von einem gewissen Martin L. an die Schloßkirchentür genagelt worden ist.

Im Bundestag wurde nun dieses "durch gezielte Ironie" wirksame Flugblatt gegen Rassismus von dem MdB Wolfgang Lüder *(taz vom 28.11.92)* mit der Bemerkung verteilt, daß dieses Papier wirksamer als "mancher gut gemeinte Ratschlag unserer Bundesregierung" sei. Die Bemerkungen zu diesem Papier (dumm, zynisch, geschmacklos) treffen exakt die Art und Weise, wie in unserer Republik mit Menschenrechten, mit Menschenwürde und mit Menschen insbesondere umgegangen wird. Von daher empfehlen wir nachdrücklich die Lektüre mit dem Hinweis: hinzusehen, auf welcher Seite des Spiegels Du stehst!

Das Katholikenproblem lösen!

Um es gleich vorweg zu sagen: Wir haben nichts gegen Katholiken. Im Gegenteil, jeder Katholik, der sauber ist und hier seit Jahren Steuern zahlt, ist uns willkommen. Wir wehren uns nur dagegen, daß wir Norddeutschen durch den Zustrom von schwarzen Schafen und ihren bischöflichen Hirten unsere kulturelle Identität verlieren.

Leider ist es den meisten Katholiken aufgrund ihrer fundamentalistischen Einstellung bisher nicht gelungen, ihre naturreligiöse Vorstellung von Sexualität, nach der sexuelle Handlungen nur zum Zwecke der Fortpflanzung ausgeübt werden dürfen, abzulegen. Das führt dazu, daß diese Bevölkerungsgruppe, die wir einst als Gäste in unser Land riefen, sich vermehren wie die Karnickel in der Geest. Sind es nicht jene Katholiken, die durch ihre beharrliche Ablehnung jeder Form von Empfängnisverhütung in erheblichem Umfang zur Verschärfung von Problemen wie Wohnungsnot und Arbeitslosigkeit beigetragen haben und damit die Stabilität der D-Mark in Gefahr bringen?

Nach Untersuchungen des Landeskriminalamtes Bayern wurde eindeutig nachgewiesen, daß **78,47 % aller bayerischen Straftäter Katholiken sind**. Allein diese Zahl macht schon deutlich, daß der dramatische Anstieg der Kriminalität in den letzten Jahren nicht unabhängig vom Katholikenproblem betrachtet werden darf. Noch stellen die Katholiken in unserem Norddeutschland eine Minderheit dar, doch alleine in der Zeit von 1961 bis 1987 hat sich diese Zahl um mehr als 22 % auf 1.570.000 erhöht. Schon das Symbol, das die Katholiken anbeten, das Bildnis eines Gefolterten am Kreuz, ist beredtes Zeugnis einer latenten Gewaltbereitschaft dieser Gruppe. Muß es erst soweit kommen, daß sich keine norddeutsche Frau mehr aus Angst vor Katholiken auf die Straße traut?

Nach wie vor stehen eine Vielzahl der **Rituale der Katholiken** in eklatantem Widerspruch zum Grundgesetz der Bundesrepublik Deutschland. Hierzu nur zwei Beispiele: Während das Grundgesetz Ehe und Familie unter den besonderen Schutz der Gemeinschaft stellt, verbietet die katholische Kirche ihren Priestern kategorisch die Eheschließung und Familiengründung.

Während nach dem Grundgesetz Männer und Frauen gleichberechtigt sind, ist es Frauen in der katholischen Kirche verboten, Priesterin zu werden. Muß es erst soweit kommen, daß der Erzbischof von Köln die Macht an sich reißt, um das Grundgesetz außer Kraft zu setzen und seinen sogenannten Gottesstaat ohne demokratische Legitimation zu errichten?

Besonders besorgniserregend ist für Fachleute die Tatsache, daß zwischen der Einführung des Bundessozialhilfegesetzes im Jahre 1961 und dem Anstieg der Katholikenzahl in Norddeutschland direkte Zusammenhänge vermutet werden können. Hier ruhen sich **Katholiken** ganz offensichtlich **in der Hängematte unseres Wohlfahrtsstaates aus.** Zwar sind wir noch eines der reichsten Länder der Erde, aber wie lange können wir uns diesen Mißbrauch durch die Katholiken noch leisten? Bereits jetzt sind die negativen Einflüsse auf die deutsche Wirtschaft erkennbar. Die hohe Anzahl ihrer religiösen Feiertage führt zu Produktionsausfällen in Milliardenhöhe. Dies hat die Konkurrenzfähigkeit zum Beispiel zur japanischen Industrie, in der so gut wie keine Katholiken arbeiten, erheblich beeinträchtigt.

**Muß die deutsche Wirtschaft erst völlig am Boden liegen,
bis die Katholikenflut eingedämmt wird?**

Die Katholiken haben ihren eigenen Staat, eine Heimat, in der sie nicht unterdrückt und verfolgt werden. Wenn sie zu uns kommen, geschieht das in der Regel nur aus wirtschaftlichen Gründen, obwohl der Vatikan das höchste Pro-Kopf-Einkommen der Welt hat. Müssen wir am Ende alle 900 Millionen Katholiken der Erde bei uns aufnehmen?

Nein, wir können das Katholikenproblem dieser Welt nicht alleine lösen, und die zunehmende Katholikenfeindlichkeit in Norddeutschland erfordert sofortiges Eingreifen und Handeln.

Wir schlagen deshalb vor:

**Abweisung aller Katholiken an der Grenze Norddeutschlands!
Sofortige Abschiebung aller kriminellen Katholiken in den Vatikan!
Erteilung einer befristeten Aufenthaltsgenehmigung nur bei Nachweis eines Arbeitsplatzes!
Abschaffung des Wahlrechts für Katholiken!
Ausweisung aller Katholiken bei Sozialhilfebezug und Arbeitslosigkeit!
Ausweisung der Katholiken bei verfassungsfeindlichen Aktivitäten!**

Das Boot ist voll,
Stoppt die Katholikenflut!

(aus: Graswurzelrevolution, 169 Okt. 92)

BOYKOTTIEREN

sie diesen Kiosk!

Denn hier werden immer noch faschistische Zeitschriften zum Verkauf angeboten

National*Zeitung

Deutsche Wochen-Zeitung

Deutscher Anzeiger

und das, obwohl der Besitzer dieses Kiosks über den rassistischen Inhalt dieser Zeitschriften informiert ist....

So wird's gemacht:

Text ausschneiden oder abkopieren und auf die linke Seite eines DIN-A5 großen Blattes kleben. Eventuell die Briefmarke zu Markierung rechts oben in die Ecke. Dann jede Menge DIN-A5-Briefumschläge besorgen (Vorsicht, nicht mit Selbstklebestreifen, wg. Hitze im Kopierer) und dann über den Einzelblatteinzug am Kopierer kopieren oder bedrucken lassen usw. Anschließend geht es los: Zusammen mit der Oberbürgermeisterin, der Presse, dem Kanzler und dem Pastor und wer sonst noch zu haben ist an alle Haushalte, Firmen, Jugendzentren, Discos, Pommesbuden ... verteilen.

Achtung

Sondermülltüte

Deutschland den Deutschen, Ausländer raus, erst Deutschland - dann Europa. Sie sind wieder da, die braunen Sprücheklopfer, die immer noch nichts gelernt haben und ihre eigenen Probleme heute den Ausländern und morgen uns in die Tasche schieben wollen. Werfen Sie den braunen Schmutz, der Ihnen in den nächsten Monaten ins Haus flattert nicht einfach in den Müll, sondern entsorgen sie ihn, indem sie ihn den Faschisten und Rassisten zurücksenden.

Zum Teil entsetzt, zum Teil verwundert erhalten viele Bürger Postwurfsendungen und anderes Propagandamaterial rechtsextremistischer Organisationen. Mit vorgefertigten, ebenso einfachen wie dummen Fragen und Antworten wollen sie bestimmte Menschengruppen zu Sündenböcken erklären und uns zum Rassismus verführen. Deutschland, so heißt ihre Parole, und dabei verschweigen sie, welches Deutschland sie meinen. Begriffe wie Demokratie, Toleranz, Rechtsstaatlichkeit, Menschlichkeit, Freiheit sollen verächtlich gemacht werden, obwohl gerade sie es sind, auf die wir Deutschen stolz sein könnten. Bitte lassen Sie sich nicht verführen und in die Falle von Rassismus und Gewalt locken: Rassismus liegt immer dann vor, wenn bestimmte Merkmale von Menschen (z.B. Hautfarbe, Geschlecht, Asylbewerber sein usw.) mit bestimmten Eigenschaften gekoppelt werden (z.B. wenn von der Herkunft oder dem Geschlecht auf die z.B. geistige, kriminelle oder sexuelle Potenz o.ä. geschlossen wird) und durch diese künstliche Konstruktion eine qualitative Bewertung vorgenommen wird.

Der Internationale Tag der UN
zur Überwindung von Rassendiskriminierung

Seit 1988 veranstaltet die Arbeitsgruppe SOS-Rassismus regelmäßig zum 21. März eines Jahres den Internationalen Antirassismustag. Insbesondere geht es uns dabei darum, Antirassismus als die "Normalität" einer Demokratie in das Bewußtsein der Menschen in NRW zu rücken.

Es wird immer notwendiger, die Frage nach den Urhebern und Anstiftern von Rassismus zu stellen und zu beantworten. Daß hierbei Konflikte mit Politikern, Vertretern der Kirche, eigenen Freunden ins Haus stehen, darf dabei nicht aus dem Auge verloren werden. Dabei kann es aber kaum darum gehen, "draufzuhauen", sondern, so meinen wir, sympathisch, aber mit aller Klarheit, die Dinge auf den Punkt zu bringen. Wir wissen schon lange, daß Feindbilder in der Auseinandersetzung die am wenigsten tauglichen Mittel (gerade auch mit dem politischen Gegenüber) sind. Feindbilder, ebenso wie Gewalt und Rassismus, sind immer kontraproduktiv!

Der goldene Hammer
(Aus dem Bericht zum Antirassismustag 1990)

Der "Internationale Tag der UN zur Überwindung von Rassendiskriminierung" wurde gemeinsam von der Arbeitsgruppe SOS-Rassismus, dem Landesjugendring NRW und dem Innenminister des Landes NRW geplant und gestaltet. Eingeladen wurden alle Jugendverbände, -organisationen, -zentren und Jugendinitiativen, die in NRW zum Thema Rechtsextremismus und Rassismus arbeiten. Gekommen waren zuerst ca. 200 Leute, dann ca. 350, dann 450, und im Jahr 1992 waren es über 600 Teilnehmer aus der Jugendarbeit und der Politik. Das riesige Foyer des Innenministeriums in Düsseldorf, nun von uns als farbenfrohe Oase mit riesigen bunten Tüchern ausgehängt, mit Pflanzen und Teppichen völlig neu gestaltet, empfing dann auch seine Besucher in erfrischender und duftender (Cay und Istanbuletten), fast könnte frau sagen, in exotisch-geheimnisvoller und fröhlicher Atmosphäre.

Zunächst konnten die Gäste sich mit Tee und Leckerbissen stärken, um dann dem Tanz der Folkloregruppe des Mädchenzentrums Gladbeck, eine Gruppe der vielen Mitwirkenden, zuzuschauen.

Nach einem kleinen Theaterstück, in dem die Situation von Ausländern verdeutlicht wurde, begrüßte der Vorsitzende des Landesjugendrings NRW die Gäste. Dann ging es um den **"Goldenen Hammer zur Überwindung von Gewalt und Rassismus"**, den als erster "Hammerträger" der Innenminister, Dr. Herbert Schnoor, schon 1989 für seinen mutigen NRW-Erlaß zur Rückkehroption für ausländische (Nicht-EG)-Jugendliche erhalten hat.

Der "Goldene Hammer zur Überwindung von Gewalt und Rassismus" ist die Auszeichnung der Arbeitsgruppe SOS- Rassismus (Haus Villigst) als Anerkennung für mutige und beispielhafte Schritte zur Überwindung von Rassismus und Nationalismus. Der "Goldene Hammer zur Überwindung von Gewalt und Rassismus" dient insbesondere dem Zweck, all jenen damit zärtlich auf die Finger zu klopfen, die Rassismus und Nationalismus intendieren und z.B. Ausländer als Sündenböcke für innenpolitische Problemlagen mißbrauchen. Der Innenminister hielt die Laudatio und überreichte die beiden Goldenen Hämmer an die diesjährigen Preisträger (1990).

Im Rahmen der Planungsphase für die Kampagne "Dem HASS keine Chance" der Evangelischen Jugend in NRW hatte die Arbeitsgruppe SOS-Rassismus für ein offensives Plakat ein deutlich identifizierbares "ausländisches" Mädchen gesucht und mußte sich bitter eingestehen, daß fast alle angesprochenen "ausländischen" Jugendlichen aus Angst vor Publizität und damit verbundenen rechtsextremistisch motivierten gewalttätigen Übergriffen und Pöbeleien vor einer Mitarbeit zurückschreckten.

Allein diese Angst und Bedrohung unserer Freundinnen und Freunde mit ausländischen Eltern ist heute für uns ein andauerndes Warnsignal zur Wachsamkeit gegenüber allen rassistischen und nationalistischen Entwicklungen in der Bundesrepublik Deutschland.

"Angesichts des mutigen (und wie sie meint, auch selbstverständlichen) Schrittes, öffentlich Position für eine menschenwürdige Gesellschaft zu beziehen, verleihen wir heute Muhterem Imer, stellvertretend für alle Jugendlichen mit ausländischen Eltern, die sich für ein gerechtes Zusammenleben einsetzen, unseren 'goldenen Hammer zur Überwindung von Gewalt und Rassismus', damit sie all jenen, die Ausländer als Sündenböcke oder Wahlkampfmunition mißbrauchen, zärtlich auf die Finger klopfen kann. Wir bedanken uns bei Muhterem Imer für die Beteiligung an der Kampagne 'Dem HASS keine Chance'." (Aus der Laudatio.)

Der zweite Goldene Hammer ging an das Bertha-von-Suttner-Gymnasium, Oberhausen, hier von zwei Schülerinnen entgegengenommen. Mit der Auszeichnung sollte der Schule gedankt werden, für die kontinuierliche und pädagogische Arbeit, die zur Auseinandersetzung mit Rassismus und zur Integration deutscher und ausländischer Schülerinnen und Schüler führt.
Da junge Menschen heute häufig die schrecklichen Ereignisse des deutschen Faschismus "historieren", ist der Mut hervorzuheben, der in der Schule aufgebracht wurde, indem neue Wege des erfahrungsbezogenen Lernens aufgegriffen wurden. Trotz öffentlicher Kritik und Widerstände von außen konnte die Schule in einem beispielhaften Projekt (Pogromnacht 9.11.1988) die Erinnerung an die faschistischen Pogrome vor 50 Jahren vermitteln. (...)

Internationaler Antirassismustag der UN 1992

Urkunde

Angesichts der Existenz und Zunahme von Gewalt und Rassismus in der Bundesrepublik Deutschland verleiht heute die Arbeitsgruppe SOS-RASSISMUS

den

NachtwächterInnen der Flüchtlingsräte in NRW

den GOLDENEN HAMMER zur Überwindung von Gewalt und Rassismus

Gewalt und Rassismus entwickeln sich vor allem dort, wo Menschen ihrer Würde beraubt werden und wo nach neuen Rechtfertigungen für eine "Ungleichwertigkeit von Menschen" und das "Recht des Stärkeren (Reicheren)" gesucht wird.

Wir wissen heute, daß Rassismus und die Akzeptanz von Gewalt vor allem durch eine sich verrohende politische Kultur und entsprechende besorgniserregende, rassistische Äußerungen von Politikern und Journalisten (Medien) in die Herzen und Köpfe von immer mehr Menschen eingedrungen sind. Wir wissen heute auch, daß immer mehr rassistische Gruppen ihre gewalttätigen Angriffe unter dem Motto "Des Volkes Wille ist unser Auftrag" durchführen und dabei von opportunistischen Politikern gestützt werden.

Angesichts der gewalttätigen und rassistisch motivierten Angriffe auf ausländische MitbürgerInnen, bewundern wir den stillen und zähen Widerstand der tausenden von NachtwächterInnen aus den Flüchtlingsräten in NRW, die sich bei Kälte und Regen schützend vor unschuldige Menschen gestellt haben.

Daß dies in aller Regel unter Ausschluß der Medien geschehen mußte, zeigt in bedrohlicher Weise die Brisanz unserer sensationsfixierten Medienlandschaft auf.

Den Mut, die Herzlichkeit und die Konsequenz der NachtwächterInnen zeichnen wir heute mit unserem GOLDENEN HAMMER aus, um zu betonen, daß eine friedliche Zukunft nur in kultureller Vielfalt und in einem Ausgleich von Arm und Reich entwickelt werden kann.

Arbeitsgruppe SOS-RASSISMUS

Postkarten und Aufkleber herstellen

In unserem Jugendzentrum gibt es mittlerweile eine lustige Entwicklung, von der keiner so genau weiß, wie sie entstanden ist.

Seit langem liegen im Thekenbereich unserer Teestube weiße, unbedruckte Postkarten und Filzstifte und ein Aufruf herum, daß unser Jugendzentrum gute Postkarten und Ideen für Aufkleber gegen Gewalt und Rassismus sucht, die Jugendliche bittet, solche zu gestalten, und geeignete Entwürfe dann von uns gedruckt werden. Bei diesen Entwürfen haben wir sowohl auf eigene Ideen der Jugendlichen zurückgegriffen als auch auf fremde Vorlagen, die jeweils von den Jugendlichen verändert bzw. weiterentwickelt worden sind.

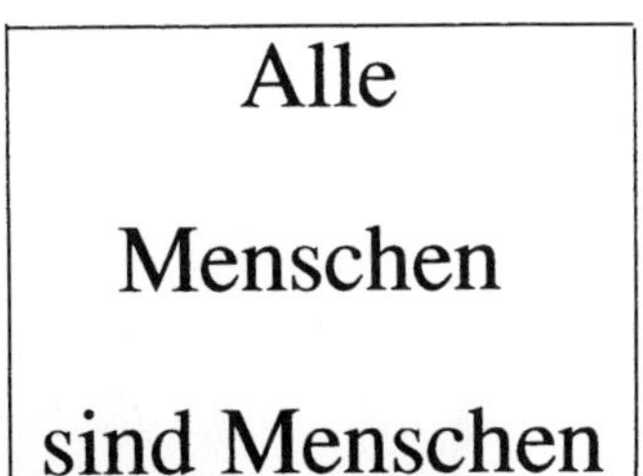

Sonderstempel als Mahnung

Mit diesem Sonderaufdruck (Bild) neben dem Poststempel verlassen alle Briefe das Rathaus von Lohmar. Der Stadtrat will, nach einem Beschluß des Ältestenrates, auf diese Weise ein deutliches Signal gegen die Ausländerfeindlichkeit setzen. Anlaß für den Beschluß waren die vielen bundesweit registrierten Übergriffe auf Heime von Aussiedlern, Ausländern und Asylbewerbern in den vergangenen Monaten.

Stadt Lohmar, Postfach 12 09,
5204 Lohmar 1

Asylrecht
ist
Menschenrecht

Den Nazis keine Chance

Alle Deutschen sind Ausländer

IN HOLLAND

RUHR-KANAKER

Dem HASS keine Chance!
Nationalismus und Rassismus überwinden!

Fällt WEIHNACHTEN aus?

Maria, Josef und Jesus v. Nazareth
als „Asylschnorrer" und ohne Visum an der Grenze zurückgewiesen

Cliquen melden sich zu Wort

Im Gegensatz zur allgemein noch üblichen Praxis in der Jugendarbeit und in der Schule haben Jugendcliquen eine neue und zentrale Bedeutung im Bewußtsein und in den Sichtweisen von Jugendlichen erhalten. Angesichts unübersehbarer Individualisierungsentwicklungen und Pluralisierungstendenzen haben Jugendcliquen zum Schutz der eigenen Integrität eine Überlebensfunktion bekommen, die nicht mehr durch Ignoranz oder Verächtlichmachung wegzudiskutieren ist. Wir behaupten heute sogar:

Wenn Jugendhilfe sich nicht schleunigst und mit Macht auf die Fährte von Jugendcliquen heftet, wird sie sich selber in Alibiargumentationsketten verstricken. Schon an dieser Stelle plädieren wir mit allem Nachdruck für eine Stabilisierung von Cliquenarbeit in Schule und Jugendarbeit. Von daher zitieren wir in der Folge aus dem Aufsatz:
Theorie cliquenorientierter Jugendarbeit. Konzeptionelle Grundlagen zur Perspektivendiskussion; von Franz Josef Krafeld, erschienen in dem Heft: "Deutsche Jugend", Juli/August '92.

"... Die Jugendforschung ist sich darüber einig, daß Cliquen im Alltag Jugendlicher eine immer zentralere Bedeutung haben, ja daß Cliquen angesichts wachsender Individualisierung und zunehmendem Orientierungsverlust häufig "überlebenswichtige zentrale Sozialisationsinstanz" sind" *(Ferchhoff 1990, S. 72).* Die Bedeutung von Jugendcliquen ist damit in den letzten Jahrzehnten nicht nur quantitativ immens gestiegen *(vgl. Allerbeck/Hoag 1985, S. 38; Zinnecker 1987, S. 259 ff.).* Weit wichtiger noch ist ihr qualitativer Wandel gegenüber früher, als sie Vorbereitungscharakter für Erwachsenenrollen hatten und ihre Hauptfunktion - nach Parsons und Eisenstadt - darin bestand, "zwischen den traditionellen und modernen Wertsystemen zu vermitteln" *(Ferchhoff 1990, S. 27).* Heute dagegen geht es um die Entwicklung "neuer Suchbewegungen" (Beck 1986, S. 119) in einer Risikogesellschaft, in der "die alte Ordnung nicht mehr fortdauern kann und keine andere in Sicht ist" *(Gorz 1983, S. 11).*

... Wenn in der Jugendarbeit heute von Cliquen gesprochen wird, dann wird kaum einmal von ihrem Charakter als selbstorganisiertem und selbstgestaltetem sozialen Bezugssystem gesprochen, sondern es ist fast immer nur im Zusammenhang mit Auffälligkeiten und Schwierigkeiten von ihnen die Rede: In der Praxis von Jugendarbeit wird der Begriff "Cliquen" bis heute weithin identisch mit "Cliquenproblem" benutzt.

... Dieses handlungsleitende "gruppenorientierte" statt "cliquenorientierte" Grundverständnis von Jugendarbeit wird immer realitätsfremder, ja absurder in einer Zeit, in der sich soziale Zusammenhänge immer häufiger und weitreichender auflösen, von den Familien und Nachbarschaften bis hin zu den traditionellen sozialen Milieus.

... Jugendkulturen, Jugendszenen und Cliquen sind in dieser veränderten Wirklichkeit längst für viele Jugendliche zu notwendigen, ja zu überlebenswichtigen Selbsthilfeaktionen *(Baacke 1987, S. 89)*, zu ihren zentralen Sozialisationsinstanzen *(Ferchhoff 1990, S. 73)*, zu einem häufig letzten Ort jugendlicher Identitätsbildung *(Hammer 1990, S. 108)* geworden.

... Angesichts dessen geht es heute auch nicht mehr um die Frage, ob cliquenorientierte Jugendarbeit sinnvoll oder notwendig ist, sondern darum, wie sie entwickelt und entfaltet werden kann.

... Das konventionelle Grundmuster gruppenorientierter Jugendarbeit war gemünzt auf Jugendliche, "die Vertrauen in die Zukunft haben und einen Sinn darin sehen, sich in vororganisierte 'Laufbahnen' einzuordnen" *(Liebel 1990, S. 216)*; das Grundmuster cliquenorientierter Jugendarbeit ist demgegenüber die **Unterstützung selbstorganisiert angegangener Suche nach Wegen gelingender Lebensbewältigung** in der Risikogesellschaft, in der Erwachsene zwar nach wie vor Ziele angeben können, "wo's langgehen soll", aber immer weniger sagen können, "wo's tatsächlich langgehen kann".

... Cliquenorientierte Jugendarbeit zu leisten heißt zunächst und vor allem einmal, **cliquenakzeptierende Arbeit** zu leisten. "Konkret bedeutet dies beispielsweise, daß bei Mitgliedern jugendlicher Fanclubs nicht versucht wird, die Jugendlichen aus dem vermeintlich schlechten Umfeld von zur Gewalttätigkeit neigenden Fans herauszuziehen, sondern die jugendlichen Fanclubs so zu stärken, daß sie in der Lage sind, ihre Identität anders als über gewaltsame Auseinandersetzung (...) zu finden."

... Grundsätze, die in anderen Bereichen von Jugendarbeit oder allgemein von Sozialarbeit längst als selbstverständlich gelten, werden damit beiseitegelegt: Längst ist es gängige Lee(h)rformel, die Klienten dort abzuholen, wo sie stehen, sie als Subjekte ihrer Lebensgestaltung und Lebensbewältigung ernstzunehmen, entsprechend an ihren Erfahrungen und deren Verarbeitung, an ihren Interessen und Bedürfnissen anzusetzen, ihnen ihre Lebenslage nicht als individuelle Schuld anzulasten und (Re-)Sozialisierung statt Disziplinierung und Bestrafung anzuzielen *(vgl. Möller 1989 a, S. 2 ff.)*.

... Erst seit Mitte der 80er Jahre wird allmählich dasjenige aus dem Schattendasein der Offenen Jugendarbeit geholt, was dort eigentlich fast schon immer und fast überall den Hauptanteil jugendarbeiterischen Alltags ausgemacht hatte: **das einfache Dasein, Kommunizieren, Sich-einlassen, Vermitteln, informell Austauschen und Beraten, Zeit-füreinander-Haben** u.ä.

(Böhnisch / Münchmeier 1987, S. 232). Erst seit einigen Jahren heißt die zentrale Antwort auf die Eingangsfrage denn auch immer häufiger: "Wir machen vor allem ein offenes Angebot und leisten primär eine Beziehungsarbeit."

... Der Begriff "Beziehungsarbeit" betont darüber hinaus, daß "**der Professionelle auch 'als Person'** in die Arbeit eingehen muß. Er kann nicht nur aus seiner Berufsrolle heraus mit den Jugendlichen umgehen, sondern wird von ihnen auch als Person angefragt. Jugendliche interessieren sich für sie oder ihn nicht nur in bezug auf seine oder ihre professionelle Kompetenz, sondern auch in der Neugier, wie er oder sie lebt" *(Böhnisch/Münchmeier 1990, S. 108 f.).* Das setzt ein authentisches Umgehen miteinander voraus.

... Diese **Wende zur Beziehungsarbeit** hat ihre gesellschaftlich entscheidende Ursache darin, daß die Erwachsenen heute längst keine als tragfähig ausgewiesene Lebenskompetenz mehr vorweisen können.

... Wo älteren Generationen immer mehr Voraussetzungen dafür schwinden, beurteilen und entscheiden zu können, was in den Lebenswelten junger Menschen für diese gut und richtig ist, da schwinden auch die entscheidenden Grundlagen für rein vermittlungsorientierte oder für dirigistische Eingriffe. Andererseits wächst dort der Bedarf daran, sich verständnisbereit mit Erfahrungen, Erfahrungsverarbeitungen und Deutungsmustern gerade auch von Menschen einer anderen Generation zu konfrontieren, deren Strukturierungs- und Bewältigungsmuster kennenzulernen (Wofür in der neueren Diskussion in der Jugendarbeit etwa Begriffe stehen wie authentisch, aber auch ganzheitlich, situativ, lebensweltbezogen oder Beziehungsarbeit).

... Und das kann im Grunde nicht anders geschehen als mit Akzeptanz derjenigen Sozialformen, die sich Jugendliche zu ihrer Alltagsgestaltung und Lebensbewältigung selbst geschaffen haben: ihrer Cliquen und Szenen."

(Zitiert aus: Theorie cliquenorientierter Jugendarbeit, F.J. Krafeld, in: Deutsche Jugend, Heft 7/8, 1992.)

Heute die ... Morgen Du!
- Ruhrkanaker -

Interview mit Benjamin

***SOS*:** Wieso Ruhrkanaker?

Benjamin: Weil wir keine Lust mehr haben, uns beschimpfen zu lassen, Kanaker heißt Mensch und damit basta!

***SOS*:** Wie seid ihr denn entstanden?

Benjamin: Wegen Langeweile und so. Wir hatten Ärger auf dem Spielplatz, weil wir mit unseren Skate-Boards und BMX-Rädern die Rutsche angetestet haben, aber da haben die Eltern Ärger gemacht, wegen ihren Babys, und haben zu uns gesagt, wir Kanaken sollten hier abhauen und Tuncay hat gesagt, das gibt Rache. Aber die Eltern haben immer mehr Ärger gemacht und einen anderen Platz, wo wir spielen können, gibt's überhaupt nicht.

***SOS*:** Ja, und dann, wie ging es weiter?

Benjamin: Dann haben wir den Eric getroffen, der hat uns eingeladen und gesagt, wenn wir eine Bande wären, dann sollten wir auch eine Bande gründen und brauchten dann auch einen Namen. So sind wir dann entstanden. Dann haben wir Leute gesucht, die noch mitmachen, und haben einen Namen gesucht. Und seitdem treffen wir uns sowieso fast jeden Tag, aber jetzt auch mit bestimmten Terminen, wo dann was ganz Bestimmtes passiert. Also irgendso 'ne Aktion oder Demo oder Sankt-Martins-Zug, oder wir machen Projekttage in den Schulen - da haben wir für eine Schulklasse T-Shirts bedruckt. Das Schärfste, was wir im Augenblick machen, ist, daß wir ja an eure (SOS-Rassismus) Computer, Kopierer, Setz-Automaten dürfen und unsere Aufkleber-Folien bekommen. Und da haben wir vielleicht schon Millionen Aufkleber gemacht. Und das geht jetzt so, daß wir mit unseren Skate-Boards und BMX-Rädern durch die Stadt ziehen und alle Mülleimer und Straßenlaternen bekleben, wie die Hunde (jetzt lacht er). Naja, und spannend wird es immer, wenn uns jemand anlabert oder vom Fahrrad schubst, dann labern wir zurück oder machen total den Streß, auf jeden Fall sind wir aber die schnellsten, wenn's zuviel Ärger gibt und wenn wir Glück haben, sonst nicht so sehr.

Kocgiri

Was der Begriff Kocgiri heißt, wissen wir auch nicht so genau, auf jeden Fall fing alles mit dem Golf-Krieg an. Aus verschiedensten Städten in NRW und Niedersachsen hatten sich kurdische Jugendcliquen aus Jugendzentren, Flüchtlingslagern etc. an uns gewandt mit der Bitte um Hilfe bei Veranstaltungen und Festlichkeiten. Weil uns dies mit der Zeit zu aufwendig wurde, haben wir unsere kurdischen Freunde und Freundinnen aufgefordert, sich selbst zu organisieren, das war schwierig. Das war sehr schwierig, aber weil wir es selber wirklich gewollt haben, daß sie ihre Belange langsam selber regeln, haben wir gedrückt, geschoben und gezogen.

Dazu haben wir ein Organisationskonzept erstellt und in Haus Villigst um ein Finanzkonzept und Betriebsorganisation gebeten und erhalten. Aus einem alten Ladenlokal in Duisburg haben wir dann ein kurdisches Jugendkulturzentrum gebaut, in der unter anderem die Gruppe Kocgiri (das sind Jugendliche aus dem Bereich Duisburg, Mülheim, Dortmund und Osnabrück) nun beheimatet sind und dort Veranstaltungen vorbereiten, tanzen, Musik machen, Demos und

Konzerte organisieren, für Kurdistan arbeiten und was weiß ich nicht noch alles machen.

Plötzlich sind wir zu Besuchern und Gästen geworden, die was wollen. Na also, wer hätte das gedacht?

(Die von Kocgiri verlegte Jugend-Zeitung mit gleichem Namen wird zur Zeit noch bei uns verlegt. Kontakt zu Kocgiri und zum kurdischen Jugendkulturzentrum in Duisburg gibt es aus Sicherheitsgründen über die AG - SOS - Rassismus, Haus Villigst, 5840 Schwerte 5.)

Suomi - Goldwaschen in Lappland

für Kids zwischen 11 und 15 Jahren

Angefangen hat unser Ruhr-Kanaker-Projekt mit einer Clique von jugendlichen Kindern, die auf der Suche nach Abenteuern in der Stadt immer wieder feststellen mußte, daß sie überall unwillkommen war und manchmal auch verjagt wurde. Für Kinderspielplätze waren sie zu alt, für Jugendzentren zu jung. Plätze für Kids zum Austoben gab es nicht - oder waren so weit weg, daß man sie zu Fuß oder mit dem Skateboard nicht erreichen konnte.

Also was tun - zwischen Lust aufs Abenteuer und öder Langeweile in kinderfeindlichen Städten? Als es dann wieder einmal so weit war und wild gewordene Mütter den Spielplatz für ihre Kleinkinder verteidigten, dazu noch Tunjai mit einem Regenschirm drohten und ihm nachriefen: "Haut bloß ab, ihr Kanaker" war die Idee zur Gründung der RUHR-KANAKER geboren: Erstens wollen wir, daß es irgendwo hier einen richtigen Platz für uns gibt, zweitens brauchen wir richtige Abenteuer in der Stadt, weil Langeweile nur zu Blödsinn führt, und drittens haben wir was gegen Ausländerfeindlichkeit, die fängt ja schon auf dem Spielplatz an! Also haben wir uns als Clique zusammengeschlossen und treffen uns jetzt regelmäßig, machen Unternehmungen und tun was gegen Rassismus. Mit den Leuten von SOS-Rassismus haben wir dann für den Sommer die Idee mit dem Goldsuchen gehabt, na ja, und jetzt klappt das.

Benjamin (Ruhr-Kanaker)

Goldwaschen

Hoch oben in Finnland, hinter dem nördlichen Polarkreis, dort wo es nicht mehr dunkel wird und Du nicht weißt, ob es gerade Tag oder Nacht ist; zwischen Rovaniemi und Inari, wo sich die Rentiere herumtreiben, gibt es einen kleinen Fluß, etwa 30 m breit und 30 cm tief, in dem immer noch Gold gewaschen wird. Benjamins Großmutter kommt von da her und hat uns erzählt, daß auch heute noch am Tankajoki bei Tankavaara ein Goldgräberlager existiert und einige Leute immer noch vom Goldwaschen leben. Wir haben dann an den Bürgermeister von Tankavaara geschrieben und gefragt, ob das wahr ist, und der hat uns geantwortet und uns gleich eingeladen, unser Glück zu versuchen. Viel würden wir nicht finden - aber oft hätten ja gerade die kleinen Dinge die Menschen fröhlicher gemacht ... Damit haben wir angefangen, ernsthafte Pläne zu schmieden.

Für unsere Abenteuer- Reise nach Lappland suchen wir also Kinder und Jugendliche zwischen 11 und 15 Jahren, die ihre Lust aufs Leben noch nicht verloren haben, einen Hammer von einer Gurke unterscheiden können und sich zutrauen, für drei Wochen in Zelten, bei Lagerfeuer und Selberkochen sich mit uns einen Traum zu erfüllen. Wir werden am 8. Juli mit ca. 5 VW-Bussen (je 7 Leute) starten und über Dänemark und Schweden nach Lappland fahren.

Unsere VW-Busse sind ausgebaut, so daß auf der Reise immer einige in den Bullis und die anderen in Dachzelten (darüber) übernachten können. Tagsüber ernähren wir uns von Obst, Gemüse und Butterbroten, erst abends machen wir uns ein Lagerfeuer und kochen etwas. Nach ca. fünf Tagen erreichen wir Rovaniemi und den nördlichen Polarkreis; hier machen wir für ca. 2 Tage Halt, überprüfen unsere Ausrüstung, kaufen Goldwaschgeräte, Angeln, Netze und versorgen uns mit ausreichend Proviant. Dann geht's los über Sandpisten, vorbei an Rentierfamilien, ab in den hohen Norden. In Tankavaara werden wir etwa fünf Tage bleiben, um dann langsam und romantisch durch die Natur und an den tausend Seen Finnlands vorbei die Heimreise anzutreten.

Am 28. Juli 1993 kommen wir dann wieder in Deutschland und Belgien an. Während der Reise sind wir kranken- und haftpflichtversichert. Als Leitungsteam begleiten uns sieben erfahrene Mitarbeiterinnen und Mitarbeiter der evangelischen Kirche. Von den Kindern selbst erwarten wir, daß sie bereit sind, die Natur in Lappland zu schützen, in einer Gruppe zu leben, und daß sie Konflikte mit friedlichen Mitteln austragen können Außerdem erwarten wir, daß Du körperlich gesund bist und Dich schon jetzt damit vertraut machst, in Finnland selber Ausländer zu sein. Die Reise kostet incl. Fahrt und Fähren, Versicherungen, Unterkunft, Verpflegung und Getränke pro Person 450,- DM. Weil unsere Reise unter sehr einfachen Bedingungen stattfindet und wir im Einklang mit der Natur leben werden, ist es notwendig, daß wir vor der Reise drei verpflichtende Vorbereitungstreffen durchführen. Wir werden uns miteinander vertraut machen, unsere Gastrolle in der Natur und bei den Lappen beraten und unsere neuen Lebensgewohnheiten überprüfen.

Unser Lappland-Projekt ist ein Gemeinschaftsunternehmen von:

HANDinHAND Eurokids, Bosmanslei 6, 2018 Antwerpen - Belgien; Ansprechpartner: Paavo.
Jugendzentrum TEMPEL, Peschmannstr. 2, 4100 Duisburg 14; Ansprechpartner: Klaus.
RUHR-KANAKER, c/o Arbeitsgruppe SOS-RASSISMUS, Haus Villigst, 5840 Schwerte 5; Ansprechpartner: Benjamin.
Evangelisches Kinder- und Jugendzentrum ENGER, Ringstr. 65, 4904 Enger, Ansprechpartner: Bernd.
Amt für Jugendarbeit der evangelischen Kirche von Westfalen, Haus Villigst, 5840 Schwerte 5, Tel.: 02304-755190; Ansprechpartner: Ralf-Erik Posselt.

Antirassismus im Betrieb

Ansätze für ein betrieblich orientiertes Antirassismus- und Integrationsprogramm

Yilmaz Karahasan

Bosch - Im Blickpunkt:

Gemeinsame Erklärung

Thyssen - Bekenntnis zur Menschlichkeit

IG Metall Nordthüringen - Blühende Städte

Aktion Ausländerfreundliches Unternehmen

Gewalt am Arbeitsplatz

Schichau-Werft - Stoppt Gewalt und Rassismus!

Wo die Wahrheit auftritt
gibt es Geschrei
weil sich immer jemand
auf die Füße getreten fühlt
wenn aber die Wahrheit
unter die Füße gerät
ist es schön ruhig.
Liselotte Rauner

Ansätze für ein betrieblich orientiertes Antirassismus- und Integrationsprogramm

1. Gesetzliches Diskriminierungsverbot

Nach den Paragraphen 75 und 80 des Betriebsverfassungsgesetzes besteht eine Verpflichtung zum antidiskriminierenden Engagement im Betrieb. Deshalb könnte beispielsweise der Unternehmer aufgefordert werden, rechte Schmierereien im Betrieb zu entfernen. Besser jedoch noch wäre es, sie durch antirassistische Losungen und entsprechende Forderungen nach Gleichstellung etc. (Plakate und Wandzeitungen) zu ersetzen. Vor allem sollte dies nicht anonym geschehen, sondern bei derartigen Vorgängen auch die Betriebsöffentlichkeit gesucht werden. Es ist wichtig, daß eine spektakuläre, provozierende Auseinandersetzungsform gefunden wird, um Denkanstöße bei den Betroffenen zu ermöglichen. So wurde beispielsweise in einem konkreten Fall von einem Betriebsrat eine WC-Tür mit rechten Schmierereien ausgehängt und demonstrativ während der Betriebsversammlung aufgestellt, um die dem sensiblen Thema entsprechende Aufmerksamkeit zu geben. Der Bundesverband der deutschen Industrie hat ausdrücklich dazu aufgefordert, "die Themen Ausländerfeindlichkeit und rechtsradikale Gewalt auch in Betriebsversammlungen anzusprechen."

2. Antirassismus-Projekte als Lernprozeß

Die neugeordneten Ausbildungsberufe verpflichten die ausbildenden Betriebe auch zur Vermittlung sog. sozialer Handlungskompetenzen. Das heißt, neben den im Vordergrund stehenden fachbezogenen Qualifikationen geht es auch darum, einen humanen und sozialen Lernprozeß zu ermöglichen. Deshalb sollten die Unternehmer aufgefordert werden, die Thematik im Rahmen der betrieblichen Ausbildung aufzugreifen, z.B. durch Aufklärung im Rahmen des Werksunterrichts, bei Projekttagen, in Verknüpfung mit Exkursionen zu KZ-Gedenkstätten oder aber der Initiierung von Patenschaften mit Flüchtlingsheimen, um die Lebensverhältnisse von Asylsuchenden kennenzulernen. Beim VW-Werk in Wolfsburg wurde beispielsweise ein Ausbildungsprojekt in der Weise realisiert, daß der Bau eines Mahnmals mit der Vermittlung fachbezogener Qualifikationen - Umgang mit Metall - im Rahmen eines Teamprinzips verknüpft wurde. Das Mahnmal wurde später auf dem Betriebsgelände aufgestellt.

21. März, Tag gegen die Rassendiskriminierung

Am 21. März, von der UNO als Tag gegen die Rassendiskriminierung deklariert, enthüllten die Auszubildenden des VW-Werks in Wolfsburg in einer kleinen Feierstunde ein selbst entworfenes und gestaltetes Denkmal. Die Skulptur aus Stahl wurde von den jungen Leuten in ihrer Ausbildungszeit (übrigens auch anerkannt als Teil der Ausbildung) gefertigt. Sie wollen damit an die Geschichte des Volkswagenwerks im Dritten Reich erinnern, aber auch ein Zeichen für eine bessere Zukunft setzen. Dei Geschäftsleitung des Automobilkonzerns hatte sich nach anfänglichem Zögern zur Unterstützung des Projekts bereitgefunden. Mit der Denkmalsenthüllung wurde eine Ausstellung mit Werken von John Heartfield eröffnet. *(aus: Metall, Nr. 7, 1992)*

3. Fremdes verstehbar machen

Die Begegnung und das Kennenlernen zwischen Deutschen und Nichtdeutschen ist ein wichtiger Aufklärungsaspekt. Derartige Initiativen sollten auch über die reine Organisierung von "multikulturellen Festen" hinausgehen. Vielmehr ist ein inhaltlich gestaltender produktiver Dialog, z.B. auch unter der Einbeziehung von Flüchtlingen, dem ortsansässigen "Ausländer" beauftragten etc. hilfreich.

In Verzahnung mit einer orts- oder betriebsbezogenen Bildungsarbeit können hier die Ansätze einer gewerkschaftlichen Menschenrechtspolitik konkret vorangebracht werden. Es ist jedoch auch wichtig, daß bei dem Betriebsalltag die "Multikulturalität" täglich erlebbar ist. Es ist doch allgemein bekannt, daß viele Abend für Abend zum Griechen, Türken oder Italiener gehen; warum also nicht gemeinsam mal in die Kantine?

4. Solidarität konkret

Beim Auftreten rechter Gewalt oder entsprechender Bedrohungsängste gegenüber nichtdeutschen Kolleginnen und Kollegen ist konkrete Solidarität gefordert. So haben z.B. die Kolleginnen und Kollegen von Hoesch in Dortmund eine Telefonkette organisiert, um im Notfall reagieren zu können. Aber auch bei den vielen Problemen des Alltagslebens - und der Alltagsdiskriminierung - ist Unterstützung notwendig. Wenn es z.B. Probleme mit der Ausländerbehörde gibt (Aufenthaltsberechtigung, Nachzug Familienangehöriger), der Anmahnung von Polizeischutz oder dem Antrag auf Lizenzentzug für eine diskriminierende Gaststätte.

Rechtsextreme Postwurfsendungen
Deutsche Postgewerkschaft verhindert Zustellung

Für die Kommunalwahlen in Hessen wollte die rechtsextreme Deutsche Volksunion in der ersten Januarwoche 350 000 Postwurfsendungen an Haushalte in Frankfurt am Main durch die Post verteilen lassen. Die DPG konnte dies verhindern.

In ihrer Hetzschrift mit der Überschrift "Für ein DEUTSCHES Frankfurt" bezeichnet sich die Gruppe als "rechts und richtig". In einer Auflage von 350 000 sollte das Flugblatt beim Postamt Freiburg im Breisgau ausgeliefert und in Frankfurt zugestellt werden.

Der Protest Freiburger PostlerInnen veranlaßte die Generaldirektion in Bonn zu prüfen, ob die Postwurfsendungen nach der Postordnung von der Beförderung auszuschließen sind. Am 14. Dezember teilte die Generaldirektion den Oberpostdirektionen Freiburg und Frankfurt mit, daß keine Ausschlußgründe vorlägen und die Auslieferung durchzuführen sei.

Daraufhin wandte sich der DPG-Vorsitzende Kurt van Haaren telefonisch an das Postdienst-Vorstandsmitglied Bender sowie an Staatssekretär Görts. Er wies darauf hin, daß die Zustellung dieser Flugblätter in krassem Widerspruch zu der am 28. Dezember 1992 von den drei DBP-Unternehmern und der DPG unterzeichneten gemeinsamen Erklärung gegen Fremdenhaß steht. Außerdem seien die Postwurfsendungen nach Artikel 9 Absatz 2 Grundgesetz sowie nach der Postordnung Paragraph 13 Absatz 1 Ziffer 2 abzulehnen. Die DPG würde nicht tatenlos zusehen - so der DPG-Vorsitzende -, wenn die ZustellerInnen zu "Handlangern rechtsextremer Gruppen" gemacht werden sollen.

Nach dem massiven Protest der DPG entschloß sich der Postdienst-Vorstand, die Postwurfsendungen der DVU nicht zur Beförderung anzunehmen.

Gerhard Straube

Den Rechtsextremismus bekämpfen, der Ausländerfeindlichkeit entgegentreten - auch am Arbeitsplatz, in Personal- und Jugendversammlungen.

5. Rechte Propaganda als Arbeitsinhalt verhindern

In vielen Arbeitsbereichen besteht die Gefahr, daß man/frau mißbraucht wird bei der Verbreitung rechter Parolen, so z.B. Briefträger bei der Versendung rechter Hetzschriften der DVU, oder der Herstellung von Druck- und Medienerzeugnissen.
Deshalb ist es wichtig, daß in diesen gefährdeten Bereichen Vertrauensleute und Betriebsräte ein besonderes Augenmerk auf den Arbeitsinhalt richten.

Bei Aufkommen von entsprechenden Konflikten wäre es zunächst wichtig, auf die jeweilige Unternehmensentscheidung im Sinne einer Veränderung Einfluß zu nehmen. Gegebenenfalls kann es auch notwendig werden, Druck aus der Belegschaft heraus zu organisieren. In dieser Hinsicht konnten Postgewerkschaft
und DGB erreichen, daß beispielsweise die Bundespost die Verteilung von Hetzschriften der DVU im Rahmen des hessischen Kommunalwahlkampfes verweigerte. Hilfreich kann auch eine Anzeige wegen "Volksverhetzung" bei den Ordnungsbehörden sein. Erst in letzter Konsequenz sollte das schwierige Mittel der Arbeitsverweigerung überlegt werden.

6. Kontinuierliche Arbeit am Konflikt

Bei eindeutig rassistischen oder gar neofaschistischen Vorfällen welcher Art und Weise auch immer ist ein sorgfältiges Herangehen und Reagieren notwendig. Hierzu kann ein spezieller Ausschuß des Betriebsrates (ggfs. paritätisch besetzt mit Unternehmensvertretern) als Klärungsstelle hilfreich sein. Werden beispielsweise rechte Botschaften über Faxgeräte verbreitet, ist anzunehmen, daß diese von außen kommen. Insofern stellt sich die Reaktion darauf anders dar als gegenüber einem konkreten Vorfall, z.B. einer Stichelei unter Kollegen, z.B. innerhalb einer Abteilung.
Folgende Arbeitsschritte können als Leitlinie dienen:

- Kenntnisnahme durch Vertrauensleute und Betriebsräte,
- Aufklärung des Sachverhalts,
- aktuelle Konfliktlösung (Einzelfall),
- langfristige Arbeit am Konflikt (präventiv).

Je nach Art und Schwere des Vorfalls kann es auch notwendig werden, Betriebsöffentlichkeit herzustellen, z.B durch eine Flugblatt- oder Fragebogenaktion oder der Thematisierung im Rahmen der Vertrauensleutearbeit oder aber auch in Betriebsversammlungen. Bei jedoch eindeutig ernstzunehmenden Initiativen von Rechtsextremisten sollte geprüft werden, ob die Staatsanwaltschaft einzuschalten ist.

7. Sichere Arbeitsplätze

Das Recht auf einen qualifizierten Arbeitsplatz am gewünschten sozialen Ort und auf eine sinnvolle Arbeit, die das eigene Leben bereichert und zur Qualität des gesellschaftlichen Lebens beiträgt, ist ein Interesse aller. Deshalb ist es wichtig, beim Aufkommen von Absatzrückgängen oder Entlassungsplänen an diese gleichberechtigte Interessenslage anzuknüpfen. Das heißt beispielsweise Beschäftigungspläne statt Sozialpläne, Einflußnahme auf Personalplanung, Ideen zur regionalen Strukturpolitik, Abbau von Überstunden. So konnten ihm Rahmen einer Aktion der IG Metall "Ausländer zurück in die Produktion" im sächsischen Neustadt nahezu 30 arbeitslose Vietnamesen und Mozambiquaner wieder in die Beschäftigung gebracht werden. Junge nichtdeutsche Jugendliche sind besonders von Ausbildungsplatznot betroffen. Deshalb ist es wichtig, die Frage der Eingliederung nichtdeutscher Jugendlicher in die betriebliche Ausbildung aufzugreifen. Derartige Initiativen wurden ausdrücklich von den Unternehmerverbänden propagiert.

Die Organisierung des gemeinsamen Lernens von nichtdeutschen und deutschen Jugendlichen kann darüber hinaus das multikulturelle Verständnis fördern.

8. Sichere Einkommen

Eingruppierungsfragen, Arbeitsplatzbewertungen sowie die Einhaltung der Tarifverträge stellen ein wichtiges Element der betrieblichen Gewerkschaftsarbeit dar. Durch gezielte Höhergruppierungsaktionen, ggfs. verknüpft mit Weiterbildungsmaßnahmen für nichtdeutsche Kolleginnen und Kollegen, könnte ein Stück Diskriminierung abgebaut werden.

9. Qualifikation für alle

Die schlechte Bezahlung nichtdeutscher Kolleginnen und Kollegen im Betrieb hängt nun oftmals mit dem Qualifikationsniveau zusammen. Gerade deshalb sind gezielte Maßnahmen zur Förderung der spezifischen Beschäftigungsgruppe nichtdeutscher Kolleginnen und Kollegen notwendig. Hierzu ergeben sich Anknüpfungspunkte zu dem innerhalb der IG Metall diskutierten Projekt "Tarifreform 2000" (paritätische Kommissionen zur Sicherung individueller Weiterbildungsansprüche incl. Eingruppierung).

10. Projekt Betriebsratswahlen 1994

Schon jetzt sollten geeignete Maßnahmen überlegt werden, in welcher Weise die Thematik des Antirassismus und der Integration nichtdeutscher Kolleginnen und Kollegen mit den 1994 stattfindenden Betriebsratswahlen verknüpft werden kann. Zum einen ist nicht auszuschließen, daß zumindest punktuell von rechtsextremen Kräften versucht wird, ggfs. eigene Listen auf den Weg zu bringen. Zum anderen ist es gerade in der heutigen Zeit wichtig, bei der Listenaufstellung nichtdeutsche Kolleginnen und Kollegen - demonstrativ und verstärkt - zu berücksichtigen.

Die praktizierte Solidarität, d.h. die Kampfbereitschaft und Konfliktfreudigkeit der nichtdeutschen Kolleginnen und Kollegen erweist sich insbesondere bei gewerkschaftlichen Protest- und Kampfmaßnahmen, wie z.B. der Durchsetzung der 35-Stunden-Woche bei vollem Lohnausgleich in der Metallindustrie. Es gilt nunmehr, das gemeinsam Erreichte auch gemeinsam zu verteidigen und sich nicht durch Spaltungsversuche gegeneinander ausspielen zu lassen. In den Betrieben konnte die sozial- und betriebsverfassungsrechtliche Gleichstellung erreicht werden. Im Sinne der Wechselbeziehung zwischen betrieblicher und gesellschaftlicher Ebene kommt es nunmehr darauf an, die politische Gleichstellung durch eine gestaltende Politik durchzusetzen.

(Yilmaz Karahasan, Vorstandsmitglied der IG-Metall)

Auszug aus: Y. Karahasan, Dem Haß keine Chance, Papyrossa, Köln, 1993

Bosch - Im Blickpunkt: Gemeinsame Erklärung

Seit vielen Jahren ist in Deutschland eine große Zahl ausländischer Arbeitnehmer tätig. Sie haben wesentlich zum Erfolg der deutschen Wirtschaft und auch unseres Unternehmens beigetragen. Dafür sind wir ihnen ebenso wie unseren deutschen Mitarbeitern dankbar. In jüngster Zeit ist leider in einem kleinen Teil der Bevölkerung eine zunehmend negative Haltung gegenüber Ausländern zu beobachten. Neben Asybewerbern sind auch ausländische Mitbürger, die seit Jahren in Deutschland leben und arbeiten, Opfer von Beschimpfungen und sogar von Tätlichkeiten geworden.

Geschäftsführung, Konzernbetriebsrat und Konzernsprecherausschuß treten dieser Entwicklung nachdrücklich entgegen. Ausländerfeindlichkeit widerspricht den Grundsätzen menschlichen Zusammenlebens und wird den Verdiensten ausländischer Mitarbeiter nicht gerecht. Sie schadet dem Ansehen unseres Landes und dem deutscher Unternehmen im Ausland. Sie gefährdet außerdem das kollegiale Klima und die Produktivität in den Betrieben.

Geschäftsführung, Konzernbetriebsrat und Konzernsprecherausschuß sehen sich zu dieser Stellungnahme auch als Vertreter eines weltweit tätigen Unternehmens veranlaßt. Grundstein für diese weltweite Orientierung der Bosch-Gruppe sind Achtung und Toleranz wie auch ein grenzüberschreitender Arbeitseinsatz verschiedener Nationalitäten und Kulturen. Die Bosch-Gruppe ist heute in vielen Ländern innerhalb und außerhalb Europas vertreten: deutsche Mitarbeiter, die in einem anderen Land tätig sind, werden dort als Kollegen und Mitbürger geschätzt und respektiert. Seit Jahrzehnten arbeiten deutsche und ausländische Mitarbeiter in den Bosch-Standorten des Inlands und des Auslands gemeinsam erfolgreich zusammen.

Geschäftsführung, Konzernbetriebsrat und Konzernsprecherausschuß fordern alle Mitarbeiter auf, weiterhin zur Bewahrung eines betrieblichen Klimas beizutragen, in dem Achtung, Toleranz und Kollegialität zwischen deutschen und ausländischen Mitarbeitern selbstverständlich sind. Wir appellieren an unsere deutschen Mitarbeiter, ihren ausländischen Kollegen weiterhin mit dieser Haltung zu begegnen. Wir appellieren gleichzeitig an unsere ausländischen Mitarbeiter, auch von ihrer Seite aus aktiv an einer innerbetrieblichen Integration mitzuwirken. Dieses Anliegen entspricht der Tradition unseres Hauses. Getreu dem Vermächtnis unseres Unternehmensgründers ist die Förderung der Völkerverständigung seit Jahrzehnten eine der vorrangigen Zielsetzungen, die auch die Robert Bosch Stiftung verfolgt.
Ausländerfeindlichkeit hat in unseren Betrieben keinen Platz.

Robert Bosch GmbH

Geschäftsführung Konzernsprecherausschuß Konzernbetriebsrat

IG-Metall Vertrauenskörper
Thyssen Stahl AG Hamborn/Beeckerwerth

Bekenntnis zur Menschlichkeit -

gegen Ausländerfeindlichkeit und Rechtsradikalismus

Ausländerfeindliche Sprüche, rechtsradikale Parolen haben den Sprung von Toilettentüren und Hauswänden in Kommunal- und Landesparlamenten sowie ins Europaparlament geschafft. Die Wahlerfolge der rechtsradikalen Parteien zeigen: Überfremdungsängste, Haß auf Ausländer, nationalistische Großsprecherei, aber auch Protest gegen die sogenannten etablierten Parteien haben ihr politisches Ventil gefunden. Zudem: Viele Erst- und Jungwähler, vor allem junge Männer, haben dieser Partei ihre Stimme gegeben. Es droht die Gefahr, daß sich rechtsradikale Parteien für einige Zeit in unseren Parlamenten einnisten. Die Folgen sind schon heute spürbar:

- aus Angst vor dem Verlust von Wählerstimmen werden in der CDU/CSU Forderungen nach einer noch härteren Ausländergesetzgebung laut,
- durch die Wahlverluste der Union, aber auch der SPD, an die Rechtsradikalen drohen parlamentarische Blockaden gegen die Menschlichkeit, die nur den Rechtsradikalen nützen; denn es wählen nicht nur schwarze, sondern auch rote Hochburgen rechts. In Duisburger Arbeitervierteln stimmten bei der Europawahl bis zu 12% der WählerInnen für rechtsradikale Parteien.Nicht nur am Wahltag, auch im Alltag vernebeln rassistische und nationalistische Sprüche die Köpfe, werden menschenverachtende Witze belacht, wird am Arbeitsplatz, in der Kneipe, zu Hause darüber gestritten, ob nicht "Ausländer" Ursache aller gesellschaftlichen und privaten Mißstände sind.

Wir stellen fest:

1. Ausländische Kolleginnen und Kollegen wurden vor 30 Jahren in die Bundesrepublik geholt, um unser Wirtschaftswachstum unter Dampf zu halten. Nicht Ausländer nehmen Arbeitsplätze weg, sondern das Trachten nach dem schnellen Profit, das aber nicht an zukunftsorientierten Arbeitsplätze orientiert ist.
2. Der drückende Wohnungsmangel, vor allem für jüngere Menschen, ist nicht auf die "Besetzung unserer Häuser durch Ausländer und Asylanten" zurückzuführen, sondern auf eine Wohnungsbaupolitik, die seit Jahren den sozialen Wohnungsbau verkommen läßt.
3. Asylanten suchen Schutz vor Folter, Mord, Krieg und Hunger in ihren Ländern. Wir wollen sie menschenwürdig behandeln, ihnen Arbeit geben, damit sie sich ihren Lebensunterhalt selbst verdienen. Dazu gehört, ihnen

die Arbeitserlaubnis zu geben, damit sie ihren Lebensunterhalt selbst bestreiten können.

4. Wer seit Jahren gegenüber osteuropäischen Ländern beständig darauf drängt, sogenannte deutsche Volksangehörige ausreisen zu lassen, trägt die Verantwortung für ihre Unterbringung und Eingliederung. Im Verteidigungshaushalt ist genug Geld vorhanden.
5. Seit über 200 Jahren leben am Rhein Menschen der verschiedensten Stämme, Nationen, Sprachen und Kulturen.
   Das Revier hat sich als Schmelztiegel unterschiedlicher Kulturbreiten erwiesen. In diesem Sinn von der Überlegenheit der Deutschen zu sprechen ist Unsinn.

Darum appellieren wir:

in Betrieben und Verwaltungen, in Stadtvierteln und in der Öffentlichkeit Ausländerfeindlichkeit und Rechtsradikalismus mutig und sachlich entgegenzutreten. Nicht spektakuläre Aktionen und Demonstrationen allein, sondern vor allem die eigene klare Meinung überzeugt diejenigen, die die Brücke zum rechten Lager betreten haben oder dort schon angekommen sind.

Das bedeutet:

- sich und andere umfassend über Erscheinungsweisen und Ursachen auflebenden Rechtsradikalismus' zu informieren und angemessen, aber auch wirkungsvoll ihren Organisationen und Parteien entgegenzutreten.
- Druck auf Parteien und Politiker auszuüben, damit sie in der Kommunal-, Landes- und Bundespolitik das ihre dazu beitragen, um Wohnungsnot zu überwinden, menschengerecht zu bauen, Gespräch und Begegnung zwischen den Menschen, die in unserem Land leben, zu fördern.

Nur in einer menschlichen Gesellschaft haben Rechtsradikalismus und Ausländerfeindlichkeit keine Chance!!!

Reinhard Bulitz
Bürgermeister der Stadt Duisburg

Karlheinz Hagenbuck
Unternehmer

Dieter Schulte
Betriebsratsvorsitzender TSAG

Karlheinz Weihs
Konzernbetriebsratsvorsitzender TSAG

Volker Lauterjung
Synodalbeauftragter des Kirchenkreises Duisburg Nord für Industrie- und Sozialarbeit

Wolfgang Eigemann
Pfarrer
Leiter des Diakonischen Werkes Duisburg

Dieter Fischdick
Präsident MSV Duisburg

Karl-Wolfgang Brandt
Superintendent

Dieter Kroll
Vertrauenskörperleiter TSAG

IG-Metall Nordthüringen

Blühende Städte - statt braunen Gedanken

Es ist noch nicht so lange her, daß Millionen von Bürgerinnen und Bürgern auf Straßen und Plätzen im Ostteil unseres Landes demonstriert haben für ein Leben ohne Verfolgung, Repressalien und Gewalt, für eine Zukunft in Frieden und Freiheit für alle Menschen. Hat es doch in den 40 Jahren "real existierenden Sozialismus" viele Menschen gegeben, die politisch unerwünscht waren und dies täglich im Leben spürten.

Darum ist es schockierend für uns zu sehen, wie in einer gerade erst errungenen Demokratie wieder die Gewalt zunimmt gegenüber einer Minderheit und zum Teil auch noch still geduldet wird von einigen Bürgerinnen und Bürgern.

Jeden Tag werden die Bürger und Bürgerinnen im Ostteil unseres Landes konfrontiert mit Arbeitslosigkeit, Kurzarbeit, Konkursen, Wohnungsspekulationen, verstärkter Ausgrenzung der sozial Schwachen und zunehmender Aggressivität im Zusammenleben der Menschen überhaupt.

Es sind nicht die Ausländerinnen und Ausländer, die an diesen wirtschaftlichen und sozialen Mißständen die Verantwortung und die Schuld tragen, sondern eine völlig verfehlte Regierungs- und Unternehmenspolitik im Ostteil der Bundesrepublik. Wir wissen, daß viele junge Menschen arbeitslos sind oder von Arbeitslosigkeit bedroht sind.

Auch wir kennen das Gefühl der Perspektivlosigkeit, der ohnmächtigen Wut nach der krampfhaften Suche nach einem Arbeits- oder neuen Ausbildungsplatz.

Aber es kann in einer Demokratie nicht sein, ausländischen Bürgern die Schuld zu geben und die wahrlich Schuldigen freizusprechen.

Erklärung des Ortsjugendausschusses der IG-Metall Nordthüringen, Verwaltungsstelle Nordhausen)

Aktion Ausländerfreundliches Unternehmen

H. Schmincke
GmbH & Co. KG
Otto-Hahn-Straße 2
Postfach 3242
D-4006 Erkrath

An Unternehmer-Kollegen und -Kolleginnen in Deutschland

Sehr verehrte Damen,
sehr geehrte Herren,
wahrscheinlich und hoffentlich sind Sie so wie die große Mehrheit der deutschen Unternehmer(innen) sowieso AUSLÄNDER-FREUNDLICH. Dennoch sollten wir Unternehmer(innen) und Unternehmensleitungen uns auch offen hierzu bekennen. Wir sollten - nach innen und nach außen - keine Zweifel aufkommen lassen über unsere weltoffene und grenzüberschreitend die Menschheit achtende Haltung.

Menschen, Gruppen und Institutionen aller Art und Richtungen verurteilen in Deutschland ausländerfeindliche und rassistische Tendenzen. In Anbetracht unserer Geschichte und im Hinblick auf eine neue Zeit der zusammenwachsenden Menschheit müssen auch wir Flagge zeigen.

Das oben abgebildete Emblem werden wir darum so lange in unserem Firmen-Briefbogen mitführen (s. oben rechts), bis in unserem Lande ausländerfeindliche Ausschreitungen aufgehört haben.

Bitte machen Sie mit!
Die Mit-Nutzung dieses Emblems steht Ihnen frei, wenn auch Sie sich - gemeinsam mit Ihrem Betriebsrat oder Ihren Mitarbeitern insgesamt - zu folgenden zwei Grundsätzen ausdrücklich bekennen:

1. Bei Einstellungen gleiche Chancen und Bedingungen bei gleicher Eignung für Ausländer und Deutsche.

2. Schutz aller ausländischen Mitarbeiter(innen) vor jeglicher Anfeindung, Diskriminierung oder unfreundlicher Behandlung.

Mit freundlichem Gruß

Peter Hesse
(Geschäftsführender Gesellschafter)
31.Januar 1992

Gewalt am Arbeitsplatz

Hinter den Bürotüren und Betriebstoren widerspiegelt sich natürlich auch das an Gewaltakzeptanz und Fremdenhaß, was auch außerhalb der Arbeitsplätze vorzufinden ist. Nur - diese werden in ihrer Anwendung nicht zugelassen, verhindert oder vertuscht. Dabei spielen die auf Effizienz- und Gewinnmaximierung orientierten Unternehmensstrukturen sowie die damit verbundene Disziplin am Arbeitsplatz genauso eine Rolle wie ein arbeitnehmerfreundliches Betriebsklima und nicht zuletzt das von der Interessenvertretung mit Mitbestimmungsleben erfüllte Betriebs- und Personalvertretungsgesetz.

Nicht zugelassen, verhindert oder vertuscht wird dadurch, was an Rassismus, Rechtsextremismus, Sexismus und auch an Autoritarismus so in diesem oder jenem Deutschen steckt.

Vertuscht wird beispielsweise vielerorts die sexuelle Belästigung und Gewalt gegen Frauen am Arbeitsplatz. Und es sind immerhin 70% Frauen, die bei Befragungen von sexuellen Belästigungen sprechen.

Verhindert wird auch das weit verbreitete "rassistische Empfinden" vieler Deutscher, die im Betrieb mit einem türkischen Kollegen zusammenarbeiten, sich aber außerhalb der Arbeitsstelle zu den 31% zugehörig fühlen, die die "Reaktionen der Rechtsextremisten auf die Ausländer verstehen können", so das Ergebnis einer Emnid-Befragung. Dabei stellten die Demoskopen im Westen 38% und im Osten 21% Bundesbürger/innen fest, die dieses Verständnis aufbrachten.

Und nicht zugelassen wird der bei Wahlen, Kneipengesprächen und vor Ausländerwohnheimen praktizierte Rechtsextremismus, wobei in einigen Institutionen wohl eher die Ausnahmen die Regel bestimmen. Dies ist besonders bemerkenswert, da die REP- und DVU-Wähler/innen sich aus dem Arbeitnehmer- und weniger aus dem Arbeitslosen- und Sozialhilfespektrum rekrutieren. Interessant ist hier auch eine *Tübinger Untersuchung*, die Jugendliche im Alter zwischen 18 und 22 Jahren befragte, die sich zur Hälfte aus sozial Benachteiligten (niedrige Schulbildung, Landbevölkerung, ausländische Staatsangehörigkeit, Heimkinder) und zur anderen Hälfte aus nicht benachteiligten jungen Menschen (gute Schulbildung, in High-Tech-Betrieben beschäftigt, sichere familiäre Verhältnisse) zusammensetzte. Entgegen den Erwartungen der Forscher äußerten sich die besser situierten Jugendlichen überwiegend rechtsextremer als die benachteiligten.

Besonders deutlich wird dies bei Themen wie Ausländer, Asylbewerber und daß "Deutsche fleißiger und pflichtbewußter" seien als andere. Haben bisher Sozialwissenschaftler wie Wilhelm Heitmeyer (Bielefeld) und Hajo Funke (Berlin) bei der Ursachenbenennung rechtsextremer Orientierung mehr auf die Arbeitslosigkeit, Wohnungsnot, Familienzerrüttung etc. fokussiert - erinnern uns die Tübinger wieder daran, auf die Betriebe und Arbeitsplätze zu achten, da hier wohl anteilsmäßig eher die Bereitschaft zur fremdenfeindlichen und rechtsextremen Orientierung schlummert.

"Jugendliche, die von der Wohlstandsgesellschaft profitieren, die Gewinner der gesellschaftlichen Modernisierung, identifizieren sich mit der vorherrschenden Lebensweise und verhalten sich Minderheiten gegenüber solange neutral, solange ihre eigene privilegierte Stellung nicht gefährdet ist. Das Bedürfnis, das Erworbene gegen äußere Bedrohung abzusichern, also der Wunsch, die Kontrolle über die Lebensumstände zu behalten" *(Tübinger)*, kann bei entsprechenden gesellschaftlichen Angeboten zur Ausbildung von Fremdenangst und Haß sowie rechtsextremer Orientierung führen.

Wenn dies zutrifft - muß hier verstärkt etwas getan werden!

Wie verhalten sich beispielsweise die betrieblichen Interessenvertreter/innen oder Lehrlingsausbilder sowie die Berufs- und Handelsschullehrer/innen etc., wenn sie mit fremdenfeindlichen oder die Frauen diskriminierenden Sprüchen konfrontiert werden? Ein Blick in den Ausbildungs- und Betriebsalltag bietet hier eher ein negatives Resultat, was sich zwischen Verdrängung und Mittäterschaft bewegt.

Die Identifizierung mit der vorherrschenden Lebensweise und damit mit dem eigenen Betrieb betrifft nicht nur junge Menschen. Bekanntlich ist die individuelle Einbindung der betrieblichen Mitarbeiterschaft in die "Unternehmenskultur" (corporate identity) erklärtes Ziel moderner Unternehmensstrategie. Solange die Konjunktur anhält, wird möglicherweise damit auch mehr Arbeitszufriedenheit (und Gewaltabbau) gefördert. Kommt es zur Konjunkturkrise, sieht die Arbeitswelt gleich anders aus. Dann zählt für die Unternehmensführung weniger der soziale, sondern mehr der ökonomische Maßstab. Hier kann sich die Personalführung eines Betriebes bei geplanten Entlassungen schon von der vorhandenen fremdenfeindlichen Stimmungslage beeinflussen lassen und zunächst die Entlassung der ausländischen Beschäftigten betreiben. Wohlgemerkt - Unternehmensleitungen orientieren sich an der Effizienz und weniger an einer fremdenfeindlichen Ideologie.

Aber Effizienzorientierung schließt auf der Grundlage der Wirtschaftsordnung die mögliche "Gewalt am Arbeitsplatz" strukturell mit ein, denn kommt es zur Konjunkturkrise, trifft es meistens die Schwächeren (Frauen) oder die ideologisch stigmatisierten Ausländer und die älteren Arbeitnehmer/innen.

Wenn dies zutrifft, muß hier verstärkt etwas getan werden.

(Axel Preuschoff, aus: Ideen Sonderheft 1991)

Schichau-Werft

Stoppt Gewalt und Rassismus!

Auf einer Jugend- und Auszubildendenversammlung der Schichau Seebeckwerft AG sprachen sich die Anwesenden gegen Gewalt und Rassismus aus.

Sie unterstützen eine auf der Versammlung verlesene Erklärung, in der es heißt: "Seit über 25 Jahren sind auf der Schichau Seebeckwerft AG ausländische Kolleginnen und Kollegen beschäftigt. Heute sind es über 300 Kolleginnen und Kollegen aus 22 Nationen, mit denen es immer eine gute Zusammenarbeit gegeben hat. Das soll auch in Zukunft so bleiben." Deshalb wollen wir mit dieser Anzeige ein Zeichen setzen und dokumentieren, daß die Unterzeichner Ausländerfeindlichkeit auf der Werft und darüber hinaus entschieden entgegentreten werden.

Eike Hoffmann JAV
Melanie Mlynska
Thomas Knauf
Ali-Riza Yildirim JAV
Mike Hogrefe
Mustafa Erkal Kilic
Florian Palme JAV
Jan Langer
Michael Jürgens
Marko Kühne JAV
Marc Götjen
Cagatay Özdemir
Mirko Sell JAV
Kai Wilkens
Abdil Coban
Dietmar Buttler BR
Norbert Breden
Kenan Celen
Hans Tibcken Ausb.-Leiter
Marco Hasse
Timo Sell
Eyüp Ugurlu
Sven Laverentz
Mehmet Dogan
Manuela Sonnack
Minh Duc Nguyen
Tuncay Ciplak
Britta Meyer
Nils Stielow
Tuncay Gültekin
Sven Eisenhauer
Thorsten Manns
Jörg Feldhusen
Murat Özkale
Michael Hitz
Sven Büttelmann
Thomas Schröder
Patrick Wegen
Norman Wünsch
Ulli M. Mirchel
Lutz Kuhlmeyer
Herbert Fink
Ralph Kalus
Jasmin Ibrakic
Hardy Glyschewski
Marcel Pflitsch
Musevic Senac
Ronald Lehmann
Marco Busch
Matthias Kück
Michael Riedel
Rene Schmidt
Matthias Heymann
Stefan Wellbrock
Frank Thiermann
Anja Brammer
Andre Lauer
Rene Gerhardt
Ulrike Schoppe
Christian Bongartz
Cengiz Sek
Sabine Huck
Detlef Ölrichs
Timm Brünjes
Christiane Klemmer
Harald Sagehom
Christian Höltke
Oliver Wilms
Andre Scholz
Tina Schult
Sven Butt
Heiko Klaus
Frauke Stegie
Alexandra Faust
Björn Lehmann
Sandra Klimmek
Anja Schwalbe
Sabine Kaiser
Marco Warner
Stefan Busko
Thomas Frey
Merle Hildebrandt
Stephan Schmidtke
Dennis Brüns
Martin Dohrmann
Marco Mau
Peter Zydek
Stefan Diessars
Frank Priebe
Stephan Hölper
Marco Werner
Muhammed Karakuzu
Suap Solak
Fritz Villarin
Faruk Dursun
Turgay Güler
Bülent Öztürk
Susanne Gögel
Kai Marwedel
Christian Hermann
Torben Seebeck
Mirco Doile
Maik Niederkrome
Axel Mehrtens
Halil Kocatürk
Caner Kayran
Murat Iset
Martin Szczukowski
Nicole Brinkmann
Jasmin Gerhold
Thorsten Döscher
Dennis Eger
Michael Trier
Lutz Kahlmeyer
Jörn Kutkat
Markus Kühnau
Jan Müller
Michael Walleit
Hüseyin Aydogar
Ercan Yüksel
Dörte Behnje
Claudia Schlate

JAV/Jugend- und Auszubildendenvertretung
BR/Betriebsrat
Ausb.-Leiter/Ausbildungsleiter der Schichau Seebeckwerft AG

Diese Anzeige wird von der Ortsvertretung der IG Metall Bremerhaven unterstützt.

Rassismus-Tests

Ist ASYLANT ein Killwort?

Der Asylantentest

Teste dich selber: Bin ich RassistIn?

Antirassismustest

Straßenaktion: Grenzen auf: Toleranz testen!

Was können wir gegen Rechtsextremismus tun?

Das Fremde

Bin ich ein Fremder, weil mein Haar schwarz
und gekraust ist, oder seid ihr Freunde, weil
eure Hände kalt und hart sind? Wer ist fremder,
ihr oder ich? Der haßt, ist fremder, als der gehaßt
wird, und die Fremdesten sind, die sich am
meisten zu Hause fühlen!
Ilse Aichinger

Ist ASYLANT ein Killwort?

Noch im Jahr 1961 gab es ihn nicht, wenn man dem Protokollanten der Deutschen Gegenwartssprache, dem Duden, glauben darf. Der "Große Duden" für die Deutsche Rechtschreibung aus dem Jahr 1961 kennt nur die Worte "Asyl" und "Asylrecht".

In der 18. neubearbeiteten Ausgabe aus dem Jahr 1980 ist zwischen "Asyl" und "Asylrecht" noch das Wort "Asylant" eingefügt. Irgendwann ist dieses Wort entstanden. Gab es vorher ein Asylrecht ohne "Asylanten"?

Hat man sich bis dahin mit dem Begriff des politischen Flüchtlings begnügt? Wie auch immer. Heute geht uns das Wort "Asylant" wie selbstverständlich von den Lippen.

Was denken wir beim Wort Asylant?

Worte mit der Endung "ant" können, nach Prof. Link von der Ruhruniversität Bochum, sowohl positiv als auch negativ besetzt sein. Sie werden positiv verstanden, wenn sie eine Tätigkeit bezeichnen: Fabrikant, Praktikant, Ministrant. Bezeichnet ein Wort mit der Endsilbe "ant" eher einen Zustand oder eine Einstellung, dann ist es eher negativ besetzt: Simulant, Querulant oder auch Sympathisant. Es ist schon auffällig, daß man das Wort Sympathisant hauptsächlich als Vorwurf kennt. So z.B. die Verdächtigung, Sympathisant von Terroristen zu sein ("Sympathisantensumpf"). Es gibt kaum öffentliche Stimmen, z.B. von Politikern, die ihre Anhänger als Sympathisanten bezeichnen. Daß "Asylant" sich am besten auf "Simulant" reimt, setzt weitere Assoziationen frei. Das Wort "Schein-Asylant" ist beinahe überflüssig, da viele sowieso schon beim Begriff "Asylant" den Simulanten im Kopf haben.

Interessant ist in diesem Zusammenhang ein kleines Experiment. Der Lehrer Klaus Hildebrand hat in zwei vergleichbaren Lerngruppen Assoziationen zu den Begriffen "Asylant" und "politischer Flüchtling" abgefragt.

Obwohl beide Begriffe inhaltlich das gleiche meinen, gab es ganz unterschiedliche Bewertungen. Der politische Flüchtling wurde als friedlich, arbeitsam, ordentlich und fortschrittlich eingeschätzt, während der Asylant rückständig und faul erschien.

(Vgl.: Klaus Hildebrand, Flüchtling oder Asylant?, in MISEREOR Lehrerforum, 3/88)

Fragen zum Text:

1. Fallen Ihnen weitere Worte mit "ant" ein?
2. Welchen Effekt hat die Verwendung des Begriffs "Asylant"?
3. Welche Sprachregelung halten Sie für sinnvoll?

Der Asylantentest

Gebrauchsanleitung

Dieser Test kann zeigen, wie einst saubere Begriffe zu Schimpfworten verkommen. Der Test besteht, ohne daß die getesteten Personen es wissen, aus je der gleichen Anzahl Testbogen "Asylant" und "politischer Flüchtling". Obwohl beide Begriffe exakt den gleichen Personenkreis benennen, ist i.d.R. festzustellen, daß Asylanten deutlich negativer bewertet werden: Machen Sie den Test. Die Auswertung sollte dann offen vor der Gesamtgruppe (an Tafel o.ä.) stattfinden und die Frage eröffnen, warum das wohl so ist.

Machen Sie den Test:

Gibt es Rassismus unter uns?

Bitte kreuzen Sie Merkmale an zwischen:
sehr zutreffend = 1,
bis wenig zutreffend = 5
Geben Sie den Testbogen wieder ab.

Testbogen: Asylant

	1	2	3	4	5	
viele						wenige
laut						leise
auffällig						übersehbar
rückständig						fortschrittlich
dunkel						hell
sauber						schmutzig
aggressiv						friedlich
arbeitsam						faul
städtisch						ländlich
ordentlich						chaotisch
stark						hilfebedürftig
angesehen						verachtet
politisch						politisch
interessiert						unbeteiligt

Testbogen: Politischer Flüchtling

	1	2	3	4	5	
viele						wenige
laut						leise
auffällig						übersehbar
rückständig						fortschrittlich
dunkel						hell
sauber						schmutzig
aggressiv						friedlich
arbeitsam						faul
städtisch						ländlich
ordentlich						chaotisch
stark						hilfebedürftig
angesehen						verachtet
politisch						politisch
interessiert						unbeteiligt

Teste Dich selber:

Bin ich RassistIn?

Die Arbeitsgruppe SOS-Rassismus hat einen Test vorbereitet, mit dem Du Dich selbst überprüfen kannst.

Rassismustest:
Der AG SOS-Rassismustest eignet sich ganz hervorragend zur Eröffnung von Gesprächen in (Groß-)Gruppen.

Dieser Test geht davon aus, daß Rassismus nicht nur weit weg von hier, z.B. in Südafrika, stattfindet, sondern hier bei uns jeden Menschen, auch Dich und mich, betrifft. Wie schwierig es ist, nicht rassistisch zu sein, merkst Du, wenn Du selbst auf dem Testbogen Deine Kreuzchen machen möchtest.

Also:
1. Testbogen kopieren
2. Testbogen und Testergebnisse ausschneiden
3. Testbogen verteilen, nach max. 3 Minuten einsammeln und sofort das negative Testergebnis (wenn angekreuzt wurde) oder das positive Testergebnis (wenn der Test verweigert oder zerrissen o.ä. wurde) verteilen.
4. Gespräch: Wo beginnt eigentlich Rassismus, was ist Rassismus, ist der Test blöd ...?

Bin ich rassistisch?

1. Welche Eigenschaften haben Deiner Meinung nach Ausländerinnen und Ausländer? (Du kannst max. fünf Eigenschaften ankreuzen)

❑ schwach
❑ lustig
❑ häßlich
❑ gescheit/klug
❑ dumm
❑ faul
❑ herrschsüchtig
❑ aufgeschlossen
❑ besitzgierig
❑ stark
❑ fleißig
❑ gerecht

❑ schön
❑ feige
❑ sauber
❑ hinterhältig
❑ offen
❑ freundlich
❑ fortschrittlich
❑ angriffslustig
❑ grausam
❑ tapfer
❑ friedlich
❑ schmutzig

2. Welche Eigenschaften haben Deiner Meinung nach die Deutschen? (Du kannst max. fünf Eigenschaften ankreuzen)

- ❑ schwach
- ❑ lustig
- ❑ häßlich
- ❑ gescheit/klug
- ❑ dumm
- ❑ faul
- ❑ herrschsüchtig
- ❑ aufgeschlossen
- ❑ besitzgierig
- ❑ stark
- ❑ fleißig
- ❑ gerecht
- ❑ schön
- ❑ feige
- ❑ sauber
- ❑ hinterhältig
- ❑ offen
- ❑ freundlich
- ❑ fortschrittlich
- ❑ angriffslustig
- ❑ grausam
- ❑ tapfer
- ❑ friedlich
- ❑ schmutzig

Testergebnisse

Sehr geehrte Testperson,
Sie haben wirklich recht; dieser Test ist einfach nur blöd, dreist, dumm, widersinnig, hirnrissig, total von der Rolle ... und eignet sich eigentlich nur zur Ablage im Mülleimer.
Genau das haben wir lange Zeit auch gedacht - mußten dann aber bitter feststellen, wie tief und fest die "Ideologie der Ungleichheit" heute noch (zum Teil auch bei uns selber) vorhanden und wirksam ist.
Daß Sie sich diesem Test widersetzt haben, zeichnet Sie aus.
Von daher wünschen wir Ihnen auch für ihre Zukunft den "aufrechten Gang".

Danke

Sehr geehrte Testperson,
wir bedauern, Ihnen mitteilen zu müssen, daß Sie diesen Test nicht bestanden haben. Allein, weil es gar nicht möglich ist, Ausländerinnen und Ausländer und Deutsche nach o.g. Eigenschaften zu unterscheiden, Sie aber dennoch die Dreistigkeit besaßen, Deutsche und Ausländerinnen und Ausländer gegeneinander auf- bzw. abzuwerten, bleibt Ihnen nur noch eins: Bitte begeben Sie sich wortlos und unauffällig auf die nächste Toilette, stellen Sie sich standfest vor den Spiegel und beißen Sie sich selbst kräftig und nachhaltig in das rechte Ohr. Vielleicht begreifen Sie jetzt, daß Rassismus auch weh tun kann.
Danach beginnen Sie bitte den Test noch einmal.

Danke

Antirassismustest

Machen Sie den

Test

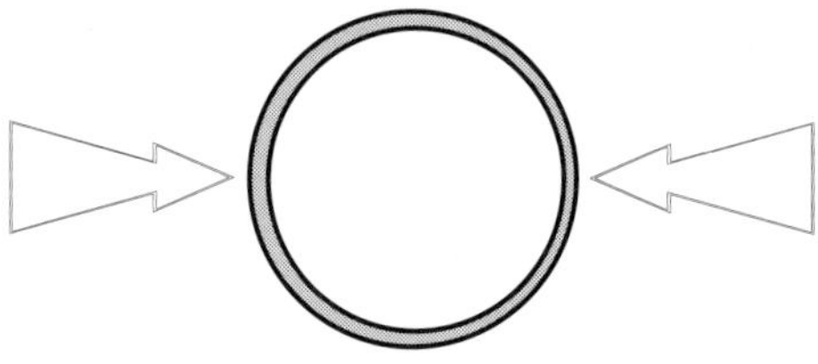

Hauchen Sie auf den Punkt!

Testergebnis:
1. Verfärbt sich der Punkt rot, sollten sie schnellstens einen Internisten aufsuchen und Ihre Leber überprüfen lassen: oder aber die Partei wechseln!

2. Färbt sich der Punkt grün, ist Ihnen heute bestimmt nicht gut. Sie sollten sich einige Tage ins Bett legen und mal richtig ausspannen, oder machen Sie einfach mal Urlaub und erholen Sie sich.

3. Wird der Punkt blau, suchen Sie bitte sofort die Polizei auf. Machen Sie umgehend einen Alkoholtest. Bitte wiederholen Sie den Test, wenn Sie ihren Führerschein wiederhaben.

4. Fängt der Punkt bei Ihnen an zu tanzen, setzen Sie sich bitte hin. Konzentrieren Sie sich, und versuchen Sie es nocheinmal. Tanzt der Punkt weiter, wird es Zeit für einen gründlichen Check-Up bei ihrem Hausarzt.

5. Löst sich der Punkt plötzlich in Luft auf, fangen Sie ihn bitte wieder ein, und kleben Sie ihn bitte wieder an Ort und Stelle. Ja wo kämen wir denn da hin!

6. Bleibt der Punkt aber unverändert wie eh und jeh, besteht kein Grund zur Sorge. Sie sind geistig und körperlich kerngesund. Anlaß also, darüber nachzudenken, was Sie heute zur Überwindung von Gewalt und Rassismus tun können. Bitte fangen Sie jetzt schon damit an, zu überprüfen, ob folgende Aussage richtig ist: **Rassismus liegt immer dann vor, wenn bestimmte Merkmale von Menschen (z.B. Hautfarbe, Geschlecht, Asylbewerber sein usw.) mit bestimmten Eigenschaften gekoppelt werden (z.B. wenn von der Herkunft oder dem Geschlecht auf die z.B. geistige, kriminelle oder sexuelle Potenz o.ä. geschlossen wird) und durch diese Konstruktion eine qualitative Bewertung vorgenommen wird.**

Straßenaktion:
Grenzen auf: Toleranz testen

Um der Frage nach der Akzeptanz von Flüchtlingen in der Bundesrepublik auf die Schliche zu kommen, sind Schüler von der Gustav-Heinemann-Gesamtschule in Mülheim an der Ruhr im Rahmen einer Projektwoche (Herbst '92) zum Thema "Rassismus" in die Fußgängerzone der Stadt gezogen. Für eine Straßen-Interview-Aktion hatten sie u.a. zwei Fragen vorbereitet (wenige Fragen sind besser als zu viele!):

1. Was glauben Sie: Wie viele asylsuchende Flüchtlinge gibt es in der Stadt?

2. Kennen Sie oder haben Sie Kontakt zu asylsuchenden Flüchtlingen? *

Die verschiedenen Interviewgruppen trafen sich dann in der Schule wieder und werteten das Ergebnis aus. Und dann wurden die Schüler blaß. Die Angaben der Bürgerinnen und Bürger lagen im Durchschnitt nämlich ca. 10 bis 20 mal höher als in Wirklichkeit. Als Durchschnittswert ermittelten die Schüler eine Zahl von ca. 18.000 vermuteten Flüchtlingen in der Stadt. Die Angaben der Befragten lagen dabei zwischen ca. 3.000 und 50.000 Flüchtlingen, obwohl, und das war das Spannende, gerade einmal exakt 1.354 asylsuchende Flüchtlinge in Mülheim lebten (Angabe laut Ordnungsamt).

Mülheim hat eine Einwohnerzahl von ca. 165.000 Menschen, so daß gerade einmal auf 121 Bürgerinnen und Bürger ein Flüchtling kommt.

Wie kommt es wohl, so lautete dann die alles entscheidende Frage, daß (nach dieser Aktion) die Bürgerinnen und Bürger selber glauben, daß fast 20 mal so viele Flüchtlinge da sind? Und wie sieht es denn entsprechend mit dem "Akzeptanzproblem" der Bevölkerung aus? Wäre es denkbar zu sagen: Also gut, 18.000 Flüchtlinge wären vielleicht ein Problem - aber fifty-fifty - wir treffen uns auf der Hälfte, 9.000 Flüchtlinge - das müßte doch gehen ... Anlaß zum Nachdenken, Anlaß zur Nachahmung und Anlaß zur Frage, wer uns eigentlich eingeredet hat: Das Boot sei voll.
Vielleicht läuft das Faß (in bezug auf die Asylantenhetze) nun langsam über!

(Ruhr-Kanaker)

* Anmerkung: In der Auswertung der Schülergruppe ergab sich auch, daß, je weniger Kontakt zu Flüchtlingen vorhanden war, desto höher die Zahl derselben vermutet wurde; und umgekehrt natürlich desto präziser.

Was können wir gegen Rechtsextremismus tun?

Wer Gewalt und Rassismus bekämpfen möchte, muß genau wissen, was die Rassisten wollen, welche Antworten sie auf unsere dringendsten Fragen haben und mit welchen Argumenten wir ihnen das Wasser abgraben. In unserem Arbeitsbogen haben wir die mittlere Spalte freigelassen, damit Du selbst oder zusammen mit Deiner Clique oder Deiner Klasse überprüfen kannst, welche Argumente Ihr habt.

Was können wir gegen Rechtsextremismus tun?

Eigene Erfahrungen		**Antworten von Rechtsextremisten**
Ohnmacht	______	Macht
Allein kann man doch nichts verändern	______	Mit Gewalt bewegt sich doch was
Wo finde ich Leute, die mich verstehen	______	Zusammenhalten + Gemeinschaft
Handlungsunsicherheit	______	Gewißheit und Sicherheit haben
Unübersichtlichkeit	______	Klarheit
Wie soll ich bloß mein Leben planen	______	Wir sagen Dir schon, wo's langgeht
Schwäche	______	Stärke
Wer bin ich eigentlich	______	Wir Deutschen (Kämpfer) sind wer
Ich fühle mich eingeengt	______	Wir erkämpfen uns eigene Territorien. Heute sind wir eine Macht
Langeweile	______	Abenteuer + Risikoerfahrung
Ich soll immer besser sein, als ich kann	______	Bei uns bekommst du, was DU brauchst
Auflösung sozialer Gruppenzugehörigkeit	______	Feste Einordnung und Position
Wohin gehöre ich eigentlich	______	Als Deutscher gehört Dir Deutschland (und morgen die ganze Welt ...)
Ich weiß manchmal nicht, wo's langgeht	______	Der Führer zeigt dir den Weg

Zwei Tips aber noch:

1. Die Rechtsextremisten spielen gerne das Schwarz-Weiß-Spiel, als wenn z.B. gegen Schwäche nur Stärke helfen würde. Also, laß Dich nicht zu leicht in die Irre führen.

2. Wir haben nur einige "Eigene Erfahrungen" aufgeführt. Vielleicht fallen Dir ja noch mehr solcher kritischer Fragen ein. Dieser Arbeitsbogen läßt sich noch fortsetzen. Für Deine Kritik oder Bemerkungen sind wir Dir dankbar.

Multi - Kulti

Multikulturelle Gesellschaft

Interkulturelles Lernen

"Ich bin stolz, anders zu sein"

Multi - Kulti

In den vergangenen Jahren hat es einen heißen Streit über die Begrifflichkeiten "Multikulturelle Gesellschaft" und "interkulturelles Lernen" gegeben. Bemerkenswert in diesem Prozeß war, daß sich viel zu viele Diskussionsbeiträge als gezielte "Irreführung" entlarven lassen mußten und schon beim Versuch der Übertragung in die Praxis als hohle Worte scheiterten. Die Frage nach einer Multikulturellen Gesellschaft stellt sich nämlich nicht, um heute zu haben, was vielleicht erst morgen möglich ist, sondern als jederzeit kritisierbarer und deshalb auch korrigierbarer Versuch, Schritte in eine friedliche und menschliche Zukunft zu gehen. Die Eitelkeiten mancher Schreibtischtäter könne uns heute nicht mehr hindern, offensiv eine attraktive Perspektive gesellschaftlichen Zusammenlebens zu beschreiben und auch durch mögliche Fehler und Irrwege zu lernen, wie der erste Schritt vor dem zweiten Schritt interkulturellen Lernens gestaltet werden kann. Von daher veröffentlichen wir hier zwei reflektierte Definitionen, die sich in der sozialen Praxis bewährt haben und im Bereich von Jugendarbeit und Schule als Konsens und gemeinsame Plattform erhebliche Zustimmung erhielten.

Multikulturelle Gesellschaft

Das Konzept einer multikulturellen Gesellschaft ist ein Friedenskonzept. Es geht davon aus, daß es möglich und erstrebenswert ist, daß Menschen unterschiedlicher Nationalität, Hautfarbe, Ethnie auf einem Territorium nicht nur friedlich gleichberechtigt zusammenleben, sondern auch voneinander lernen können und Konflikte zwischen Mehrheit und Minderheit auf dem Weg des Diskurses gelöst werden. Das setzt rechtlich-politische und soziale Integration voraus. Davon sind wir noch weit entfernt.

Wenn auch mittlerweile einige Straßenzüge in Großstädten orientalischen Charakter tragen, so darf es nicht darüber hinwegtäuschen, daß dies eben nicht zuletzt auch wegen seiner **exotischen Anziehungskraft** geduldet wird, und um soziale Konflikte einzugrenzen. Solange Flüchtlinge in Sammelunterkünften leben müssen, verpflegt durch Essenspakete, Arbeitsverbot und Einschränkung der Bewegungsfreiheit, getrennt von Familienangehörigen und Freunden, ihnen alles genommen wird, was ihre kulturelle Identität ausmacht, von ausländerfreundlichen Gruppen ab und zu aus ihrem Ghetto geholt werden, **um bei einem Fest einen kulturellen Beitrag zu leisten**, solange nehmen wir sie und ihre Kultur nicht ernst.

Kultur ist umfassender, **Kultur ist gesellschaftliche Praxis, Lebenspraxis, Orientierungssystem** - differenziert nach Alter, Geschlecht, sozialem Status, etc. Kultur vermittelt Identität, Boden unter den Füßen.

Interkulturelles Lernen

1. Interkulturelles Lernen will die Bedingungen aufzeigen und die Voraussetzungen dafür schaffen, daß Ausländer und Deutsche gemeinsam leben sowie miteinander und voneinander lernen können. Es betrifft nicht nur die Jugendarbeit, sondern die Gesellschaft als Ganzes und die Art und Weise, wie in einer Gesellschaft mit ethnischen Minderheiten umgegangen wird. Es leistet nicht nur Orientierung für das Jugendhaus, sondern es verlangt eine völlige Neuorientierung auch in der Gesellschaft:

Die Bereitschaft, die anderen Kulturen wahrzunehmen und sich mit ihnen unter Relativierung des eigenen Standpunktes auseinanderzusetzen, ihre Formen und Ausdrucksarten auch da ernst zu nehmen, wo sie uns (den Deutschen) fremd vorkommen, Anpassungsleistungen nicht nur von den Ausländern, sondern auch von den deutschen Jugendlichen und Erwachsenen zu erwarten. Interkulturelle Erziehung in diesem Sinne leugnet die Konflikte nicht, sondern schließt die Bewältigung von Konflikten ausdrücklich mit ein.

Deutsche und ausländische Jugendliche haben in einzelnen Bereichen unterschiedliche Deutungsmuster, Deutsche und Ausländer besitzen unterschiedliche Orientierungen und Verhaltensformen, die ein Zusammenleben und ein Miteinanderumgehen erschweren können. Bei Kommunikationen mit Angehörigen einer ethnischen Gruppe kann das Gefühl von Fremdheit in besonderer Weise auftreten. Erst wenn Konflikte und Fremdheit nicht mehr geleugnet oder verdrängt, sondern bewußt aufgenommen werden, ist eine Voraussetzung für interkulturelle Erziehung gegeben. Dabei wird interkulturelles Lernen in kleinen Schritten vor sich gehen müssen und sich nicht von heute auf morgen erledigen.

Einer der ersten zielt auf die Wahrnehmung der anderen Kultur und Relativierung des eigenen Standpunktes.

2. Einen zweiten Schritt stellt die Toleranz anderer Kulturen und die Akzeptanz der Sinnhaftigkeit dieser Kulturen (auch Religionen) sowie ein Ernstnehmen ihrer Lebenspraxis dar.

Dies erfordert die Bereitschaft aller Gesellschaftsmitglieder, die eigene Plausibilität und Würde der jeweiligen Kultur und Religion zu verstehen und zu akzeptieren, auch und gerade dann, wenn deren Formen den eigenen Gewohnheiten, vielleicht sogar den eigenen Selbstverständlichkeiten der eigenen Kultur entgegenstehen.

3. In einem dritten Schritt wird es dazu kommen, daß die jeweils anderen Kulturen als gleichwertig akzeptiert werden. Zumindest in diesen ersten drei Schritten bleibt die ständige - manchmal als Bedrohung angesehene -

Erfahrung von Fremdheit, von Unberechenbarkeit, bestehen, erreicht wird aber ein reflektierter und nicht mehr von (gerade uns Deutschen so eigener) selbstverständlicher Abwertung begleiteter Umgang mit der Fremdheit.

4. Erst in einem vierten Schritt kann vielleicht erwartet werden, daß Elementen der anderen Kultur auch für die eigene akzeptiert werden und als erstrebenswert gelten.

(entnommen aus: R.-E. Posselt, Projekthandbuch Rechtsextremismus 1992)

Wichtige Beiträge interkulturellen Lernens und zur Multikulturellen Gesellschaft sind zu finden in:

1. *Michael Bommes, Albert Scherr:* **Multikulturalismus.** in: deutsche jugend, Mai 1992
2. *Arbeitstexte, deutsch-französisches Jugendwerk:* **interkulturelles Lernen.** Nr. 7, Dezember 1987
3. *Arbeitstexte DFJW:* **Alltag, Vorurteile und Interkulturelles Lernen**, Prof. Dr. H. Nicklas, Nr.1 Frankfurt, Dez. 1989
4. *Franz Homburger:* **Migration und Jugendarbeit.** In: deutsche jugend, 2/, 1992
5. *Hildegard Simon-Hohm:* **Rahmenkonzeption "Curriculum interkulturelles Lernen".** In: IZA 3/1991
6. *Günther Sande:* **"Interkultureller Austausch".** In: deutsche jugend, 7/8, 1990
7. *Heiner Geißler:* **Meise zu Meise?**, Plädoyer für eine "Multikulturelle Gesellschaft" in: Der Spiegel, 13/1990
8. *Landesinstitut für Schule und Weiterbildung in NRW:* **Von der Utopie der Multikulturellen Gesellschaft und den Schwierigkeiten ihrer Verwirklichung.** Soest 1990

"Ich bin stolz, anders zu sein"

Schüler der Marschallstraßen-Grundschule über ihre Erfahrungen

"Ich war gestern aus der Türkei gekommen und stand zum ersten Mal in einer deutschen Klasse. Ich mußte mich in die allererste Reihe setzen. Das war mir im Grunde ganz recht, weil so die anderen Schüler sich nicht andauernd umdrehen und mich anstarren konnten. Irgendwie war ich da hinten geschützt. Ich fiel gleich auf. Die meisten Schüler trugen damals schon Jeans, und ich kam an in einem rosafarbenen Cordrock mit Weste. Das war sozusagen mein bestes Stück, ich hatte es gerade zum Abschluß in der Türkei bekommen. Und hier war es peinlich. Später bekam ich keine Noten, weil ich nicht ausreichend Deutsch konnte. Das war für mich ein bißchen erniedrigend. Ich wollte ja mitstreiten. Die Eingliederung in das Schulgeschehen war schwierig. Ich meldete mich, und wenn ich aufgerufen wurde, sprang ich auf und begann,mit lauter Stimme zu sprechen. Sofort fingen alle anderen an zu lachen. Ich wurde jedesmal knallrot.

Schließlich fragte mich meine Lehrerin, ob das in der Türkei so üblich wäre, und ich sagte ja. Es verging viel Zeit, bis ich mir dieses Verhalten abgewöhnt hatte. Ich hatte ja auch niemanden, der auf mich zugegangen wäre. Obwohl meine Lehrerin sehr bemüht darum war. Ich habe dann sehr schnell versucht, mein Aussehen zu verändern: Die Haare wurden immer kürzer, dann kam der Kajalstift für die Augen, die ersten Jeans. Das ist wie ein Überlebenskampf. Ich wollte ja nicht immer eine Außenseiterin bleiben, und ich wollte nicht immer alleine hinten in der Ecke stehen. Es war für mich vielleicht leichter als für andere, weil ich deutsche Verwandte hatte und im allgemeinen nicht für eine Türkin gehalten wurde. Es gab noch eine Marokkanerin in der Klasse, die eine relativ dunkle Hautfarbe hatte. Sie hatte es viel schwerer als ich."

Fremd sein = Mängel haben

Während Einheimische das Fremde oft als Abweichung, als Abwesenheit von Normalität wahrnehmen, ist der Begriff für Betroffene ebenfalls negativ besetzt. Fremd sein heißt: angestarrt werden, (unangenehm) auffallen und dabei nicht wissen, was gleich auf mich zukommt - "Fremd sein, wenn man alleine ist." Ein türkisches Kind kommt neu in eine Kindergruppe. Ali spricht nicht oder jedenfalls kein Deutsch. Erst als eine türkischsprachige Erzieherin zu der Gruppe stößt und sich mit Ali unterhält, nehmen die anderen Kinder in der Gruppe wahr, was es mit den fremden Lauten auf sich hat, die sie bis jetzt für Gestammel gehalten haben mögen. "Ach, kann er denn sprechen?", fragen sie. "Er spricht Türkisch", erklärt die Erzieherin.

"'Merhaba' heißt zum Beispiel 'Guten Tag'. Das könnt Ihr auch sagen." Die anderen wollen mitmachen. Mit einem Mal ist Ali kein Mängelwesen, sondern hat eine besondere Fähigkeit, von der auch andere lernen können.

Die Frage, wie Kinder mit Fremden umgehen, ist kaum zu trennen von der Frage, wie wir als Pädagoginnen und Pädagogen ihre Wahrnehmung des Fremden gestalten. "Das fängt ja auf dem Spielplatz schon an. Da siehst Du die deutschen Mütter alle zusammen auf einer Bank sitzen. Und auf einer anderen Bank sitzen die türkischen Mütter. Wenn es genug Bänke gibt, sitzen deutsche Mütter nach Möglichkeit noch jede allein auf ihrer Bank. Aber die Kinder gehen immer aufeinander zu, wenn man sie läßt."

Der Druck zur Anpassung ist groß. Hinter der Annahme "Alle Menschen sind gleich" steht allzu oft ein heimliches "... vorausgesetzt, sie sind so wie wir." Wenn Rahmenbedingungen außerordentlich günstig sind, mögen einzelne auch unter diesem Druck noch ihren Weg finden.

"Früher war es für mich schwer, offen zu sagen, daß ich Türkin bin. Erst als ich in der Ausbildung war, habe ich angefangen nachzudenken. Ich habe eben etwas von beiden Seiten. Heute habe ich einen Weg gefunden. Ich bin stolz, anders zu sein." Ein "Anderssein", das sich bekennen kann, anstatt verschämt zu sein, bedeutet auch: wachsen können, Wissen und Erfahrungen haben sowie insgesamt mehr Wahlmöglichkeiten haben. Wichtig ist zu wissen, wer ich selbst bin, meine Geschichte und meinen Hintergrund zu kennen und dabei offen zu sein für Neues. "Ich habe auch immer bei Religionsstunden mitgemacht. Es ist mir egal, welchen Glauben andere Menschen haben. Für mich war das nicht anders, als zum Mathematikunterricht zu gehen. Meine Zeit dort ist ja nicht verloren, weil ich etwas über andere Menschen erfahren kann. Ich habe immer über mich selbst nachgedacht und auch Vorbilder gehabt. Ich bin ich selbst. Und ich entscheide, was für mich ein guter Weg ist oder nicht."

Vielfalt statt Fremdheit

Begegnung mit Fremden sollte eine Chance für alle sein, die eigenen Möglichkeiten zu entfalten. Die Frage ist, ob wir als Erwachsene Kindern diese Chance vermitteln.

Die Frage ist auch, was Schulen und andere Einrichtungen tun können, um diesen Prozeß zu erleichtern.

Der Satz "Alle Menschen sind gleich" wäre zu erweitern: "Alle Menschen sind gleich, aber trotzdem sind wir alle verschieden." Ohne daraus gleich ein Problem zu definieren (in der Art von: "Ausländer" sind ein Problem oder haben eines). Kann es nicht spannend sein, miteinander umzugehen und Gelegenheit zu finden, sich anderen Menschen zu öffnen? An jeder Stelle des Schullebens bzw. im Unterricht ergeben sich Ansatzpunkte, um zu zeigen, wie jede/r Welt anders erlebt, wie wir aber auch von außen unterschiedlich geprägt sind.

"Nachdem wir jetzt das Erntedankfest mit allen im Stadtteil vertretenen Konfessionen gemeinsam in der evangelischen Kirche gefeiert haben, kamen die türkischen Mädchen aus dem 4. Schuljahr und sagten, als nächstes sollten wir eine gemeinsame Feier in der Moschee haben.

Aber sie müßten dann ein Kopftuch benutzen. Wir haben dann darüber gesprochen, daß das in diesem Fall für uns alle gilt. Weil wir ehren wollen, was für andere Menschen wichtig ist. Für die gesamte Klasse war klar, daß das Kopftuch keine Diffamierung, sondern eine Wahlmöglichkeit ist."

Die Gemeinschaftsgrundschule an der Marschallstraße in Gelsenkirchen versucht, in Zusammenarbeit mit anderen Einrichtungen den Weg der Einheit in der Vielfalt mit allen Betroffenen und Beteiligten zu gehen. Wer durch das Gebäude streift, bemerkt schon an der äußeren Gestaltung, daß hier Menschen verschiedener Kulturen leben und lernen. Über den Stadtteil hinaus richtet sich dabei der Blick auch auf das globale Dorf Welt mit seinen Schwierigkeiten und Möglichkeiten. Ausstellungstische und Wandbilder informieren derzeit über die Ergebnisse des Projekts 'Wie leben indianische Kinder?'.

"Es geht nicht um Gegenüberstellung, dieses 'Ich deutsch - Du Ausländer'. Es geht darum, in der Vielfalt zu zeigen, wie wir sind. Die höhere Wertigkeit des Fremden entsteht ja dadurch, daß wir gerade nicht gegenüberstellen, sondern verschiedene Lebensformen vorstellen.

Auch unser eigenes Leben ist eine von verschiedenen Möglichkeiten. Jede Bewegung heißt dann auch: 'Wir lernen uns kennen'."

Die Folge ist keineswegs, daß jede/r weiterhin im eigenen Saft kocht. Durch die Akzeptanz des Fremden entstehen für alle Beteiligten unabhängig von Berufsrolle, Alter und Nationalität vielmehr auch Wahlmöglichkeiten und Offenheit nicht nur im Hinblick auf Kulturen, sondern etwa auch typische Geschlechterrollen:

Zwei weiblich besetzte Fußballgruppen gibt es inzwischen an der Schule, in der die türkischen Mädchen die führende Rolle spielen.

Nachbarschaftsschule sein heißt auch, Eltern einzubeziehen, das Umfeld zu aktivieren und sich für allgemeine Belange einzusetzen. Durch den Einbezug der Erwachsenen wächst nicht nur die Akzeptanz von Schule, sondern auch die Akzeptanz der Kinder untereinander.

"Der Mehmet war lange Zeit der Prügelknabe. Doch seit seine Mutter in der Klasse den anderen Kindern gezeigt hat, wie türkisches Fladenbrot gebacken wird, stand er plötzlich ganz anders da."

Gemeint ist nicht Exotismus und nicht Schönfärberei. Es geht nicht um Kebabstände beim Schulfest. Es geht unter anderem darum, daß auch die allen Grund haben, stolz durchs Leben zu gehen, die nach gängiger Lesart angeblich weniger oder das Falsche vorzuweisen haben. Als Neclas Mutter sich entschloß, den Alphabetisierungskurs zu besuchen, war die Tochter am ersten Morgen beschämt:

"Nun wissen es alle." In der Klasse wurde das Thema aufgegriffen. Wie es kommt, daß nicht alle Erwachsenen lesen und schreiben können, und was für eine großartige Leistung es ist, wenn jemand sich dazu entschließt, dies nachzuholen. Gegen Mittag kam Neclas Mutter aus dem Kurs, lachend. Unten wartete Neclas stolz. Nun wußten es alle, daß ihre Mutter versuchte, dazuzulernen. Und auch, daß wir alle in der einen oder anderen Form dazugelernt haben.

Fremde sind nicht

Das Thema dieses Textes sollte eigentlich lauten: "Wie gehen Kinder mit Fremden um?" Es ist kein Zufall, daß die Beteiligten an diesem Text im Gespräch immer wieder zu der Frage zurückkehren: "Was leben wir Kindern vor und welche Verhaltensmuster vermitteln wir ihnen?" Und auch: "Wo können wir vor dem Hintergrund unserer eigenen Geschichte Brücken bauen?" Das Fazit ist denn auch: Fremde sind nicht. Fremde werden gemacht.

(aus: taz vom 16.10.1992)

Gottesdienste

Bausteine für Andachten und Gottesdienste

Die Zaunaktion

Fürbitten

Kirchenasyl

Eine Generation

Die Nacht hat mir dunkle Augen gegeben,
ich gehe mit ihnen das Licht suchen.
Cu Cheng

Gottesdienste

Weil die Aufnahme von Fremden und die Gastfreundschaft zentrale Inhalte kirchlichen Handelns sind, wird es immer wieder notwendig sein, die Situation von Ausgegrenzten, Deutschen und AusländerInnen innerhalb der Kirche und ihrer Gemeinden zum Thema zu machen. Dabei haben Gemeindeinitiativen eine wichtige Aufgabe im öffentlichen Eintreten für die Rechte der Flüchtlinge. Mißstände bei Unterbringung und in der Behandlung von Flüchtlingen können gegenüber den verantwortlichen PolitikerInnen, in öffentlichen Veranstaltungen oder in den lokalen und regionalen Medien zur Sprache gebracht werden. Genauso wichtig ist jedoch, über gelungene Aktivitäten und Veranstaltungen, geglückte Begegnungen und positive Erfahrungen im Zusammenleben mit Flüchtlingen zu berichten. Die regionale Presse und kirchliche Medien bieten ein Forum, das oft negative öffentliche Bild über Flüchtlinge zu korrigieren. Sinnvoll ist es, wenn die unterschiedlichen Gruppen und Organisationen auf lokaler und regionaler Ebene zusammenarbeiten.

Wenn am Ort bereits eine Initiative für Flüchtlinge besteht, kann die Gemeinde von ihren Erfahrungen und Kontakten profitieren und mit ihr zusammenarbeiten. Wenn sich in der Gemeinde keine eigene Asylgruppe bildet, kann die bestehende Initiative auch durch Mitarbeit von Mitgliedern der Gemeinde, durch Bereitstellung von Räumen und Mitteln gefördert werden. In der Folge dokumentieren wir einige Bausteine für Andachten und Gottesdienste:

Bausteine für Andachten und Gottesdienste

Der Schöpfungsbericht der Priesterschaft berichtet in 1. Mose, 27 davon, daß Gott den Menschen zu seinem Ebenbild geschaffen hat. Daß der Mensch Gottes Geschöpf ist, darin liegt die Würde des Menschen.

Im ökumenischen Kontext beginnen wir zu begreifen, was mit diesem kurzen Satz *"Gott schuf den Menschen"* ausgesagt wird. Jeder Mensch, ganz gleich von welcher Nation oder Hautfarbe oder Rasse, ist in dem ersten Menschen Adam mit gleichem Recht und mit gleicher Würde von Gott geschaffen. Der schwarze Mensch ist nicht Diener des Weißen. Er ist kein minderer Mensch, er hat die gleiche Menschenwürde.

Die Bibel weist darauf hin, daß Ursprung und Würde des Menschen - jedes Menschen - von Gott gesetzt sind.

Darin unterscheidet sie sich von den Völkern um das alte Israel herum. In Babylon oder Ägypten wurde der König in direktem Kontakt mit Gott gesehen. Er repräsentierte Gott auf der Erde. Die Menschen seines Volkes haben ihm, dem König und Sohn Gottes, zu Diensten zu stehen.

Wenn es in 1. Mose, 27 heißt, *"und schuf sie als Mann und Weib"*, ist damit zunächst gesagt, daß der Mensch in der Geschlechterzugehörigkeit zur Zweiheit hin geschaffen ist. Anders gesagt: Der Mensch ist nicht in die Einsamkeit des Individuums hinein von Gott geschaffen. Die Gleichwertigkeit, für- und zueinander hin geordnet zu sein, gilt für Mann und Frau, darüber hinaus aber ebenso für alle Menschen untereinander.

Es gibt auch kein Sondervolk, das mehr Würde hat als ein anderes. Auch Israel hat lediglich stellvertretende Funktion gegenüber den übrigen Völkern, es hat keine herausgehobene Sonderfunktion.

Menschenwürde ist keine passive Würde. Sie ist ein Gut, das immer neu verwirklicht werden muß: *"Macht euch die Erde untertan" (1. Mose, 28); "Und Gott der Herr nahm den Menschen und setzte ihn in den Garten Eden, daß er ihn bebaute und bewahrte" (2. Mose, 15).* Die Gottesebenbildlichkeit des Menschen verwirklicht sich also in der aktiven Rolle der Gestaltung seines Lebensraumes.

Ein weiterer Aspekt ist, daß der Mensch als Abbild Gottes auf der Erde sein Leben gestalten soll. Auch diese Bezeichnung *"Ebenbild Gottes"* ist aktiv zu verstehen. Denn sie schließt den Auftrag von Gott her und die Verantwortung vor Gott für den gesamten Bereich der Lebensgestaltung ein.

Den Garten Eden bebauen und bewahren, damit ist gemeint, sich abrackern zugunsten des Gartens, für die Erde. Zur Verantwortung des Menschen nach dem jahwistischen Schöpfungsbericht gehört auch das Abrackern, daß der Mensch aus der Erde etwas Gutes schaffe. Nach dem Willen Gottes fragen, hat etwas damit zu tun, die Erde zu bewahren. Das macht deutlich, daß die Würde des Menschen, Geschöpf und Ebenbild Gottes zu sein, eine enorme politische Komponente hat. Denn zu seiner Würde gehört es, Entscheidungen in Verantwortung zu fällen, die über das Individuelle des Lebensbereiches eines einzelnen Menschen hinausgehen. Es geht möglicherweise um die Verantwortung für das Leben auf der Erde, für das Leben der Menschheit in die zukünftigen Generationen hinein.

Vor diesem Hintergrund muß es als untragbar erscheinen, wenn die Menschenwürde eingeschränkt wird, wie es die Regelungen für Asylsuchende oft vorsehen. Für ungewisse Zeit von Verantwortung und Entscheidungsmöglichkeiten im Leben ausgeschlossen zu sein, widerspricht der Menschenwürde. Von der Gemeinschaft mit den Menschen, der Kommunität, abgetrennt und in Ghettosituationen hineingedrängt zu sein (Zwangsunterkünfte), ist mit der Menschenwürde nicht zu vereinbaren.

Daß eine Frau sich allein in der Fremde durchstrampeln muß, daß ein Mann von seiner Frau für unabsehbare Zeit getrennt ist, weil Gesetze nun einmal nichts anderes vorsehen, widerspricht im Ansatz bereits der Menschenwürde. Flüchtlingen zu verweigern, daß ihre Familien zusammengeführt werden, ist ethisch nicht haltbar. Denn der Mensch ist wesengemäß eingebunden in die Familie.

Dabei übersehen wir in Europa oft, daß es neben unserer Kleinfamilie in vielen Regionen den Großverband gibt, der erst dem einzelnen Sicherheit verschafft.

Die Bibel redet immer wieder davon, daß sich Gerechtigkeit und Menschenwürde gerade in der Art und Weise bewähren, wie mit Fremden, mit Ausländern und ungeschützten Frauen und Kindern umgegangen wird.

5. Mose, 27, 19: *"Verflucht sei, wer das Recht des Fremdlings, der Waise und der Witwe beugt! Und alles Volk soll sagen: Amen."*. Der Fremde wird noch vor dem Kind genannt, das unschuldig seine Eltern verloren hat, und vor der Frau, die den Mann verloren hat, der für sie in Rechtsfällen eintrat und ihr Recht einklagen konnte.

Das Liebesgebot *"Liebe deinen Nächsten wie dich selbst; ich bin der Herr" (3. Mose 19, 18)* wird unter anderem an dem Fremden entfaltet: In den "Gesetzen zur Heiligung des täglichen Lebens" wird dies anschließend entfaltet: *"Wenn ein Fremdling bei euch wohnt in eurem Lande, den sollt ihr nicht bedrücken. Er soll bei euch wohnen wie ein Einheimischer unter euch, und du sollst ihn lieben wie dich selbst; denn ihr seid auch Fremdlinge gewesen in Ägyptenland. Ich bin der Herr, euer Gott" (3. Mose 19, 33f.).*

"Wie ein Einheimischer", wie ein Landessproß, der im Lande verwachsen und im Lande großgeworden ist, so soll der Fremde aufgenommen werden. Darüber gibt es nichts zu diskutieren: Ich bin der Herr, euer Gott. Diese Pflicht zur Ehrung und Anerkennung des Fremden hat ihren Grund in der Würde des Menschen als Geschöpf Gottes. Dem entspricht Gott selber: *(Psalm 146, 9), "Der Herr behüte die Fremdlinge"* - Gott ist der, der den Ausländer bewahrt. Die neue Schöpfung in Christus Jesus *(Galater 6, 15)* wird immer wieder im Neuen Testament beschrieben, vielleicht am klarsten in Galater 3, 28: *"Hier ist nicht Jude noch Grieche, hier ist nicht Sklave noch Freier, hier ist nicht Mann noch Frau; denn ihr seid allesamt einer in Christus Jesus"*. Diese Gleichwertigkeit der Menschen in jeder Hinsicht findet ihren Grund in dem neuen Menschen, der in seinem Heil (auch) einen neuen Lebensstil findet: *"Ihr seid das Volk des Eigentums, damit ihr die Wohltaten dessen verkündigt, der euch berufen hat von der Finsternis zu seinem wunderbaren Licht." (1. Petrus 2,9).* "Verkündigen" meint hier nicht Predigt im Sinne von Kanzelrede, sondern das Wort, das Recht verbindlich setzt.

Dabei schließt die Rechtsverbindlichkeit ein, daß es vor Gott keine Unterschiede gibt. Für Christen hat zu gelten, daß wir in die Großfamilie Abrahams gehören. Die Verpflichtung füreinander in der Kirche ist verpflichtender als jede andere Verpflichtung füreinander, auch die nationale Verpflichtung. Die ökumenische Diskussion hat gerade diesen Gesichtspunkt zunehmend deutlicher erkennbar gemacht.

Wir Europäer sollten in der Frage nach der Würde des Menschen verbindlich von den Christen in der Ökumene lernen, daß zur Menschenwürde gehört, daß wir vor Christus unser Leben führen und uns um christusgemäßes Handeln mühen. Dabei ist Christus beides: Grund und Maßstab, Grund für die Würde des Menschen und Maßstab für das Erfassen dieser Würde und für das Handeln entsprechend dieser Würde.

Denn jeder Mensch ist nicht nur nach Gottes Willen geschaffen; er ist auch durch Christus in die *"Herzliche Barmherzigkeit unseres Gottes" (Luk. 1, 78)* aufgenommen. Er ist in dem Heilsplan Gottes, in Jesu Leben, Sterben und Auferstehung mitgemeint. Er ist in Christus mitgeliebt. Er ist durch seine Geschaffenheit von Gott her und durch das Geliebtsein von Christus her geadelt. Christen sind gerufen, die Maßstäbe Jesu Christi in die Welt hineinzutragen. *"Glück hat der, der Barmherzigkeit übt (der mitfühlt, der sich durch Einfühlen in die Not des anderen bestimmen läßt); denn er wird Barmherzigkeit empfangen." (Matthäus 5, 7).* Dieses Barmherzigkeitüben wird nirgends so verdeutlicht wie in Mätthäus 25, 35 ff. Maßstab für Bewähren und Scheitern im Glauben ist, wie wir dem Fremden begegnen. Die "Werke der Diakonie" beginnen mit der Nothilfe für das direkte Überleben von Menschen in aussichtslosen Lagen: Hungrige brauchen Speise; Durstige brauchen zu Trinken. Danach wird schon der "Fremde" erwähnt. Zur Bewährung des Glaubens gehört es, den Fremden aufzunehmen.

"Ich bin ein Fremder gewesen, und ihr habt mich aufgenommen" (Matthäus 25, 35 b). Zur Menschenwürde gehört es demnach, daß keiner "fremd" bleiben soll. Für "aufnehmen" wird mit "synagein" im Griechischen ein Begriff benutzt, der weit über das Annehmen und Akzeptieren hinausgeht. Er meint eigentlich "mit sich zusammenführen", "in die Gesellschaft der Familie und des Ortes als volles Mitglied der Gemeinschaft hineinführen und akzeptieren".

Das *"den Fremden Jesus aufnehmen"* geht weit darüber hinaus, dem Fremden nur die Hand zu reichen oder mit ihm ein wenig freundlich zu sprechen. Worum es hier geht, ist eindeutig, den Fremden so anzunehmen, daß er nicht mehr "Fremder" oder "Ausgeschlossener" bleibt.

Dahinter wird erkennbar, daß aller Nationalismus im Evangelium keinen Platz hat. Er bedroht die Menschenwürde der anderen.

Zur Menschenwürde gehört nicht unbedingt die nationale Identität; sehr wohl aber, daß der Mensch einen Menschen aus einem anderen Volk als einen gleichwertigen Menschen an- und aufnimmt.

Die Würde des Menschen hat ihren Grund in der Würde von Gott her. Jeder Mensch ist von Gott geschaffen, von Christus geliebt. Jeder Mensch hat darum ein Anrecht darauf, anerkannt und in seiner Eigenart und Eigenverantwortung akzeptiert zu werden.

Fürbitte

Herr,
Asylsuchende und Flüchtlinge sind in unserem Land zur Zielscheibe von Mord, Brandanschlägen und Verfolgung geworden.

Deshalb bitten wir:
Laß uns wachsam bleiben und vorbehaltlos für die Würde aller Menschen eintreten, um den Zufluchtsuchenden Schutz vor Angriffen zu bieten, sie auf ihren Wegen zu begleiten, damit sie nicht ohnmächtig von einer zur anderen Seite geschickt werden können, um in ihrer Nähe zu sein, und zu erleben, was es bedeutet, abgelehnt zu werden und zu spüren, die Worte an der Wand: "Ausländer raus" meinen auch mich.
Um zu erleben, was es bedeutet, "geduldet" zu sein und ohne gesichertes Aufenthaltsrecht mit ständigen Einschränkungen in völliger Abhängigkeit zu leben, ohne die genaue Konsequenz zu übersehen;
um zu erleben, was es bedeutet, in einem "Heim" untergebracht zu sein, auf engstem Raum mit fremden Menschen, deren Sprache, Kultur, Religion ich nicht verstehe;
um zu erleben, was es bedeutet, wenn draußen und drinnen die Angst lauert, sind wir es, die heute gejagt, angepöbelt, zusammengeschlagen, von einem Anschlag bedroht werden?

Herr,
das Leben von Asylsuchenden und Flüchtlingen kennen wir nur aus der Entfernung. Unsere Kontakte sind zufällig und oft mit Furcht besetzt.
Wir suchen ein eigenes Urteil in der Vielfalt der Meinungen, die eher verwirrend als aufklärend wirken.

Deshalb bitten wir:
Mache uns Mut, eigene Befürchtungen zu überwinden, damit wir einander verstehen lernen und sich Beziehungen entwickeln, die gemeinsame Wege eröffnen.

Gib uns die Kraft, unbestechlich nach der Wahrheit zu fragen, damit Haß und Gewalt der Boden entzogen wird und unser Zusammenleben mit Asylsuchenden und Flüchtlingen zu einem friedlichen Miteinander führt.

Herr, wir bitten Dich, behüte und bewahre uns in Deiner Gnade.
Amen.

Die Zaunaktion

Ein bewährtes und hervorragendes Mittel, theologische Erkennntnis in Handlung umzusetzen, ist immer wieder die "Zaunaktion". In dieser Aktion begehren Flüchtlinge des Alten und Neuen Testaments vereinigt mit ihren "aktuellen Schwestern und Brüdern" Einlaß in unseren Gemeinden:

Abraham: Hallo, Ihr da drüben! Ich heiße Abraham. Vor kurzem sind wir hier im fremden Land Kanaa angekommen. Wir haben Besitz, aber keine Verwandten, die uns betreuen und versorgen, wenn wir einmal nicht mehr für uns selbst sorgen können. Daheim hatten wir eine große Familie. Gott hat uns hierher gerufen. Ob das die Leute wohl verstehen? Wahrscheinlich nicht. Ob sie bereit sein werden, sich um uns zu kümmern, oder ob sie uns nur als lästige Ausländer betrachten und abschieben?

Protestant: Halt, das kommt nicht in Frage! Wo kämen wir denn da hin, wenn hier all die Alten, die nicht mehr arbeiten können, zu uns kommen? Sollen wir für sie die Altersversicherung aufbringen?
Wir haben Euch doch nicht gerufen. Nun müßt Ihr selbst sehen, wie Ihr zurechtkommt. Uns geht das nichts an!

Jakob: Ich heiße Jakob. Ich bin auf der Flucht, denn zu Hause habe ich allerhand krumme Dinge gedreht. Zurück kann ich nicht mehr. Mein Bruder schlüge mich tot. Nun bin ich in der Fremde. Was werden die Leute hier wohl mit mir machen? Ob sie mir Arbeit geben? Ob sie es ehrlich mit mir meinen oder ob sie versuchen, mich über's Ohr zu hauen?

Protestant: Sieh zu, daß du weiterkommst! Wir sind anständige Bürger und wollen mit Taugenichtsen wie Dir nicht zu tun haben! Wer weiß, was Du hier noch alles anstellst. Da kann man sich ja nirgends mehr sicherfühlen.

Josef: Ich heiße Josef. Meine Brüder haben mich verkauft.
Sie beneideten mich, und ich muß zugeben: Ich habe mir ein schönes Leben auf ihre Kosten gemacht. Jetzt lebe ich hier bei einem gewissen Potifar. Seine Frau erzählt böse Dinge über mich. Ob Potifar mir glauben wird? Ob ich als Ausländer zu meinem Recht komme oder man mir alles Böse unbesehen zutraut?

Neuer Protestant: Ich meine, Sie können von uns nicht erwarten, daß wir Ihnen alles glauben; man hat seine Erfahrungen mit Ausländern.
Sie müssen sich erstmal bewähren, dann kann man ja weitersehen.

Moses: Ich heiße Moses. Ich wollte für die Freiheit meines Volkes kämpfen. Da habe ich einen Ägypter erschlagen. Es war Mord, politischer Mord. Jetzt lebe ich hier als Flüchtling. Was soll aus mir weiter werden?

Protestant: Politischer Mord, das ist ja wohl das Letzte! Für solche Leute ist bei uns kein Platz. Unter keinen Umständen wollen wir diese Schlägertypen bei uns haben!

Maria: Ich heiße Maria. Mit meinem Mann Josef bin ich hier nach Bethlehem gekommen. Wir brauchen ganz dringend eine ordentliche Unterkunft für die nächste Zeit. Mein Kind kann jeden Augenblick geboren werden, und ich muß doch für das Kleine ein warmes Zimmer und ein gutes Bett haben. Wir sind arm. Ob jemand uns aufnimmt? Ich kann doch nicht mit dem Kind im Freien oder in einer Baracke liegen.

Protestant: Also, das muß man doch einmal sagen: Für nichts gibt es nichts! Unsereiner kann doch auch nicht ins Hotel gehen, ohne zu zahlen. Ja, ja, das kennen wir: Keinen Pfennig in der Tasche, aber Kinder in die Welt setzen.
Und dann Luxusappartements verlangen ...

Am Ende geht dann die Post ab: Einige zerlegen den Zaun, und alle greifen sich dann die bereitliegenden Karten mit aufgeklebten Stacheldrahtstücken und verteilen sie.

Folgende Requisiten werden benötigt:
Schilder (Protest) für Protestanten, Gewänder: Abraham bis Josef, Verstärkeranlage und mind. 2 Mikros (Verlängerung), Holzbarrikade und Stacheldraht (Zollschild), Postkarte (mit frommem Spruch) (Doppel) mit eingeklebtem Stacheldraht, evtl. 6 bis 7 Kneifzangen.
(Die Postkarte wird am Ende der Aktion als "Erinnerung" an die Gemeinde verteilt).

(Der vollständige Text ist erhältlich bei: AG-SOS-RASSISMUS, Haus Villigst, 5840 Schwerte 5)

Fürbitten

Herr, unser Vater!
Du hast uns berufen, Frieden zu stiften.
Im Vertrauen auf Deine Hilfe bitten wir Dich:

Gib uns allen die Phantasie, Wege des Friedens zu entdecken, den Mut, sie zu gehen und die Kraft, andere davon zu überzeugen.

Gib uns Hunger nach Gerechtigkeit, die anderen Menschen hilft, und mache uns stark zu teilen, was wir besitzen.

Gib uns die Einsicht, nach neuen Zielen für unsere Wirtschaft zu streben und uns nicht zu bereichern, indem wir Leid mitverursachen.

Gib uns die Weisheit, die eigennützigen Worte der Mächtigen zu durchschauen und unsere vielfältigen Möglichkeiten auszuschöpfen, uns gemeinsam zu wehren und nicht alles tatenlos hinzunehmen.

Gib uns Empfindsamkeit für die Schreie derer, die nach ihren einfachsten Rechten verlangen, die unterdrückt, gefoltert und ihrer Lebensgrundlagen beraubt werden,
daß sie auf unsere Solidarität hoffen können.

Du, Gott des Lebens, zu Dir erheben wir unsere Augen und rufen um Hilfe, denn du hast uns Deinen Beistand zugesagt für den Weg zum Frieden.

Gott, unser Vater!
Bedrückt vom Elend unserer Zeit kommen wir zu dir und bitten Dich:

Für die Kurden, die in keinem der vier Staaten, auf die sich Kurdistan verteilt, gern gesehen sind, sondern die mit allen Mitteln unterdrückt und verfolgt werden.
Laß sie Solidarität erfahren, die sie im Widerstand gegen das Unrecht stärkt.

Für die Frauen und Männer, die wegen ihres Einsatzes für Gerechtigkeit und Menschenrechte ins Gefängnis gebracht und gefoltert werden.
Laß sie nicht verzweifeln und den Glauben an ihre gute Sache nicht verlieren.

Für die Machthaber, die ihre Herrschaft auf Gewalt und Terror aufbauen.
Laß sie zu der Einsicht kommen, daß durch gewalttätige Mittel kein dauerhafter Friede geschaffen werden kann.

Befreie uns von all den blindmachenden Götzen unserer Zeit, und laß uns klar erkennen, welches Leid bundesdeutsche Polizei-, Militär- und Rüstungshilfe für die Türkei unseren Schwestern und Brüdern, den Kurden, antun.

Für die PolitikerInnen, die über das Schicksal vieler Menschen entscheiden.
Gib ihnen Deinen Geist, damit sie nicht nach wirtschaftlichen oder angeblich zwingenden politischen, sondern nach menschlichen Maßstäben entscheiden.

Christus selbst leidet unter den Armen.
Es ist sein Kreuz, das sich heute wiederholt in den Schicksalen der arm gemachten Menschen. Wir aber beschämen uns gegenseitig durch unsere Unfähigkeit mitzuleiden.

Schenke uns neu Deinen Heiligen Geist, der keine Rosse und Kampfwagen und erst recht keine Panzer, Schlagstöcke und Giftgasfabriken mehr nötig hat.

Für die AsylbewerberInnen und Flüchtlinge hier in unserem Land, daß sie trotz der Ablehnung, auf die sie oft stoßen, nicht mutlos werden und hier eine neue Heimat finden.

Für uns selbst, die wir vielfach Möglichkeiten zu handeln außer acht lassen, weil wir zu bequem, zu desinteressiert sind und es uns ja gut geht.
Laß uns wach werden für unsere Verantwortung allen Menschen gegenüber.

Darum bitten wir Dich, der Du der Vater aller Menschen bist und alle gleichermaßen liebst.
(aus: Gebetstag, Ohne Rüstung leben, Stuttgart, 1990)

Kirchenasyl

Wir kapitulieren. Nach Durchsicht unserer gesammelten Werke zum Thema Kirchenasyl kapitulieren wir vor der Menge differenzierter Beschreibungen und Begründungen von Kirchenasyl in Deutschland, Europa und den USA. Allein die Beschreibung der uns vorliegenden Berichte und Unterlagen würden einen eigenen Band füllen, von daher begnügen wir uns mit dem Hinweis auf die: **Publik-Forum Materialmappe: Kirchenasyl, Ein Leitfaden für die Praxis,** von Wigbert Tocha und Matthias Drobinski, Oberursel 1990, Tel.: 06171/7003-0.

Inhaltsverzeichnis

Aus der Checkliste des o.g. Materialbandes veröffentlichen wir hier gleichsam als Quintessenz, was schon bei den Überlegungen für ein Kirchenasyl zu bedenken ist.

Checkliste für Widerstandswillige

1. Ist das Mittel des Widerstandes grundsätzlich verhältnismäßig? Wendet sich der Widerstand gegen eine Anordnung, die eine schwerwiegende Ungerechtigkeit bewirkt, etwa die schwere Beeinträchtigung von grundlegenden Menschenrechtsgütern (zum Beispiel Leben oder Freiheit)?

2. Wurde die Situation des Asylbewerbers genügend abgeklärt? Sind die Angaben über die Gefährdungslage im Herkunftsland stichhaltig? Sind insbesondere auch die Angaben der betroffenen Person glaubwürdig?

3. Wurde der Flüchtlingsbeauftragte der Landeskirche oder eine andere kompetente Person angefragt, ob alternative Handlungsmöglichkeiten bestehen?

4. Sind die Möglichkeiten, die eigenen Informationen im Rahmen des Asylverfahrens den zuständigen Behörden zur Kenntnis zu bringen, erschöpft?

5. Sind die zur Verfügung stehenden Rechtsmittel (Beschwerde, allenfalls Wiedererwägung oder Revision) ausgeschöpft? Kann nicht zum mindesten noch eine Verlängerung der Ausreisefrist erwirkt werden, etwa wenn die Ausreise in ein Drittland organisiert werden soll?

6. Stehen irgendwelche informellen Mittel zur Verfügung, um zumindest einen Aufschub der Abschiebung zu erreichen?

7. Kann ein Parlamentarier oder ein Mitglied einer Exekutive zu einer Intervention (Interpellation oder dergleichen) veranlaßt werden, damit der konkrete Fall nochmals untersucht wird?

8. Sind andere Aktionen mit Öffentlichkeitscharakter (Pressekampagne, Demonstration) denkbar?

9. Aus welcher Motivation heraus wird Widerstand geleistet? Kann wirklich - im Sinn eines Gewissensentscheides - angesichts der konkreten Situation nicht anders gehandelt werden? Widersetzt sich der Asylbewerber wirklich aus stichhaltigen Gründen einer Wegweisung? Dient das Engagement anderer für den Bedrohten nicht als Vorwand für ganz andere Absichten?

10. Welche Konsequenzen kann die Aktion für den Asylbewerber haben? Wird ihm dadurch weitergeholfen? Ist er überhaupt in der Lage, das Ganze (psychisch) durchzustehen?

11. Sind dem Betroffenen keine Versprechungen gemacht worden, die später nicht eingehalten werden können?

12. Was bedeutet die Widerstandshaltung für die eigene Kirchengemeinde oder kirchliche Behörden? Hat sie für diese negative Konsequenzen?

13. Welche Auswirkungen kann das konkrete Handeln auf die gesamte Asylpolitik haben?

14. Hat sich der Handelnde Rechenschaft darüber abgelegt, daß er sich unter Umständen strafbar macht? Ist er bereit, die entsprechende Strafe auf sich zu nehmen?

15. Ist die Widerstandsaktion überhaupt praktisch durchführbar? Reichen die zur Verfügung stehenden finanziellen Mittel, die psychischen Kräfte mittel- und langfristig aus?

(aus: Studie des Schweizerischen Evangelischen Kirchenbundes. In: Theologia Practica 2/1989)

Unsere eigenen Materialsammlungen mit umfangreichen Berichten und Begründungszusammenhängen sind über die AG-SOS-Rassismus, Amt für Jugendarbeit, Haus Villigst, 5840 Schwerte 5, Tel.: 02304/755-190 einsehbar.

Muslime und Christen

Islam - Christentum. Vergleiche erlaubt?

Die Frau im Islam und Christentum

Der Islam - ein neues Feindbild?

Warum keine muslimischen ErzieherInnen
und PädagogInnen
in evangelischen Einrichtungen?

Der Streit um das Kopftuch

Der ökumenische Festkalender 1993

Internationaler Sankt-Martins-Zug

Die Botschaft aus Marl

ERKLÄRUNG

Auch für den Fall, daß Ihr morgen dem Islam den Krieg erklärt, erkläre ich heute schon allen Muslimen den Frieden.

Islam - Christentum. Vergleiche erlaubt?

Didaktische und methodische Hinweise

Der Islam ist für uns Christen nicht irgendeine fremde Religion. Es bestehen sozusagen besondere Beziehungen, nicht nur zwischen Christentum und Judentum, sondern auch zwischen uns und den Muslimen.

Die Begegnungen im Laufe der Jahrhunderte waren geprägt von Feindseligkeiten und Konkurrenzdenken. Als Folge haben sich auf beiden Seiten Mißtrauen und Vorurteile festgesetzt. Die Gemeinsamkeiten sind in den Hintergrund getreten. Das Trennende war und ist wichtiger.

Die Arbeitsblätter wollen die Sensibilität für die Gemeinsamkeiten stärken, ohne die Unterschiede zu verwischen. Die angebotenen Vergleichsebenen (Allah-Gott; Mohammed-Jesus; Koran-Bibel; Moschee-Kirche), greifen Allgemeinwissen auf, sind aber zum einen provokativ genug, zum andern so mit Emotionen und Vorurteilen belastet, daß es nicht schwer fallen sollte, darüber ins Gespräch zu kommen. Dabei werden sich nicht selten enorme Unsicherheiten im Wissen und im Verständnis der eigenen (christlichen) Position zeigen, die dabei aufgearbeitet werden können.

Das folgende Arbeitsblatt kann durch Abdecken bestimmter Einzelelemente so auf Folien gezogen werden, daß sich beim Übereinanderlegen der dann entstandenen Einzelfolien am Ende als Unterrichtsergebnis diese Gesamtgrafik aufbaut. Herausgearbeitet werden sollte auf den einzelnen Ebenen jedoch mindestens folgendes:

1. Der enge Bezug im Gottesverständnis zwischen Christen, Muslimen und Juden. Muslime beantworten die Frage, ob es sich bei allen dreien um den gleichen Gott handle, mit einem eindeutigen Ja.

2. Der grobe Fehler, der immer wieder gemacht wird, wenn man Mohammed mit Jesus und den Koran mit der Bibel vergleicht. Vergleichbar sind Koran und Jesus als das jeweilige Zentrum der Botschaft sowie Mohammed und die Bibel als die Überbringer der Botschaft. Wer an Jesus Christus glaubt, kann nichts dagegen haben, wenn er als Christ bezeichnet wird. Ein Mohammedaner wäre dann jemand, der an Mohammed glaubt, und beginge damit die größte denkbare Sünde, weil er Gott "etwas beigesellen" würde.

3. Die vielseitige Bedeutung und Verwendung der Moschee als Gottesdienstort, Schule und soziales Zentrum.

(Abdruck mit freundlicher Genehmigung aus: BRU, Magazin für die Arbeit mit Berufsschülern, Villigst 1992)

Islam – Christentum Vergleich erlaubt?

der „EINE", dem nichts gleichgestellt werden darf

der „DREI-EINIGE"

wortverwandt mit dem ELOHIM des AT

ALLAH

heißt →

GOTT

der Barmherzige, der Erbarmer

der „Vater im Himmel"

MOHAMMED

ist, wie Jesus auch, nur ein Mensch und als Prophet der „Überbringer" des Koran

JESUS

ist als menschgewordener Gott Gegenstand und Inhalt des Glaubens

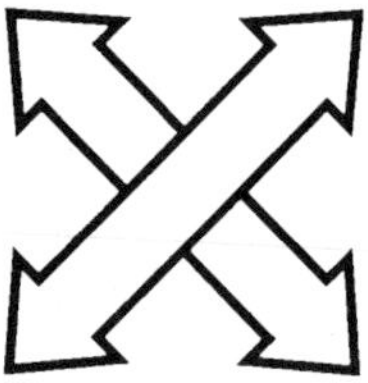

DER KORAN

ist die letztgültige, vollständige Offenbarung Gottes und damit Gegenstand und Inhalt des Glaubens

DIE BIBEL

ist Zeugnis der Menschen von ihren Erfahrungen mit Gott und davon, daß er in Jesus von Nazareth Mensch geworden ist

MOSCHEE

„der Ort, wo man sich (vor Gott) niederwirft", wo man (am Freitag) **gemeinsam** betet und (den Koran) studiert (Schule und Universität)

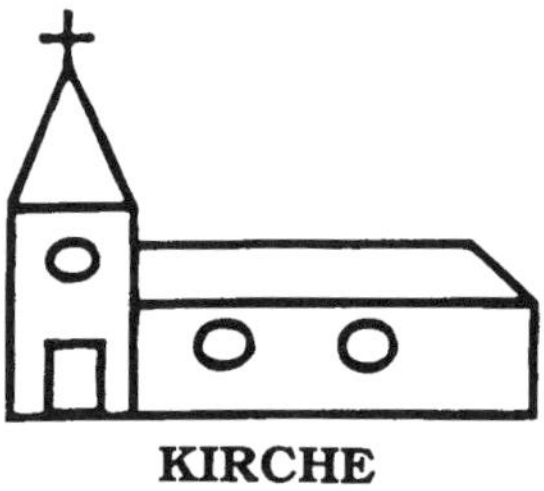

KIRCHE

das „Haus Gottes" zum Feiern des „Gottesdienstes" (Abendmahl)

Sure I

b-ism-i-illah-ir rahman
irrahim
Im Namen des Gottes des
Erbarmers, des Barmherzigen
al-hamd-u-li-llah-i
Lob sei Gott
rabb-il-alamin
dem Herrn der Welten (Welten-
bewohner),
ar-rahman-ir-rahim
dem Erbarmer, dem Barmherzigen,
maliki-yaum-id-din
der Verfügungsgewalt besitzt über
den Tag des Gerichtes.
ijjaka-na 'budu
Dir dienen wir,
wa ijjaka-nasta 'in
und dich bitten wir um Hilfe.
ihdina-s-sirat-al-mustaqim
Führe uns den geraden Weg,
sirat-alldhina-an 'amta-alajhim
den Weg derer, die Du
begnadest hast,
rhajr-il-marhdub-i-'alajhim
die nicht dem Zorn verfallen
wa-la-d-dallin
und nicht irre gehen.

Das Vaterunser

Vater unser im Himmel
geheiligt werde dein Name.
Dein Reich komme,
Dein Wille geschehe
wie im Himmel
so auf Erden.
Unser tägliches Brot
gib uns heute.
Und vergib uns unsere Schuld,
wie auch wir vergeben
unseren Schuldigern.
Und führe uns nicht
in Versuchung, sondern
erlöse uns von dem Bösen.
Denn Dein ist das Reich
und die Kraft
und die Herrlichkeit
in Ewigkeit. Amen.

Die Frau im Islam und Christentum

Der Koran

... ist das ewige, vollständige und unveränderbare Wort Gottes und damit das Fundament und der Inhalt des islamischen Glaubens.

Und wenn ihr fürchtet, gegenüber den Waisen nicht gerecht zu sein, dann heiratet, was euch an Frauen beliebt, zwei, drei oder vier. Wenn ihr aber fürchtet, (sie) nicht gleich zu behandeln, dann nur eine oder was eure rechte Hand (an Sklavinnen) besitzt. Das bewirkt es eher, daß ihr euch vor Ungerechtigkeit bewahrt. *Koran 4, 3*

Die Männer haben Vollmacht und Verantwortung gegenüber den Frauen, weil Gott die einen vor den anderen bevorzugt hat und weil sie von ihrem Vermögen (für die Frauen) ausgeben. Die rechtschaffenen Frauen sind demütig und ergeben und bewahren das, was geheimgehalten werden soll, da Gott es geheim hält. Ermahnt diejenigen, von denen ihr Widerspenstigkeit befürchtet, und entfernt euch von ihnen in den Schlafgemächern und schlagt sie (leicht, als Zurückweisungsmittel). Wenn sie euch gehorchen, dann wendet nichts Weiteres gegen sie an. Gott ist erhaben und groß. *Koran 4, 34*

Hadith ... sind Erzählungen darüber, wie Mohammed inmitten seiner Gemeinde lebte und sie führte. Sie bilden die Tradition des Islam und sind somit eine wichtige Quelle der islamischen Religion.

Die Frau, die sich parfümiert und an Leuten vorbeigeht, damit sie ihren Duft vernehmen, begeht Ehebruch. Und jedes Auge begeht Ehebruch. *Hadith (Nasai)*

Unter den Gläubigen zeigen diejenigen den vollkommensten Glauben, die den besten Charakter besitzen. Und die besten von euch sind diejenigen, die ihre Frauen am besten behandeln. *Hadith (Tirmidhi)*

Ein Mann befindet sich nie allein mit einer Frau, ohne daß nicht der Teufel sich als dritter zu ihnen gesellt. *Hadith (Tirmidhi)*

Die ältere unverheiratete Frau darf nur mit ihrem eigenen Einverständnis verheiratet werden. Die Jungfrau darf nur verheiratet werden, nachdem sie nach ihrer Erlaubnis gefragt wurde. *Hadith (Bukhari, Muslim)*

Das alte Testament

... ist nicht nur der größere Teil unserer Bibel, sondern ist auch die Glaubensgrundlage des Judentums.

Gott schuf den Menschen zu seinem Bilde, zum Bilde Gottes schuf er ihn; und schuf sie als Mann und Frau. *(1. Mose 1, 27)*

Gott der Herr sprach: Es ist nicht gut, daß der Mensch allein sei, ich will ihm eine Gehilfin machen, die um ihn sei. ... Da ließ Gott der Herrscher einen tiefen Schlaf fallen auf den Menschen, und er schlief ein. Und er nahm eine seiner Rippen und verschloß die Stelle mit Fleisch. Und Gott der Herr baute eine Frau aus der Rippe, die er von dem Menschen nahm und brachte sie zu ihm. Da sprach der Mensch: Das ist doch Bein von meinem Bein und Fleisch von meinem Fleisch; man wird sie Männin nennen, weil sie vom Manne genommen ist.* Darum wird ein Mann seinen Vater und seine Mutter verlassen und seiner Frau anhangen und sie werden sein ein Fleisch. *(1. Mose 2, 18 und 21-24)*

Und dein Verlangen soll nach deinem Manne sein, und er soll dein Herr sein. *(1. Mose 3, 16)*

Wenn sich jemand kurz vorher eine Frau genommen hat, soll er nicht mit dem Heere ausziehen, und man soll ihm nichts auferlegen. Er soll frei in seinem Hause sein ein Jahr lang, daß er fröhlich sei mit seiner Frau. *(5. Mose 24, 5)*

Wem eine tüchtige Frau beschert ist, die ist viel edler als die herrlichsten Perlen. Ihres Mannes Herz darf sich auf sie verlassen ... Sie tut ihm Liebes und kein Leid ihr Leben lang ... Sie tut ihren Mund auf mit Weisheit, und auf ihrer Zunge ist gütige Weisung ... Lieblich und schön sein ist nichts; ein Weib, das den Herrn fürchtet, soll man loben. *(Sprüche 31; 10-12, 26 und 30)*

* adam ist hebräisch und heißt Mensch; Mann bedeutet isch, ischa (femininum) hat Luther - das hebr. Wortspiel imitierend - mit "Männin" übersetzt.

Talmud

... ist neben Tanach und den Hauptwerken der Rabbinen das religionsgesetzliche Sammelwerk des Judentums.

Die anerkannte Fassung ist der Babylonische Talmud.

Während eines Ehekonflikts darf kein Verkehr erzwungen werden, denn solches ist Prostitution; ein Betrunkener soll sich nicht seiner Frau aufdrängen. Das gleiche gilt für den Fall einer beabsichtigten Scheidung. *(Babylonischer Talmud)*

Du darfst sie niemals zwingen, denn in einem solchen Akt ist die Gegenwart Gottes nicht anwesend ... Streite nicht mit ihr, und schlage sie nicht um dieses Beischlafes willen. *(Moses Ben Nachman, Spanien, 13. Jahrhundert)*

Das neue Testament

... ist zusammen mit dem Alten Testament die Grundlage des christlichen Glaubens.

Danach zog Jesus durch Städte und Dörfer und predigte und verkündigte das Evangelium vom Reich Gottes; und die Zwölf waren mit ihm, dazu einige Frauen: nämlich Maria, genannt die Magdalenerin, und Johanna und Susanna und viele andere, die mit dem, was sie besaßen, zum Unterhalt Jesu und seiner Jünger beitrugen. *(Lukas 8, 1-13)*

Es ist auch gesagt worden: "Wer seine Frau entläßt, soll ihr einen Scheidebrief geben." Ich aber sage euch: Wer seine Frau entläßt, es sei denn wegen Unzucht, und eine andere heiratet, der bricht die Ehe. *Jesus (Matth. 19,9)*

Jesus schrie laut und verschied. Der Hauptmann aber, der dabeistand und sah, daß er so verschied, sagte:
"Wahrhaftig, dieser Mensch ist Gottes Sohn gewesen! Und es waren auch Frauen da, die von Ferne zuschauten, unter ihnen Maria von Magdala und Maria, die Mutter des Jakobus und des Joses, und Salome, die ihm gefolgt waren, als er in Galiläa war, und ihm gedient hatten, und viele andere Frauen, die mit ihm nach Jerusalem hinaufgegangen waren." *(Markus 15, 37-41)*

Jeder soll seine eigene Frau haben und jede Frau ihren eigenen Mann. Der Mann leiste der Frau die eheliche Pflicht, ebenso die Frau dem Mann ... Entzieht euch einander nicht, es sei denn, nach Übereinkunft für eine Zeitlang. *(Paulus im 1. Korintherbrief 7, 2-5)*

Wie in allen christlichen Gemeinden sollen die Frauen in der Gemeindeversammlung schweigen; denn es ist ihnen nicht gestattet, zu reden, sondern sie sollen sich unterordnen... Wollen sie aber etwas wissen, so sollen sie daheim ihre Männer fragen. Es steht der Frau schlecht an, in der Gemeinde zu reden. *(Paulus im 1. Korintherbrief 14, 34 f.)*

Eine Frau, die mit unbedecktem Haupt betet oder prophetisch redet, schändet ihr Haupt. *(Paulus im 1. Korintherbrief 11,5)*

Da fuhren wir nach Philippi in Mazedonien. Wir blieben einige Tage in der Stadt. Wir gingen vor die Stadt hinaus an den Fluß, wo wir eine Gebetsstätte vermuteten, und wir setzten uns und sprachen mit den Frauen, die dort zusammengekommen waren. Und eine gottesfürchtige Frau mit Namen Lydia, eine Purpurhändlerin, hörte zu; dieser öffnete der Herr das Herz. Als sie mit ihrem ganzen Haus getauft worden war, bat sie uns zu bleiben. *(Apostelgeschichte 16, 11-15)*

Hier ist nicht Jude noch Grieche, hier ist nicht Sklave noch Freier, hier ist nicht Mann noch Frau; denn ihr seid alle einer in Christus Jesus. *(Galaterbrief 3, 28)*

Denn der Mann ist das Haupt der Frau, wie auch Christus Haupt der Gemeinde ist ... Aber wie nun die Gemeinde sich Christus unterordnet, so sollen sich auch die Frauen ihren Männern in allem unterordnen. *(Epheserbrief 5, 23 f.)*

Der Islam - ein neues Feindbild?

Als die Sowjetunion nicht mehr als absolutes Feindbild taugte, als der Weltfeind Nr. 1 des Kalten Krieges, der Kommunismus, der westlichen Welt seinen Dienst versagte, brachen nationalistische Unruhen gegen ethnische Minderheiten, rassistische Übergriffe gegen Ausländerinnen und Ausländer, Judenhaß in vielen Ländern Europas aus. Eine gewisse Erleichterung brachte der Diktator Saddam Hussein aus Bagdad, der das entstandene Vakuum wieder füllte. Das war kein Zufall, sondern liegt in der Natur des Feindbildes begründet: Menschen, die zu Feindbildern neigen, sind an sich voreingenommen, d.h. in ihnen existiert ein dringendes Bedürfnis nach Feindbildern. Gegen welche Menschen oder Gruppen es schließlich gerichtet wird (ob gegen Ausländer, ethnische Minderheiten, Frauen, Homosexuelle oder andere Randgruppen), entscheidet sich erst im nachhinein. Hier spielen politische, gesellschaftliche Einflüsse eine große Rolle, welche die Aggressivität von einer Gruppe auf eine andere Gruppe lenken können. Diese Möglichkeit der Manipulation mit Feindbildern wurde und wird vielfach genutzt. Das Feindbild Islam hat eine jahrhundertealte Tradition, so daß es in der aktuellen politischen Situation leicht mobilisiert werden konnte.

Mit der Beendigung des Kalten Krieges wurde das *"Reich des Bösen"* endgültig von Moskau in die islamische Welt verlagert. Der Begriff *"christliches Abendland"* kommt wieder in Mode, seit Jahrhunderten benutzt zur Abschottung gegenüber anderen Religionsgemeinschaften. Dabei ist der Islam heute die Gestalt, in der viele arme Länder der Erde, Opfer des europäischen Kolonialismus und Neokolonialismus, dem reichen Europa entgegentreten. Heute gehören von den 45 Ländern Schwarzafrikas - alles ehemalige Kolonien Westeuropas - 2/3 zu den ärmsten Ländern der Welt. Schwere Hungerkatastrophen, verseuchte Umwelt, fehlende Infrastrukturen und Krankheitsversorgung, Kriege und Bürgerkriege gehören zum Alltag dieser Menschen. Die reichen Industrieländer machen sich die Despoten der Regionen zunutze, kooperieren mit ihnen auf Kosten der Bevölkerung und belohnen ihre menschenverachtende Politik mit Waffen und Finanzhilfe.

Fundamentalismus

Fundamentalismus war im Ursprung die Bezeichnung für eine innerhalb der protestantischen Bewegung in den USA nach dem ersten Weltkrieg entstandene Bewegung, die eine besonders strenge Auslegung der christlichen Lehre einforderte. Dieses Phänomen wurde inzwischen international. Wie es schon seit langem den christlichen Fundamentalismus gibt, so existiert auch ein islamischer, ein hinduistischer, ein buddhistischer oder ein jüdischer Fundamentalismus. Er ist eine Erscheinung der Buchreligion, da die enge Orientierung am Text der zentrale Punkt des Fundamentalismus ist.

Der islamische Fundamentalismus begann in den 70er Jahren. Er steht mit einer umfassenden Krise in engem Zusammenhang: Armut, soziales und ökonomisches Elend, Hunger, Obdachlosigkeit, fehlende medizinische und schulische Versorgung, Menschenrechtsverletzungen nehmen in diesen Ländern rasant zu. Die antiwestliche Stimmung in den islamischen Ländern wächst. Saddam Hussein, ein eher unbeliebter Diktator in der islamischen Welt, ist heute in vielem durchaus populärer geworden. Er gilt als derjenige, der dem Westen die Stirn bot, der den Kampf gegen den Westen und das koloniale Erbe aufnahm. Der Begriff Fundamentalismus meint im europäischen Sprachgebrauch die radikal-konservativen Gruppen, die nach einer islamischen Selbstfindung in der Auseinandersetzung mit der modernen Welt streben. Neben den fundamentalistischen Gruppen treten die zahlreichen anderen säkularisierten Bewegungen in den Hintergrund. Mit der Angst vor dem islamischen Fundamentalismus läßt sich hier auch bestens Politik betreiben. Nicht gesehen wird dieser Fundamentalismus in seiner Suche nach religiöser und kultureller Identität, die durch den historischen Kolonialismus und auch modernen Imperialismus bedroht wurde und wird.

Dazu nochmals W. Hofmann: *"Fundamentalismus ist ein sehr komplexes christlich-jüdisch-islamisches Phänomen des 20. Jahrhunderts. Es ist gewiß richtig, daß der islamische Fundamentalismus in einem bestimmten sozialen und politischen Milieu besonders gut gedeiht: Dies darf jedoch nicht darüber hinwegtäuschen, daß es sich im Kern um die Befriedigung eines echten, nicht unterdrückbaren religiösen Bedürfnisses handelt, das der menschlichen Natur zu eigen ist. Angesichts des Ausmaßes der arabischen Frustration im sozialen, politischen und religiösen Bereich haben wir daher den Zenit dieser Aufbruchbewegung noch nicht erlebt."*

Vor diesem Hintergrund sind auch die Nahost-Friedensverhandlungen zu sehen, die diese Frustration u.a. im politischen Bereich bei Nicht-Lösung der Palästina-Frage sicher steigern werden.

Toleranz im Islam

Die Verbreitung des Islam mit *"Feuer und Schwert"*, dieses Bild hält sich nach wie vor harnäckig, obwohl die Geschichte des Islam unzählige Gegenbeispiele zu diesem Vorurteil aufweist:

Nach seiner Entstehung im 7. Jahrhundert konnte der Islam sich in den folgenden Jahrhunderten rasch über große Gebiete der westlichen und östlichen Welt ausbreiten. Im Westen drang er Anfang des 8. Jahrhunderts über ganz Nordafrika bis ins Innere Spaniens vor. Dabei ist bemerkenswert, daß gerade die Intoleranz der christlichen Kirche und die Verfolgung selbst großer christlicher Gemeinden (z.B. der orientalistischen Christen in Syrien und Ägypten) durch die christliche Amtskirche wesentlich dazu beitrugen, daß viele christliche Provinzen sich ohne Gegenwehr dem muslimischen Heer unterwarfen. Sie empfingen die muslimischen Eroberer, die ihnen das Recht auf Glaubensfreiheit garantierten, geradezu als Befreier.

Christen und Juden als *"Leute der Schrift"* lebten lange Zeit in islamischen Staaten unter besonderem Schutz, sofern sie die Herrschaft der Muslime anerkannten und ihre Steuern zahlten, eine Art Kopfsteuer (djizya), die nach muslimischem Recht von den erwerbstätigen männlichen Angehörigen anderer Schriftreligionen als Ersatz für den Kriegsdienst verlangt wird. Hierdurch erwerben sie für sich und ihre Familien den Anspruch auf vollen Schutz durch die Muslime, da ein nichtmuslimischer Bewohner im Kriegsfall in der Regel nicht zur Verteidigung eines muslimischen Staates verpflichtet wird.

Auch der Gedanke der Mission, der vom christlichen Abendland oft unter Anwendung äußerster Gewalt vollstreckt wurde, ist dem Islam fremd. So waren noch 400 Jahre nach der Eroberung ehemals christlicher Gebiete (z.B. in Spanien) die Mehrzahl der Menschen trotz muslimischer Herrschaft keine Muslime - eine im christlichen Machtbereich undenkbare und niemals Realität gewordene Situation.

So bewies der Islam seine Toleranz gegenüber Andersgläubigen auf vielfältige Weise: Unter seiner Herrschaft (die z.B. auf der iberischen Halbinsel 4 1/2 Jahrhunderte dauerte) begann im Maghreb, im Westen der islamischen Welt, der von Spanien bis Tunesien reichte, eine wahre Blütezeit. Die Städte wurden zu Zentren wissenschaftlicher Gelehrsamkeit muslimischer, christlicher und jüdischer Gelehrter. Viele Schriften wurden aus dem Arabischen ins Latein übersetzt und damit zur Grundlage mittelalterlicher Wissenschaft. Diese Epoche kultureller Blüte und Toleranz nahm mit den Kreuzzügen und der christlichen Reconquista und in deren Zuge mit der Ausrottung oder Vertreibung aller Andersdenkenden und "Ungläubigen" ein jähes Ende. Im 19. Jahrhundert schließlich wurden die meisten islamischen Länder vom christlichen Abendland in den Kolonialstatus gezwungen und rücksichtslos ausgeplündert.
So wurde für Muslime *"das Kreuz zum Symbol westlich- christlicher Aggression und Barbarei ... In Westeuropa entstand infolge der Kreuzzugidee eine Flut propagandistischer Literatur, in der der Islam geschmäht und die Person Mohammeds als unmoralisch verurteilt wurde".*
(Was jeder vom Islam wissen muß, vgl: Lutherisches Kirchenamt der Vereinigten evang. lutherischen Kirche, Gütersloh 1990, S. 152).

Solche Klischees kennzeichnen bis heute das westlich-abendländische Bild vom Islam, der immer wieder als Projektionsfläche für all die Intoleranz dient, die unserer Kultur eigen ist und in ihr ignoriert und verdrängt wird. Selbsternannte "Islamkenner" haben dabei einen nicht unbedeutenden Anteil, schüren sie doch mit Halb- und Unwahrheiten die Angst vor einem aggressiven und gefährlichen Islam. Von den sozialen und kulturellen Errungenschaften des Islam und von islamischer Toleranz ist bei uns bis heute kaum etwas bekannt.

In den Lehrbüchern der Schulen ist über diese viele Jahrhunderte andauernde Epoche islamischer Kultur und Blüte in der westlichen Welt, über deren Vernichtung und ihren immensen Einfluß auf unsere abendländische Kultur, kaum etwas zu finden.

"Die hierzulande grassierenden Ängste vor einem vermeintlich gefährlichen Islam, der angeblich unsere Zivilisation bedroht, sind das Spiegelbild der Ängste vieler Muslime vor den Schrecken der westlichen Welt.

Wir dürfen es nicht zulassen, daß die Eiferer der einen Seite den Eiferern der anderen in die Hände spielen. Nüchterne Information tut not ..."

(Heinz Halm in: Feuilleton-Beilage der Süddeutschen Zeitung vom 16./17.2.1991)

Woher stammen folgende Vorschriften?

- Und gebt den Frauen ihre Morgengabe als Geschenk, so daß sie frei darüber verfügen können! Wenn sie euch aber freiwillig etwas davon überlassen, könnt ihr es unbedenklich selber verbrauchen. - (1)

- Die Frauen sollen sich ihren Männern unterordnen ... Denn der Mann ist das Haupt der Frau ... - (2)

- So will ich nun, daß die Männer an allen Orten beten und dabei reine Hände ohne Zorn und Streit erheben. Ebenso will ich, daß die Frauen auf würdige Haltung achten ... Eine Frau soll lernen, in der Stille und mit aller Unterordnung. Einer Frau gestatte ich nicht, daß sie lehrt, auch nicht, daß sie den Mann zurechtweist, sondern sie sei still. - (3)

- Und wenn ihr fürchtet, daß es zwischen einem Ehepaar zu einem ernsthaften Zerwürfnis kommt, dann bestellt einen Schiedsrichter aus seiner und einen aus ihrer Familie, um zu vermitteln. Wenn die beiden sich dann aussöhnen wollen, wird Gott ihnen zu ihrem weiteren Zusammenleben Gelingen geben. - (4)

- Wie in allen Gemeinden sollen die Frauen in der Gemeindeversammlung schweigen, denn es ist ihnen nicht gestattet zu reden, sondern sie sollen sich unterordnen, wie auch das Gesetz sagt. Wollen sie aber etwas wissen, so sollen sie daheim ihre Männer fragen. Es steht der Frau schlecht an, in der Gemeinde zu reden. - (5)

- Eine Frau aber, die mit unbedecktem Haupt betet. .., die schändet ihr Haupt; denn es ist genauso, als wäre sie geschoren. Will sie sich nicht bedecken, so kann sie auch vollends das Haar abschneiden lassen. Wenn es aber für die Frau eine Schande ist, daß sie das Haar abgeschnitten hat oder geschoren ist, dann soll sie auch das Haupt bedecken, denn er ist (Gottes/Allahs?) Bild und Abglanz; die Frau aber ist des Mannes Abglanz. Denn der Mann stammt nicht von der Frau, sondern die Frau vom Mann. Und der Mann ist nicht um der Frau willen geschaffen, sondern die Frau um des Mannes willen. Darum soll die Frau einen Schleier auf dem Haupt haben ... - (6)

- Wer eine Tochter gut aufzieht und ihr eine gute Bildung und Erziehung angedeihen läßt, erwirbt dadurch das Paradies. - (7)

- Die Frau ist zerbrechlich wie Glas. Daher sollen die Männer die Frauen mit Schonung und Zärtlichkeit behandeln, als hätten sie einen gläsernen Gegenstand in den Fingern. - (8)

- Der beste unter euch ist derjenige, der seine Frau am besten behandelt. (9)

- Ein betrunkenes Weib erregt Ärgernis, sie wird auch ihre Scham nicht verdeckt lassen. Ein lüsternes Weib erkennt man an ihrem Blick und an ihren frechen Augen. Wenn deine Tochter nicht auf sich hält, so bewache sie scharf, damit sie Nachgiebigkeit nicht ausnutzt. Wenn du merkst, daß sie frech um sich sieht, so paß gut auf. - (10)

- Sag deinen Frauen und Töchtern ..., sie sollen, wenn sie austreten, sich etwas von ihrem Gewand über sich ziehen. So ist am ehesten gewährleistet, daß sie als ehrbare Frauen erkannt und daraufhin nicht belästigt werden ... - (11)

- Wenn jemand ein noch nicht verlobtes Mädchen verführt und bei ihm schläft, dann soll er das Brautgeld zahlen und sie zur Frau nehmen. Weigert sich aber ihr Vater, sie ihm zu geben, dann hat er ihm so viel zu zahlen, wie der Brautpreis für eine Jungfrau beträgt. - (12)

- Wenn jemand stirbt und keinen Sohn hat, so sollt ihr sein Erbe seiner Tochter zuwenden. - (13)

- Jedes Kind findet das Paradies zu Füßen seiner Mutter. - (14)

- Und nehmt zwei Männer von euch zu Zeugen! Wenn es nicht zwei Männer sein können, dann sollen es ein Mann und zwei Frauen sein, solche, die euch als Zeugen genehm sind, zwei Frauen, damit für den Fall, daß eine von ihnen sich irrt, die andere an den wahren Sachverhalt erinnere. - (15)

- Wenn eine Frau empfängt und einen Knaben gebiert, so soll sie sieben Tage unrein sein, wie wenn sie ihre Tage hat ... Und sie soll daheimbleiben 33 Tage im Blut ihrer Reinigung. Kein Heiliges soll sie anrühren und zum Heiligtum soll sie nicht kommen, bis die Tage ihrer Reinigung um sind. Gebiert sie aber ein Mädchen, so soll sie 2 Wochen unrein sein, wie wenn sie ihre Tage hat, und soll 66 Tage daheimbleiben im Blut ihrer Reinigung. - (16)

Auflösung

(1) Sure 4.4, Koran, (2) Epheser 5.23, (3) 1.Timotheus 2.8-12, (4) Sure 4.35, (5) 1. Kor. 14.34-35, (6) 1. Kor. 11.5-10, (7) Hadith (Sprüche und Taten des Propheten Mohammed, im 9. Jhdt. in Sammlungen niedergelgt, eine dem "Koran" fast gleichwertige Quelle des Islam. Gesetze und Dogmen), (8), (9) Hadith, (10) Sirach 25.11-14, (11) Sure 33.59, Koran, (12) 2. Mose 22.5-17, (13) 4. Mose 27.8, (14) Hadith, (15) Sure 2.229, (16) 3. Mose 12.2-5.

Warum keine muslimischen ErzieherInnen und PädagogInnen
in evangelischen Einrichtungen?

Fragen aus der Praxis an Leitungsgremien in Kirche und Diakonie.

1. Unumstritten ist, daß Kinder muslimischer Eltern in ev. Kindertagesstätten aufgenommen werden. In der Regel geschieht dies nicht nur missionarisch, sondern in diakonischer Absicht. Sind christliche ErzieherInnen nicht häufig überfordert, wenn sie Kinder und Eltern aus anderen Religionen (und dabei handelt es sich überwiegend um den Islam) verstehen und begleiten wollen?

2. Das "Wohl des Kindes" - so auslegungsbedürftig der Begriff ist - ist auch für ev. Einrichtungen das maßgebende Ziel. Gerade für konfessionelle Träger schließt dies Hilfen für die religiöse Sozialisation und Identitätsfindung ein. Gebietet dann nicht das "Wohl des Kindes", Kindern - soweit möglich und pädagogisch verantwortbar - Erziehungspersonen ihrer Religion zu vermitteln?

3. Ev. Fachschulen bilden - (noch) selten zwar, aber unbestrittenermaßen - muslimlische Frauen zu ErzieherInnen aus. Wären diese Frauen, die in der Regel auch am Religionsunterricht teilnehmen, nicht in hervorragender Weise geeignet, das Gespräch zwischen den Religionen zu fördern und ihre christlichen KollegInnen zu befähigen, eine multi-religiöse Arbeit zu verantworten?

4. Kirchen und Diakonie haben formal durchaus das Recht, nur ErzieherInnen anzustellen, die einer Kirche angehören, die zur Arbeitsgemeinschaft Christlicher Kirchen (ACK) gehört. Ist aber diese sog. ACK-Klausel noch dem evangelischen Beitrag in einer multi-religiösen Gesellschaft angemessen, wenn evangelische Einrichtungen in die Regelversorgung mit eingebunden sind? Steckt in dieser Klausel nicht ein überholtes Gesellschaftsbild und die Angst um den Verlust kirchlicher Einflußmöglichkeiten und Besitzstände?

5. Welche Einstellung prägt Kirchen, die sich einerseits für die Rechte ausländischer Mitbürger in Staat und Wirtschaft einsetzen, im eigenen Haus aber allenfalls für untergeordnete Aufgaben (in Kindertagesstätten etwa für Putz- und Hauwirtschaftsarbeiten) MitarbeiterInnen muslimischen Glaubens akzeptieren?

6. In Kürze wird es einen eklatanten Mangel an fachlich qualifizierten Erzieherinnen geben. Der Tag ist absehbar, an dem kirchliche Träger unter dem

Druck des ErzieherInnen-Mangels klammheimlich muslimische MitarbeiterInnen anstellen. Wäre es nicht dem Evangelium angemessen, bisher gehaltene Positionen selbstkritisch zu überprüfen, statt zu warten, bis man sich dem Druck des Arbeitsmarktes beugen wird?

7. Wo muslimische ErzieherInnen ausnahmsweise in ev. Einrichtungen tätig waren, wird durchweg von positiven Erfahrungen - auch in der religionspädagogischen Arbeit - berichtet. Sollten diese nicht Anlaß sein, sich über Kriterien und Hilfen für ein gedeihliches Zusammenenarbeiten zu verständigen (z.B. fachliche Voraussetzungen, religionspädagogische Fortbildung, Supervision), statt Abgrenzungen zu verteidigen, die Lernprozesse verhindern?

§ 10 Wählbarkeit

(1) Wählbar sind alle voll geschäftsfähigen Wahlberechtigten (§ 9), die am Wahltag

a) Glieder einer christlichen Kirche oder einer Gemeinschaft sind, die der Arbeitsgemeinschaft Christlicher Kirchen angeschlossen ist;

b) der Dienststelle seit sechs Monaten angehören.

(Aus: EKD-Entwurf für ein neues Mitarbeitervertretungsgesetz)

Das passive Wahlrecht ist allen Mitarbeitern zuzugestehen, die sogenannte ACK-Klausel also ersatzlos zu streichen. Die jeweilige Dienststellenleitung hat mit der Entscheidung, ausnahmsweise eine Person einzustellen, die nicht einer Kirche oder Gemeinschaft in der Arbeitsgemeinschaft Christlicher Kirchen (ACK) angehört, dokumentiert, daß sie dies für vereinbar mit der Dienstgemeinschaft in ihrer Dienstelle hält. Mit der ACK-Klausel würde eine Haltung von Ausländerfeindlichkeit, die die Kirchen ansonsten in anerkennenswerter Weise bekämpfen, Eingang in ein wichtiges Kirchengesetz finden.

(Aus: Resolution der Teilnehmer einer Tagung der Ev. Akademie Mülheim vom 30.10.1991)

Die vollständigen Texte enthält die epd-Dokumentation Nr. 9/1992 vom 10. Februar 1992

(aus: Materialmappe: Viele Kulturen - eine Zukunft, Interkulturelle Woche '92, Ökumen. Vorbereitungsausschuß)

Der Streit um das Kopftuch

Immer dann, wenn kulturelle Elemente sich als Merkmale eines Feindbildes in den Vordergrund drängen, wird es höchste Zeit, stillzuhalten und einer Phase der Reflexion Raum zu geben:

- **die Überprüfung der Existenz von Moscheen in unseren Stadtteilen,**
- **das Tragen ausländischer Symbole**
- **oder der Gebrauch eines Kopftuches sind exakt solche Elemente, die "das Blut der Deutschen" heiß kochen lassen.**

Bei uns im Jugendzentrum gab es Streß, weil plötzlich einige Mädchen ihre kulturelle Tradition im Tragen von Kopftüchern zur Schau stellten.

Exakt hier kollidierten unsere emanzipatorischen Konzepte und ideologischen Effekte mit der Intoleranz. Als Team in unserem Jugendzentrum hatten wir uns dann aber selber Klarheit zu schaffen versucht und uns sieben Fragen, deutlich sichtbar für alle Jugendlichen, im Foyer auf ein Plakat geschrieben:

1. Welche Bedeutung hat das Kopftuch für die türkischen Mädchen (Frauen)?

2. Welche Bedeutung hat das Kopftuch für die Deutschen?

3. Bedroht das Kopftuch die deutsche Kultur?

4. Was sagt das Grundgesetz?

5. Was heißt in diesem Zusammenhang Integration und interkulturelles Lernen?

6. Was heißt in diesem Zusammenhang Emanzipation?

7. Wie gehen wir im Jugendzentrum mit solchen Situationen um?

Erstaunliches trat zutage, insbesondere, daß Kultur nie fertig ist, sich immer bewegt, verändert und sich auf die sie umgebenden Menschen bezieht. In der Folge entstand in unserem Jugendzentrum eine Ausstellung zum Thema Kopftuch, die uns deutlich machte, daß bei interkultrellen Konflikten nichts schlimmer wäre, als solche unter den Teppich zu kehren. Wichtig ist, so wissen wir heute, daß die offensive Benennung von interkulturellen Konflikten und die Entwicklung von Streitkulturen oftmals Probleme gar nicht erst entstehen lassen bzw. entwickelte Probleme wieder in Vergessenheit bringen.

Denn das war auch in unserem Jugendzentrum deutlich sichtbar, schon nach kurzer Zeit ging es gar nicht mehr um die Frage, ob Kopftuch oder nicht, sondern vielmehr um die Frage, wer denn alles und warum. In unserem Prozeß wurden wir von zwei wichtigen Büchern begleitet:

a) Dem Aufsatz: "Die vielen Seiten eines Kopftuchs" von Nora Räthzel und Anita Kalpaka, aus: **Die Schwierigkeit, nicht rassistisch zu sein**, Mundo-Verlag 1990.
b) Für die Ausstellung haben wir Farbkopien aus dem Buch **"Das Kopftuch - BASÖRTÜ"** von Meral Akkent und Gaby Franger, Frankfurt 1987, gezogen.

xv. **Der züchtig wandel jrer frawen.**

Die frawen habent ringe vnnd nachgültige klei-der/ on alle hoffart/ vnnd überfluß/ haltens vor ein groß übel/ so eine vnbedeckt/ vnd vngeschlei-ert/ in jrem hauß odder anderßwo/ von mannen gse-hen wirt/ haben auff jren häuptern/ hauben mit vor-hengen/ vnnd so sie in das offenlich wöllen gan/ zie-hent sie den schleyer für das anlit/ vnnd nit allein die bürgerinnen/ sonder auch die päurinnen. Vnd wann eynn fraw eyns grossen Herren wil auß geen/ bedeck-et sie das angesicht/ mitt eynem dünnen seiden tüch. Es kompt auch keyn fraw da vil mannen sind/ darff nitt an den marckt geen/ etwas kauffen odder ver-kauffen. In den Kirchenn ist eynn sondere/ vnnd heymliche stat/ verordnet den frauwen/ darin nie-m an sehen kan/ dahin kommen die frauwenn auff freitag auff mittentag zů betten. Es ist eyn wun-der bei jnen/ wann offentlich eynn fraw mitt eynem man redt/ reit/ odder fert. Die grossen Herrenn die nitt alweg bei jren frawen künden sein/ die habent verschnittene/ die die frauwenn bewaren vnnd ver-hütten.

(aus: Das Kopftuch, Akkent, Meral, Frankfurt 1987)

Der ökumenische Festkalender 1993

**(Achtung einige Festtage sind beweglich.
Dieser Kalender ändert sich von Jahr zu Jahr)**

Januar

01.01. Beginn des neuen Jahres nach christlich-gregorianischem Kalender; internationaler Geschäftsjahresbeginn.

06.01. Epiphanias oder Dreikönigsfest
Die drei weisen Männer brachen aus ihrer Heimat im Osten (Mesopotamien?) auf und folgten dem Weg des nach Westen wandernden Sterns, weil sie glaubten, dadurch zu einem mächtigen König zu finden. Sie fanden in Bethlehem die Krippe im Stall mit Jesus darin und brachten dem Kind ihre Geschenke und sagten ihm eine große Zukunft voraus.

Die griechisch-orthodoxe Kirche feiert zu dem Zeitpunkt Weihnachten.

Februar

23.02. Beginn des Ramadan (türk. Ramazan)
Das ist eine vorgeschriebene Fastenzeit im 9. Monat. Zwischen Sonnenaufgang und -untergang darf weder gegessen noch getrunken werden. Selbst das Mundausspülen mit Wasser und das Rauchen sind verboten. Kindern, Kranken und Schwerarbeitern ist das Fasten nicht erlaubt.

24.02. Aschermittwoch
ist der Beginn der sechswöchigen Fastenzeit für Christen vor Ostern. Es soll kein Fleisch gegessen werden. Feste dürfen nicht gefeiert werden. Deshalb feiert man vorher im Karneval.

März

07.03. Das jüdische Purim-(Los-)Fest
ist ein Fest zur Erinnerung einer Rettung aus Todesnot.

Zur Zeit der babylonischen Gefangenschaft (im 5. Jhdt. v. Chr.) sollte unter dem persischen Minister Haman die durch ein Los ausgesuchte Hälfte der Juden sterben. Die Königin Ester (Jüdin) konnte das durch ihre Fürsprache beim König verhindern. Der Minister Haman wurde an dem Galgen aufgehängt, an dem er seine jüdischen Feinde hatte hinrichten wollen. Das Fest wird ähnlich gefeiert wie Karneval, mit Musik, Tanz, Verkleiden, gutem Essen und Trinken.

20./21.03. Nacht der Bestimmung (musl.)
In dieser Nacht empfing Mohammed den Koran, der als Ganzes vom Himmelherabkam. Deshalb wird während der ganzen Nacht aus dem Koran vorgelesen.

24.03. Fest des Fastenbrechens (musl.)
auch "Kleines Hammelfest" genannt, ist der feierliche Abschluß des Fastenmonats. Das Fest heißt bei den Türken "Zuckerfest" (seker bayrami), weil man besonders die Kinder mit Süßigkeiten und einem süßen Brezelgebäck beschenkt. Für die Kinder ist dieses Fest so wichtig wie für christliche Kinder Weihnachten. Das genaue Festdatum ist in den verschiedenen muslimischen Ländern unterschiedlich.

April

08.04. Gründonnerstag (christlich)
erinnert an das letzte gemeinsame Essen Jesu mit seinen Jüngern (Abendmahl).

09.04. Karfreitag
Hinrichtung des Rabbi (jüd.), des Propheten (musl.), des Messias (christl.) Jesus von Nazareth als politischer Schwerverbrecher am Kreuz durch die Römer.

11./12.04. Ostern (christl.)
Feier der Auferweckung Jesu: Gott bestätigt seinen Sohn.

06. - 13.04. Pessach (Passah)
Jüdisches Fest zur Erinnerung: Gott rettet sein Volk aus Ägypten und führt es ans Ziel.

Mai

20.05. Himmelfahrt
feiern die Christen 40 Tage nach Ostern als Abschied von ihrem sichtbaren Herrn. Im Taufbefehl hat Jesus seinen Jüngern die Verantwortung für die Mission und die Welt übertragen.

26./27.05. Schawuot
(das Wochenfest) feiern die Juden 50 Tage nach Pessach (Ostern). Ursprünglich war es ein Erntefest. Es wurde aber schon in sehr früher Zeit zu einer Feier der Gesetzgebung und erinnert an Mose und den Empfang der Gesetzestafeln. Für dieses Fest werden die Thorarollen und der Thoraschrein, d.h. die Gesetzesrollen und der Schrank, in dem sie aufbewahrt werden, mit Blumen geschmückt. Es ist ein Fest großer Freude.

30./31.05. Pfingsten
50 Tage nach Ostern, zeigt das Wirken von Gottes Geist durch die Entstehung der christlichen Kirche.

Juni

01.06. Das Opferfest (musl.)
auch "Großes Hammelfest" (türk. Kurban bayrami) genannt, bildet den Abschluß der Wallfahrt nach Mekka/Medina. Jeder, der es sich finanziell leisten kann, soll einen Hammel, ein Rind oder ein Kamel schlachten. Es wird im allgemeinen ein Hammel vorgezogen, weil Allah Abraham einen Hammel

vom Himmel schickte, als Abraham seinen Sohn Ismael Allah zum Opfer bringen wollte. (Juden und Christen sprechen von Isaaks Opferung.) Das Opfertier wird gedrittel: Ein Drittel ißt die Familie, ein Drittel bekommen arme Verwandte, ein Drittel wird an Notleidende verteilt. Wer keine Möglichkeit zum Schlachten hat, darf sich durch eine entsprechende Geldspende für die Armen von der Pflicht freikaufen.

21.06. Neujahr
Beginn des Jahres 1414 nach muslimischer Zeitrechnung.

Gezählt werden die Jahre nach der Flucht Mohammeds (Hidschra) von Mekka nach Medina im Jahr 622 n. Chr. Das muslimische Jahr hat 12 Monate von abwechselnd 29 und 30 Tagen und ist 11 Tage kürzer als das Sonnenjahr unseres Kalenders.

30.06. Der Aschura-Tag
ist ein muslimischer Trauer- und Fastentag. Er erinnert an den Tod Husains, der der zweite Sohn von Mohammeds Lieblingstochter Fatima war. Für die Schiiten, die überwiegend in Persien leben, und die türkischen Aleviten ist Husain der dritte rechtmäßige Führer der Gemeinde und Nachfolger Mohammeds. Durch seinen Tod im Kampf gegen die Omayaden im Jahr 61 der Hidschra wurde er zum Märtyrer. An seinem Todestag finden in Karbala, dem Ort seines Todes, Passionsspiele statt.

August

29./30.08. Geburtstag Mohammeds (musl.)
Während der Nacht finden in den Moscheen Lesungen zur Ehre des Propheten statt.

September

16./17.09. Jüdischer Neujahrstag
Beginn des Jahres 5754 und der zehntägigen Fastenzeit vor Jom Kippur.

25.09. Jom Kippur
ist ein Tag der Besinnung, der Abrechnung über das Tun der Menschen und der Versöhnung mit Gott. Es ist der strengste Fastentag und wird auch am Sabbat als Fastentag eingehalten.

30.09. - 07.10. Sukkot (jüd.), das Laubhüttenfest
dient der Erinnerung an die Zeit, in der die Juden noch nicht seßhaft waren. Deshalb werden Laubhütten ohne festes Dach gebaut, in denen man sieben Tage lang unter freiem Himmel wohnt. Gleichzeitig ist es ein Dankfest zum Abschluß der Ernte. Während dieser Zeit feiert man täglich mit Besuchern in der Laubhütte.

Oktober

03.10. Am Erntedankfest (christl.)
dankt man Gott für die sicher eingebrachte Ernte und für alles, was uns zum Leben geschenkt wird. Die Kirche wird mit Früchten, Gemüse, Getreide, Brot und Blumen geschmückt. In vielen Gemeinden ist es üblich, die Lebensmittel nach dem Gottesdienst an Arme abzugeben.

08.10. Fest der Thorafreude (jüd.)
Im Laufe eines Jahres werden in der Synagoge die fünf Bücher Mose, die Thora, von Anfang bis Ende gelesen. Am Fest der Thorafreude ist der letzte Abschnitt erreicht! Nach der Lesung tragen die Vorleser die Thorarollen singend und tanzend durch die Synagoge. Dann beginnt man wieder mit dem Lesen des ersten Abschnittes. Nach dem Gottesdienst bekommen die Kinder Süßigkeiten.

November

01.11. Allerheiligen
wird von katholischen Christen zum Gedenken an alle Märtyrer begangen. Zusammen mit dem Allerseelentag am 02.11. ist es ein Tag zur Erinnerung an alle Toten und das eigene Sterben. Zu diesem Tag schmückt man die Gräber mit brennenden Lichtern.

11.11. Am Martinstag
erinnern sich die Christen an Martin von Tours. Er war sehr mitleidig und teilte sogar seinen Mantel mit einem frierenden Bettler. In vielen Orten finden Martinszüge statt, bei denen die Kinder bunte Laternen tragen.

17.11. Der Buß- und Bettag (christl.)
ist ein Tag der Besinnung und des Nachdenkens über das Verhalten des einzelnen, der Kirche und der Allgemeinheit sowie ein Tag des Fragens nach Gottes Willen.

28.11. 1. Adventssonntag (christl.)
Beginn der vierwöchigen Fastenzeit vor Weihnachten. An einem Kranz aus Tannenzweigen zündet man für jeden Adventssonntag eine Kerze an, bis am 4. Adventssonntag alle vier Kerzen brennen.

Dezember

06.12. Am Nikolaustag (christl.)
werden zur Erinnerung an den Bischof Nikolaus von Myra die Kinder beschenkt.

09. - 16.12. Chanukka (jüdisch)
feiert die Wiedereinweihung des Tempels zur Zeit der Makkabäer. Jeden Abend wird ein Licht mehr am Leuchter angezündet, bis zum Schluß alle 8 brennen.

24.12. Der Heilige Abend (christlich)
ist Vorabend von Weihnachten. An diesem Abend brennen die Kerzen des Weihnachtsbaumes zum ersten Mal, und in den Familien und unter Freunden werden Geschenke verteilt.

25./26.12. Weihnachten (christlich)
erinnert an die Geburt Jesu von Nazareth.

(Von den beiden Kirchenkreisen:

Kirchenkreis	*Kirchenkreis*
Gladbeck/Bottrop/Dorsten	*Gelsenkirchen*
Humboldstr. 13	*Pastoralstr. 10*
4390 Gladbeck	*4650 Gelsenkirchen*

gibt es den gemeinsamen Festkalender für Christen und Muslime als Blanko oder bereits bebildert.)

Internationaler-Sankt -Martinszug

Beim Martinszug gibt es keine Unterschiede mehr

Über 1000 Menschen ziehen durch die City

(oh) "Laterne, Laterne, Sonne, Mond und Sterne" hallte gestern nachmittag ein Kanon über den Kurt-Schumacher-Platz. Über 1000 Menschen versammelten sich dort bei Einbruch der Dunkelheit, um sich auf den Spuren des heiligen Martin einen Weg zum Rathaus zu bahnen. Der Troß zog sich beinahe über die ganze Schloßstraße und sorgte auf der Friedrich-Ebert-Straße kurzfristig für einen Verkehrsstau.

St.Martin war zwar nicht mit von der Partie, dafür begleiteten Vertreter von über 60 Mülheimer Organisationen den Zug. Unter den Motto "Kommt in unsere Mitte" bildeten sie einen schützenden Kreis um die deutschen und ausländischen Kinder. Sonderbusse pendelten zu den Asylbewerberheimen. Organisatorin Steffi Inspektorek: "Wir wollen zeigen, daß Freiheit nicht nur konsumieren heißt, sondern auch Abkehr von Gewalt bedeutet."

Manche gingen auch nur so zum Spaß mit oder, wie der 13jährige Christian Kanders, "wegen der Süßigkeiten". Ernster nehmen es da schon die fünf Mitglieder der Plakat-Initiative "Mülheims Kinder sagen Halt gegen Haß und Gewalt". Sie sind sechs bis vierzehn Jahre alt und nennen sich "Ruhr-Kanaker". Gründer Benjamin Posselt (12) erklärt: "Kanaker heißt eigentlich Mensch, nur wird es leider oft als Schimpfwort gebraucht."

Laterne, Laterne ...

Daß überwiegend Sonnen auf den Laternen zu sehen waren, hat seinen Grund. Aus Spenden wurden über 300 Laternen gekauft und an die Kinder verschenkt. Gespendet haben auch die Marktleute. Auf Initiative des Verbrauchervereins kamen viele Tüten Äpfel, Mandarinen und Apfelsinen zusammen, die am Rathausmarkt zusammen mit 600 süßen Brötchen verteilt wurden.

Wie St. Martin uns das Teilen lehrte, so sollten nach Steffi Inspektoreks Vorstellung auch die Kinder symbolisch das Brot brechen und teilen. Die stürzten sich wild auf die Körbe und ergatterten, was sie kriegen konnten. Immerhin: Hinterher wurde dann getauscht. "Rabimmel, rabammel, rabumm."

WAZ, 7.11.92

Die Botschaft aus Marl

Wir, Christen und Muslime, haben uns im Juni 1992 in Marl versammelt. Wir sind gemeinsam Bürgerinnen und Bürger unseres Landes. Wir wollen es sein - in gleicher Weise. Wir Einwanderer aus der Türkei sind aufgrund der Verträge der Bundesrepublik Deutschland mit dem türkischen Staat zur Anwerbung von Arbeitskräften in dieses Land gekommen. Vor 30 Jahren wurden diese Verträge geschlossen. Wir Einwanderer sind gekommen als Mitmenschen und Muslime, die ebenso wie die Christen glauben, daß uns Gott geschaffen hat und das Leben gibt.

Das ist unsere gemeinsame Würde als Menschen. Wir sind hier heimisch geworden mit unseren Familien. Heute leben wir schon in der zweiten und dritten Generation in diesem Land, in Deutschland, unserer neuen Heimat. Als Christen und Muslime, als gemeinsame Bürgerinnen und Bürger in Deutschland

- wollen wir einander besser kennenlernen; unsere Kinder und Enkel müssen miteinander gleichberechtigte Bürgerinnen und Bürger in diesem Land sein;
- bejahen wir die gemeinsamen Pflichten in der Erhaltung und Entwicklung unseres Landes mit gleichen Rechten und Chancen als Voraussetzung für ein friedliches Miteinander;
- wollen wir Vorurteile zwischen uns überwinden; dazu gehört auch, daß wir jede und jeder die Religion des anderen achten und nicht über die anderen abwertend und negativ reden;
- wollen wir alles tun, daß die vom Grundgesetz garantierte Religionsfreiheit und Frieden unter uns das Leben bestimmen; beides gehört zusammen, das eine geht nicht ohne das andere. Als Ausdruck von Religionsfreiheit und gegenseitiger Achtung freuen wir - Christen und Muslime - uns über jeden gelungenen Bau einer Moschee. So sind wir dankbar für die Vollendung der neuen Moschee in Marl.

Wir wissen, daß Christen und Muslime in Freundschaft und Achtung voreinander zusammen leben möchten. Dabei wissen wir und achten wir auch die Unterschiede in unseren Identitäten. Der Glaube von uns beiden - Christen und Muslimen - ruft uns zu Frieden, Gerechtigkeit und guter Nachbarschaft mit allen Menschen auf. So sagt es der ehrwürdige Koran. So mahnt uns Jesus Christus in der Heiligen Schrift der Bibel. Wir ermutigen die Menschen guten Willens an allen Orten, aufeinander zuzugehen, um miteinander Wege in eine gute, gemeinsame Zukunft zu finden. Im Angesicht der Bedrohung unserer Erde durch Ungerechtigkeit und Zerstörung der Schöpfung geben wir Christen und Muslime einander hier die Hände. Wir wollen damit auch einen Beitrag geben für das Wachsen von Gerechtigkeit und Frieden weltweit.

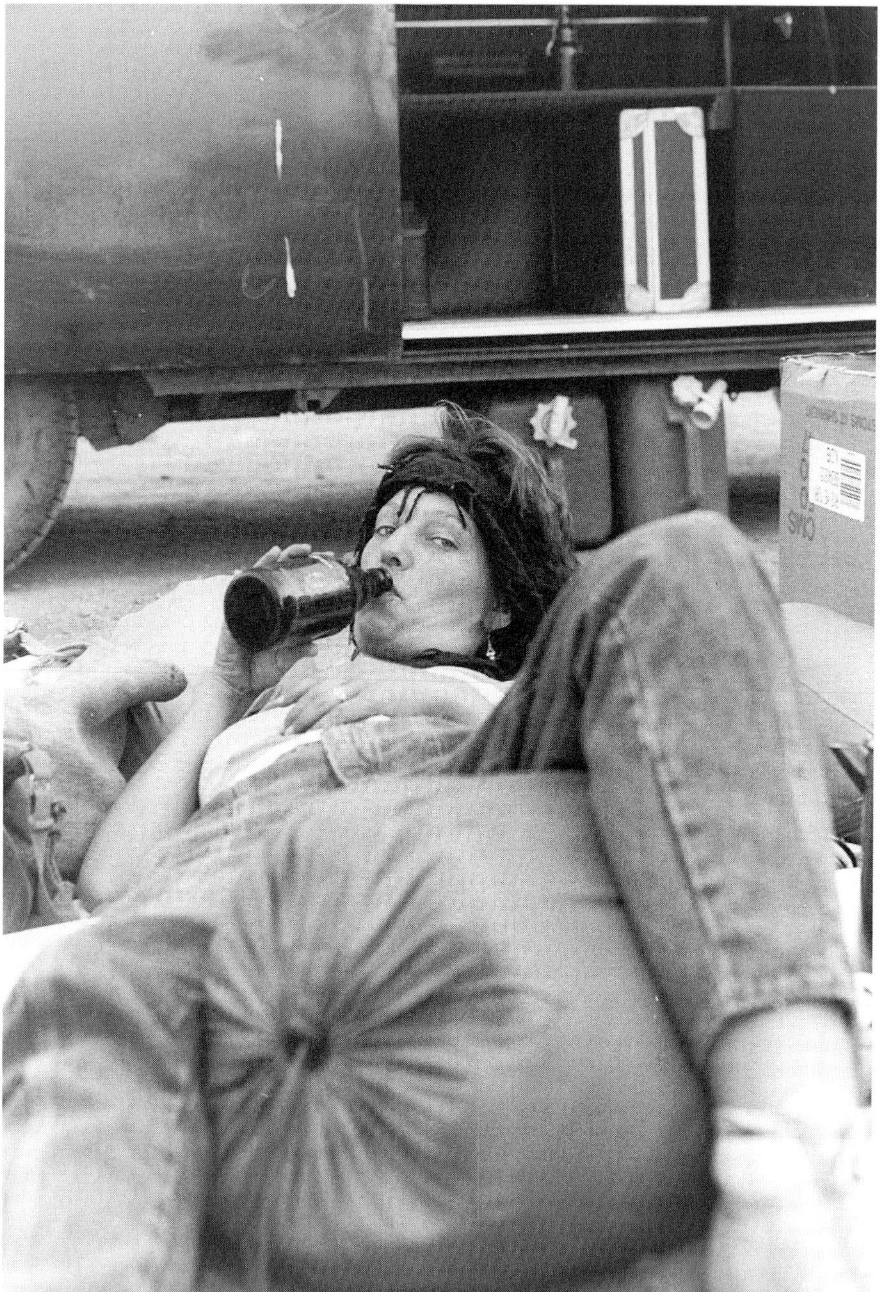

Literatur, Materialien und Adressen

Allein ist nicht genug

(...)
Ihr aber, die ihr schon von Siegen schwätzt,
auf halber Höhe schon vom Siegen schwätzt,
da ihr den ersten Berg erklommt,
paßt auf, die große Krise kommt
erst jetzt.
Paßt auf, die große Krise kommt erst jetzt.
(...)
Und die nimmt nicht so einfach ihren Lauf.
Nein - nein, die Welt nimmt nicht so ihren Lauf.
Die wird von oben umgewälzt;
das hältst du, wenn du Ruhe hältst,
nicht auf.
Das hältst du, wenn du Ruhe hältst, nicht auf.

Peter Rühmkorf

Weil sich die Themen "Gewalt und Rassismus" zur bitteren Konjunktur entwickelt haben, bieten wir hier nur eine kleine und unvollständige Liste an, um Ihren Bedarf an Hintergrundinformationen und Ideen zu decken.
Für weiterführende Literatur verweisen wir auf die folgenden **Auswahlbibliographien** *(Bezug über: Beratung und Weiterbildung in der Friedensarbeit e. V., c/o Ria Proske, Hunsrückstr. 11, 5000 Köln 60):*

- **Rechtsextremismus und Neonazismus.** Kommentierte (und umfassende) Auswahlbibliographie, Nr. 10, März 1993 (130 S.)
- **Jugendbücher über Nationalismus und Neonazismus.** Kommentiertes Verzeichnis mit Einführung zur Wanderausstellung, Herbst 1992 (92 S.)
- Rajewsky, Christiane / Schmitz, Adelheid: **Wegzeichen - Initiativen gegen Rechtsextremismus und Ausländerfeindlichkeit**, Tübingen 1992 (160 S.)
- **Kommentierte Liste von Filmen** für die Auseinandersetzung mit Neonazismus und Ausländerfeindlichkeit, März 1993.

Literatur

- Antirassismus-Büro Hamburg: **Ansätze antirassistischer Arbeit**, Hamburg 1991
- Appel, Roland / Roth, Claudia: **Die Asyl-Lüge**, Köln 1992
- Arbeitsgruppe "SOS-RASSISMUS NRW": **Skinheads in Polizeiberichten**, Villigst 1992
- Baensch, Thorsten: **Jugendlichen Raum lassen?**, Lzpol. B. Brandenburg 1992
- Bausteine zur Jugendbildungsarbeit
  Band I: Gugel, Günther: **Ausländer, Aussiedler, Übersiedler**
  Band II: Jäger, Uli / Seeboth, Annette: **Eine (r)echte Provokation**
  DGB, Düsseldorf 1990
- Budzinski, Manfred / Clemens, Karin: **RAUS LAND oder Menschenrechte für alle**, Göttingen 1991
- Bundeszentrale für politische Bildung: **Gedenkstätten für die Opfer des Nationalsozialismus** - Dokumentation (Band 245), Bonn 1987
- Creighton, Allan/Kivel, Paul: **Die Gewalt stoppen.** Ein Praxisbuch für die Arbeit mit Jugendlichen, Mülheim/Ruhr 1993
- Essed, Philomena / Mullard, Chris: **Antirassistische Erziehung**, Felsberg 1991
- Faller, Kurt / Hahn, Reinhard / Zeimentz, Rainer (Hg.): **Dem Haß keine Chance.** Wie ist die Gewalt zu stoppen?, Köln 1993
- Fluegelmann, A./Tembeck, S.: **New Games - Die neuen Spiele,** Mülheim/Ruhr 1991
- Fluegelmann, A./ Tembeck, S.: **New Games - Die neuen Spiele, Band 2,** Mülheim/Ruhr 1991

- Harth, Brigitte: **Von der Ausländerarbeit zur "Offenen Gemeinde"**, aej-Materialien 17, Stuttgart 1988
- Heitmeyer, Wilhelm: **"Warum handeln Menschen gegen ihre eigenen Interessen?"**, Köln 1991
- Jäger, Margret / Jäger, Siegfried: **Aus der Mitte der Gesellschaft**, Diss-Texte Nr. 20, Duisburg 1991
- Jäger, Siegfried: **Brandsätze - Rassismus im Alltag**, Duisburg 1992
- Kalpaha, Anita / Räthzel, Nora: **Die Schwierigkeit, nicht rassistisch zu sein**, Hamburg 1990
- Kollmann, Doris / Kollmer, Jochem / Rees, Klaus / Prizebilla-Voigt, Regina: **Medienhandbuch zum Thema (Neo)Faschismus**, Bielefeld 1990
- Krafeld, Franz-Josef: **Cliquenorientierte Jugendarbeit.** Grundlagen und Handlungsansätze, Weinheim 1992
- LeFevre, Dale: **Das kleine Buch der neuen Spiele**, Mülheim/Ruhr 1991
- Lewontin / Rose / Hamin: **Die Gene sind es nicht ... - Biologie, Ideologie und menschliche Natur**, München/Weinheim 1988
- Micksch, Jürgen: **Deutschland - Einheit in kultureller Vielfalt**, Frankfurt/Main 1991
- Miles, Robert: **Rassismus**, Hamburg 1991
- Posselt / Schumacher: **Projekthandbuch "Rechtsextremismus"**, Mülheim / Villigst 1992
- Preuschoff, G. und A.: **Gewalt an Schulen**, Köln 1992
- Reichelt, Werner: **Das braune Evangelium**, Wuppertal 1990
- Riepe, Regina / Riepe, Gerd: **Du Schwarz, Ich Weiß**, Wuppertal 1992

Wer sich mit Computerspielen kritisch auseinandersetzen will, dem empfehlen wir folgende Kontakte:

- **Jugendamt Wesel**, Reeser Landstraße 31, 4230 Wesel (Infoheft: Empfehlungen für Computerspiele)
- **PÄDWARE**, Holter Kreuz 2a, 4050 Mönchengladbach
- **AZEH e.V.**, Roermonder Str. 335, 4050 Mönchengladbach

Ausstellungen, Musik- und Theatergruppen zum Thema "Gewalt und Rassismus" :

- Ausstellung **"Rassismus? Nein!"**, Internationales Zentrum, Niederstr. 5, 4100 Duisburg
- **"Aysche und Richard", Ein Stück über Fremdenhaß**, Hrsg.: Ömmes und Oimel, Comedia Colonia
- **Bilanz - Deutsche Kunst aus Ost und West 1945 bis 1990** (Katalogbuch), Ludwig-Institut Oberhausen, Städt. Galerie Schloß Oberhausen, Sterkraderstr. 46, 4200 Oberhausen
- **"Die Ankreider": Kabarett**, Horst Ziebach, Gutenbergplatz 9, O-5023 Erfurt
- EXAGT-Theater Neunkirchen-Vluyn, Stücke: **"Ab in den Orient", "Hasse Angst?"**, c/o Renate Frisch, Hülser Landstr. 1, 4152 Kempen 1, Tel.: 0203/339536,
- Film **"Voll auf der Rolle"**, Känguruh-Film-GmbH, Weimarischestr. 6a, 1000 Berlin 31, Tel.: 030/8532017, Fax: 030/8357563
- **Illustrationen, Bühnenbilder, Cover, Transparente, Großdesign etc.** stellt in bester Qualität her: Z-Art Studios, Ferdinand-Str. 10, 4650 Gelsenkirchen, Tel.: 0209/813252
- **Inszenierungen und Entwicklungen von Theater gegen Gewalt und Rassismus** Theaterpädagoge: Jörg Smok (Adresse über AG-SOS-RASSISMUS, Haus Villigst, Tel.: 02304/755190)
- Internationale Gruppe im Haus der Jugend, Bergstr. 50, 5600 Wuppertal 1, **Dokumentation eines Videoprojektes, Beobachtungen in der "Zentralen Anlaufstelle für Asylbewerber" - Düsseldorf**
- **"Kampf des Negers und der Hunde"**, Eine Trilogie des Andersartigen, Kontakt: Arbeitsstelle Neonazismus an der FH Düsseldorf, Fax: 0211/3115303
- **"Peter Steffens: Neonazis". Ein rechtsextremer Jugendlicher erzählt**, Comicon-Theaterproduktion: Marcell Gödde, Moselstr. 30, 5000 Köln 1, Tel.: 0221/247348
- Rolf Linnemann, **"Kabarett, Seminare"**, Am Bückeberg 17, 3060 Stadthagen, Tel.: 05721/81477
- **Theater-Musik-Ausstellung**, Exil-Kulturkoordination e.V., Friederikenstr. 41, 4300 Essen 1, Tel.: 0201/777176, Fax: 0201/779762
- **Tullux, Theater und Musik**, Peter Smok, Dietrich-Bonhoefer-Haus, Eppmannsweg 32, 4650 Gelsenkirchen, Tel.: 0209/66047
- **"Wehret den Anfängen!"** Filme gegen Rechtsradikalismus und Ausländerfeindlichkeit, Katalog bei Jugendfilmclub Köln, mit Programmvorschlägen etc. (gut für Filmwochen im Jugendzentrum etc. geeignet!)

- Westfälisches Landestheater, **Theater: "Wo die wilden Kerle wohnen"**, Europaplatz 10, 4620 Castrop-Rauxel, Tel.: 02305/1617 oder 1618
- **Yarinistan, Musik Theater**, Nedim Hazar und Geo Schaller, Kontakt über: Arbeitsgruppe SOS-RASSISMUS

Adressen von Organisationen, die zum Thema Gewalt und Rassismus gearbeitet haben und die mit Rat und Tat Hilfe geben:

Eberhaard De Haan
Arbeiterwohlfahrt Bundesverband e.V.
Oppeöner Str. 130, 5300 Bonn 1

Arbeitsgruppe SOS-RASSISMUS
c/o Ralf-Erik Posselt, Haus Villigst
5840 Schwerte 5
Tel.: 02304/755190, Fax: 02304/755248

Rudi Pahnke
Ev. Akademie Berlin-Brandenburg
Tel.: 030/2424084

Dr. Koch
Deutsche Stiftung für Uno-Flüchtlingshilfe
Wieslandstr. 4, 5300 Bonn

Dr. Wilfried Schubarth
Deutsches Jugendinstitut Außenstelle Leipzig
Stallbaumstr. 9, O-7022 Leipzig

Dr. Jürgen Micksch
Evangelische Akademie Tutzing
Postfach 227, 8132 Tutzing

Prof. C. Rajewsky;
Adelheid Schmitz
FH Düsseldorf, Fachbereich 06
Universitätsstr. 1, 4000 Düsseldorf 1

Prof. Dr. Kurt Möller
Fachhochschule für Sozialwesen Esslingen
Flandernstr. 101, 7300 Esslingen

Prof. Dr. Ute Osterkamp
Freie Universität Berlin
Psychologisches Institut WE 3
Habelschwerdter Allee 45,
1000 Berlin 33

Heidemarie Pandey
IAF - Verband binationaler Familien und Partnerschaften
Mainzer Landstr. 147
6000 Frankfurt/Main 1

Dr. Bernhard Schoßig
Institut für Jugendarbeit
Germeringerstr. 30, 8035 Gauting

Annita Kalpaka/Nora Räthzel
Institut für Migrations- und Rassismusforschung
Rutschbahn 38, 2000 Hamburg 13

Hans-Gerd Jaschke
Institut für Sozialforschung
Senckenberganlage 26
6000 Frankfurt/Main

Dr. Franz J. Conrad
Pax Christi - Internationale Katholische Friedensbewegung
Helgenstockstr. 27, 6300 Gießen

Heiko Kaufmann
terre des hommes -
Hilfe für Kinder in Not
Postfach 4126
4500 Osnabrück

Heike Buhse
Universität Bielefeld -
Fakultät für Pädagogik
Postfach 1136, 4800 Bielefeld 1

Jochem Kollmer
Universität Bielefeld
Zentrum für Lehrerbildung
Postfach 8640
4800 Bielefeld

Dr. Andreas Maisling
Universität Innsbruck
Institut für Politikwissenschaften
Innrain 100, A-6020 Innsbruck

Prof. Dr. Marianne Krüger-Potratz
Universität Münster -
Arbeitstelle für
interkulturelle Studien
Georgskommende 26
4400 Münster

Dr. Rudolf Leiprecht
Universität Tübingen
Institut für Erziehungs-
wissenschaften
Holzmarkt 7
7400 Tübinge

Dr. Yüksel Pazarkaya
WDR
Türkische Redaktion
Postfach 10 19 50
5000 Köln 1

Adressen für die Ausländer-, Antirassismus-und Flüchtlingsarbeit:

Amnesty International
Sektion der Bundesrepublik
Deutschland e.V.
Heerstr. 178
Postfach 17 02 29
5300 Bonn 1
Tel.: 0228/650981

Amt des Hohen Flüchtlings-
kommissars der Vereinten
Nationen (UNHCR)
Rheinallee 6
5300 Bonn 2
Tel.: 0228/364011

Arbeiterwohlfahrt Bundesverband
Ollenhauerstr. 3
5300 Bonn 1
Tel.: 0228/66850

Arbeiterwohlfahrt -
Bundesverband e.V.
Referat
Ausländische Flüchtlinge
Oppelner Straße 130
5300 Bonn 1

Arbeitskreis Asyl
Rheinland-Pfalz
Bingerstr. 45
6507 Ingelheim am Rhein
Tel.: 06132/7065
Fax: 06132/76595

Arbeitskreis Asyl
Saarland
Pommernstr. 6
6620 Lebach
Tel.: 06881/4783-52027

Arbeitskreis gegen Fremdenfeindlichkeit in den neuen Bundesländern
c/0 RAA e.V.
Schumannstr. 5
O-1040 Berlin

Ausländerbeauftragter des Senats
Potsdamerstr. 65
1000 Berlin 30

BUKO - Bundeskongreß entwicklungspolitischer Aktionsgruppen
Nernstweg 33-34
2000 Hamburg 50
Tel.: 040/393156

Bundesbeauftragte für Ausländerfragen
Frau Cornelia Schmalz-Jacobsen
Postfach 140280
5300 Bonn

Deutscher Caritasverband e.V. Flüchtlings- und Aussiedlerhilfe
Lorenz-Werthmann-Haus
Karlstr. 40
Postfach 420
7800 Freiburg/Breisgau
Tel.: 0761/2001

Deutscher Paritätischer Wohlfahrtsverband (DPWV)
- Gesamtverband -
Heinrich-Hoffmann-Straße 3
6000 Frankfurt/Main 71

Diakonisches Werk der Evangelischen Kirche in Deutschland e.V.
Stafflenbergstr. 76
Postfach 101142
7000 Stuttgart 1
Tel.: 0711/2159-0

Evangelische Kirche im Rheinland - Landeskirchenamt -
Landeskirchenrat Jörn-Erik Gutheil
Hans-Böckler-Straße 7
4000 Düsseldorf 1, Tel: 0211/4562-0

Evangelische Kirche von Westfalen Amt für Jugendarbeit, Haus Villigst
Ralf-Erik Posselt
5840 Schwerte 5
Tel.: 02304/755190

Flüchtlingsrat NRW
Oststr. 37
4000 Düsseldorf 1
Tel.: 0211/350262

Forum Buntes Deutschland - SOS RASSISMUS
Stralsunderweg 50
5300 Bonn

Gesellschaft für bedrohte Völker - Gemeinütziger Verein e.V.
Postfach 2024
3400 Göttingen
Tel.: 0551/55822

Hessischer Flüchtligsrat c/o Gudrun Petasch Flughafensozialdienst
Postfach 174
6000 Frankfurt 75
Tel.: 069/6905020

Humanistische Union e.V. Bundesgeschäftsstelle
Brauhausstr. 2
8000 München 2, Tel.: 089/226441

IDA e.V.
Charlottenstr. 55
4000 Düsseldorf 1
Tel.: 0211/1649432

ID-Asyl
Obere Holtenerstr. 28
4100 Duisburg 11

IG Metall Vorstand, Abt. Jugend
Reinhard Hahn
Lyoner Str.32
6000 Frankfurt/Main 71
Tel.: 069/6693-2284

Interessengemeinschaft der mit Ausländern verheirateten Frauen e.V. (IAF)
Mainzer Landstr. 147
6000 Frankfurt/Main 1

Internationale Liga für Menschenrechte, Sektion Berlin e.V.
Mommsenstr. 27
W-1000 Berlin 12

Internationaler Sozialdienst - Deutsche Zweigstelle e.V.
Am Stockborn 5-7
6000 Frankfurt/Main 50

Kiebitz
Marienstr. 16a
4100 Duisburg 11
Tel.: 0203/402597

Kirchenamt der EKD
Postfach 210220
3000 Hannover 21

Komitee für Grundrechte und Demokratie
Postfach 1250
6124 Beerfelden

Kommissariat der deutschen Bischöfe
Kaiser-Friedrichstr. 9
5300 Bonn

Landesinstitut für Schule und Weiterbildung
Paradieser Weg 64
4770 Soest

Medico International
Obermainanlage 7
6000 Frankfurt/Main
Tel.: 069/4990041

Medico International
Hanauer Landstr. 147-149
6000 Frankfurt/Main
Tel.: 069/490350

Pax Christi - Internationale Katholische Friedensbewegung
Feststr. 9
6368 Bad Vilbel 1

Pro Asyl
Neue Schlesingergasse 22-24
6000 Frankfurt/Main 1
Tel.: 069/293160

Pro Asyl und Ökumenischer Vorbereitungsausschuß zur Woche der ausländischen Mitbürger
Neue Schlesingergasse 22-24
6000 Frankfurt/Main
Tel.: 069/293160

RAA Hauptstelle
Heßlerstr. 208/210
4300 Essen 12
Tel.: 0201/369185

Republikanischer Anwältinnen- und Anwälteverein e.V.
Ellernstr. 13
3000 Hannover 1
Tel.: 0511/816061

Rom e.V.
Bobstr. 6-8
5000 Köln 1

Sekreteriat der Deutschen Bischofkonferenz
Kaiserstr. 163
5300 Bonn

Terre des Hommes Deutschland e.V. - Inlandsreferat
Ruppenkampstr. 11a
Postfach 4126
4500 Osnabrück
Tel.: 0541/71010

Verband der Initiativgruppen in der Ausländerarbeit - VIA e.V.
- Bundesgeschäftsstelle -
Theaterstr. 10
5300 Bonn 1

Zentrale Dokumentationsstelle der Freien Wohlfahrtspflege für Flüchtlinge e.V. (ZDWG)
Hans-Böckler-Straße 3
5300 Bonn 3
Tel.: 0228/462047

Zentralrat der Juden in Deutschland
Rüngsdorfer Straße 6
5300 Bonn 2
Tel.: 0228/357023

Zentralrat Deutscher Sinti und Roma
Zwingstr.18
6900 Heidelberg

Psychosoziale Zentren für ausländische Flüchtlinge:

PSZ Düsseldorf
Graf-Adolf-Straße 102
4000 Düsseldorf 1
Tel.: 0211/353315

PSZ Köln
Norbertstr. 27
5000 Köln 1
Tel.: 0221/ 137378

PSZ Frankfurt
Hinter den Ulmen 15
6000 Frankfurt/Main
Tel.: 069/520081

PSZ Saarbrücken
Dudweiler Landstr. 153
6600 Saarbrücken
Tel.: 0681/3905005

AG - SOS - RASSISMUS:

Die Arbeitsgruppe SOS-Rassismus ist eine Initiative von Jugendlichen und Mitarbeiterinnen und Mitarbeitern aus Häusern der Offenen Tür und aus evangelischen Jugendgruppen in NRW. Gemeinsam mit ihren Freundinnen und Freunden, die oft ausländische Eltern haben, versuchen sie, freundlich und sympathisch durch Veranstaltungen und Aktionen, Projekte und Literaturarbeit, Bewußtsein für eine multikulturelle Gesellschaft bei sich selbst und anderen zu schaffen, Lernen einzuüben und gelegentlich wild gewordenen Politikern auf die Finger zu klopfen. Darüber hinaus berät und unterstützt die Arbeitsgruppe Kirchengemeinden, Jugendgruppen und andere Initiativen, um gemeinsam mit ihnen sowohl schleichenden als auch offenen Rassismus zu überwinden.

(Arbeitsgruppe SOS-RASSISMUS, Haus Villigst, 5840 Schwerte 5)

Folgende Arbeitsmaterialien zu den Themenbereichen: Rassismus, Gewalt, Rechtsextremismus, Ausländerfeindlichkeit sind bei der Arbeitsgruppe - SOS - Rassismus, Haus Villigst, 5840 Schwerte 5, Tel.: 02304/755-190 zu erhalten:

Arbeitshefte

Faschisten - Was´n das? (Taschenheft)	DM 1,-
Argumente gegen Rassismus (Taschenheft)	DM 1,-
Rassismus - gibt´s nicht mehr? Ein gespenstisches Theaterstück	DM 2,-
Die Parteileiterschulung. Eine didaktische Provokation	DM 2,-
Die Zaunnaktion. Ein biblisches Theaterstück	DM 2,-
Skinheads in Polizeiberichten	DM 5,-

Plakate

Dem Haß keine Chance (Skin/Mädchen)	DM 1,-
Dem Haß keine Chance (Pinguine auf Eis)	DM 1,-
Deutschland-Plakat (ohne Texte)	DM 1,-
Fällt Weihnachten aus?	DM 1,-
Hasse Angst?	DM 1,-
Erklärung für den Islam	DM 1,-

Aktion COURAGE

Plakat (Zebra-/Tiger-Pinguine)	DM 1,-
Aufkleber, Button, Anhänger, Aufruf	je DM 1,-

Aufkleber

Dem Haß keine Chance (PVC)	DM 0,30
Dem Haß keine Chance (für Plakate/Papier)	DM 0,30
Mach´ meinen Kumpel nicht an! (DIN A4/je 4 Ex.)	DM 3,-

Fallschirme

Für Spiel- und Dekozwecke, Ø ca. 7 m, Kunstseide	DM 220,-

Pädagogische Bücher für die politische Praxis

aus dem Verlag an der Ruhr

Die Gewalt stoppen

Ein Praxisbuch für die Arbeit mit Jugendlichen

Das Buch ist entstanden aus der langjährigen konkreten Arbeit mit gewaltbereiten Jugendlichen in den USA. Es hilft Jugendlichen und ErzieherInnen, erlernte Verhaltensmuster bewußt zu machen und abzubauen und andere in der Gruppe in ihrer Andersartigkeit zu verstehen und zu akzeptieren. Immer steht es auf seiten der Jugendlichen, ermutigt sie in phantasievollen Übungen und Aktions-formen, Selbstbewußtsein zu entwickeln und ihre eigenen Interessen effektiv, aber ohne Gewalt durchzusetzen. Ein Standardwerk für ErzieherInnen, JugendarbeiterInnen und Eltern!

Ab 12 Jahre, 192 S. — 29.80 DM

BILDERLESEBÜCHER

Der wütende Willi

Es war einmal ein Junge, der hieß Willi. Weil er am Abend nicht auf-bleiben durfte, wurde er wütend. So wütend, daß er das gesamte Haus verwüstete. So wütend, daß er die ganze Stadt in Trümmer setzte. So wütend, daß er sein Land überflutete, die Erde in zwei Teile riß und das ganze All erbeben ließ. Bis er schließlich allein im Weltraum schwebte und sich fragte, worüber er eigentlich so wütend war. Dieses wunder-schön illustrierte Bilderbuch zeigt eine Parabel auf die Sinnlosigkeit von Gewalt, die am Ende nur Zerstörung und Isolation übrigläßt.

Ab 3 Jahre, 32 vierf. S. — 19.80 DM

In einem fernen Land

Wie nah sind weit entfernte Länder? Wie ähnlich sind uns fremde Menschen? Dieses Bilderbuch vergleicht in zwei simultan ablaufenden Geschichten den Alltag eines kleinen afrikanischen Jungen mit dem Alltag eines kleinen Europäers. Die detailgenauen Bilder betonen die vielerlei ähnlichen Lebenserfahrungen der beiden Kinder und zeigen doch, wie unterschiedlich ihr Alltag ist.

Ab 4 J., 28 vierf. S. — 19.80 DM